이뭣꼬

WHO AM I?

이뭣꼬

泛山 編著

운주사

나는 누구인가?

마음을 길들이고 다스려 모든 괴로움에서 벗어나기 위한 깨달음의 불 밝힘에 함께하신 여러분들을 진심으로 환영합니다.

물질만 있으면 무엇이든 해결할 수 있다는, 물질이 신이 되어 버린 삶의 한가운데에서, "내 마음 나도 몰라!"라며 지옥과 천국으로 휘둘리는 자신이 어떤 존재인지 한 번쯤 챙겨보시기 바랍니다.

자신의 존재 이해가 무엇보다 시급한 일대사一大事로, 이 문제의 해결은 누구에게나 먼저 '해야 할 일'이 아니겠습니까?

천만 번의 생사를 거듭하더라도 우선적인 삶의 목표는 고통에서 벗어나는 진정한 행복의 추구입니다.

어느 중병환자가 자신의 병을 고치려고 애쓰는 것보다, 갈망渴望의 독성(業)에 마비된 상태를 더 심각하게 받아들여 잘못된 관념에서 탈출해야 할 것입니다. 자신을 바르게 보면 자신이 곧 운명의 창조자이고 행·불행의 운전자로서 세상의 주인임을 바르게 이해하게 됩니다.

천 리를 달리는 바퀴도 한 점에서만 닿습니다. 마찬가지로 사람이 100년을 살더라도 현재의 삶 외에 한 순간도 과거나 미래에서 살 수

5

없습니다.

갈망의 업에서 벗어난 사람은 현재를 살면서 평화롭고 행복하지만, 그렇지 못한 사람은 과거나 미래에 살며 자신을 보지 못하기 때문에 감각과 느낌을 주인으로 하는 노예의 삶이 됩니다.

과거를 따르지 않는 현재가 없고 현재를 따르지 않는 미래가 없듯이, 위로 던져진 돌을 받기 위해서 항상 한 점이 기다리고 있습니다.

이를 본 이는 행복이나 불행을 위해서 비위를 맞춰야 할 제3자가 따로 없음을 보고, 뿌린 대로 거둔다는 작용과 반작용의 인연법도 알게 됩니다.

빈병에 한 방울의 물이 들어가면 그 부피만큼의 공기가 밖으로 빠져나가듯이, '이뭣꼬?'로 알아차리면 시작부터 어리석은 기대감에서 비롯되는 욕심이나 성냄은 금방 작아지며, 1시간 정진하면 1시간만큼의 어리석음이 지혜로 바뀌면서 행복과 평화가 실증됩니다.

이 거룩한 법을 '왜 믿지 않느냐? 왜 모르느냐?'가 아니라 '왜 손발이 나오지 않느냐?'에, '수좌首座는 글 만지며 놀지 말라'는 금기를 깨고 노년이라는 핑계로 부처님의 주장자를 잠시 빌렸습니다.

소납의 수행은 오롯하게 간화선으로부터 출발했습니다. 이후 몇 철을 지내면서 위빠사나 수행을 접했습니다. 이렇게 적지 않은 세월을 공부해보니 간화선과 위빠사나는 전통이나 개념상 괴리가 적지는 않으나 방법과 이상은 결코 다르지 않음을 확신하게 되었습니다.

위빠사나는 탐진치의 사슬을 끊고, 5가지 장애를 이기며, 10가지 족쇄를 여의고, 4성제를 깨닫는 수행의 징검다리인 도정정립道程正立

을 지향합니다.

단순히 조사들이나 선지식들의 글을
옮기기보다는 석가모니 부처님의 직설
교법인 『대념처경』에 의지하였고, 무엇
보다 도정의 실천적인 체험을 바탕으로
하는 공부이기에 초심자도 쉽게 알아듣
고 이해할 수 있습니다.

지난 2012년 여름에 불교TV(btn)에서 「여래선의 초대」라는 프로
그램으로 잠시 나설 기회가 있었습니다.

당시 방영된 내용들을 기저로, 첫째, 참선을 해보지 못했거나 해 보
려는 초보자들이 이해할 수 있는 계기가 되기를 바라며, 둘째, 선禪에
대해서 잘 이해하지 못한 분들의 안목을 넓히는 계기가 되기를 바라
며, 셋째, 선에 대해서 회의적이거나 의심을 갖고 있는 이들이 보다
깊이 이해할 수 있는 계기가 되기를 바라며, 넷째, 오랫동안 수행을
했음에도 감정이 잘 다스려지지 않는 이들이 시험해 보는 계기가 되
기를 바라며, 다섯째 수행을 많이 한 사람은 많이 한 사람들대로 적게
한 사람은 적게 한 사람들대로 자신의 수행 정도를 점검 내지 돌아보
는 계기가 되기를 바라며, 여섯째, 참선에 전혀 관심을 갖지 않았거나
직접 해보지 못한 사람들은 오감五感의 즐거움 그 너머에 있는 진정
한 행복과 평화를 체험해 보는 계기가 되기를 바라면서, '읽는 책'이
면서도 '보는 책'으로 정리하였습니다.

비록 문자로 드러낼 수밖에 없지만, 시공의 벽을 뛰어넘어 불제자

의 첫걸음에서 깨달음의 완성에 이르기까지 수행의 이정표 내지 등불이 되었으면 하는 간절함으로 부처님의 뜨거운 가슴도 함께 담으려고 애썼습니다.

그러나 기대치에 이르지 못하는 졸고의 모자람을 비롯해서 부끄러움과 욕심도 함께 간추릴 수밖에 없었음을 깊이 참회하며 넓은 이해를 구합니다.

엮은이의 부덕함에도 늘 충고와 배려를 아끼지 않으셨던 인연들의 은혜에 깊은 감사와 좀 더 배려하지 못한 아쉬움의 참회로 이 법망法網을 내려놓으려 합니다.

오늘에 이르기까지 수행의 징검다리가 되어주신 삼계의 당신들과, 특히 승가의 선후배들에게 소신공양燒身供養의 가슴으로 한 번 더 깊이 머리 숙여 합장 정례 올립니다.

더불어 우주의 모든 존재들이 윤회고輪廻苦에서 벗어나는 진정한 열반성취를 발원하면서……

팔공산 은해사에서
태허太虛 법산法山 자제自題

제1장

이뭣꼬?

1. 대도무문

한 그루의 보리수 아래에서 깨달음을 성취하신 고타마 성자 석가모니 부처님은 길 없는 길을 밝히시고 문 없는 문을 여셨다. 그때 이후로 2,500여 년의 세월이 흐르는 동안, 알아차리면 사라지는 성스러운 가르침인 불교는 갠지스강의 메아리가 되어 세계 방방곡곡으로 울려 퍼졌다. 또 종래에는 라마밀교密敎의 티벳불교, 유불도儒佛道의 중국불교, 신불도神佛道의 일본불교, 회통불교를 표방하는 한국불교 등의 명칭으로 변용되어 왔다. 그런 과정에서 혹 부처님의 본연이 흐려져 가고 있지는 않은지, 성스러운 알아차림의 가르침이라는 『대념처경大念處經』을 '이뭣꼬?'라는 화두*로 재조명해 보려고 한다.

『대념처경』의 본래 뜻은 '성스러운 알아차림(定)*의 가르침'이다.

*화두話頭: 말의 첫머리, 관심의 주제, 밖으로 향하는 마음을 안으로 돌리게 하는 언어 도구이다. 여기서는 의정과 같은 뜻으로 쓰인다.

*성스러운 알아차림: 바른 노력의 정정진, 바른 마음집중의 정정, 바른 마음챙김의 정념이 함께하는 3학의 정定이다. 자구로는 천태지자의 『마하지관』과 일치한다.

16

빨리어로 '마하-사티·파타나·수따Maha-Satipaṭṭhāna-Sutta'이고, 어원을 챙겨보면 '마하'는 '성스러운, 상서로운, 위대한' 등의 의미이고, '사티·빠타나'는 '마음을 모아서 알아차리다, 정신을 차려서 알아차리다, 밀착해서 알아차리다' 등의 의미이며, '수따'는 '경經, 가르침' 등의 의미이다.

사티Sati는 정념正念의 순수 마음챙김이지만 사티·파타나는 '사라짐'을 전제하는 '마음을 밀착해서 챙기다'라는 뜻이다. 계정혜 3학 가운데 '정定'이다.

여기서의 알아차림(定)은 바른 노력의 정정진正精進, 바른 마음집중의 정정正定, 바른 마음챙김의 정념正念 등의 3요소가 함께하는 것이다.

중국의 천태지자 스님이 "지止는 산스크리트어 사마타śamatha의 역어로 마음의 어지러움을 고요히 하는 방법을, 관觀은 위빠사나vipaśyanā의 역어로 운운" 하며 '마하지관'이라고 한 것과, 한국의 보조지눌 스님이 "정혜등지와 같은 의미의 선정禪定과 지혜智慧를 함께 닦는 불교의 수행법 운운" 하며 쓴 '정혜쌍수'를 비롯해서, 『육조단경』의 '정혜일체' 등이 여기에 귀속되는 의미이다.

부처님께서 이렇게 일러주셨다.

"통찰지혜(正念)는 삼매(正定)를 통해서 일어난다." 즉 정혜쌍수에 지와 관을 아우르는 성스러운 알아차림이다.

불교의 궁극적인 이상은 해탈열반이고, 이를 위해서는 화두선이든 간화선이든 지관선이든 알아차림뿐이다. 결론적으로, 알아차림이 해탈법이며 참선의 왕이고 불교의 왕인 셈이다.

왕이 나서면 혼자가 아니라 신하들을 대동하고 함께 나서듯이, 알아차림(定) 역시 계와 혜를 좌우보처로 해서 나서기 때문이다.

이것이 성스러운 알아차림이다.

알아차리면 일체 번뇌*가 사라지기 때문에 이고득락離苦得樂의 열반법이라고 한다. '바르게 알아차리면 사라진다'의 '사라지다'가 내포된 알아차림이란 본래 우리가 갖고 있는 직관直觀, 각성覺醒, 자각自覺의 성품이다.

누구에게나 대뇌에 아주 밝게 갖추어져 있는 마음작용의 직관력이 업과 번뇌에 의한 무명無明 때문에 본래의 힘을 발휘하지 못한다. 그 가려진 각성을 나타내기 위해서 '불성을 밝힌다, 부처를 찾는다', 또는 '수행하다, 정진하다' 등으로 쓴다.

바른 깨어있음 내지 바른 알아차림만이 '생멸의 공성空性'을 볼 수 있게 된다. 아무리 많은 일어남이라도 결국 공성*에 닿는 이것을 부처님은 무상하고, 만족함이 못되고, 실체가 없다는 무아無我로 나눠서 3법인三法印으로

*번뇌煩惱: 무명이라는 아치我痴, 아집이라는 아견我見, 교만이라는 아만我慢, 아탐이라는 아애我愛 등의 4번뇌에서 비롯되는 사념思念이다.

*공성空性: 제행이 공이요, 제법이 공이요, 일체가 공空하다. 그렇기 때문에 무상하고, 공하기 때문에 즐겁지가 못한 불만족이고, 공하기 때문에 내가 실재하지 않는 무아 등을 3법인이라고 한다. 있는 그대로, 자각의 현상, 상이 사라진 직후와 일어나도 공하고 사라져도 공한 상태의 성품이다.

정의하셨다.

불의 뜨거움이나 얼음의 차가움을 한 번도 경험하지 못한 사람은 글이나 말로 아무리 잘 표현해도 이해시킬 수 없다. 공성을 보지 못한 사람에게 말하려고 입만 열어도 천만 리 밖으로 빗나가게 된다.

한 마디의 말이나 한 자구字句라도 나 서면 거짓이 되기 때문에 부처님은 팔 만사천의 장경을 설하시고도 "한 마 디도 설한 바가 없다."고 하셨으니, 이 말씀 속에는 단지 손가락으로 달을 가 리킬 수밖에 없었다는 뜻이 담겨 있다.

비록 달을 가리키는 손가락이지만 반야, 지혜, 공 등의 말들이 전부 거짓일 수밖에 없음을 보여주는 것은 알아차림 밖에 따로 없다. 알아차리면 사라지는 불성의 직관을 위하여 바르게 마음을 챙길 때 화두와 같은 명칭 붙이기는 부처님 당시나 지금도 실 수實修되어져 오고 있다.

여기서 '이뭣꼬?'란 '나는 누구인가? 이것이 무엇인가?' 등 그 어떤 관념도 배제된, 알아차리면 사라지는 마음집중의 단순의정疑情이다.

'이뭣꼬?' 자체가 의문이고 의정이기 때문에 따로 의문을 일으키려 고 공안이나 화두를 찾거나 애쓸 필요가 없다.

정신적으로 건강한 일반 사람이 일상에서 어떤 대상을 겨냥해서 '이뭣꼬?'라고 해 보면 생각이나 기억이나 상념이 금방 사라질 것이다. 의문을 가지면 사라지는 이것은 대뇌의 마음작용이다.

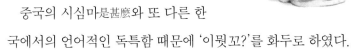

'이뭣꼬?'는 중국 설봉선사의 공안이 한국에 들어온 '첫 화두'라고 전해지고 있으며, 부처님의 본래 화두 '나는 누구인가?' '내가 뭣꼬?'와 동의어이다.

중국의 시심마是甚麼와 또 다른 한국에서의 언어적인 독특함 때문에 '이뭣꼬?'를 화두로 하였다.

1,700공안, 84,000공안 운운하지만 마음이 열리면 바람소리 새소리 등을 비롯해서 6문의 일체 대상 가운데 공안 아님이 없다. 마찬가지로 화두 역시 정해진 바가 따로 없는 것이다.

'무슨 말인가? 뭔 소리야? 뭐?'라고 의문(疑情)을 일으키거나 황당하게 들리는 말이나 소리, 몸짓, 형상 등 일체가 공안이고 화두이며 의정이다. 여기서는 화두나 의문, 공안이나 의정, 의단疑團도 같은 뜻으로 함께 놓는다.

공안을 챙기든, 화두를 들든, 의문·의정·의단을 일으키든, 찰나에 알아차림의 사라짐이 되는 마음작용에서 생각이 끊어지고 다음 생각이 일어나기 전의 공성 내지 본성*을 보게 한다.

*본성本性: 무엇인가 일어나기 전의, 물들기 전의 본래 상태의 성품이다.

20

공안에 의해서 순간적으로 머릿속
이 하얗게 되는 것 같은 찰나, 일체가
뚝 끊긴 상태, 몰록 사라진 상태, 다른
번뇌가 일어나기 전의 상태가 된다.

무념무상의 경계인 객진번뇌가 없
는 순수본심으로 유도한다. 거울에 어
떤 사물도 비치지 않는 텅 빈 상태와
같다.

강을 건너는데 나룻배나 뗏목을 타
지만 강을 건너온 뒤에는 놓고 가듯이, 이 화두나 의정疑情도 마찬가
지이다.

본래 화두는 부처님의 첫 출가의정出家疑情에서 비롯되었지만 여기
서는 바른 알아차림의 대상을 밝히는 등불로 제시한다.

사념확산*의 문을 닫는 빗장 또는 불성을 밝히는 부싯돌과 같은 자
각의 단순도구로 제시되었기에 더 이상 궁리가 따르지 않는다.

화두의 선맥은 부처님-가섭존자-달마
대사에 이어 해동으로 전해졌다지만, 여
기서의 화두는 교설이나 대소승 운운 하
는 분별적인 변견의 논증에서 비켜선, 단
지 직관을 밝히는 부싯돌이다.

'이뭣꼬?'와 함께 "알아차리면 사라진

*사념확산: 번뇌가 확산되
면서 무한소급으로 끊임없
이 일어나는 생각들이 업
을 만든다. 의식작용에서
자각하는 찰나 바로 일어
나는 한 생각이 사량분별
심이며 번뇌이다.

다"*에 밑줄을 그으면 화두가 보이고 불교가 드러난다.

저 히말라야 준령의 시공을 뛰어넘고 종파나 종교적 형식을 초월해서 "내 말을 믿을 필요가 없다. 와서 보라! 그리고 그대들도 나처럼 이 길로 오라!"는 메시지를 던진 석가모니 부처님은 길을 가리키는 스승으로 봐야 할 것이다.

오늘날 현대인들은 어디로 가고 있는지 길들여지지 않은 마음 따라 고통과 고뇌의 늪으로 내몰리고 있다. 이때 신격화의 형이상학적인 예배의 대상으로만 이해되어지는 도그마에 갇혀서는 안 된다.

고통에서 허우적거리는 우리들의 손을 잡아주는 대자대비의 스승으로 가슴에 담아야 한다.

만약 부처님께서 고통에서 완전히 벗어난 깨달음의 순수함이나 업에서 완전히 벗어난 해탈의 청정함이 없었다면 우리들은 기억조차 할 수 없었을 것이다.

부처님께서 순수해지고 청정해지는 알아차림의 법을 제자들에게 펴 보이시지 않았다면 과연 승가를 존경하고 3보를 의지할 수 있었을까?

*알아차리면 사라진다: 정정진, 정정과 함께 마음을 챙겨서 알아차리면 감수된 것은 무엇이든 사라지는 마음작용의 원리이다.

괴로움이 싫고 '해야 할 일'을 위해 부처님 앞에 섰다면, 부처님의 가르침과 그 가르침을 지금까지 실천해 온 선배도반들의 승가 등 3보를 존경하지 않을 수 없었을 것이다.

우리들은 부처님의 발자취를 따라 고통으로부터 벗어나는 열반을 위해서 먼저 부처님을 스승으로, 그리고 알아차림의 가르침(中道)과 그 제자들인 승가에 귀의한 바이다.

불법승 삼보에의 귀의의 전제조건은 계戒·정定·혜慧 3학學의 실천이다. 3학의 으뜸자리에 계를 놓은 것은, 계가 해탈로 향하는 등불이며 문이고 사다리이며 나룻배이기 때문이다.

계가 바로 해탈의 문으로 향하는 시작점인 동시에 불안정한 마음을 다스리는 첫걸음이다. 계가 없으면 정이라는 마음집중의 수행도, 그에 따르는 지혜와 해탈 역시 기대할 수 없을 것이다.

계는 평온한 마음바탕에서 정에 한 걸음 다가설 수 있는 자비이다. 마음집중이란 알아차림이 드러나게 하는 주의집중이며, 범부였던 구도자 고타마를 깨달은 사람으로 이끈 행법이다.

이고득락의 해탈도는 바른 알아차림(正念)*을 체계화한 성스러운 알아차림으로 범부중생이 부처되

*바른 알아차림: 알아차리면 사라지는 정신적인 작용원리 Mechanism를 부처님께서 처음 발견하셔서 8정도를 정립하시고 불교를 개창하셨다. 그래서 바른 노력과 바른 마음집중을 함께하는 정념Sati을 불교의 왕이라고 했다. 이 알아차림은 오물을 맑히는 정수제淨水劑처럼 그 어떤 번뇌의 마음도 깨끗하게 만드는 청정제淸淨劑 같은 행위적 기능이다.

는 길인 불교수행법이다.

보면 사라지는 마음작용을 발견하신 부처님께서는 불성을 밝히셔서 업業*의 형성과 생성으로부터 벗어난 대자유인이 되셨다.

부처님께서는 바른 알아차림의 각성覺性에 불을 밝혀서 해탈열반을 성취한 행법을 '오직 한 길'이라고 선언하시면서, 우리들에게 윤회의 고통에서 벗어날 수 있다는 꿈과 해탈의 길을 열어주셨다.

누구나 '알아차리면 사라진다'는 이 대뇌작용의 원리인 불성佛性은 불교, 종교, 신앙, 철학, 관습 등이 만든 전통의 것이 아니라 원래 존재하는 마음작용의 원리로, 부처님이 생사윤회에서 벗어나는 방법으로 발견하신 이고득락의 직관력直觀力이다.

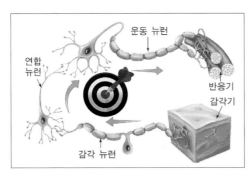

대뇌신경의 분포도에서처럼 몸(色-감각기)의 감각(受-감각 뉴런)에 의해서, 취상 작용(想-연합 뉴런)에 의해서, 의도(行-운동뉴런)에 의해서, 인식 저장(識-반응기) 되는 것이 업의 형성 과정이다. 업이 형성되는 번뇌는 감각 뉴런의 느낌에 의해서 일어나는 연합 뉴런의 취상 작용에서 일어나기 때문에, 취상 작용

*업: 몸身과 입口과 생각意으로 짓는 모든 행위가 남기는 영향력. 착한 선업에는 좋은 결과가, 악한 악업에는 나쁜 결과가 형성되어 행위자에게 되돌아온다. 깜마 또는 카르마라고 함.

이 일어나자마자 과녁판에 화살이 꽂히듯이 일촉직관—觸直觀의 불성에는 아무리 작은 번뇌라도 사라지지 않을 수 없다.

중생의 무지無智가 바른 알아차림의 앎으로 바뀌면 즐거움도 괴로움도 없는 절대평화(Shanti)의 진공묘유 경계, 궁극적인 무상의 공성, 윤회로부터 해탈열반이다.

바른 알아차림에서 보이는 '있는 그대로'*는 괴로움도 즐거움도 없는 순수자각의 절대 꼭지점인 우주의식의 순수에너지인 존재의 본성*이다.

알아차리면 사라지는 이 마음작용을 부처님께서 발견하셨기 때문에 불성이라고 칭하며, 이 메커니즘의 밝힘이 곧 불교수행이다.

우리들도 부처님처럼 불성을 밝히는 데 장애가 되는 번뇌의 빗장인 '이뭣꼬?'를 수행자들의 노리개로 삼아 고정관념에서 탈출해야 한다.

전통이나 관습이나 문화적인 불교에 갇혀서 '나는 알고 있다'는 알음알이로 잘못 이해된 부처님의 가르침이 있다면 한 발 비켜서서 가장 먼저 버리고 비워야 할 것이다.

그렇지 않으면 자신이 참구參究하는 진정한 깨달음은 결코 체득될 수 없을 것이다. 모든 괴로움에서 벗어나려면 몸과 마음을 만드는 작업을 내려놓아야 한다.

*있는 그대로: 존재의 본성, 여시여시如是如是, 텅 빔, 자성, 공성, 본성, 실체 없음의 상태이다.

*존재의 본성: 자성自性, 일어나고 사라지는 생멸의 공성空性, 공空, 성성적적惺惺寂寂, 적적성성寂寂惺惺, 있는 그대로와 같다.

땅에서 넘어진 자는 땅을 의지해서 일어나야 한다. 수행도 '나'라는 몸과 마음을 의지해서 바른 알아차림으로 몸과 마음을 만드는 번뇌를 끊어야 한다. 업의 형성을 막아서 다시는 업의 생성물을 만들지 말아야 한다는 것이 불교의 가르침이다.

해야 할 일대사—大事에 종지부를 찍는 노력이 알아차림이며, 알아차림은 번뇌제거법인 동시에 깨달음의 가르침에 대한 불교실천이다.

2. 그대들도 나처럼 이 길로 오라

'나는 누구인가?'라는 명제를 화두로
살아온 그에게 마침내 때가 왔다.

  궁중에서 라훌라의 탄생 파티가 밤
늦게까지 계속되다가 모두들 깊이 잠
든 새벽녘이었다. 싯다르타는 그때 시
종 찬나가 끄는 애마 칸다카를 타고
카필라왓투의 왕궁을 나왔다. 그리고
먼동이 틀 무렵이 되어 아노마 강변에
다다랐다.

  싯다르타는 말에서 내려 허리의 칼을 뽑아 스스로 치렁치렁한 머
리카락과 수염을 잘랐다. 그리고 몸에 지닌 장식품들을 풀어서 찬나
에게 건네며 가족들에게 전하라고 이른 뒤 곧바로 구도의 길을 나섰
다. 이 날이 B.C. 593년 2월 8일이다.

  깊은 숲속에 자리를 잡은 그는 며칠을 금식하며 마음을 한곳에 모
으려고 애써 보았다. 그러나 번거로운 기억들이 그의 머릿속을 어지
럽혔고, 또 진리를 빨리 깨달아야겠다는 조급한 의지로 마음이 쉽게
가라앉지 않았다.

  그렇게 번거로운 나날을 보내다 단식을 풀고 처음으로 탁발을 나

갔을 때였다. 누군가가 그곳에서 멀리 떨어지지 않은 곳에 고행의 고수 '바가바'라는 구도자가 많은 제자들과 함께 정진하고 있다는 사실을 전해 주었다.

바가바는 그의 제자들과 함께 극기의 고행을 하였는데, 일반 수행자들은 감히 흉내 내기 어려울 정도였다. 가시넝쿨 위에서, 쓰레기더미의 역겨운 냄새 속에서, 벌겋게 타오르는 불꽃 옆에서, 한쪽 다리로 몇 날 며칠을 서 있는 고행자도 있었다. 또 한쪽 팔을 들고 몇 날 며칠을 앉아서, 발가벗은 채 종일 물구나무로 서서 수행하는 등 여러 가지 고행으로 참을 수 없는 고통을 견디며 정진하고 있었다.

"왜 이런 고행으로 정진해야만 하나요?"

"이 고행을 통해서 즐거움을 얻을 수 있는가 하면 궁극적으로 천상에 태어나게 된다네."

'만약 천상에 태어나더라도 천상의 즐거움이 다하면 다시 인간계나 다른 세계에 태어나지 않을까? 이와 같은 고통 속으로 되돌아오지 않을까? 천상에 태어난다는 것을 어떻게 보장받을 수 있을까?'

이와 같은 회의懷疑와 더불어, 행법에 대한 그들의 대답은 고타마로서 금방 믿고 따를 수 없었다.

그때 그들 가운데 한 사람으로부터 "영혼불멸론의 창시자 '알라라 칼라마'라는 선인이 카필라왓투 남쪽 베샬리 근교에서 많은 제자들과 함께 정진 지도하고 있다."는 말을 전해 들었다. 고타마는 몇 개의 강을 건너고 산을 넘어야 닿을 수 있는 곳으로 향하였다.

싯다르타가 코끼리처럼 평화롭고 황소처럼 안정된 걸음걸이 자태를 하고 있는 것을 성루에서 한참 동안 지켜보는 사람이 있었다. 바로 빔비사라왕이었다. 그가 신하와 함께 싯다르타를 찾았다.

"그대는 무슨 부족의 어떤 계급입니까?"

"예, 출가 전에는 석가족의 태자로서 저 히말라야 남쪽 기슭에 있는 석가국의 수도 카필라왓뚜 궁에서 살았습니다."

"그대는 아직 머리가 검고 건장한 젊은이요. 이렇게 젊은데 벌써 출가를 하였다니…… 차라리 나를 도와 국정을 보는 것이 어떻겠소?"

"뜨거운 햇빛이 있으면 서늘한 달빛이 있듯이, 나고 죽음의 고통이 있다면 죽지 않는 열반도 있으리라 믿습니다. 그 법을 찾는 것이 저로서는 무엇보다 시급하다고 생각합니다."

"아하! 그대와 국사를 함께할 수 없음은 아쉽지만 그대의 뜻 또한 거룩하오. 사문이 만약 그 법을 찾게 되면 훗날 나에게도 꼭 일러주시오. 그때를 기다리리다."

판다바 언덕에서 빔비사라왕과 만난 이후 고타마는 얼마 지나지 않아 알라라 칼라마를 만나게 된다. 그는 자아를 강조하면서 영혼이 육체를 벗어나는 것이 해탈이라며 영혼불멸론靈魂不滅論을 주창하던 정신적인 지도자였다.

사문 고타마는 다른 수행자들이 따를 수 없는 열정으로 밤잠도 자지 않고 용맹정진으로 5~6일마다 자신의 체험에 대한 조언을 듣기 위해 스승을 찾았다.

그리고 오래지 않은 기간에 비록 마음과 집착은 완전하게 이해하

지 못했으나 과거와 미래의 집착에서
는 벗어날 수 있었다.

그때 처음 느껴지는 환희를 체험하
며 몇 주일 후 집착하는 마음도 이해
할 수 있었다. 마치 눈, 귀, 코, 입, 몸
의 감각들이 완전히 마비된 듯, 또 깊
은 호수 속에 잠긴 듯했다. 괴롭지도
즐겁지도 않으며, 아예 존재하지 않는
것 같은 경지에 이르게 되었다.

마침내 "유한有限한 물질적 세계를 뛰어넘어, 무한無限한 정신적 세
계에서 모든 존재의 근원을 이해하게 되리라."는 알라라 칼라마의 최
고경계인 무소유처정無所有處定까지 이르게 되었다. 무색계 3선정의
경계였다.

'그러나 이 법은 나를 갈애에서 벗어나는 경계로, 괴로움이 사라진
적정처로, 궁극적인 행복의 깨달음에는 이끌지 못하는구나!'라고 생
각했다.

그리고 고타마는 라자가하에서 멀지 않은 한적한 숲속에서 "전생
의 업에 의하여 영혼이 몸만을 바꿔가며 태어난다."는 영혼전생론靈
魂轉生論을 믿으며 많은 제자들을 이끄는 라마의 제자 '웃다카 라마풋
다'라는 또 다른 스승을 찾았다. 그곳에서 역시 생각을 초월하고 순수
마음의 상태인 생각도 생각 아님도 아닌 비상비비상처非想非非想處의

경지에 이르는 가르침을 비상한 노력으로 길지 않은 동안에 성취하게 되었다.

그러나 그가 이른 무색계의 최고 선정인 4선정의 경계 역시 생사를 여의는 깨달음의 경계에 이르지 못했음을 알았다.

고타마는 신에게 제사를 올림으로써 "갈망이 사라지는 지혜가 일어나지는 않을까?" 하는 생각으로 브라만의 사제司祭를 찾아가기도 했다. 그러나 그들이 주관하는 제단에서 벌어지는 생명들의 잔인한 희생은 처음부터 전혀 받아들일 수 없었다.

보다 완전한 스승을 찾아 베샬리를 헤매던 어느 날, 그는 무릎을 치며 크게 뉘우쳤다.

'유명하다고 하는 스승들은 전부 어둠에 가려져 있어 마치 장님이 장님을 인도하듯 모두를 더욱 더 깊은 무명無明의 어둠 속으로 빠져들게 하고 있구나. 세간의 지식을 건네는 것이라면 불완전한 스승이라도 가능하지만 진리의 세계에서만은 불가능한 일이다. 완전한 스승이 없으니 내 자신을 의지할 수밖에 없구나. 그렇다! 내 스스로 깨달아야 하겠구나!'

라는 생각에 이르렀다. 비로소 자신의 존재가 새로워짐을 깨달았다. 스승을 가장 가까운 곳에 두고 먼 곳을 찾아 헤매던 일이 오히려 큰 어리석음으로 느껴졌다.

해탈을 위해 성스러운 구도의 길을 추구하던 그는 비록 스승의 최고 경지에 이르렀다고 하더라도 자신의 목적이 충족되지 않는 한 결

코 한 순간도 더 머무를 수
없었다.

왕궁을 나선 지 여섯 해
가 가까워서야 이런 느낌
들이 새롭게 부각되었다.
이제 스스로 조용히 정진
할 곳을 찾던 중 우루벨라
근교 네란자라강이 잔잔하게 흐르는 가야伽倻라는 곳에 이르렀다.

숲은 쾌적하고 물은 맑으며
강변은 아름답고 마을은 멀지 않아서
정진하는 수행자에게
사랑받을 만한 곳이구나.
이제 일체 번뇌를 멸하지 않고는
이 자리를 뜨지 않으리라.

싯다르타는 결심을 다지면서 맑은 물이 흐르는 네란자라 강변의
커다란 피팔라나무 아래에 자리를 잡았다. 많은 수행자들이 싯다르
타에 대한 믿음과 기대감에 가득 차 근처에다 자리를 함께했다.

"우리들이 오랫동안 정진을 해왔지만 스승의 경지에는 미치지 못
했다. 그런데 이 젊은 행자는 짧은 기간에 스승과 같은 경지에 이르고
도 만족하지 못해 더 높은 경지를 향해 수행하고 있지 않은가? 그는
반드시 최고의 지혜를 성취할 것이다."

이들이 바로 웃다카 라마풋다의 제자들로서 다섯 수행자인데 콘단냐, 마하나마, 밧디야, 왓포우, 앗사지 등이다. 이들은 싯다르타의 뒤를 따르기로 맹세했다.

'마음과 몸을 쾌락에 맡기고 탐욕과 집착에 묶인 채 겉으로만 수행하는 척하는 이들은 젖은 나무를 비벼서 불을 일으키려는 것과 다르지 않다. 몸과 마음이 탐욕과 집착을 떠난 상태에서만이 고행을 통해 최고의 경지에 이를 수 있을 것이다.'

싯다르타는 참담한 고행을 시작했다.

당시 인도의 고행자들이 수행해 오던 방법들 가운데 가장 어렵다는 전통 고행방법들이었다. 즉, 음식을 거의 먹지 않고 잠자는 것도 잊은 채 겨우 띠엄띠엄 쿠아바 열매에서 나오는 몇 모금의 물로 생명을 잇는 것이다. 호흡을 멈추거나 음식을 끊거나 하는 고행은 어느 누구도 따르지 못할 정도로 가혹한 고행이었지만 싯다르타는 그것을 멈추지 않았다.

호흡을 멈추거나 음식을 끊는 고행 등 그 당시 어느 누구도 따르지 못할 만큼의 가혹한 고행을 하였으나 구경究竟의 깨달음은 얻지 못하였다.

이때 마라들*이 그렇게 고행하지 말고 향락을 누리라고 유혹하면서

*마라마군: ① 육욕, ② 악의, ③ 기갈, ④ 갈망, ⑤ 방일, ⑥ 공포, ⑦ 의심, ⑧ 아집, ⑨ 명예, ⑩ 자찬타방 등이다.

시끄럽게 굴었다. 그의 눈은 움푹 들어가고 뺨은 가죽만 남은 채 뼈만 앙상한 해골로 변해 죽지 않고 살아 있다는 것이 이상하게 느껴질 정도였다. 그러나 이렇게 혹독한 고행이 어느 정도 선정증득에 보탬은 될지언정 그가 근본적으로 갈구하는 깨달음이나 번뇌의 불꽃을 끌 수는 없었다.

생사를 초월하는 문제는 풀지 못한 채, 한때 다른 수행자들이 하는 고행을 비웃었던 생각이 떠오르기도 했다. 향락을 누리는 것도 하나의 극단인 것처럼 지나친 고행도 하나의 극단이라는 생각이 들었다. 오히려 고행을 하면 할수록 해탈이라는 목표는 점점 더 멀게만 느껴졌다.

그때 자신이 여섯 살이 되던 해의 농경행사農耕行事 때 농부들의 첫 밭갈이를 지켜보다가 염부수나무 아래에서 모든 욕망과 격정을 잊었던 일이 생각났다. 고행과 쾌락이라는 자기부정의 양극단을 버리고 오직 깨어 있는 마음을 일으켜 적정을 즐기며 잠시 환희(초선정)에 이르렀던 기억을 돌이켜 보았다.

아~! 곧 깨달음의 길은 그런 것이 아닐까?
나는 왜 행복을 눈앞에 두고 무엇이 두려워 망설이는가.
육체를 괴롭히는 것은 오히려 육체에 집착하고 있는 것
육체를 괴롭히기보다는 차라리 그것을 청정하게 함으로써
마음의 고요함을 가져올 수 있지 않을까?
비파의 줄이 너무 팽팽하면 끊어지고 느슨하면 소리 나지 않듯이

욕망의 탐닉은 정신적인 발전을 더욱 더 어렵게 하고
자기 부정적인 고행은 지성적인 능력을 약화시킨다.
물질의 세계를 넘어 존재하는 무한한 세계,
무한의식의 세계, 무상의 세계 등에 이르려면
수행의 즐거움에서 초월해야만 하는구나.

지금까지의 고행에 대한
회의가 일어나기 시작하면서
지난날의 경험을 돌이켜 회
상하며 크게 뉘우쳤다.

그는 지금까지의 고행을
멈추고 지나치게 지쳐버린
육체를 회복하기 위하여 네
란자라강으로 내려갔다. 맑은 물에 몸을 씻다가 체력이 다하여 더 이
상 버틸 수가 없어 물가로 나오던 중 쓰러지고 말았다.

그때 목신에게 우유공양을 올리려고 그곳을 지나던 우루벨라 촌장
의 딸 수자타가 거의 초절한 고타마의 안타까운 모습을 보고 우유를
건넸다.

오랜만에 혀에 닿는 우유의 맛은 비길 데 없이 감미로웠고, 그것을
마신 그는 새로운 희망과 기운이 솟아올랐다.

한편 멀리서 이 광경을 지켜보고 있던 콘단냐 등 다섯 수행자들은
"그토록 고행을 쌓고도 깨달음의 경지에 이르지 못했음에도 불구하

고 소녀가 주는 감미로운 우유를 받아 마시다니, 고타마는 이제 한계에 다다라서 수행을 포기했구나! 더 이상 기대할 수 없는 어리석은 이와 함께할 수 없다."라며 베나레스의 교외에 있는 한적한 이시파타나의 녹야원으로 떠나 버렸다.

3. 공성을 보다

구도자 고타마는 물이 잔잔하게 흐르는 강가의 피팔라나무 아래에 한 줌의 쿠사풀(吉祥草)을 깔고 단정히 앉아 끓어오르는 열망과 집착을 여의고 마음을 모았다.

자신을 구성하고 있는 몸과 마음의 대상들인 느낌과 법을 차례로 알아차려 나가기 시작했다. 몸과 마음, 느낌, 법法 등 4가지 요소이다.

싯다르타는 몸을 꿰뚫어 보기 위해 마음을 한곳으로 모아 알아차리는 동안 일체가 사라졌다가 또 일어남을 보았다.

몸의 모든 부분이 연속적으로 흐르는 탄생과 죽음의 강에 모인 물방울과 같은 것이었다. 몸의 어느 것 하나 변하지 않고 일어나고 사라지지 않는 것이 없음도 보았다.

그리고 다시 마음을 모아 알아차리니 마음과 느낌과 법 역시 끊임없이 일어나고 사라지는 실체 없음(空性)을 이해하게 되었다.

괴로움의 근원인 욕망과 분노가 어리석음*에서 비롯됨도, 또 해탈을 위해서 무명의 어둠 속을 뛰쳐나와 직접 체험해야 함도 깨달았다.

지난날의 고행은 실로 괴로움을 참는 것이었으나 피팔라나무 아래에서의 경험은 존재의 본성(空性)을 발견하는 즐거움의 연속이었다. 자신의 몸과 마음과 느낌과 법을 깊은 선정을 통해 봄으로써, 일체가 일어나고 사라지고 또 일어나는 연속성의 공성空性을 확실하게 보았다.

이 공성을 볼 수 있는 바른 알아차림은 실재를 '있는 그대로' 객관화하는 것이다. 그것을 실천 반복함으로써 불성佛性이 밝아져 번뇌를 차단하고 업의 형성을 막는 것이다. 즉 업의 생성이나 재생을 끝내는 열반으로 괴로움을 종식시키는 불교수행법이다.

싯다르타는 일체 번뇌가 되는 다섯 가지 장애(五蓋)*로부터 벗어난 법열法悅의 평화 속에서 초선정의 경지에 이르게 되었다.

*어리석음無智: 부처님께서 이르신 바 있다. "괴로움에 대해서 알지 못하고, 괴로움의 생성에 대해서 알지 못하고, 괴로움의 소멸에 대해서 알지 못하고, 괴로움의 소멸로 이끄는 길에 대해 알지 못하는 것을 비구들이여! 어리석음이라고 하니라."

*5개五蓋: 일체 번뇌. 감각적인 욕망, 악의, 혼침과 해태, 들뜸과 회한, 회의와 의심 등 천태지자의 25방편 가운데 다섯 가지 버림(棄五蓋)으로 제시된 것과 같다.

거기에서 마음의 집중을 더욱 기울여 내적인 평화와 평등심 속에서 나타나는 만족과 행복감을 처음 느끼게 되었다. 그때 보다 깊은 선정의 경계를 향하는 동안 집중된 마음이 멎는 곳에는 평온과 환희와 넘칠 것 같은 기쁨이 충만하였다. 두 번째 선정이었다.

얼마 지나지 않아 행복의 충만감은 사라졌지만 정진을 멈추지 않았다.

계속해서 침착하고 냉정하게 간단없는 마음을 챙겨 봄으로써 평화 속에 머무는 상태의 세 번째 선정으로 접어들었다. 평등심으로 마음이 집중된 상태에서 오직 지켜만 볼 수 있는 법열을 느낄 수 있었다.

이런 현상들을 체험한 싯다르타는 드디어 기쁨이나 행복감 같은 것을 초월하여 선과 악, 아름다움과 더러움, 기쁨과 슬픔, 옳음과 그름 등 일체 시비에서 모든 번뇌를 떨쳐버렸다. 행·불행에서 벗어나 평정심의 깨어있음으로 평화 속에 머무는 네 번째 선정에 다다랐다.

해탈의 극점인 청정하고 순일한 선정으로 자신의 전생에 대해 기억을 더듬어 챙겨 보았다. 한 번의 삶, 두 번의 삶, 세 번의 삶…… 수천 번의 삶을 또렷이 기억해서 볼 수 있었다.

세상이 수천 번 변화하는 과정들에서 우주의 수축과 팽창과 개벽해 온 과거의 과정들을 계속해서 회상할 수 있었다.

언제 어디의 어느 가문에 무슨 이름으로 태어났는지, 자신의 모습은 어떠했고, 가족은 누구였으며, 어떻게 살았는지 또렷이 보였다.

여러 가지 선과 악을 경험하며 어느 곳에서 삶을 거두었고, 그리고 다른 삶으로 이어져 왔던 전생의 기억들을 생생하게 돌이킬 수 있었다.

이때가 네란자라 강물에 목욕을 하고 다시 피팔라나무 아래에 자리 잡은 지 얼마 지나지 않은 초경初更에 떠오른 첫 번째 숙명통의 경

계였다.

　이어서 그가 보다 강화된 집중력으로 면밀하게 알아차려 나가는 동안 무명의 어둠은 사라지고 지혜의 광명이 비쳤다.

　인간의 눈을 초월하는 불성의 직관력으로 뭇 존재들의 생사가 자세하게 드러났다.

　중생들의 비천하고 고상한 모습들을 비롯해서 아름답고 추한 모습들과 행복하고 불행한 모습들을 낱낱이 챙겨볼 수 있었다.

　뭇 삶들은 자신들이 지은 행위에 의하여 어떻게 환생하는가를 이해할 수 있었다.

　어떤 중생은 행위나 말, 그리고 생각이 바르지 못하여 삶을 다한 뒤 몸은 해체되지만 그들은 하계를 향해서 지옥까지 갔다.

　어떤 생명체들은 행위나 말, 그리고 생각들이 성스러워 삶을 다한 뒤 천상에까지 오르는 등 모든 존재들이 자신의 지은 업연대로 과보의 삶을 받는 인과응보의 이치를 확연하게 알아차리고 깨닫게 되었다.

　이경二更에 두 번째 지혜단계인 천안통의 경계에 이르렀다.

　이어서 괴로움(苦)의 소멸을 위한 알아차림으로 마음을 모아 정진하는 동안 마침내 고의 모습을, 고의 원인을, 고의 소멸을, 고의 소멸에 이르는 길을 있는 그대로 여실하게 알게 되었다.

고의 원인과 사라짐에 대해서 12연기를 순서대로, 또 역순으로 진리의 흐름을 챙기는 동안 네란자라강 저 너머로 먼동이 트기 시작했다. 그의 얼굴에는 일찍이 볼 수 없었던 평화와 자신에 넘치는 밝은 빛이 깃들기 시작했다.

아! 이것이 있으므로 저것이 있고
이것이 생하므로 저것이 생하는구나!
이것이 없으므로 저것도 없고
이것이 멸하므로 저것이 멸하는구나!
(此有故彼有 此生故彼生 此無故彼無 此滅故彼滅)

마지막 새벽의 먼동이 트기 직전인 삼경에 세 번째 인과의 진리를 꿰뚫는 누진통의 경계가 열리면서 드디어 모든 번뇌로부터 해탈하여 대자유인이 되었다.

이것이 괴로움(苦)이다.
이것이 괴로움의 일어남(集)이다.
이것이 괴로움의 소멸(滅)이다.
이것이 괴로움의 소멸로 가는 길(道)이다.

라고 고집멸도苦集滅道의 4성제를 깨달아 누진통을 얻고 이제 '해야 할 일'을 마쳤다.

그때가 B.C. 588년, 부처님의 나이 35세, 음력 12월 초여드레*이다.

한량없는 세월의 생사윤회 속에서
집을 짓는 자가 누구인지 알려고
찾아 헤매고 헤매다 찾지 못하여
계속해서 태어났나니 이는 고통이었네.
아! 집을 짓는 자여! 내 이제 너를 보았으니
너는 이제 더 이상 집을 짓지 못하리라.
이제 모든 서까래는 부서졌고 대들보는 산산조각났으며
나의 마음은 열반에 이르러 모든 욕망 파괴되어 버렸네.
(법구경 153게송)

＊성도일: 원시경전에서는 4월 15일
  이다.

4. 보리수 아래에서

싯다르타는 29살에 왕궁을 떠나 생사 없는 진리를 찾아 헤매던 끝에 더 없는 최고의 진리를 깨닫게 되었다. 괴로움에서 벗어나는 바른 알아차림의 실천으로 해탈열반을 성취한 대자유인이 되신 것이다.

이로써 구도자 고타마는 바르게 깨달은 사람, 정등각자인 석가세존 부처님이 되시고, 피팔라나무는 깨달음의 나무로 보리수라고 불리게 되었다.

부처님은 첫째 주가 시작되는 다음날부터 보리수 아래 금강좌에서 한 자세로 아라한과의 선정에 들어 해탈의 법락 속에서 일주일을 지내셨다. 일주일이 지나는 초야에 깊은 선정에 들어 12연기를 순·역으로 챙겨보신 뒤 게송을 읊으셨다.

진리가 여실하게 드러나는 그 순간에
모든 의심이 사라졌나니
원인이 되는 법을 알았기 때문이어라.

그것을 없애는 것을 알기 때문이어라.
마치 태양이 하늘을 밝게 비추듯이.

둘째 주는 보리수 아래에서 40자 거리 동북쪽 언덕에서 깨치신 법을 스승으로 존경하리라고 결심하셨다. 그리고 그동안 자신을 보호해준 깨달음의 나무 보리수에 자비심으로 눈을 감지 않고 반개半開한 채 나무만을 응시하며 선정에 들어 지내셨다.

현재 그 자리에는 아니미살로짜나 탑이 세워져 있다.

셋째 주에는 다시 보리수나무 아래로 돌아오셔서 머물자 천인들이 '부처님이 완전하게 깨닫지 못해서 보리수 아래로 다시 오신 것'이라고 생각하고 그의 깨달음을 의심하였다. 그러나 부처님은 그 어떤 번뇌도 일어나지 않았으므로 마하 보리수와 삿따하 언덕 사이를 경행하며 지내셨다.

넷째 주에는 보리수에서 서북쪽 60자 거리의, 천인들이 칠보로 만들어 보시한 라따나가라에서 지내시며 아비담마의 빳타나를 염하실 때는 온몸에서 6색이 방광되었다.

다섯째 주 역시 보리수 아래에서 법락에 젖어 계실 때 자만심 강한 홍홍가라는 바라문이 '아라한이 되는 조건'에 관해 질문을 하자 "자만심이 없고, 번뇌로부터 자유롭고, 자신을 제어하고, 진리에 밝고, 거룩한 삶을 영위하는 이를 아라한이라 한다."고 하셨다.

『본생담本生談』에 의하면 이 기간에 마군 빠삐만의 딸들인 탄하, 아

라띠, 라가가 부처님을 유혹
하려 했으나 결국 실패했다
고 한다.

여섯째 주에는 보리수에서
남쪽으로 60자 거리에 있는
무짤린다 나무 아래에서 선정에 들어계실 때 7일 동안 큰 비가 내렸
는데, '무짤린다'라는 용왕이 부처님의 몸을 7번 감고 자신의 목을 우
산처럼 부풀려 부처님의 머리에 비가 닿지 않도록 씌워드려 선정에
방해받지 않도록 하였다.

일곱째 주에는 보리수 서남쪽 44자 거리의 라자야따나 나무 아래
에서 역시 법락을 즐기시던 마지막 날에 제석천이 세숫물을 올리면
서 법을 청했다. 이를 권청설법이라고 한다.

내가 깨달은 이 법은 너무나 심오하고 오묘해서
논리의 영역 밖에 있으므로 매우 이해하기 어렵다.
단지 청정한 지혜에 의해서만이 이해할 수 있다.
모든 존재들은 물질적인 즐거움에 집착해 있으므로
서로 의존해서 일어나는 연기법은 매우 난해하다.
조건 지어진 것의 소멸로 갖춰지는 해탈 깨달음은
쉽게 이룩되는 문제가 아니다.
만약 이 법을 일러주면 나를 이해하지 못할 것이다.
오히려 나를 원망하고 미워하며 싫증나게 할지도 모른다.

어렵게 깨달은 이 진리를 세상에 내어놓기는 쉽지가 않구나.
탐욕과 증오에 의해서 지배되는 이에게는 더더욱 난해하다.
욕망에 묶인 이들은 무명의 어둠에 가려 참 진리를 볼 수 없으리라.
이 진리는 흐름을 거스르는 미묘한 법으로서 이해하기가 쉽지 않다.

(M26)

당시에는 자신의 존재에 대해서 "신으로부터 창조되었다. 아니다"라는 창조론과 비창조론의 영혼불멸법인 상견과 유물단멸법인 단견이 양립해 있었다. 이때 부처님은 이것도 저것도 아닌 '무아연기법'을 깨달으신 것이다.

당시의 시류를 거스르는 역류문逆流門*으로 향하는 심오한 법을 내어놓는 것에 난색을 표하지 않을 수 없으셨다.

사실 모든 사람들이 자신(我)을 전제해서 사상이나 논리를 세워 나가던 때에 무아無我라는 말을 입에 올린다는 것은 정말 난해하지 않을 수 없었을 것이다.

*역류문: 일번적인 관념이나 논리, 관습이나 전통적인 세상사의 흐름을 거슬러 향하는 비상식적, 비논리적, 초월적인 해탈의 문이다.

*제석천: 사함빠띠, 범천으로 불리는 기독교에서 하느님, 이슬람교에서 알라, 힌두교에서 브라흐마 등으로 칭한다.

*설법권청: 요즘 청법게나 청법가의 시원이 된다.

부처님은 이 가르침이 너무 심오하고 어렵기 때문에 이해하기가 어려워 진리를 설하는 것이 쉽지 않을 것이라고 전법에 난색을 표하자 제석천*이 부처님의 속내를 알아차리고 3번 법청*을 하게 된다.

오! 거룩한 이여, 법을 설하여 주십시오!
그들 가운데 눈에 먼지가 덜 낀
존재들이 반드시 있을 것입니다.
오! 거룩한 이여, 법을 설하여 주십시오!
그들이 법을 듣지 못하면 거룩한 법이
곧 사라져버릴 것입니다.
오! 거룩한 이여, 반드시 법을 이해하는
이들이 있을 것입니다.

그렇구나! 여기 붉고 푸르고 흰 연꽃들 중
어떤 꽃은 물에서 나서 물속에서
자라 물에 잠긴 채 잘 자라고,
어떤 꽃은 물에서 나서 물위에 떠
서 잘 자라고,
어떤 꽃은 물에서 나서 물위로 솟
구쳐
물에 젖지 않고 잘 자라는구나.
내 이제 법을 설하리라.
귀 있는 자들은 들어라.
불사不死의 북을 울릴 것이다.

제석천의 3청三請은 불교가 세상에 처음 드러나는 계기가 되었다.

이렇게 7주가 지날 무렵에 따뿌싸와 발리까라는 형제 상인이 옥깔라빠에서 우루벨라의 붇다가야까지 가던 중 부처님을 만나 꿀과 곡물가루로 뭉쳐진 떡을 만들어 공양으로 올렸다.

그때 부처님에게는 발우가 없었기 때문에 4천왕이 각각 발우* 한 개씩을 올렸지만 네 개를 포개어 하나로 만드신 후 그들의 공양물을 받으셨다.

그때 형제 상인은 불·법의 2귀의二歸依계를 받는 불교사상 첫 재가신자가 되었다.

이제 누구에게 제일 처음 이 법을 설할 것인가, 생각하던 중에 예전 무소유처정을 닦았던 알라라 칼라마를 떠올리셨다. 그러나 그는 이미 죽었음을 알게 되었고, 다시 비상비비상처정을 닦았던 웃다카 라마풋따를 생각했으나 역시 며칠 전에 죽었음을 알게 되었다. 그래서 얼마 전까지 고행을 할 때 함께했던 다섯 도반들을 생각하며 녹야원으로 향했다.

도중에 사명외도邪命外道*인 우빠카Upaka가 부처님의 범상치 않은 걸음걸이와 자태를 보고 멀리서부터 따라와 심각하게 물었다.

*발우: 4개를 포갠 것처럼 옛날의 발우에는 위로 3선이 그려져 있다.
*사명외도: 아지바카Ajivaka, 옷을 입지 않는 수행자인 초기 자이나 교도를 가리킨다.

"벗이여, 그대의 감관은 매우 깨끗하고 모습은 아주 밝소. 그대는 누구를 스승으로 해서 누구의 법을 따릅니까?"

그때 부처님께서 말씀하셨다.

"나는 스스로 탐진치의 사슬을 끊고, 스스로 모든 것(5蓋)을 이기고, 스스로 모든 것(10結)을 여의고, 스스로 모든 것(4諦)을 깨달아 해탈하였소.

스스로 깨달았기 때문에 내게는 스승이 따로 없고 나와 동등한 사람도 또한 없다오. 신들을 포함하여 이 세상에 나와 견줄 이는 아무도 없다고 생각하오. 나는 이제 아라한阿羅漢이오.

법의 수레(法輪)를 굴리기 위해 카시바라나시로 가오. 캄캄한 이 세상에 불사의 북을 울리려 하오."

우빠카가 다시 말하였다.

"벗이여, 그대의 말대로라면 당신은 무한의 승리자이군요."

부처님이 다시 대답하셨다.

"일체 번뇌를 끊을 수 있는 이들은 나와 같은 무한의 승리자라오. 즉, 해야 할 일대사를 마친 자로, 온갖 번뇌를 물리치고 이겼소. 나는 윤회에서 벗어난 승리자라오."

"벗이여, 그럴 수도 있겠군요."

그는 머리를 가로 저으면서 다른 길로 가 버렸다.

그의 눈높이로는 부처님의 진면목을 알아볼 수 없었다.

다섯 도반들은 부처님이 오시는 것을 멀리서 바라보았다. 그들은 서로 부처님에게 인사도 건네지 말고 시중도 들지 않기로 약속했다.

그러나 부처님이 가까이 이르시자 위엄에 압도되어 자신들도 모르게 정중히 모시지 않을 수 없었다. 그들이 부처님을 "벗Auso!*이여"라고 부르자 부처님은 "이제부터 그렇게 부르지 말고 법을 본 선배로 칭해 주게." 하시며 4제를 펼쳐서 일러주셨다. 그때 부처님의 깨달음을 확신한 다섯 도반들은 처음으로 "존자님Bhante!" 하고 부르며 받들었다.

그때 부처님이 다섯 도반에게 설하신 최초의 법문이 초전법륜初轉法輪이다. 이 법문 끝에 제일 먼저 꼰단냐가 수다원의 경계에 이르렀다. 다섯 수행자 중 세 사람이 탁발하러 나가는 동안 두 사람은 가르침을 듣고, 두 사람이 탁발하러 나가면 세 사람은 가르침을 들었다. 며칠 지나지 않아 차례로 밧디야, 와빠, 마하나마, 앗싸지 네 명 모두 부동지의 수다원과에 이르렀다.

부처님은 그들이 모두 수다원과에 이르렀음을 보시고 다시 『무아경』을 설하셨는데, 모두가 해야 할 일을 마친 아라한이 되었다. 이렇게 4제四諦와 8정도八正道를 일러주시면서 알아차림의 중도행법을 열어 보이셨다. 그리고 부처님께서 말씀하셨다.

"이제 이 세상에 여섯 아라한이 탄생하였다네."

*아우소: 친구, 도반, 벗을 일컫는다.

5. 여섯 아라한과 3보

부처님은 당신을 포함해 여섯 아라한이 탄생되었다고 선언하셨다. 그리고 며칠 뒤 새벽에 밖을 거니시다 좌선하고 계실 때였다.

"아! 세상은 재앙이다. 아! 세상은 재난이다. 아! 세상은 말세다."

목소리의 주인공은 그 지역 부호의 아들 야사였다. 그는 매우 호사로운 생활 속에서 오욕락*에 빠져 지냈다. 그가 어느 날 여흥을 즐기고 나서 유녀遊女들의 잠든 모습을 지켜보다가 애욕에 환멸을 느껴 뱉은 말이었다. 부처님은 야사가 하는 말을 듣고 이르셨다.

"젊은이여, 여기에는 재앙도 재난도 말세도 없다. 이리 와서 앉아라. 그대에게 법을 일러주리라.

베풀며 도덕적인 삶만 살아도 천상에 나게 되느니라(施戒生天). 욕심에서 환난과 공허함과 많은 번뇌가 일어난다. 욕심만 내려놓으면 번뇌가 일어나지 않으므로 금방 평화롭게 되느니라."

부처님은 야사가 마음의 준비가 되어 있고 법을 쉽게 이해할 수 있으며 번뇌에서 벗어나 가르침을 따르려는 것으로 보셨다. 그래서 고집멸도苦集滅道의 4제도 일러주셨다.

*오욕五欲: 재물욕, 색욕, 식욕, 수면욕, 명예욕이다.

때가 묻지 않은 흰 천이 잘 염색되듯이 야사는 그 자리에서 번뇌를 멀리 여읜 법안法眼을 열며 '인연되어진 것은 모두 소멸한다'는 것을 깨달았다.

날이 밝아 아들이 없어진 것을 뒤늦게 알고 찾아 나선 야사의 아버지가 부처님이 계시는 곳에 와서 야사를 보지 못했느냐고 물었다. 부처님은 야사의 아버지에게 먼저 자리에 앉으라고 권하고서 야사에게 하셨던 대로 차례차례 이르셨다.

그때 야사의 아버지 장자는 법을 찾았고, 법을 보았고, 법을 꿰뚫어 이해하게 되었다. 모든 의심에서 벗어나 망설임이 제거되었고, 두려움이 사라져 불법 외에 다른 그 무엇도 의지할 필요가 없음을 깨달았다. 장자는 부처님에게 서원했다.

"저는 이곳에서 세존에게 귀의하오며, 가르침과 부처님의 제자들에게 귀의합니다.

세존께서 저를 불제자로 받아 주십시오.

오늘부터 생명이 다할 때까지 3보를 의지해서 살겠습니다."

그리하여 장자는 삼귀의三歸依에 의한 최초의 남성 불제자가 되었다.

그런 한참 뒤늦게 야사가 앉아 있는 모습을 보았다.

장자는 아들을 보고 의외란 듯이 말했다.

"여기 있었구나. 야사야, 너의 어머니는 네가 보이지 않으니 슬픔에 빠져 있다. 어머니를 고통스럽게 해서

는 안 된다."

그때 부처님께서 말씀하셨다.

"당신의 아들 야사는 유학有學의 지견智見을 얻었으므로 다시는 세속으로 돌아가 예전처럼 애욕에 빠지는 일은 없을 것이오."

유학有學이란 사제四諦의 이치를 이해는 하였으나 아직 번뇌를 모두 끊지 못하여 지계와 선정과 지혜의 삼학三學을 계속 배워야 하는 사람을 말한다. 아라한은 더 이상 배울 것이 없기 때문에 무학無學이라 한다.

장자가 부처님께 말했다.

"세존이시여, 제 아들 야사의 마음에 집착이 사라져 모든 번뇌에서 해탈하였으니 그것은 그에게 유익한 일이며 큰 행운입니다. 세존이시여, 야사를 수종사문隨從沙門으로 삼아 주십시오. 그리고 제가 공양을 올리고자 하오니 허락해 주십시오."

장자가 떠나고 조금 후에 야사가 부처님께 사뢰었다.

"세존이시여, 저는 세존의 곁으로 출가하여 구족계를 받고자 합니다."

부처님께서 말씀하셨다.

"오라, 비구여! 내 이미 법을 설하지 않았느냐? 바르게 괴로움을 소멸시키고자 한다면 청정한 수행을 시작해야 하느니라."

야사는 구족계具足戒를 받은 며칠 뒤 아라한이 되었다. 그 뒤 장자의 공양청으로 수종사문이 된 야사와 함께 장자의 집으로 갔을 때 야사의 어머니와 그의 아내도 부처님의 법을 듣고 말했다.

"저희들은 이곳에서 세존께 귀의하오며, 법과 비구 승단에 귀의합니다. 세존께서는 저희를 제자로 받아 주십시오. 오늘부터 생명이 다할 때까지 삼보三寶를 의지하며 살겠습니다.”

그들은 삼귀의에 의한 최초의 여성 불자가 되었다. 더불어 야사의 가족 모두가 삼보에 귀의하는 첫 불제자 가정이 되었다.

야사와 절친했던 4명의 친구 비말라Vimala, 수바후Subahu, 뿐나지 Punnaji, 가밤빠띠Gavampati 등과 그들의 옛 친구들 50여명도 출가하여 모두 아라한이 되었다.

그때 부처님은 60명의 아라한들에게 이 세상 방방곡곡에 법을 전하는 전법만행을 선언하며 당부하셨다.

“많은 이들의 이익을 위해, 많은 이들의 기쁨을 위해. 한 길을 두 명이 가지 마라. 처음(戒)도 뛰어나고 중간(定)도 뛰어나고 끝(慧)도 뛰어난 이 법을 가르치라.”

그 이후 부처님께서 놀이를 나왔다가 기녀妓女들에 빠져 헤매던 30명의 젊은이들에게 “여자를 찾는 것과 자신을 찾는 것 가운데 어느 것이 더 중요한가?”라는 물음으로 제도하셨다.

또 가섭 3형제와 그들의 제자 1,000여명도 삼보에 귀의하게 하셨다.

훗날 지혜제일의 사리불과 신통제일의 목련존자를 비롯한 그들의 도반 200명 등 1,250여명을 아라한으로 이끌게 된 영산회상에서의 '산상설법' 역시 4제四諦의 가르침이었다.

부처님은 관능적인 삶을 동경하는 망상과 지속적으로 존재하려고 하는 갈망에서 풀려나, 자유와 해탈의 경계에서 우주가 자신이며 스스로가 진공의 우주임을 깨달으셨다.

부처님께서는 당신이 발견하신 알아차림의 행법으로 실천 수행하여 해탈지*에 이르신 뒤 게송을 읊으셨다.

아득한 옛날부터
지금까지 고통과 그 업에서 벗어나는
오직 한 길, 성스러운 팔정도이니라.
이 길은 여래가 만든 것이 아니라
많은 성인들이
이미 걸어간 옛길을 찾았을 뿐이니라.

불교의 교조가 되신 석가모니 부처님은 "내가 곧 신이다. 나는 신의 아들이다."라는 화신설이나, "훗날 이 세계가 어떻게 될 것이다."라는 계시설이나 미래를 위한 예언설 등에 의존하지 않고, 오직 평범한 인간본연으로서 수행을 통한 체험으로 이르신 깨달음의 길, 궁극적인 고통에서 벗어나는 길, 성스러운 알아차림의 중도가 해탈열반의 길이라고 제시하셨다.

*해탈지解脫智: 9차제정의 멸진정 또는 여래지이다.

제2장

깨달음의 길

1. 성스러운 알아차림

성스러운 알아차림의 가르침인『대념처경』가운데 번뇌와 업의 형성을 막기 위해서, 보이고 느껴지며 생각되는 대상에 일상적으로 화두처럼 붙여져 왔던 관념적인 명칭들을 묶어서 '이뭣꼬?'라는 단순화두로 통일하였다.

비록 자구字句로는 '이뭣꼬?'라고 기술하였지만 실제로 염송할 때는 '이뭣꼬?'의 단제單提로 '이~?'*만 염송하며 '뭣꼬'는 뜻으로 삼킨다.

물론 시작할 때는 달을 가리키는 부처님의 손가락처럼 관념이 따르는 명칭 붙이기로 시작해서, 이해가 되면 그 이후 '이~?'라고 염송하며 정진해야 한다.

언젠가 집중력이 강화되고 불성에 불이 켜지면 명칭이나 화두도 모두 버리고 직관直觀*만으로 일체가 알아차려지면서 무위법無爲法*의 삶으로 지난 업이 사라질 때까지 회광반조하며 지낼 때가 오게 된다.

그렇지만 우선 여기서의 화두염송은

*이~?: 장제長提인 "이뭣꼬?"를 단제單提 "이~?"로 해서, 육체적·정신적인 느낌이나 생각이 들 때 화두로, "이"는 마음속으로 염하고 "뭣꼬"는 뜻으로 새긴다.

불성에 불을 켜는 부싯돌처럼 알아차림의 도우미 역할을 한다.

불교란 해탈열반을 위한 도정이다. 집중력을 증득한 알아차림으로 번뇌를 차단하여 업의 형성을 막아서 업의 생성·재생이 없도록 하는 행법을 일러주는 것이 불교이다.

이 바른 알아차림(正念)의 정신작용 원리는 부처님이 발견하신, 생사윤회에서 벗어나는 이고득락의 메커니즘Mechanism이다.

* **직관**: 인식론상의 개념으로서 인식의 대상 그 자체를 기호나 상징, 화두나 명칭 등 어떤 것도 매개시키지 않고 직접적으로 파악하는 인식작용을 가리킨다. "있는 그대로"의 인식을 말한다. 직관의 대상은 지각과 감성적 인식이다. 불심을 보는 이 직관은 누구에게나 갖추어져 있다.

* **무위법**: 의도해서 행하여도 다음 생애의 생성 업이 되지 않는 조건 업에서 살아가는 행법. 조건 업은 이생에서 다음생으로 연결되지 않는 단순 업이다.

번뇌와 업의 문이 되는 이 바른 알아차림의 완전한 실현을 위해서 선행되어져야 하는 것이 마음집중이고, 이 마음집중을 강화하기 위해서 '이뭣꼬?'의 화두가 함께해야 한다.

그림에서 보여지듯이 대뇌의 감각령, 취상작용의 연합령, 의도하는 운동령, 인식하는 반응령 등의 뇌신경 세포인 뉴런Neuron의 돌기인 시냅스Synaps에서 일어나는 자기작용에서 업이 형성된다.

업이란 의도에서 비롯되는 사념확산과 반복되는 습관에서 관념을 만들고 인식·저장시키는 것이라는 게 불교에서 제시하는 업의 이론이다.

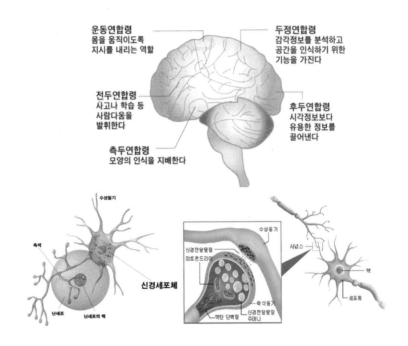

운동연합령
몸을 움직이도록
지시를 내리는 역할

두정연합령
감각정보를 분석하고
공간을 인식하기 위한
기능을 가진다

전두연합령
사고나 학습 등
사람다움을
발휘한다

후두연합령
시각정보보다
유용한 정보를
끌어낸다

측두연합령
모양의 인식을 지배한다

수상돌기

축색

신경세포체

수상돌기

신경전달물질
미토콘드리아

시냅스

핵

세포체

핵단 단백질

축색융기

신경전달물질
주머니

난세포

난세포의 핵

'이뭣꼬?'를 동반한 알아차림은 업을 막는 빗장이고 번뇌의 유입을 막는 차단막이다. 알아차림으로 업의 형성을 막아서 업의 생성이 되지 않으므로 재생이 없으니 다시는 태어남이 없는 열반*이다.

*열반涅槃: 산스크리트어의 '니르바나'의 음역, 본뜻은 '불어서 끄다, 불어서 꺼진 상태'를 뜻하며, 타고 있는 불을 바람이 불어와 꺼버리듯이, 타오르는 번뇌의 불꽃을 지혜로 꺼서 일체의 번뇌·고뇌가 소멸된 상태를 가리킨다. 적정의 절대평화, 절대행복의 상태를 해탈의 경계로 표현한다.

부처님이 괴로움을 직시해서 그 원인인 연기를 찾으시고, 열반으로 이끄는, 알아차리면 사라지는 마음 작용 원리를 발견하신 뒤, 계정혜의 세 도정道程인 해탈도를 포함한 4제의 도식이 정립되면서 불교가 개창되었다고 본다.

불교수행은 알아차림에 의한 지혜증득이며, 내 본성을 찾는 정신차림이라고 해서 "불교는 마음을 찾는 종교, 마음을 보는 종교, 마음을 바르게 쓰는 종교"라고도 한다. 마음을 찾아서 보고 알아차려서 바르게 사용하는 가르침인 것이다.

이 알아차림을 위해서 그 어떤 화두나 명칭을 붙여도, 사념확산 방지나 번뇌생성을 막기 위한 활용법이나 목적은 대소승을 막론하고 조금도 다르지 않다.

분말상태의 밀가루가 곧 빵이 될 수 없듯이, 번뇌로 분산된 마음상태에서 바른 알아차림이 될 수 없다. 분말상태의 밀가루로 빵을 만들려면 응집재凝集材인 물이 필수적이듯이, '알아차리면 사라진다'는 정념正念에는 분산된 마음을 하나로 모으는 정정正定이 필수적인 응집재가 된다.

마음의 응집재인 정정을 이끄는 '이뭣꼬?'가 함께하는 알아차림의 가르침은 다음과 같은 네 가지 요체로서 설해지고 있다.

첫째, 몸을 대상으로 호흡, 몸의 상태, 행동, 몸의 구성물 32가지, 몸의 구성요소 4대, 죽은 시체 등이다.

둘째, 느낌을 대상으로 정신적인 즐거운 느낌·괴로운 느낌·즐겁지도 괴롭지도 않은 느낌과, 육체적인 즐거운 느낌·괴로운 느낌·즐겁지도 괴롭지도 않은 느낌 등이다.

셋째, 마음을 대상으로 탐욕이나 성냄과 어리석음의 무지가 있는 마음과 없는 마음, 침체된 마음과 들뜬 마음, 평온한 마음과 산란한 마음, 우월한 마음과 열등한 마음, 집중된 마음과 집중되지 않은 마음, 해탈한 마음과 결박된 마음 등이다.

넷째, 법을 대상으로 5개蓋와 오온, 여섯 감역처와 7각지, 그리고 4성제 등이다.

이들을 각각 알아차림의 대상으로 체계적이고 도식화해서 일러주신 가르침이다.

부처님의 경전 말씀은 의사가 환자의 병세에 따라 제시하는 약방문이나 처방전처럼 각각 개인의 근기에 맞게 일러주신 대기설법對機說法이 대부분이었다.

그러나 이 『대념처경大念處經』*은 길을 찾는 이라면 누구에게나 필수적인 위성항법시스템인 GPS처럼, 불제자라면 누구라도 실수實修해야만 하는 중도中道의 기본 품세를 체계적으로 일러주신 유일무이한

─────────

*큰 알아차림의 가르침: 『대념처경』이라고 불리기도 하는 이것은 부처님 당시의 언어인 팔리어로 마하사티빠타나 수타Mahasatipatthana Sutta라고 한다. 여기서 '마하'는 '위대한, 거룩한'의 의미인 '큰 대大'로, '싸티Sati'는 '영어 Mindfulness, 충분한 알아차림, 분명한 알아차림, 마음의 현전 presence of mind' 등의 뜻에서 '기억 념念'으로, '빠타나'는 '물속에 돌이 가라앉듯이, 세우는, 긴밀하고, 확고하며, 적용되고, 흔들림이 없는'의 의미로서 '머물 처處'로, 두 단어를 합한 '사티빠타나Sati+Patthana'는 '대상의 알아차림, 확고부동하게 잘 정립된 대상에 대한 알아차림'이며, 수타는 '경 또는 가르침'이란 의미로서 '날 경經'으로 이해되어져야 한다.

깨달음의 교과서 또는 불교수행도佛教修行圖이다. 또한 긍정적인 마음과 사고를 계발하는 3학의 알아차림(定)의 행법을 체계적으로 도식화한 해탈지침서이다.

이 지침서의 근원은 12가지 인과관계를 가르치는 십이연기十二緣起, 즉 무명(無明; 무지)·행(行; 업의 형성)·식(識; 입태)·명색(名色; 몸과 마음)·6입처(六入處; 여섯 감역처)·촉(觸; 닿음)·수(受; 느낌)·애(愛; 갈애)·취(取; 탐착)·업유(業有; 업의 생성)·생生·노사老死 등에서 유추되는 오온이다.

괴로움의 원인은, 무명 때문에 업이 형성되어 업식業識이 입태되면서 몸과 마음이 형성되고 여섯 감역처가 형성된다. 대상의 접촉에 의해서 감지가 일어나고, 분별하면서 취착하며 업을 일으켜 태어나서 죽는다. 이 윤회의 과정에서 업이 형성되는 원인을 오온에서 비롯되는 갈애 내지 번뇌에서 찾을 수 있다.

다시 말하여 몸(色)에서 일어나는 느낌(受)과 동시에 분별식(想)에 의한 의도(行)가 일어나면서 행적이 저장(識)되는 흐름이 업의 형성과정이다.

업의 뿌리가 되는 번뇌는 느낌에서 분별하여 의도하면 업이 되므로, 느낌과 동시에 '이뭣꼬?'라고 염송하며 바르게 알아차릴 때, '알아차리면 사라진다'는 정신작용 원리에 의해서 번뇌는커녕 그 어떤 느낌이나 감정마저 사라져버리게 한다.

2. 마음을 내놔라!

만약 당신의 삶이 하루밖에 남지 않은 시한부라면 과연 무엇을 하겠는가?

내일을 위해서 한 그루의 사과나무를 심는다고?

아니면 지난 삶을 되돌아보며 아쉬워하고 감사하며 죽음을 맞을까?

눈앞의 다툼에서 이겨 놓는 게 우선일까?

명예나 지위를 좀 더 높여놓고 죽을까?

재산이나 욕심을 좀 더 채우고 죽을까?

아니다. 안심입명安心立命이 우선이다.

임종자를 둔 가족들의 간절한 바람은, 죽을 때 죽더라도 '걱정하지 말고, 마음 편하게', 즉 안심입명, 평정심, 평화로운 마음가짐을 유지하고 임종을 맞는 것이다.

어떻게 해야 마음이 편안할까?

나의 본성인 불생불멸의 마음자리를 찾아서 현재의 나를 이해하는 것이 급선무이다.

나를 바르게 이해하면 근심걱정, 불안공포, 혼돈이 없다.

바로 번뇌 없음이요, 알아차림의 절대평화인 선정삼매이다. 이 선정삼매인 깨어있음을 다음 생의 재생업으로 연결시킬 수만 있다면 이는 곧 7생 이내에 성불한다는 부동지 경계의 행운이 따른다.

다음 생 역시 평화로운 삶을 살 줄 아는 지혜 내지 깨달음으로 향하는 업으로 시작하기 때문이다. 그래서 장좌불와長坐不臥 수행도 하는 것이다.(『티베트 사자의 서』참조)

이 땅 위에서 왕이 되는 것보다
천상에 태어나기보다 또 우주를 지배하는 것보다
성스러운 8정도에 드는 것이 훨씬 낫다.

부처님께서 말씀하신 '깨어있음'이다. 삶이 하루가 남았든 100년이 남았든 편안한 삶, 행복한 삶, 안심입명의 삶이 되기 위해서는 깨어있어야 한다고 하셨다. 마음집중 상태의 알아차림이 있는 것을 깨어있음이라고 한다.

깨어있음이란 갈망이 일어나지 않는 번뇌 없음의 상태 내지 일체 '내려놓음'이며, 이 깨어있음의 삼매가 곧 안심입명이다. 죽음이 턱밑에 와 닿아야 이기고 높이고 채워서 얻는 것이 아니라 내려놓고 비우며 알아차려야 취할 수 있는 경계라는 것을 이해할 수 있게 된다.

그리스나 로마의 사상가들은 죽음에 이르러 아무 것에도 매이지 않는 평정함에 달한 마음의 상태를 아파테이아apatheia*라 하고, 불교와 유교에서는 안심입명安心立命이라고 한다.

이 안심입명은 절대행복인 평화를 말한다. 안심安心은 8정도의 정넘에서, 입명立命은 『맹자孟子』의 진심장盡心章에서 온 말이다.

주의집중과 알아차림(正念)이라는 뜻을 내포한 깨어있음에서 비롯되는 앎(慧) 속에 이미 정定이 구족되어 있고 정에 이미 계戒가 내포되어 있다.

불교의 시작이며 전부가 되는 이 '바른 알아차림'은, 촛불이 동시에 ①빛을 내고, ②어둠을 밝히고, ③촛농을 태우고, ④심지를 태우는 것처럼, ①순수직관, ②번뇌제거, ③계발증득, ④해탈실현 등 4가지를 함께 하는 것이다.

①총소리와 함께 뛰쳐나가는 단거리 선수처럼 빠르게 대상을 겨냥해서,

②물속에 가라앉는 돌을 놓치지 않고 쉼 없이 지켜보듯이,

③시작과 중간과 끝, 즉 무상과 고와 무아의 공성을 단번에 직시하고,

④해탈을 증득하는 선법이다.

이와 같은 바른 알아차림을 통하여 우리들의 몸과 마음의 역학관계를 비롯해서 번뇌의 인과因果를 알게 되고, 우리가 왜 괴로움에 휘둘리는 중생으로 살아가야 하는지를 알게 된다.

*아파테이아: 헬레니즘 시대의 스토아학파가 주장한 정념情念이 없는 상태를 말한다. 정념에서 해방된 자유인의 삶으로 최고의 윤리적 삶이며, 감정적이거나 외계의 자극에 흔들리지 않는 초연한 마음의 경지이다. 스토아학파는 이것을 인간생활의 이상으로 삼았다.

나아가 부처님께서 늘 강조하셨던 3법인三法印의 공성空性을 실제
적이고 체험적으로 깨닫고 이해하는 지혜가 영글게 된다.

또 마지막 최종적인 깨달음에 이르기 전의 중간 과정에서라도 많
은 이익과 선근善根을 얻게 되므로 하루 정진하면 하루 정진한 만큼
무지가 지혜로 바뀌고, 이틀 정진하면 이틀 정진한 만큼 유익하다.

혜가; 마음이 괴롭습니다.
달마; 마음을 내어 놓아라.
혜가; 찾으니 못 찾겠습니다.
달마; 내가 이미 너의 마음을 편
안하게 해 주었구나.

"마음을 내어 놓아라."는 말은 '너
자신을 알라, 자신을 보라, 호랑이 뿔'이라는 공안과 다르지 않다.

이때 혜가의 마음상태가 '바른 알아차림'이다.

알아차리면 일체가 사라지는데 더 무엇을 찾을 수 있겠는가?

부처님께서 아무리 채근하셔도 머리로는 이해하면서 가슴으로 받
아들이지 못하기 때문에 삶의 본성으로 드러나지 못하고 손발이 나
서지 않는다.

죽음에 임박해서야 저절로 종교적이 되면서 성인의 길을 나서게
된다. 죽음의 순간이 오면 누구나 비본질적이고 근원적이지 못한 삶
을 멈추고 본질적이고 근원적인 삶을 드러낸다.

왜냐하면 힐끗힐끗 보이는 동물적인 직관력의 지혜, 근원적인 삶의 지혜에 불이 켜지기 때문으로, 누군가 일러주어서가 아니고 죽음에 이르러서야 낮은 지혜경계나마 깨달은 것처럼 보인다.

더 이상 채우고 늘리며 높이고 다툴 욕심이 필요하지 않음을 깨닫게 될 때 저절로, 자신에게 내재되어 있는 근원적인 지혜로 '놓아야 한다'는 것을 이해하게 된다.

살아 있을 때는 채우고, 늘리고, 높이고, 다투던 삶이 죽음 앞에서는 반대가 된다. 죽음의 문턱에서는 버리고 비우는 삶으로 바뀌지 않을 수 없게 된다.

3. 인류의 등불

잘못된 관념에서 벗어나지 못하고 생을 마칠 때에는, 잠재화된 그대로 생을 마치는 순간의 임종의식*이 다음생의 재생식과 연결되는 순환을 거듭하여 윤회가 연속될 수밖에 없다.

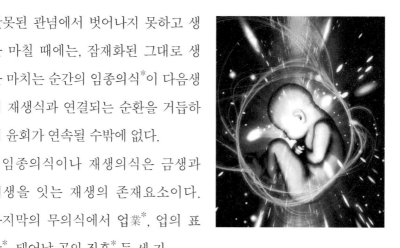

임종의식이나 재생의식은 금생과 내생을 잇는 재생의 존재요소이다. 마지막의 무의식에서 업業*, 업의 표상*, 태어날 곳의 징후* 등 세 가지 가운데 하나를 대상으로 일어나는 재생의식은 자궁에 잉태하는 순간까지 진행되다가 부모의 유전인자가 강력한 힘을 발휘하는 시점에서 사라지게 된다.

이후 완전한 생명체가 되었을 때는 전생의 잠재력, 즉 지난 과거의 업력業力인 재생의식이 다시 강하게 활동하는 진행이 연

*임종의식臨終意識: 죽음 직전에 업, 업의 징표, 태어날 곳의 징후 등 세 가지 가운데 하나를 대상으로 일어나는 재생연결의식이다. 이 의식으로 다음 생을 위한 잉태나 환경에 집착하게 된다.

*업業: 이때 나타나는 업은 지난 생애 동안 지은 업들이 파노라마처럼 나타나 보인다.

*업의 징표: 살생을 많이 한 사람은 칼이나 도끼 같은 도구, 의사인 경우는 주사기나 해부칼 같은 것이다.

*태어날 곳의 징표: 빈민가, 동물계, 천상계 등으로 나타나 보인다.

속된다.

업에 의한 정신적인 대상으로 강한 재생의식이 일어나 입태를 비롯해서 다음생의 잠재의식과 연결된다. 다시 말해서 한 생애에 단 한 번밖에 일어나지 않는 재생의식은 이생과 다음 생을 연결하면서 잠재의식화 되는 결과를 낳게 된다.

죽음이 가까워진 사람은 재생의식이 일어나기 전의 기억을 떠올려 미련을 가지거나 후회는 물론 미래에 대한 불안감이나 공포심도 갖지 말아야 한다.

왜냐하면 재생의식이 일어나기 전에 떠올리는 의업意業은 재생에 직접적인 영향을 끼치며 그 다음 생을 좌우하는 구속력으로 작용하기 때문이다. 과거에 수행을 했건 하지 않았건 오직 자각의 상태에 머물며 마음을 챙겨서 지켜보며 알아차려야 한다.

바른 대상을 겨냥해서 바르게 알아차려 바른 안심입명의 삼매를 거쳐 바르게 깨달을 수 있는 행법이 곧 "큰 알아차림의 가르침"이다.

본래 부처님도 우리들과 조금도 다르지 않은 범부였으나 당신은 고통이나 그 조건에서 완전히 벗어나는 성인들의 옛길을 스스로 발견해서 실천한 결과 깨달아 부처가 된 것이다.

그 체험적인 방법을 상세하게 체계적으로 간추려서 당신이 "오직 한 길"이라고 한 손가락을 세우셔서 직접 일러준 가르침이다. 그리고 이 선법으로 '불교'라는 기치를 세우셨다.

"명칭은 불교라 하지 않더라도 팔정도가 있으면 나의 가르침이지만, 비록 불교라 하더라도 팔정도가 없으면 나의 가르침이 아니다."라고 선언하셨듯이, 중도中道의 실천이 바른 알아차림이며 불제자의 필수 실천 덕목이다.

부처님의 가르침은 4제요, 4제의 핵심은 8정도이고, 8정도의 핵심은 바른 알아차림이다. 이 바른 알아차림의 불교명상은 시간과 공간을 초월하여 괴로움에서 벗어나는 영원한 인류의 등불이다.

'이뭣꼬?'라는 화두로 염송하며 알아차리는 행법은 직장이나 가정, 때와 장소를 가리지 않고 누구나 쉽게 실천할 수 있다. 종교가 있건 없건, 남녀노소 막론하고 이 선법은 번뇌로부터 탈출할 수 있는 이고득락의 최상승법이다.

인간성 회복과 자기 발견을 실현하는 가장 정확하고 바른 알아차림이다. 이 가르침의 행법은 부처님께서 6년간의 고행 끝에 발견한 행법으로서, 인도를 비롯한 근본불교 권역에서 변형되지 않고 원형 그대로 지금도 계속 실천되어지고 있는 선법이다.

부처님께서 직접 발견하셔서 스스로 실천하신 뒤 일러주신 법으로서, 부처님과 더불어 수많은 제자들도 이 가르침으로 고통의 세계에서 벗어났고, 또 지금도 뒤를 이어 많은 수행자들이 괴로움으로부터 벗어나고 있다.

4. 선교일치 최상승선

중국 양나라 무제 때의 일이다. 지공指空선사의 천거를 받은 부대사傅大士의 금강경 법회가 어전에서 열렸다. 무제를 비롯해서 궐 내의 모든 불자들이 모여 법회의식이 끝난 뒤 법문을 기다리고 있었다.

마침내 부傅대사가 어전의 법좌에 올랐는데, 갑자기 주먹을 들어 '꽝' 하고 법탁을 쳤다.

그 유명한 부傅대사의 설법을 들으려고 잔뜩 기대하고 모였던 많은 사람들이 깜짝 놀라 어리둥절해 하는 순간 부傅대사는 이렇게 금강경 설법을 마치고 법좌에서 내려갔다.

말하면 소리에 묶이고, 글로 쓰면 형상에 집착하는 어리석은 이들에게 '꽝' 하고 탁자를 내리쳐 경전의 명칭대로 '벼락경'의 설법을 마쳤다.

한 자구도 빌리지 않고 금강경의 제목부터 중수봉행까지 완벽한 법문이었다. '꽝' 하는 소리로 그들의 상식적인 관념이나 어리석은 기대감을 모두 깨어버리고, 소리의 무주·무념·무상을 함께 일러주는 멋진 설법이었다. 과연, 부처님께서 말씀하신 일체의 번뇌나 생각이나 사념확산을 막고 단박에 보고 알아차리는 법을 설하지 않았는가?

이 알아차림의 위빠사나(毘鉢舍那)는 중국의 초기경전들 가운데 『능가

경』이나 『반야경』에서도 보이듯이, 초기에는 '여래청정선'이라며 '여래의 교설에 따라 깨닫는 행법'이라고 명시하면서 중국에서도 오래전에 이미 실수되었던 행법이다.

"능가왕이여.

무엇이 법인가? 무엇이 법의 버림인가?

모든 관행觀行하는 사람이 비발사나毘鉢舍那로써 여실히 알아차리는 것을 이름하여 모든 법을 버린다고 하느니라.

모든 세간은 환幻과 같고 꿈과 같고 아지랑이 같고, 나아가 물속의 달과 같다.

어떤 것이 보리분(菩提分: 37조도품)이며, 각분(覺分: 37조도품)은 어디에서 일어나며……"

중국 당나라 화엄종 5조로 『원각경』을 강설한 종밀선사는 여래선을 달마達磨가 전한 '선교일치 최상승선禪教一致最上乘禪'이라 하였다. 훗날 교외별전을 주창하던 사람들에 의해 조사선이라는 말이 생기면서 여래선을 조사선 또는 최상승선이라고 병행해서 부르기도 했다.

작은 일 하나라도 착하게 생각하고 바르게 말하며 법답게 행할 수 있는 것이 곧 미래의 행복 마련인 동시에 괴로움의 소멸로 향하는 깨달음의 법이다.

잘못된 견해는 어리석은 번뇌를 키

우고, 그 번뇌는 재생의 업이 되는 윤회 바퀴의 축일 수밖에 없다.

　마음은 항상 현재 찰나에 머물며 깨어 있어야 한다. 이미 흘러간 그림자나 흔적에도 묶이지 말고 아직 도래되지 않은 계획이나 환상에도 빠지지 않아야 한다.
　현재라는 마음만 세워도 이미 과거이다.
　산은 산, 물은 물이라면 이미 산은 산이 아니고 물은 이미 물이 아니기 때문에, 단지 이름만으로 산은 산이요, 물은 물이라는 공성을 일러주듯이 관념적이거나 과거의 것이 아닌 현재 상태 그대로, 보여지는 그대로의 공성空性이다. '있는 그대로'를 볼 수 있는 바른 깨어있음만이 더 이상의 사념확산을 막는 진정한 공덕이 되는 것이다.

5. 달마 서래의達摩西來意

중국의 양무제는 서역승西域僧 보리달마가 위魏나라를 거쳐 양梁나라에 온다는 소식을 들었다. 이에 무제는 '도를 크게 깨친 도인이 이곳으로 온다'며 중신들과 많은 불자들을 데리고 양자강 뱃머리로 나가 반갑게 맞았다.

하지만 무제는 달마를 맞는 순간 깜짝 놀라 실망하지 않을 수 없었다. 예의라고는 전혀 모르는 지독한 야만인 같은 달마의 모습 때문이었다.

당시 불법천자라고 칭송받던 무제武帝는 달마가 도를 크게 깨쳤으니 불단 위의 부처님같이 32종 거룩한 상호*와 금란가사로 위엄을 갖춘 우아한 모습을 연상하고 있었던 것이다.

'도대체 저렇게 무례한 사람이 어떤 도를 깨치고 어떤 지혜를 갖추었을까? 왜 하필이면 짚신을 머리 위에 올려놓았을까?' 이런 번민과 혼란 속에서도 예의바르지 못한 그를 너그럽게 맞이하려고 노력했다.

그때 달마가 무제에게 다가서며 처음으로 말문을 열었다. "대왕의 마음속에는 많은 의문으로 꽉 차 있군요. 남의 의중을 살피지 마시고 묻고 싶으면 단도직입적으로 물으십시오."라고 말을 건네자 자신의 마음을 읽힌 무제는 당황해하면서도 "예, 그렇지 않아도 지금 나에게는 많

* 상호相好 : 얼굴과 몸의 모습을 높여서 부르는 말.

은 의문이 있습니다. 우선 짚신 한 짝을 존자님의 머리 위에 올려놓은 뜻은 무엇인지요?"라고 물었다.

"아! 이것은 소승이 단지 비논리적이라는 것을 먼저 보이기 위한 것입니다. 여러분들이 처음부터 사물들을 '있는 그대로' 바르게 볼 수 있도록 하려는 것이었습니다. 소승이 굉장히 불합리한 사람 같지만 제가 훗날 어떤 문제를 만들고 싶지 않아서 이렇게 하지 않으면 안 되는 점을 이해해 주십시오. 만약 대왕께서 비합리적인 소승을 받아들일 수 없다면 더 이상 이곳에 머물 필요가 없으니 다른 한적한 곳으로 가서 법을 구하는 참 구도자를 기다릴 것입니다.

소승은 일반사람들이 상상조차 할 수 없을 정도로 엉뚱합니다. 발에 신어야 한다는 것은 단지 논리적인 관념이나 일반상식일 뿐입니다. 궁극적으로 소승이 바라는 바는 대왕을 비롯해서 일반 사람들을 자신들의 고정관념에서 벗어나게 하려는 것뿐입니다. 사람들이 자신의 관념에서 벗어나지 않는다면 자신의 참모습을 볼 수 없을 것입니다. 혹시 또 다른 의문이 있으신가요?"

무제는 또 다른 질문을 갖고 있었지만 엉뚱한 이 사람에게 과연 무슨 질문부터 해야 될지 망설이지 않을 수 없었다.

어쩌다 질문을 잘못해서 또 어떻게 떠벌릴는지 난감해 하다가 마지못해 다시 입을 열었다. "나는 그동안 많은 불탑을 조성하고 또 많은 역경사업에도 정성을 다하여 공덕을 베풀었습니다만…"이라고 말을 시작하는 첫마디에 무제는 더 이상 말을 이을 수가 없었다.

왜냐하면 달마가 무제의 눈을 뚫어지게 보면서 "대왕께서는 이미

공덕에 묶인 것 같습니다. 본래 공덕
이란 부처의 그림자며 깨달음의 빛인
데 대왕께서 말하는 공덕은 무엇을 의
미하는 것인지요? 대왕께서 방금 베
풀었다는 것은 공덕이 되지 못합니
다."라고 했기 때문이다.

　너무나 어처구니없다는 듯 무제는
될 수 있는 한 공손히 달마의 기분을 상하지 않게 마무리 짓고 빨리
자리를 벗어나야겠다는 마음으로 말을 이었다.

　"나는 부처님을 모시기 위하여 많은 사원과 법당은 물론 출가자들
을 위하여 수도원도 지었으며, 또 많은 역경사업도 도왔습니다. 부처
님을 받들고 그 가르침을 전하는 데 많은 물질과 정성을 아끼지 않고
보시해 왔습니다. 이 모든 행적들이 곧 나의 덕행이 아니고 누구의 덕
행이 되겠습니까?"라고 말했다. 그러자 달마는 크게 웃으며 다시 말
을 이었다.

　"대왕이시여! 더 이상 애쓰지 마십시오. 대왕이 기대하는 그 어떤
덕행도 문자 그대로 덕행은 될지언정 공덕은 되지 못합니다. 스님들
이 부득이 대왕에게 말하지 않으면 안 되었던 '극락세계나 해탈 운
운…' 하는 말에 대한 기대는 버리십시오.

　물론 그들은 죽은 후 저 세상을 갈망하는 대왕의 욕망 때문에 대왕
에게 거창한 약속을 했겠지요. 그러나 대왕께서 극진히 기대하는 자
성공덕에는 아무런 일도 일어나지 않을 것입니다."

이와 같이 단정을 내리자 황당한 무제는 화제를 바꾸려고 다른 질
문을 꺼냈다.

"그렇다면 선행과 악행이 어떻게 다릅니까?"

"사람도 자아나 실체가 없듯이 선행과 악행 역시 어
디까지나 마음작용의 관념이 만들어낸 분별일 뿐 실
재하는 것이 아닙니다. 사물은 단순히 일어나고 사
라질 뿐, 옳은 것도 그른 것도 없으며 선이라고 할
것도 악이라고 할 것도 본래 없는 일체가 공입니다."

"지금의 당신은 누구인가요?"

"모릅니다."

자신의 존재부정과 선악의 실재를 부정하는 말에 무제는 무엇인가
에 얻어맞고 짓밟힌 느낌이 들었다.

"존자님은 이 나라의 모든 불자들을 잘 이해하지 못하는 듯합니
다!"라는 무제의 말을 뒤로하고 달마는 숭산嵩山으로 발길을 돌렸다.

*벽관법壁觀法: 벽을 보고 앉아 내
면에서의 생멸을 바르게 알아차리
는 행법으로서 의식된 부분을 잠
재화하지 않는다. 의식된 것을 알
아차리되 사념확산papanca시키거
나 분별하지 않고 단지 있는 그대
로 알아차리는 선법이다. 자각상
태에 벽을 쌓고 사념확산이 되지
않도록 하는 것이다.

훗날 달마선사가 숭산 소림사에
머물면서 벽관법*으로 정진하고 있
을 때 이 소식을 들은 많은 사람들
이 찾아왔다.

"존자님, 왜 저희들에게는 고개
도 돌리지 않습니까? 왜 벽만 보고
계십니까?"

"벽만 바라보는 이것도 내가 그대들을 위하는 것이오. 벽은 벽이기 때문에 업을 짓지 않지만 그대들은 업에서 벗어날 수 없기 때문이오. 그대들을 보면 스스로 불 속에 뛰어들어 온몸을 불태우는 불나방처럼, 마른 풀 섶을 안고 불 속으로 뛰어드는 것 같은 그대들의 어리석음이 안타까워 뒷자락이라도 붙들려고 하면 그대들은 도리어 언짢아하고 원망하지요. 차라리 그대들을 보지 않으면 귀찮게도 하지 않을 것이오. 단지 나는 인연이 닿는 구도자를 기다리다 때가 되면 그때 고개를 돌리려 하오."

무제는 답을 모르는 것이 아니라 이미 자신의 답을 갖고 있었고, 달마의 대답이 자신의 생각과 맞지 않자 달마를 돌려 세웠던 것이다. 양무제는 틀린 답을 기대하고 질문을 했던 것이다.

마찬가지로 이것은 대가를 기대하는 베풂과 다르지 않다. 대가를 기대하는 베풂은 상商행위와 다를 바가 없다. 우선 '나'를 세우면 '내가 했다'라는 과거와 '내가 할 것이므로……'라는 미래에 머물려는 마음이 따를 수밖에 없다.

어리석은 베풂에는 나를 전제하기 마련이다. 이 몸이 '나'라고 믿는 잠재성향의 마음을 내려놓지 않으면 마음은 시간과 공간을 내달릴 수밖에 없다.

달마가 당연히 발에 신어야 할 짚신을 머리 위에 올려놓은 것이나, 부대사가 입으로 설해야 할 법문을 손으로 법탁을 내려친 것이나, 모두가 우리들의 잘못된 관념을 무너뜨리기 위한 것이다. 싫고 좋은 분별심을 멈추고 갈애로 연결되는 집착과 업으로부터 잠시나마 벗어날 수 있는 알아차림의 법을 무언으로 일러주는 불사의 북이었다. 그렇지만 대부분의 사람들은 가르침의 실재를 보는 대신 겉모습이나 다른 궁리에 빠진다.

분별하거나 기대하지 말고 단지 성성적적한 대로 여시여시하게 보아야 '나', '나의 것' 등과 같은 자아관념에 묶이지 않게 된다. 잘못된 견해에서 비롯되는 기대하는 바의 살림살이가 되지 않는다. 선문답도 흐름을 놓치면 언어의 장애가 될 뿐이다.

부처님의 설법도 관념이나 집착, 그리고 분별하는 마음이나 궁리에서 벗어날 수 있도록 도와줄 수는 있어도 진리를 직접 보여줄 수는 없다. 지혜를 증득할 수 있도록 진리의 문을 열어줄 수는 있어도 문안에 들여놓을 수는 없다는 뜻이다.

제3장

오정심관五停心觀

1. 예비수행

비구들이여!

사마타로 삼매를 개발해야 하느니라.

잘 갖춰진 삼매는 모든 현상을

'있는 그대로'를 볼 수 있느니라.

'있는 그대로' 본다는 말은

물질의 일어나고 사라짐,

느낌의 일어나고 사라짐,

인식의 일어나고 사라짐,

의도의 일어나고 사라짐,

의식의 일어나고 사라짐

등을 바르게 이해한다는 것이니라.

마음집중을 위한 사마타(禪定法)[*]는 마음을 바르게 모아서 알아차림의 지견이 열리면, 오온의 일어나고 사라지는 무상·고·무아 등의 공성을 바르게 볼 수 있다는 뜻이다. 사마타 수행을 일러 마차를 이끄는 말과 같고 새의 양쪽 날개와 같으므로 위빠사나(止觀禪) 수행의 예비라고 한다.

사마타는 일념선정법이고 위빠

[*] **사마타**: 마음을 가라앉히고 삼매를 개발하는 일념선정법一念禪定法으로, 선정법禪定法, 심청정법心清淨法, 지법止法이라고 한다.

사나는 지혜해탈법이다. 일념선정법의 정과 지혜해탈법의 혜를 함께 하는 위빠사나는 정혜쌍수 지관선이 된다. 왜냐하면 선정법에는 알아차림의 견청정見淸淨이 없지만 지관법에는 이미 심청정인 선정법이 내포되어 있기 때문이다.

선정법이 내포되지 않으면 지관법이라고 할 수 없기에 선정법은 지관법을 세우기 위한 예비수행이 된다. 수행의 초기에는 선정법(사마타)으로 수행을 시작해서, 법이 성숙되면 알아차림을 위한 정혜쌍수定慧雙修 지관선(위빠사나)으로 전환해야 한다.

부처님께서 라자가하의 죽림정사에 계실 때의 일이다. 성내의 부유한 장자 집안에 마하반타카와 쥴라반트카라는 아들 형제가 있었다. 큰 아들 마하반타카는 어릴 때부터 자주 할아버지를 따라서 수도원에 드나들다가 마침내 가정을 떠나 비구가 되었다. 그러자 작은 아들 쥴라반트카도 비구를 동경한 나머지 형을 따라서 비구가 되었다.

마하반타카는 어릴 때부터 슬기로워서 몸과 마음에서 일어나는 현상을 예리하게 관찰하는 수행을 열심히 실천함으로써 얼마 지나지 않아 아라한의 지혜경계에 이르렀다.

그러나 동생 쥴라반트카는 전생에 어느 출가 수행자를 '바보거지'라고 자주 놀리며 괴롭혔던 과보로 현생에서는 매우 우둔한 사람으로 태어나게 되었다. 우둔한 쥴라반트카는 출가한 지 반년이 다 되도록 부처님의 수행지침은 물론 게송 하나도 외지 못했다. 그래서 쥴라반트카 비구는 깊은 고뇌에 빠졌다.

이를 지켜본 형 마하반타카 비구는 '쥴라반트카가 다른 재가 불자들의 존경은커녕 자신의 수행도 온전하게 할 수 없으리라.'고 생각한 나머지 '차라리 환속해서 가정으로 돌아가는 것이 낫겠다.'고 조언한 바도 있었다.

어느 날 유명한 의사 지바카가 부처님과 그 제자들을 자기의 집으로 초청하여 공양을 올리려는 때였다. 마하반타카는 공양청의 참석자 수를 정해서 전하며 '쥴라반트카는 아직 재가 불자들의 공양을 받을 만한 수행력과 덕행이 없다.'고 생각하고 동생을 제외시켰다.

쥴라반트카는 형의 이런 행위에 매우 섭섭해하며, 형의 조언대로 출가자의 생활을 포기하고 집으로 돌아가기 위해 환계換戒준비를 서두르고 있었다.

그때 부처님께서 그들 두 형제 비구의 전후사정을 살펴 아시고 쥴라반트카를 부르셨다. 쥴라반트카가 삼배를 올리자 부처님께서 바닥에 앉은 그에게 깨끗하고 부드러운 수건을 주시며 일렀다.

"쥴라반트카여, 그대는 지금부터 이 수건으로 마루를 닦아라. 수건을 밀고 당길 때마다 '라조하라낭(때를 지운다)'이라고 외도록 하여라."

그리고 부처님께서 다른 비구들과 함께 지바카의 집으로 가셨다.

쥴라반트카는 부처님의 자비하신 배려와 가르침에 용기를 얻어서 '라조하라낭, 라조하라낭'이라며 열심히 마루를 닦기 시작했다.

그러자 일념집중 선정법으로 점점 집중력이 강화되면서 지관법의 지견에 불이 켜지면서 알아차림이 밝아지기 시작했다.

그리고 얼마 후에는 마루의 때가 묻은 수건이 뻣뻣해져 가는 것이 보였다. 이 수건의 변화가 무상의 진리와 공성을 깨닫게 해주었다.

"쥴라반트카여, 오직 수건만이 때가
끼는 것은 아니다. 사람의 마음에도
갈망과 애착, 탐심과 증오, 악의와 성
냄, 무지와 사견의 때가 끼느니라. 그
래서 사람들은 성스러운 네 가지 진리
(四諦)를 바르게 이해하지 못하느니라.
어리석음의 때가 끼므로 사람들의 마음도 때가 낀 걸레처럼 뻣뻣해
지며 사악해지는 것이니라. 이러한 때와 같은 번뇌에서 완전히 벗어
나면 수행의 목표를 이루는 아라한이 되느니라."

쥴라반트카의 귓가에 부처님의 목소리가 들리는 듯이 옛날의 가르
침들이 떠올랐다. 그는 마음속으로 매우 신기하게 생각하며 부처님
에게 다시 깊은 감사를 드렸다. 그리고 더욱 용기를 얻어 면밀히 마음
을 챙겨 걸레질을 비롯해 몸의 현상들을 관찰하는 알아차림의 수행
을 쉬지 않았다. 정오가 될 무렵 그는 아라한의 지혜경계에 이르렀을
뿐만 아니라 아둔함도 사라져 마침내 지혜로운 성자의 대열에 들어
서게 되었다.

한편 지바카의 집에서는 공양이 끝나고 공양 공덕을 찬탄하려던
때 부처님께서 "정사에 비구 한 사람이 있을 테니 가서 데리고 오도
록 하여라."고 하시며 사람을 수도원으로 보냈다. 한참 뒤 심부름을
갔던 사람이 돌아와서 "지금 수도원에는 한 사람이 아니라 많은 비구
들이 있습니다."라고 부처님께 말씀드렸다.

부처님은 "다시 가서 '쥴라반트카 비구가 누구십니까?'라고 물어서 쥴라반트카를 찾아 데리고 오도록 하여라."라고 하셨다.

그는 다시 수도원으로 가서 부처님께서 말씀하신 대로 비구들에게 "쥴라반트카 비구가 누굽니까? 모시러 왔습니다."라고 말하자 수많은 비구들이 이구동성으로 "내가 쥴라반트카요!"라고 대답하는 것이었다. 이에 당황한 심부름꾼은 다시 부처님께 돌아와 사실대로 말씀 드렸다.

부처님은 다시 그를 수도원으로 보내시면서 "대답하는 쥴라반트카 수많은 비구들 중에서 제일 먼저 대답하는 비구의 가사 자락을 꽉 붙잡아 그를 데리고 오너라."고 말씀하셨다.

다시 간 그는 부처님의 가르침대로 먼저 대답하는 쥴라반트카 비구의 가사자락을 잡는 순간 다른 비구들은 순식간에 사라져버렸다.

쥴라반트카가 부처님 앞에 나타나자 부처님께서는 그에게 공양 공덕을 찬탄하는 법을 설하라고 하셨고, 그는 부처님으로부터 들었던 법문을 기억해서 되풀이함으로서 당당하게 설법을 마쳤다.

부처님과 함께 경내로 돌아온 비구들은 "쥴라반트카가 어떻게 갑자기 지혜로워질 수 있었을까?" 의아해하고 있을 때 부처님께서 물으셨다.

"비구들이여, 무슨 이야기들을 하고 있었는가?"

"예, 세존이시여, 쥴라반트카에 대해서 놀라워들 하고 있습니다."

"마음집중을 성숙시켜서 바르게 알아차리면 어떤 번뇌의 홍수도 그를 휩쓸어 가지 못하리라. 강한 믿음으로 바르게 정진하면 세상에서 가장 성스러운 사람이 될지니라. 쥴라반트카도 강한 믿음으로 방일하지 않고 마음을 모아 바르게 알아차리는 동안 마침내 아라한이 되었느니라."라고 그들의 의문을 풀어주셨다.

부처님께서 쥴라반트카에게 주신 수건은 공안이고 '라조하라낭'은 화두인 셈이다.

이와 같이 불교수행의 목적은 해탈이고, 해탈의 문이 삼매三昧이다.

쥴라반트카는 삼매를 위해 '라조하라낭'이라는 화두로 마음집중을 강화시켜 삼매와 알아차림의 지혜를 이루었다.

또한 광명진언, 옴마니반메훔, 아미타불, 관세음보살, 지장보살 등 짧은 진언이나 경구, 그리고 명호도 마찬가지이다.

어느 것이든 연속적으로 반복해서 마음집중을 강화시켜 알아차림으로 나아가게 되면, 삼매에 의해서 소소영령昭昭靈靈 공을 보고 성성적적惺惺寂寂 무상함을 이해해서 생사윤회로부터 벗어나게 되는 것이다.

2. 사마타(一念禪定法)

본래 불교의 시작은 윤회에서 벗어나는 수행도修行道였으나 후대에 보살도菩薩道가 보태어져 대승불교화한 것은 잘 알려진 일이다.

우리가 알고 있는 보살도의 아미타불과 극락세계의 역학관계 역시 대승불교가 지향하는 성불 내지 해탈의 도정이다.

지혜경계가 수승한 사람은 극락세계를 거치지 않고 바로 생사윤회에서 벗어날 수 있다.

그러나 업장이 두터운 일반 중생들은 해탈실현을 위해서, 쥴라반트카가 걸레로 바닥을 닦으며 한 경구를 반복해서 외우며 선정에 들듯이 주력, 진언, 염불 등의 삼매를 증득하여 필수우선인 극락세계부터 가야 한다는 논리이다.

그런데 보살행이나 자비심은 선정을 얻는 데 도움은 되지만 그것으로 극락세계의 문턱을 넘을 수는 없다.

물론 삼매를 증득해서 아미타불이 계시는 극락에 갔다고 하더라도 바로 생사윤회에서 벗어나는 해탈성불이 아니라 아미타불의 지도를 잘 받아서 성불할 수 있다는 것이다.

성불을 위한 극락학원에 들르면 성불의 족집게 과외교사격인 아미타불에게 100% 성불하도록 잘 지도받아서 성불한다는 논리이다.

이것은 성위4과의 시작 단계인 수다원과 내지 부동지不動地 경계에 들면 아무리 늦어도 7생 이내에 성불한다는 성위4과의 논리를 대승불교의 보살도에서 이상화한 것으로 생각된다.

수행의 습관적인 의업意業을 3생까지 연결되는 중업重業으로 만들면 부동지 내지 구경지究竟地이기 때문에 늦어도 7생 이내에는 성불할 수 있다는 것이다.

『안반수의경』에 의하면 부처님께서 수식관의 마음집중을 위한 사마타(禪定法・心淸淨法)만으로는 해탈할 수 없음을 깨달으시고 그 행법에 알아차림을 더한 것이 위빠사나(止觀法・見淸淨法)이다.

부처님께서 말씀하셨다.

"도道에는 일반적인 도와 지성적인 도 등 두 가지가 있느니라.

일반적인 도는 사람이나 동물의 육체적인 움직임을 길들이는 것이고, 지성적인 도는 사람의 마음을 길들이는 것이니라.

이 지성적인 도에 또 두 가지가 있느니라.

그것은 날뛰는 몸과 마음을 가라앉히는 사마타와 지혜해탈을 위해 알아차리는 해탈지견법인 위빠사나이니라."

위빠사나는 관법으로만 전해져오지만 사실은 선정법인 사마타(止)가 내포되어 있으므로 지관법이 되는 셈이다. 왜냐하면 사마타는 위빠사나에 내포되는 예비선법이기 때문이다.

그래서 "있는 그대로를 바르게 보기 위해서 마음집중의 선정법인 사마타와 알아차림의 위빠사나를 새의 양쪽 날개처럼 함께해야 한다."라고 했다.

수레의 양쪽 바퀴처럼 마음집중과 알아차림의 균형을 갖출 수 있는 이 알아차림을 부처님께서 '해탈을 향하는 오직 한 길'이라고 하셨다.

이전의 수행이 성숙되어 법이 잘 갖춰진 사람은 예비수행인 선정수행을 거치지 않고 바로 알아차림의 선법으로 직입할 수도 있다. 그렇지만 수행을 쉴 때나 장애가 일어날 때 역시 집중력을 놓치지 않기 위해서 선정법으로 틈틈이 정진해야 한다.

그래서 계정혜의 3학 가운데 정定을 지止와 관觀으로 나눠서 계청정, 심청정, 견청정, 혜해탈 등 해탈열반의 4도정이라고도 한다.

선정수행인 마음집중은 하나의 수행대상에 의해 마음을 고요하게 가라앉혀서 쉽게 마음이 편안하고 고요하게 되면서 번뇌로부터 시달림을 받지 않을 수 있는 장점이 있으나, 자신의 성품을 바르게 이해하며 지혜를 개발하여 깨달음에 이르게 하지는 못한다.

수행자의 마음이 그 대상에서 벗어나지 않고 계속 집중되는 동안은 마음이 쉽게 밖으로 뛰쳐나가지 않고 고요와 적정상태에 머물게 되는 반면, 계속해서 하나의 대상에 묶여 있어야 하므로 결국 어떤 한계에 부딪히게 된다.

사마타 수행이 극히 제한된 대상에 마음을 묶는 상태라면 알아차림의 위빠사나 수행은 묶인 대상에서 벗어나 3법인의 보편적인 진리를 이해하게 한다.

흔히 화두선·공안선을 12세기경 송나라 때 법연스님과 그의 제자 대혜종고(大慧宗杲; 1089~1163)스님에 의해서 개발된 새로운 행법으로 이해하는 사람도 있지만, 이것 역시 관념을 뛰어넘어 '있는 그대로' 보는 알아차림의 자각법이다.

옛날부터 전해지는 사마타법의 대상으로는 자연의 현상인 해, 달, 물, 불, 무지개 등이나 그림, 색깔 등을 대상화하는 40여 가지가 있다. 그러나 부처님은 탐욕이나 성냄이 일어날 때에는 자비관으로, 불안·공포·들뜸·회한·우울에는 수식관으로, 회의와 의심이 일어나면 염불관으로, 혼침이나 해태·도거가 일어나면 연기관으로, 육욕이나 아만심이 일어날 때에는 부정관으로 제어하고 뛰어넘어야 한다고, 5개(五蓋; 다섯 가지 장애)의 극복을 위해서 오정심관법五停心觀法*을 제시하셨다.

이와 같은 선정법으로 수행을 처음 시작할 때는 그 대상을 수행자가 스스로 선택하는 것이 아니라 스승으로부터 지정을 받아서 수행하게 한다.

일반적으로 자비관이나 염불관을 많이 지정해 주는 편이다.

* 5정심관법: ① 자비관, ② 수식관, ③ 염불관, ④ 연기관, ⑤ 부정관 등이다.

왜냐하면 정혜쌍수의 지관법으로 들기 전에 5~10분 정도 예비적 선정법으로 집중력(定)을 강하게 갖추기 위해서이다.

아래에서는 어떤 장애가 일어날 때 그것을 극복하기 위해서 실수 實修할 수 있도록 다섯 가지 정심관법을 '따라 하기'로 자세히 제시해 보겠다.

3. 자비관Metta Bbhavana

자비관은 집중력을 강하게 갖추기 위
해서 행하며, 탐심이나 성냄이나 미움
이 일어날 때 그 마음을 가라앉히는
윤리적인 정심관법淨心觀法이다.

　자비심에 이미 윤리적인 5계가 내
포되어 있으므로 계를 지키며 베풀면
천상에 난다는 '시계생천施戒生天'은
기본법이다.

　그래서 불교에서는 자비, 기독교에
서는 사랑, 이슬람교에서는 평화, 힌두교에서는 박애 등으로 각각 천
상세계의 이상실현을 구하고 있다.

　이 행법은 삼보에 귀의하는 순간부터, 그리고 수행의 시작부터 자
비심의 바탕에서 시작되어야만 한다. '지옥은 옆 사람을 미워하면서
시작되고 극락은 옆 사람을 사랑하면서 시작된다.'는 말도 있다.

　수행을 할 때는 강력하게 마음을 모아 밀착해서 선명하게 자신의
행복한 모습을 그리며, 앉으나 서나 움직일 때나 잠잘 때나 쉼 없는
바른 노력으로 챙겨 나가는 동안 미워했던 마음은 거짓말처럼 온화
해져서 다가가게 된다.

그리고 주위 사람들이나 관심을 두고 있는 사람들, 가족들에게 자
비심을 갖기 시작하게 된다. 그들의 건전한 바람이 성취되기를 원하
는 자비심과, 우주의 모든 존재들에 대한 자비심으로 커나간다. 즉 자
신을 포함한 일체 중생들에게 분별함이 없는 평상심으로, 이것이야
말로 깨달음의 초석이다.

참선은 자비심이 시작이다. 곧 호흡과 같이 수행자의 일상생활이
되어야 한다.

【따라 하기】
• 자비관법 예문 ①
심안心眼으로 그 사람들의 환한 얼굴, 행복한 모습을 한 사람씩 눈앞
에 떠올리면서 염송한다.(번호는 생략)

자신을 먼저 챙겨야 하며, 너무 많으면 산란해지고 너무 적으면 집
착하게 되므로, 처음 수행을 시작할 때는 가능하면 자신을 포함해서
다섯 사람이나 여섯 사람 정도가 적합하다.

①내가
　일체의 고통에서 벗어나 진정 행복하고 안락하게 되기를…
②스승께서
　일체의 고통에서 벗어나 진정 행복하고 안락하게 되기를…
③이 선생께서
　일체의 고통에서 벗어나 진정 행복하고 안락하게 되기를…
④아름이가

일체의 고통에서 벗어나 진정 행복하고 안락하게 되기를…

⑤ 김 선생님이

　일체의 고통에서 벗어나 진정 행복하고 안락하게 되기를…

• **자비관법 예문 ②**

심안, 즉 안식으로 자신의 행복한 모습을 그리면서 염송한다.(번호는 생략)

　이것은 자신의 공덕자비관이며, 이 자비심이 공고해지면 다른 중생들에 더 큰 자비심도 일으킬 수 있다. 특히 바른 알아차림의 좌선坐禪 정진을 시작하면서 5~10분가량 자비관慈悲觀을 한 뒤 관찰대상을 챙겨 나가면, 선정이 더욱 빠르게 깊어져 바람직하다.

① 내가 탐심에서 벗어나는 공덕으로

　모든 존재들이 진정 행복하고 안락하게 되기를…

② 내가 성냄에서 벗어나는 공덕으로

　모든 존재들이 진정 행복하고 안락하게 되기를…

③ 내가 무지에서 벗어나는 공덕으로

　모든 존재들이 진정 행복하고 안락하게 되기를…

④ 나의 바른 노력의 공덕으로

　모든 존재들이 진정 행복하고 안락하게 되기를…

⑤ 나의 바른 수행의 공덕으로

　모든 존재들이 진정 행복하고 안락하게 되기를…

⑥ 나의 바른 앎의 공덕으로

모든 존재들이 진정 행복하고 안락하게 되기를…

⑦ 나의 바른 마음챙김으로

　모든 존재들이 진정 행복하고 안락하게 되기를…

⑧ 나의 바른 베풂 공덕으로

　모든 존재들이 진정 행복하고 안락하게 되기를…

⑨ 나의 바른 인욕 공덕으로

　모든 존재들이 진정 행복하고 안락하게 되기를…

⑩ 나의 바른 선행 공덕으로

　모든 존재들이 진정 행복하고 안락하게 되기를…

• 자비관법 예문 ③

안식眼識으로 가리키는 방향마다 그쪽의 생명체, 즉 사람을 포함한 동식물들을 심안에 떠올리며 염송한다.

　산란심이 많이 일어날 경우나 일체 생명체들에게 자비심을 베풀어야겠다는 간절함이 일어날 때 모든 생명체들을 기리며 마음을 모아 여법하게 한다.

　행주좌와 어묵동정 일체 속에서 몸 있는 곳에 마음을 함께하는 늘 깨어있음이 수행자의 삶으로 바뀌어야 깨달음을 성취할 수 있다.

① 내가

　일체의 고통에서 벗어나 진정 행복하고 안락하게 되기를…

② 동쪽에 있는 모든 생명체들이

　일체의 고통에서 벗어나 진정 행복하고 안락하게 되기를…

③ 남쪽에 있는 모든 생명체들이

　일체의 고통에서 벗어나 진정 행복하고 안락하게 되기를…

④ 서쪽에 있는 모든 생명체들이

　일체의 고통에서 벗어나 진정 행복하고 안락하게 되기를…

⑤ 북쪽에 있는 모든 생명체들이

　일체의 고통에서 벗어나 진정 행복하고 안락하게 되기를…

⑥ 동남간에 있는 모든 생명체들이

　일체의 고통에서 벗어나 진정 행복하고 안락하게 되기를…

⑦ 남서간에 있는 모든 생명체들이

　일체의 고통에서 벗어나 진정 행복하고 안락하게 되기를…

⑧ 서북간에 있는 모든 생명체들이

　일체의 고통에서 벗어나 진정 행복하고 안락하게 되기를‥

⑨ 북동간에 있는 모든 생명체들이

　일체의 고통에서 벗어나 진정 행복하고 안락하게 되기를…

⑩ 위쪽에 있는 모든 생명체들이

　일체의 고통에서 벗어나 진정 행복하고 안락하게 되기를…

⑪ 아래쪽에 있는 모든 생명체들이

　일체의 고통에서 벗어나 진정 행복하고 안락하게 되기를…

⑫ 시방세계에 있는 모든 생명체들이

　일체의 고통에서 벗어나 진정 행복하고 안락하게 되기를…

4. 수식관AnapanaSatti

 수식관이란 먼저 집중력을 강하게 갖추기 위해서 행하며, 불안, 공포, 산란심이나 들뜸의 현상들이 일어날 때 그 마음을 가라앉히는 정심관법이다.

아비담마에 의하면 부처님도 바른 알아차림의 방법으로 정진하다가 최후에 깊은 선정에 들려고 할 때는 수식관으로 정진하셨다고 한다.

이 선법을 범어로는 아나파나사티anapanasatti라고 하며, 한자로는 안반수의安般守意로 음역音譯하였다. 아나(ana, 安)는 숨을 들이쉬는 것이고 아파나(apana, 般)는 숨을 내쉬는 것이며, 사티(satti, 守意)는 알아차림의 뜻이다.

인간을 비롯해서 모든 동물은 생존의 자연적인 현상으로서 어느 누구도 호흡을 떠나서는 살 수 없다. 몸의 자연적인 현상에서 들이쉬고 내쉬는 숨결을 따라 일어나고 사라지는 공기의 흐름에 마음을 모아 장애를 극복하고 선정력을 키우는 것이다.

그리고 알아차림의 예비로서 우주를 보고 진리를 깨닫는 수식관의 핵심은 자신의 코를 대상화하여 코끝에 공기의 드나듦을 놓치지 않고 인식하는 데 있다.

오직 코끝의 숨결만 의지해서 숫자를 붙이며 지켜보는 동안은 자신의 마음이 밖으로 향하지 않는다.

물론 호흡을 자세히 관찰하려면 숫자를 놓치고, 숫자에 신경을 쓰다 보면 코끝의 숨결을 놓치게 되는 경우도 있다. 그것은 화살이 과녁을 지나치거나 아니면 화살이 과녁에 미치지 못한 것과 같다.

순간순간 일어나는 현상을 알아차리고 코끝에 바람이 들고 남에 마음을 모으는 단계가 수행의 시작이며, 이 단계에는 초발심의 열의가 필요하다.

만약 정진 중에 마음집중과 마음챙김이 모자라 숫자가 혼미해지거나 코끝의 공기가 흐릿해져 혼돈이 일어난다면, 이것은 결코 바른 방법으로 정진하는 것이 아니다.

이렇게 공기의 들고 나는 움직임을 챙기는 수식관법으로 정진해 나가는 동안 수식단계, 상수단계, 선정단계 등 세 단계의 집중력을 이해하게 된다.

첫째의 수식단계는 공기의 들고 남을 지켜보며 수를 헤아려 나가는 동안 해탈을 위한 욕구, 바른 노력, 바른 겨냥, 바른 선정 등의 힘이 점점 더 강해진다.

둘째의 상수단계에서는 공기의 들고 나는 움직임과 알아차림이 하나가 되도록 정진하는 동안 바른 노력의 힘이 강화된다. 이것은 바른 마음집중 및 바른 알아차림과 함께 수행자의 필수적 덕목이다.

셋째의 마지막 선정단계에서는 바른 알아차림의 집중력이 증장되며 바른 지혜를 갖추게 되는 바탕이 강화된다.

이 수식관법만 열심히 하더라도 깊은 삼매를 체험하게 된다. 쭐라반트카처럼 자신도 모르는 사이에 고도의 지혜가 갖춰지는 알아차림의 법으로 옮겨 갈 수 있는 계기가 된다.

자! 어떻게 숫자를 붙여 호흡을 할 것인가?

호흡을 '자신이 한다'가 아니라, 자신의 의지와는 관계없이 바람의 작용인 숨결을 알아차리기만 하면 된다.

반면 의도적인 호흡은 피로감도 더할 뿐더러 공기의 움직임을 알아차리는 것과 숫자를 붙이는 두 가지의 균형을 갖추기가 쉽지 않다.

코끝에 바람이 들어오면 숫자의 첫음절인 '하' 또는 '하나'라고 명칭을 붙이며 알아차리고, 바람이 나갈 때는 숫자의 둘째 음절인 '나' 또는 '두울'이라고 명칭을 붙이며 알아차려야 한다.

물론 숫자를 이렇게 붙이는 마음도 관념적인 의도이다. 그렇지만 이 과정은 달을 가리키는 부처님의 손가락을 의지해서 달을 보듯이, 집중력을 키우고 마음을 가라앉히는 지관수행의 예비로서 필수적이다.

수행의 시작 단계에서는 코끝에 드나드는 바람의 흐름과 그 흐름에 붙이는 숫자 때문에 약간의 혼돈이 나타나는 경우도 있으나, 코끝에 마음을 밀착해서 공기의 드나듦을 지켜보며 단지 숫자만 붙여나간다.

숫자를 앞세워서 호흡이 뒤따르면 머리에 긴장감이 생기면서 안면

의 근육이 굳어지는 현상이나 통증이
생길 수 있다. 긴장으로 인한 부작용
이다.

【따라 하기】
• 수식관법 예문 ①
하-나에서 여-얼까지, 여-얼에서
하-나까지,
두-울에서 아-홉까지, 아-홉에서
하-나까지,
두-울에서 여-덟까지, 여-덟에서 하-나까지,
두-울에서 일-곱까지, 일-곱에서 하-나까지,
두-울에서 여-섯까지, 여-섯에서 하-나까지,
두-울에서 다-섯까지, 다-섯에서 하-나까지,
두-울에서 네-엣까지, 네-엣에서 하-나까지,
두-울에서 세-엣까지, 세-엣에서 하-나까지,
두-울에서 하-나까지
한 바퀴가 되면 다시
두-울에서 위에서처럼 다시 시작해야만 한다.

• 수식관법 예문 ②
하나 둘 셋 넷 다섯 여섯 일곱 여덟 아홉 열, 열에서 하나까지,
둘에서 아홉까지, 아홉에서 하나까지

둘에서 여덟까지, 여덟에서 하나까지
둘에서 일곱까지, 일곱에서 하나까지
둘에서 여섯까지. 여섯에서 하나까지
둘에서 다섯까지, 다섯에서 하나까지
둘에서 넷까지, 넷에서 하나까지
둘에서 셋까지, 셋에서 하나까지
둘에서 하나까지,
1회순이 된다.
이어 둘에서 열까지……

좌선 중에는 숨결의 현상을 놓치지 않고 알아차려야 한다.

예를 들면 공기의 차고 뜨거움에서부터 온몸의 느낌, 코에서 피어나는 안개, 희뿌연 구름뭉치, 밝은 빛, 샛별 등 여러 가지의 찬란한 색깔, 불상, 성상 등 갖가지 현상들이 코끝을 중심으로 나타난다.

여기서 현상이란 느낌이나 의식, 그리고 앎의 정도를 통칭해서 그 순간의 상태, 현재 상태를 뜻한다. 결코 추측에 의한 미래의 일이나 이미 알고 있는 과거의 것이 아닌, 당시의 '있는 그대로'의 현상을 의미한다.

위와 같은 선정법으로 3~5일 정도 하루 45분 이상 정진하다 보면 집중력이 깊고 강해진다.

5. 염불관Buddhaus Sati

염불관은 부처님의 명호를 뜻으로 새기며 외워 나가는 선법으로, 혼침이나 무기력, 게으름에서 또 회의감이나 신심의 모자람으로 인한 불안감의 극복을 위해서 필요한 것이다.

이 행법은 수행시작 전에 5~10분가량, 혹은 주력처럼 틈틈이 예불의식으로 정진하면 보다 집중력이 증득된다.

부처님 명호의 뜻을 숙지한 뒤 빠르고 정확한 발음으로 염송하거나 소리 내어서 챙겨 나가는 동안 부처님의 거룩한 지혜와 자비심이 더 뚜렷해진다.

수행자들은 마지막 목표인 아라한과를 성취할 때까지 아무런 장애가 없기를 기대하지 말아야 한다.

【따라 하기】
• 염불관법 예문 ①
① 여래*, ② 응공, ③ 정변지*, ④ 명행족*, ⑤ 선서세간해*, ⑥ 무상사*, ⑦ 조어장부*, ⑧ 천인사*, ⑨ 불*, ⑩ 세존*

즉

① 부터 ⑩ 까지, 그리고 역순으로 ② 까지,

③ 부터 ⑩ 까지, 그리고 역순으로 ④ 까지,

⑤ 부터 ⑩ 까지, 그리고 역순으로 ⑥ 까지,

⑦ 부터 ⑩ 까지, 그리고 역순으로 ⑧ 까지,

⑨ 부터 ⑩ 까지, 그리고 역순으로 ① 까지 한 사이클이 된다.

① 여래,

② 응공,

③ 정변지,

* **여래**如來: 위없이 거룩한 성인을 가리킨다.

* **응공**應供: 공양 받을 만한 아라한을 가리킨다.

* **정변지**正遍智: 바르게 깨달은 정각자를 가리킨다.

* **명행족**明行足: 말과 행동과 지혜가 완전한 성인을 가리킨다.

* **선서세간해**善逝世間解: 세상사를 이해하고 윤회계를 벗어난 성인을 가리킨다.

* **무상사**無上士: 삼계에서 위없이 높은 성인을 가리킨다.

* **조어장부**調語丈夫: 중생들을 잘 가르쳐 해탈로 인도하는 스승을 가리킨다.

* **천인사**天人師: 천상과 인간계를 포함한 육도계의 스승을 가리킨다.

* **불**佛: 완전한 깨달음을 성취한 붓다, 부처님을 가리킨다.

* **세존**世尊: 삼계에서 위없이 존경하는 성인을 가리킨다.

④ 명행족,

⑤ 선서세간해,

⑥ 무상사,

⑦ 조어장부,

⑧ 천인사,

⑨ 불,

⑩ 세존,

⑨ 불,

⑧ 천인사,

⑦ 조어장부,

⑥ 무상사,

⑤ 선서세간해,

④ 명행족,

③ 정변지,

② 응공,

③ 정변지……

• 염불관법 예문 ②

또는 빨리어로 해도 좋다.

　① 아라항(Arahṁ, 應供),

　② 삼마삼붇도(Sammā-sambuddho,

正遍者),

　③ 위짜짜라낭 삼빤노(Vijjā-caraṇa-sampanno, 明行足),

　④ 수갓또(Sugato, 善逝),

　⑤ 로카위뚜(Lokavidū, 世間解),

　⑥ 아눗따로 뿌리사담마 사라띠(Anuttaro-Purisadhamma-sārathi, 無

上士 調語丈夫),

　⑦ 사따데와 마누싸낭(Satthā deva-manussānaṁ, 天人師),

　⑧ 붇도(Buddho, 佛),

　⑨ 바가와(bhagavā, 世尊)

부처님의 9대 명호 염불관법은 다음과 같다.

① 부터 ⑨ 까지, 그리고 역순으로 ② 까지,

③ 부터 ⑨ 까지, 그리고 역순으로 ④ 까지,

⑤ 부터 ⑨ 까지, 그리고 역순으로 ⑥ 까지,

⑦ 부터 ⑨ 까지, 그리고 역순으로 ⑧ 까지,

⑨ 부터 역순으로 ① 까지가 한 사이클이 되며, 다시 ② 부터 위에서

처럼 시작한다. 숫자는 편의상 붙였기 때문에 실제 염불할 때는 숫자
를 붙이지 않는다.

즉

① 아라항,

② 삼마 삼붇붓도,

③ 위짜짜라낭 삼빤노,

④ 수갓또,

⑤ 로카위뚜,

⑥ 아눗따로 뿌리사담마 사라띠,

⑦ 삿사따 데와 마누싸낭,

⑧ 붇도,

⑨ 바가와,

⑧ 붇도,

⑦ 사따데와 마누싸낭,

⑥ 아눗따로 뿌리사담마 사라띠,

⑤ 로카위뚜,

④ 수갓또,

③ 위짜짜라낭 삼빤노,

② 삼마 삼붇도,

③ 위짜짜라나 삼빤노……

6. 부정관Asubha Bhavana

부정관에는 감각적인 욕망의 장애에서 벗어나는 현상부정관법과 교
만심이나 아만심의 장애에서 벗어나는 구의부정관법 등이 있다.

첫째, 현상부정관은 자신의 몸을 구성하고 있는 내외의, 오장육부
를 비롯해서 머리카락, 손발톱 등 32가지를 관하는 것이다.

둘째, 구의부정은 마지막 부정이라는 뜻으로, 육신은 늘 젊고 건강
한 것이 아니라 늙고 병들어 죽으면 몸이 검푸른 빛으로 변하는 것부
터 하얀 뼛가루가 바람에 휘날리는 것까지 아홉 가지 현상을 관하는
것이다.

셋째, 생체부정은 자신의 몸이 신성한 곳에서 태어난 것이 아니라
아버지의 정자와 어머니의 난자에 인연되어 어머니의 자궁에서 10개
월간의 고난을 겪으며 태어났음을 관하는 것이다.

애욕이나 욕정의 마음이 일어날 때나 교만심과 아만심이 일어날
때 그 마음을 가라앉히는 선법들이다.

【따라 하기】

• 현상부정관법現相不淨觀法 예문
머리카락, 몸의 털, 손발톱, 이빨, 피부, 지방, 살갗, 힘줄, 뼈, 골수, 콩
팥, 심장, 간, 횡경막, 지라, 허파, 쓸개, 창자, 장간막, 위장, 위 내용물,
똥 등 22가지 흙의 요소와 쓸개즙, 고름, 피, 땀, 눈물, 기름, 침, 콧물,

관절액, 오줌 등 10가지 물의 요소가 합해서 32개 요소로써 몸을 이루고 있다.

처음에는 의학계에서 사용하는 해부도를 이용하기를 권하며, 눈에 익어진 것들을 차례대로 외우며 그들의 성품들을 그려나간다.

경전에서 "이 신체는 32가지의 부정물不淨物로 가득 차 있는 주머니와 같으며……"라고 제시한 이 내용물들을 하나하나씩 열거하여 분석적으로 그 부정不淨함을 관찰한다.

① 머리카락, 몸 털, 손톱, 이빨, 피부(머리에서 피부까지의 다섯 종류)

② 살, 근육, 뼈, 골수, 신장(살에서 신장까지 다섯 종류)

③ 심장, 간장, 늑막, 비장, 폐(심장에서 폐까지 다섯 종류)

④ 창자, 장간막, 위장, 배설물, 뇌수(창자에서 뇌수까지 다섯 종류)

⑤ 담즙, 가래, 고름, 피, 땀, 지방(담즙에서 지방까지 여섯 종류)

⑥ 눈물, 임파액, 침, 점액, 관절액, 오줌(눈물에서 오줌까지 여섯 종류) 등으로 나눠서 하나하나 알아차려 나간다.

• 구의부정관究意不淨觀 예문

① 창상脹想: 몸이 죽어 하루 이틀 사흘이 지나면 파래지고, 붓고, 짓물러진 채 묘지에 버려지는 것을 보면서,

② 담상噉想: 그리고 묘지에 버려진 시체가 까마귀나 독수리, 들개나 자칼, 여러 벌레들에게 먹히는 것을 보면서,

③ 혈도상血途想: 그리고 묘지에 버려진 시체가 약간의 살과 피만

남고 힘줄에 연결된 해골로 변하
는 것을 보면서,

④농란상膿爛想: 그리고 묘지
에 버려진 시체가 살은 없어지고
핏자국만 남아 힘줄만 연결된 해
골을 보면서,

⑤청어상靑瘀想: 그리고 묘지에 버려진 시체가 살과 피도 없이 힘
줄만 연결된 해골을 보면서,

⑥괴상壞想: 그리고 묘지에 버려진 시체가 힘줄도 없이 뼈마저 분
리되어 손의 뼈, 발의 뼈, 정강이 뼈, 엉덩이 뼈, 척추 뼈, 해골 등 각각
제멋대로 흩어져 있는 모습을 보면서,

⑦산상散想: 그리고 묘지에 버려진 시체의 뼈가 마치 하얀 조개껍
질같이 하얗게 변하는 것을 보면서,

⑧골상骨想: 그리고 묘지에 버려진 시체의 뼈가 1년 이상이 지나
한 더미의 뼈 가루로 변해 가는 것을 보면서,

⑨소상燒想: 그리고 묘지에 버려진 시체의 썩어 사라져가는 것을
보면서,

자신의 몸도 그대로 자연과 동일하여 그렇게 될 것이며, 결코 그에
서 벗어날 수 없음을 바르게 마음을 집중하여 바르게 알아차리며 염
송해 나가는 것이 구의부정관이다.

7. 연기관Patĩicca samuppaĩda

12연기법緣起法

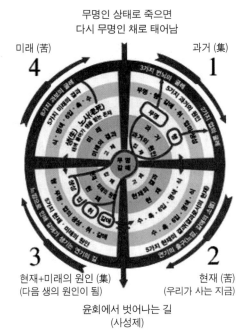

무명인 상태로 죽으면
다시 무명인 채로 태어남

미래 (苦)
4

과거 (集)
1

현재+미래의 원인 (集)
(다음 생의 원인이 됨)
3

현재 (苦)
(우리가 사는 지금)
2

윤회에서 벗어나는 길
(사성제)

연기관은 집중력을 강하게 갖추기 위해서 행하며, 법에 대한 의심이나 회의적인 마음이 일어날 때 마음을 가라앉히는 정심관법이다.

부정관不淨觀은 현상적 선법이고 자비관은 윤리적 선법인 반면 이 연기관은 불교의 원론적인 선법이다. 연기관을 수행하려면 고苦의 뿌리를 알아야 하고, 그 뿌리를 자르려면 12연기에 대한 바른 이해가 전제된다.

① 무명無明: 무지라고도 하며, 괴로움을 일으키는 근본 원인이다. 모든 존재의 죽음은 무질서로 돌아간다. 즉 자연의 본래원소本來元素의 혼란무명상태로 돌아간다.

② 의도(行): 움직이게 하는 정신적인 의도이지만, 형성된 업은 생

애에 단 한 번 일어나는, 무명의 바탕에서 지어져 입태할 때까지의 업식이 된다.

③의식(識): 탄생을 위한 업의 흐름에 따라 식(識=입태식)이 한 번 일어난다.

④명색名色: 업식業識인 명과 물질(物質=정자와 난자)인 색이 혼합 수정(混合生命)하게 된다.

⑤육입처六入處: 모태에 수정되면서 눈, 귀, 코, 입, 몸, 의意 등 여섯 감역처가 형성되어진다.

⑥접촉(觸): 6처의 외적인 대상들과 부딪치는 접촉이 일어난다.

⑦느낌(受): 접촉으로부터 즐겁고, 괴롭고, 즐겁지도 괴롭지도 않은 느낌들이 일어난다.

⑧갈애(愛): 느낌으로 인해 욕망을 불러일으킨다.

⑨집착(取): 욕망으로부터 붙들려거나 피하려고 한다.

⑩업유(有): 집착에 의한 업業의 생성으로 태어나게 한다. 정신적인 의도(行)는 업의 형성이다. 형성과 생성이 다르다.

⑪태어남(生): 업유로부터 다시 내생을 가능하게 하는 존재(有)가 형성된다.

⑫노사老死: 태어남에는 노사가 따른다. 사가 곧 무명인 상태이다.

【따라 하기】

• 연기관법 예문

무명無明 때문에 의도(行)가,

의도 때문에 의식(識)이,

의식 때문에 명색名色이,

명색 때문에 6처六處가,

6처 때문에 접촉(觸)이,

접촉 때문에 느낌(受)이,

느낌 때문에 갈애(愛)가,

갈애 때문에 집착(取)이,

집착 때문에 업유(有)가,

업유 때문에 태어남(生)이,

태어남 때문에 노사우비고뇌 老死憂悲苦惱*가 생겨나고

무명의 소멸로 의도가,

의도의 소멸로 의식이,

의식의 소멸로 명색이,

명색의 소멸로 6처가,

6처의 소멸로 접촉이,

접촉의 소멸로 느낌이,

느낌의 소멸로 갈애가,

갈애의 소멸로 취착이,

취착의 소멸로 업유가,

업유의 소멸로 태어남이,

태어남의 소멸로 노사우비고뇌가 사라진다.

*노사우비고뇌: 늙고(老), 죽고(死), 우울하고(憂), 슬프고(悲), 괴롭고(苦), 불쾌하다(惱).

연기관법 수행은 이렇게 순역과 역순으로 반복해서 외워나간다. 지식은 사유思惟로서 번뇌를 끊을 수 없지만, 연기관의 지혜는 통찰체험으로서 번뇌를 끊을 수 있다.

제4장

대념처경

1. 여시아문如是我聞

1-1

이와 같이 나는 들었다.

한때 부처님께서 쿠루의 수도 깜마싸담마에 머무셨다.

그때 부처님께서

"비구들이여."라고 부르시자

"예, 세존이시여."라고 대답하였다.

그때 부처님께서 많은 비구들에게 이렇게 일러 주셨다.

"이와 같이 나는 들었다. 한때 부처님께서…"(에왐메수땅 사마양 바가와EvaṁMeSutaṁ SamayaṁBagavā…)는 경전의 첫머리에 등장하는 정형화된 경구이다. 대부분의 경전은 그 구성이 언제, 어디서, 누구에게, 어떻게, 왜, 무엇을 등의 육하원칙과 같은 육성취하의 통서라는 형식을 갖추고 있다.

모든 경전의 첫머리에 나오는 여시아문如是我聞이라는 말은 '나는 이렇게 들었다, 나는 이렇게 이해했다'가 아니라 '이렇게 나의 귀에 들렸다'라는 의미에서, 부처님의 가르

침을 전하는 아난다의 편견이 전혀 내포되지 않은 부처님의 가르침을 객관적으로 나타내 보이며, 그 속에는 신수봉행이라는 의미도 함께 내포되어 있다.

『법구경』에서 "비록 경전을 많이 외워도 방일하여 바르게 행하지 않으면 남의 소를 세는 목동처럼 바른 진리 얻기는 어려우리라."는 말이나, 『42장경』에서 "많이 듣는 것으로 도를 받들면 도를 얻기 어렵고, 뜻을 지켜 도를 받들면 그 도는 크게 이루어지리라."는 경구에서처럼, 가르침을 듣기만 하고 실천이 없으면 아무런 소용이 없기 때문에 '여시아문'의 뒤에는 꼭 신수봉행이 함께한다.

부처님께서 35세에 성도하셔서 80세의 대열반에 이르시기까지 45년 동안 일러주셨던 내용이 "이와 같이 나는 들었다."고 시작해서 우리에게 전해지기까지는 부처님의 제자 중 다문 제일의 아난다를 떠올리지 않을 수 없다.

부처님의 출가 이전부터 부처님을 매우 존경하며 가깝게 따랐던 젊고 총명한 아난다는, 부처님의 세 번째 숙부가 되는 아미또다나의 아들로서 석가족의 사촌 왕자들 가운데 가장 막내였다.

부처님께서는 마하나마, 난다, 밧디야, 아나룻다, 바구 등의 사촌 왕자들 중 마하나마 다음으로 나이가 많으셨다.

아난다는 어릴 때부터 가업

家業을 도우며 아버지와 함께 여러 나라와 지방을 두루 다니며 견문을 넓히고 있던 중에, 순도다나 부왕의 청으로 부처님께서 고향을 방문하셨을 때 마하나마를 비롯해서 다섯 명의 사촌 왕자들과 함께 출가했다.

그때부터 그는 부처님의 그림자처럼 일거수일투족을 계속 보고 들으며 함께하였는데, 그런 인연도 중요하지만 그의 뛰어난 기억력도 보통사람들과는 남달랐다.

부처님의 세납世臘 쉰다섯이 될 무렵 세속 인연으로 사촌동생이 되는 아난다가 교단 대중들의 천거를 받아 부처님의 시봉 소임을 맡아야 할 즈음이었다.

특히 외모도 출중하고 말씨도 부드러워 부처님의 시봉으로는 적격이라고 비구대중들은 입을 모았다.

이때 아난다는

첫째, 자신이 부처님 모시기를 청할 때 허락하시고,

둘째, 불자가 부처님의 친견을 청하여 말씀드리면 허락하시고,

셋째, 자신이 법에 대한 의심이 생겼을 때 질문을 허락하시고,

넷째, 자신이 없었을 때 설법하신 것을 되풀이해 주실 것 등,

원하는 네 가지와 다음과 같이 원치 않는 네 가지도 함께 제시했다.

첫째, 부처님께서 드시던 음식을 먹게 하지 말고,

둘째, 부처님께서 입으시던 옷을 입게 하지 말고,

셋째, 부처님의 처소에서 함께 머물지 않게 하고,

넷째, 부처님만의 초청이 있을 때 함께 가지 않게 할 것 등,

분에 넘치는 생활 때문에 수행에 장애가 될지도 모르는 위험이 따를까봐 원하지 않는 네 가지로 미리 자신의 보호벽을 만들면서 부처님의 시봉을 맡게 되었다.

아난다는 부처님에게 올리는 시물施物 가운데 음식이나 의복이나 거처를 함께하게 될 가능성마저 절대 사양하겠다는 슬기로움을 보였다. 이런 연유로 부처님의 성도 이후 입적 때까지의 모든 가르침을 마치 한 사람의 집필자가 기록한 것처럼 정리할 수 있었다.

부처님께서 삶을 다하시는 대열반 때까지 "여래의 장례는 재가 불자들에게 맡기고 그대들은 한 순간도 마음챙김(알아차림)을 쉬지 말라!"는 뜻의 '불방일不放逸'을 유훈으로 남기시며 아난다를 비롯해서 많은 제자들을 챙겨 주셨다.

비구들은 물론 불제자들이 하늘처럼 믿고 의지했던 부처님께서 막상 입적하시자 당장 그들이 의지해야 할 것은 부처님의 가르침뿐이었다. 장로 비구들은 서둘러 부처님의 가르침을 체계적으로 정리하여 불문에 갓 입문하는 수행자는 물론, 후세에 이르기까지 이 거룩한 가르침들이 오랫동안 전승될 수 있도록 하는 일이 무엇보다 절실했다.

당시 경전의 전승은 구송口誦에만 의존하였기 때문에 부분적이나마 암송전문화의 능력이 필요했다.

B.C. 485년에 마가다의 수도 라자가하(왕사성) 교외의 칠엽굴에서 500여명의 비구들이 마하가섭 존자의 주재로 부처님께서 생전에 일러주셨던 가르침들을 모은 것이 이른바 초기결집의 원시경전原始經典이다.

그리고 초기결집 때 갖춰진 육성취*의 통서 형식이 모든 경전 구성에 필수적인 정형화의 시초가 되었다.

물론 아난다 존자의 '이와 같이 나는 들었다'라는 의미의 '여시아문'도 이때부터 모든 불교경전의 서두序頭가 되었다.

이 『대념처경』에서도 마찬가지로 "이와 같이 나는 들었다"라는 아난다의 육성이 서막을 펼치게 된다.

이 가르침을 일러주셨던 장소는 구루 부족들의 마을 깜마사담마로서, 현재 인도 서북부 파키스탄 부근이다.

---

*육성취六成就: 신성취信成就, 시성취時成就, 처성취處成就, 문성취聞成就, 주성취主成就, 중성취衆成就 등이다.

2. 비구들이여!

"비구들이여!"
부처님께서는 당신의 가르침을
따르는 출가자 또는 수행자들을
늘 "비구比丘"라고 하셨다.

그리고 당시의 비구나 수행자
는 그냥 행주좌와 정진한다거나
삭발염의를 해서가 아니라, 5
근*의 통찰능력인 믿음에서
3단계의 열의를 갖추는 것이
필수적이었다.

* 5근五根: 믿음, 정정진, 정념, 정정, 지혜 등
  이다
* 5가지 사슬: 육체적인 욕망, 나와 나의 것
  이 실재한다고 믿고 집착(유신견), 음식에
  대한 집착, 꾸밈에 대한 집착, 천상에 대한
  갈애 등이다
* 5개五蓋: 감각적 욕망(부정관으로 극복), 성
  냄이나 미움(자비관으로 극복), 혼침이나
  무기력(수식관으로 극복), 들뜸이나 회한
  (염불관으로 극복), 의심(연기관으로 극복)
  등 다섯 가지 장애이다.
* 10결十結: 유신견Sakaya Dhiti, 법의 의
  심Vicikicca, 계율, 의식의 집착Silla batta,
  육체적 욕망의 집착Kamma Raga, 악의
  viyapada, 색계의 집착Rupa-Raga, 무색계
  의 집착Nama-Raga, 들뜸Kukucca, 아만
  Mana, 무지Avijja 등의 족쇄 또는 결발이다.

3단계의 열의란, 5가지의
사슬*을 끊고 수행을 시작하
려는 첫 단계의 열의, 5가지
장애*를 극복하는 2단계의
열의, 10가지 족쇄*에서 완전
히 벗어날 때까지 멈추지 않
는 3단계의 열의를 말한다.
부처님께서는 성도 이후

녹야원으로 향하실 때 잠깐 조우했던 우빠카에게 게송으로 일러주시되 "끊고(탐진치의 사슬), 이기고(5蓋), 여의고(10結), 깨달아(4제)"라고 하셨다.

믿음은 불법에 대한 맹목적인 신심이 아니라, 부처님의 가르침으로 반드시 해탈할 수 있다는 확신 아래 바른 노력과 바른 마음집중을 동반한 바른 알아차림으로 지혜를 일깨우는 것이다.

삼보에 대한 믿음과 수행에 대한 3단계의 열의를 갖춘 사람을 '비구 또는 수행자'라고 하셨다.

불제자로서 중도中道의 실천을 전제로 3보에 귀의했으니 고통의 바다, 윤회의 조건에서 먼저 벗어난 부처님을 닮으려면 우리는 먼저 그분이 가신 그 길로 그분의 발자국을 따라 밟지 않을 수 없다.

궁극적인 고통에서 벗어나려면, 우리도 부처님처럼 괴로움에서 벗어나려면 당신이 가셨던 그 길에 들어서는 것이 곧 '수행'이며, 이 길을 가는 이를 '수행자'라고 한다.

'세존'이라는 말은 부처님에 대한 또 다른 존칭으로서 여래, 불, 응공 등과 같은 부처님의 10대 명호(10가지 존칭) 가운데 하나이다.

대부분의 초기경전에서 특별한 곳이 아니면 부처님께서는 자신을

'여래'라고 칭하셨다. 특별한 경우나 번역의 편의상 혼용하는 경우를 제외하면, 통상적으로 경전 가운데 '내가'라고 할 1인칭의 자리에 '여래'가, 직접적인 2인칭의 호칭으로는 '세존', 간접적인 3인칭의 호칭으로는 '부처님' 등으로 거의 정형화되었다.

지난날의 착한 공덕이 많은 사람들은 경구 몇 구절만으로도 쉽게 깨달을 수 있지만, 대부분의 범부들은 성스러운 팔정도인 계정혜를 통하지 않고는 불자들의 목표인 깨달음이 쉽지 않다.

3. 중생의 정화를 위한

비구들이여,
중생의 정화를 위한
육체적인 고통에서 벗어나기 위한
정신적인 고뇌에서 벗어나기 위한
슬픔과 비탄에서 벗어나기 위한
해탈을 향해 진리의 길을 나아가기 위한
오직 한 길(一乘道)!
네 곳을 바르게 알아차리는 행법뿐이니라.

여기서 '중생'이란 잘못된 견해로 탐진치에 중독되어 분별하는 번뇌에 묶여 있는 존재들, 어리석어서 성내는 마음에 중독되어 여섯 감각기관인 6문의 대상에 취착하고 염착되어 있는 존재들을 가리킨다.

중생들은 이 순간에도 고통에서 벗어나기 위해서 애쓰고 있다. 그리고 밝음과 어둠에 따라서, 지혜와 무지에 따라서, 쉽게 부처가 되느냐 아니면 영겁에 가까운 윤회전생을 하느냐가 갈라진다.

탐진치의 독화살*을 가슴에 꽂고 자신을 원수처럼 고통의 수렁으로, 윤회의 세계로 몰아가는 것이 중생들이다. 누군가가 자신을 무지의 세계로, 괴로움의 나락으로, 윤회의 수렁으로 몰아간다면 원수임에 틀림없다.

동물을 포함해서 영혼이 머무는 모든 존재 또는 생명체들, 용龍·나찰羅刹·야차夜叉, 건달바乾闥婆·가루라迦樓羅 등의 신화적·공상적 존재까지도 지옥·아귀·축생·수라·인간·천상 등의 육도六道에 윤회를 반복하기에 중생이라고 한다.

중생은 오온*이 나라고 믿는 이 "무지" 때문에 다시 태어나는 "업"을 만들어 임종 때 업에 의한 재생의식이 일어나고, 이 "재생의식"에

* 3개의 독화살: 탐욕(貪心), 성냄(嗔心), 어리석음(痴心). 3독심이라고도 한다.

* 5온五蘊: 산스크리트어 빤짜칸다 pa~nca-skandha의 역어로서 오음五陰이라고도 한다. 오온은 색色, 수受, 상想, 행行, 식識을 말한다. ① '색rūpa'은 물질적인 형태로서 육체. ② '수vedanā'는 감수感受작용인데, 의식 속에 어떤 인상을 받아들이는 것, 감각과 쾌·불쾌 등의 단순 감정을 포함한 작용. ③ '상samj~nā'은 표상작용으로 의식 속에 상象을 구성하고 마음속에 어떤 것을 떠올려 관념을 형성하는 것, ④ '행samskāra'은 형성작용으로, 능동성·잠재성 형성력을 의미, 수·상·식 이외의 모든 마음의 작용을 총칭한 것으로서 특히 의지작용이라고 함. ⑤ '식vij~nāna'은 식별작용을 말하는 것으로서, 대상을 구별하고 인식·판단하는 작용, 혹은 마음의 작용 전반을 총괄하는 주체적인 마음의 활동을 말한다. '수' 이하의 4온四蘊은 정신적 요소로 색온色蘊과 결합하여 심신心身을 이루기 때문에 '명색(名色, nāmarūpa)'이라고도 불린다. 처음에는 오온이 인간의 구성요소로 설명되었으나 더욱 발전하여 현상세계 전체를 의미하는 말로 통용되었다.

의해서 입태되어 자연스럽게 "물질적인 몸과 정신적인 마음"이 형성되는 동시에 "안이비설신의"의 6가지 감수기능이 형성되고, 이 6가지 감역처 때문에 "닿음"이 생기고, 닿음 때문에 "느낌"이 일어나면서 동시에 싫어하고 좋아하는 "갈애"와 더불어서 "집착"이 일어나게 된다.

이렇게 "존재 또는 생명체"로 "탄생"하게 되어 "노·병·사·우·비·고·뇌"의 과정을 겪으면서 윤회 전생한다.

모르기 때문에 재생의 조건이 되는 업을 지어 이렇게 윤회에서 윤회를 거듭해 오면서 현재 이 자리에 있게 되었다.

물론 "모르기 때문에"의 길을 계속 향하면 윤회의 길로 향하는 중생이지만, 만약에 이 "모르기 때문에"를 "알기 때문에"로 바꾼다면 윤회를 멈추고 해탈의 길로 향하게 된다.

"모르기 때문에"에 머물러 있는 중생이란 범어로 사뜨바이다. "알기 때문에" 깨달음을 위해 수행하는 사람은 보살(보디사뜨바)이라고 한다.

중생은 '오온이 나'라고 믿는 사견에 오염되어 생사의 고통에서 허덕이는 범부, 거듭 태어나는 존재, 윤회하는 존재, 뭇 삶 등을 일컫는 말이다.

모든 존재들은 어리석음에 빠져서 집착하고 성내며, 상락아정常樂我淨*의 사견으로 이기적利己的인 업을 지어 거듭거듭 태어남을 계속하는 생명체들이다.

이들은 잘못된 견해의 전도몽상에서 벗어나지 않으면 삶의 끝, 윤회의 끝은 멀어질 수밖에 없다.

나는 영원하고, 나는 즐거움의 존재이고, 나는 실재하고, 나는 청정하다는 상락아정의 잘못된 견해에 빠져 있는가 하면, 또 집착하고, 성내고, 어리석어서 물질, 소리, 향기, 맛, 닿음, 자연계의 일체 대상들에

＊상락아정: 『열반경』을 비롯한 대승에서는 상락아정常樂我淨을 '열반사덕涅槃四德'으로 일컫기도 한다. '열반의 상락아정'이란 곧 무상無常, 고苦, 무아無我, 부정不淨이라는 부정을 통하여 미혹이나 망집 등으로부터 나온 '중생의 상락아정'을 깨뜨리고, 나아가 부정적, 허무적 견해도 깨뜨려서 미혹이나 망집 등을 완전히 떠나 여실한 지혜인 중도적 지혜에 도달한다.

원효대사에 따르면, 이들 사덕의 각각에는 다시 두 가지 의미가 있다.

첫째, 법신상덕法身常德에는 부처님은 차별 없는 성품을 통달하였기 때문에 유위인 생사를 버리지 않았고 무위인 열반도 취하지 않았다. 생사가 열반과 다르지 않음을 보았기 때문에 유위인 생사를 버리지 않고, 열반이 생사와 다르지 않음을 보았기 때문에 무위인 열반도 취하지 않는다. 이 두 가지 뜻에 의지하여 단견과 상견을 초월한다.

둘째, 열반락덕涅槃樂德은 일체 의생신意生身의 고를 여의는 것과 일체 번뇌의 습기를 없애는 것이라는 두 가지 의미가 있다. 의생신의 고를 없애는 것에 의해서 적정의 낙을 드러내고, 일체의 번뇌 습기를 없애는 것에 의해 각지覺智의 낙을 드러낸다.

셋째, 불아덕佛我德은 아견我見의 치우침을 여의는 것과 무아견無我見의 치우침을 여의는 것의 두 가지 의미가 있다. 아견에 치우치지 않음으로서 허망한 나에 집착하는 것을 벗어나고, 무아견에 치우치지 않음으로서 무아에 집착하는 희론을 벗어난다. 그러므로 아도 아니고 무아도 아니다. 이에 대아大我를 얻는다고 한다.

넷째, 해탈정덕解脫淨德에는 분별의 성품을 통달하는 것과 의타의 성품을 제거하여 없애는 두 의미가 있다. 분별의 성품을 통달함에 의해서 자성의 청정함을 나타내기 때문에 본래 자성청정이고, 의타의 성품을 제거하여 없앰으로써 방편괴方便壞의 청정함을 나타내기 때문에 이구청정離垢淸淨이 된다.

염착되어 있으므로 중생들의 마음은 잠시도 멈추지 못한 채 윤회의
세계로 내달리고 있다.

> 무상한 것에 대하여 영원하다고 하고
> 괴로움에 대하여 즐겁다고 알고
> 실체아가 없는 것에 실체아가 있다고 하고
> 더러움에 대하여 청정하다고 생각해서
> 삿된 견해에 빠지고 마음이 혼란하여
> 지각이 전도된 자들은 악마의 멍에에 묶여
> 멍에로부터 벗어나는 편안을 얻지 못하네.
> 중생들은 태어남과 죽음에 이끌려
> 윤회를 거듭하나 지혜가 밝게 빛나는
> 깨달은 이들이 세상에 출현하시어
> 괴로움을 끝나게 하는 가르침을 펴시니
> 지혜로운 이들은 이 가르침을 듣고 성찰하니
> 무상을 무상으로 괴로움을 괴로움으로
> 실체 없음을 무아無我로
> 올바른 견해를 취해 일체의 괴로움으로부터 벗어나네.
> (『앙굿따라니까야』)

이와 같이 4가지 전도몽상에 잠겨 있는 어리석음에서 벗어나게 하
는 길이라 해서 이 '성스러운 알아차림의 가르침'을 중생의 정화를 위
한 길이라고 했다.

또 다른 측면의 '중생'이란 선악에 대한 개념이 없기 때문에 윤회에 의해 전생하는 '무리 속의 생명체, 뭇 삶'이라고도 한다. 3독심에 중독된 상태의 정화, 즉 '중생의 정화'는 바른 알아차림만으로 성취할 수 있다.

부처님도 괴로움의 속성, 괴로움의 원인, 괴로움의 소멸, 소멸법인 8정도를 보고 알아차리는 행법으로 깨달음을 성취한 정등각자가 되셨다.

사람마다 가치관이 다르고 삶의 질이 다를 수밖에 없다. 애정이나 명예나 재물에 목숨을 버리는 경우를 더러 볼 수 있는 것도 이 때문이다.

사실 애정이나 명예, 물질이 생명보다 귀할 수는 없다.

생명보다 더 고귀한 것이 있다면 그것은 바로 어리석음에서 눈을 뜨는 자기정화의 진정한 행복쟁취, 해탈에 필수적인 중생정화의 지혜이다. 고통이나 그 조건에서 벗어나는, 즉 생사를 벗어나는 이 궁극적인 행복쟁취는 괴로움 속에서 몇 억 년을 사는 것에 비교할 수 없을 것이다.

4. 깨달음의 도정道程

당나라 시인 백거이는 자가 낙천으로, 권력 다툼을 피해 항주로 내려가 그곳에서 자사 벼슬을 지낼 때의 일이다.

항주의 아름다운 풍광으로 어지러운 심사를 다스리려던 백낙천은 자신의 관할지역에 도림(道林, 741-824)선사가 있음을 알고, 하루는 '내가 한번 직접 시험해 보리라' 작정하고 선사가 머물고 있다는 희작사喜鵲寺로 수행원을 거느리고 찾아갔다.

스님은 늘 산중의 나무 가지에 앉아서 좌선을 하고 있었는데, 그 모습이 마치 새가 둥지에 있는 것처럼 보여서 사람들은 그를 조과선사鳥窠禪師라고 불렀다.

백거이가 희작사에 갔던 날에도 스님은 나무 위에서 좌선을 하는 중이었다. 나무 아래 서서 좌선하는 스님의 모습을 올려다보니 아슬아슬한 생각이 들어 큰 소리로 말하였다.

"그곳은 너무 위험하지 않습니까?"

그러자 선사는 아래를 내려다보며 대답하였다.

"자네가 더 위험하네."

"저는 벼슬이 자사에 올라 강산을 진압하고 또 이렇게 안전한 땅을 밟고 있는데 도대체 무엇이 위험하단 말입니까?"

"티끌 같은 세상의 지식으로 교만한 마음만 늘어 번뇌가 끝이 없고 탐욕의 불길이 쉬지 않으니 어찌 위험하지 않겠는가? 마치 나무 섶에

불이 붙어 활활 타고 있는 것
과 같다네."

"제가 평생에 좌우명으로
삼을 만한 법문을 듣고 싶습
니다."

"나쁜 짓을 하지 말고 좋은
일을 하는 것이 불교라네."

백낙천은 선사에게서 대단
한 가르침을 기대했는데 별

諸惡莫作
衆善奉行
自淨其義
是諸佛敎

신통치 않은 대답에 적이 실망하였다.

"그거야 삼척동자도 다 아는 일입니다만."

"삼척동자가 다 아는 이치이지만 팔십 노인도 행하기 어려운 일이
라네."

마음속으로 간절히 바라면 필연적으로 이루어진다는 줄리의 법칙
Jully's law이 있다. 또 간절하게 원하지만 그 반대로, 즉 좋지 않은 방
향으로 진행되는 것을 머피의 법칙Murphy's law이라고 하는가 하면,
반면 가볍게 생각만 해도 좋은 일이 연속적으로 일어나는 것을 샐리
의 법칙Sally's law이라고 한다. 이 경험 법칙들을 과학에서는 '작용과
반작용의 법칙' 내지 끌어당김의 법칙law of attraction이라고 하고, 부
처님은 인과법칙이라고 하셨다.

이 법칙들은 선善과 악惡의 메커니즘으로, 모든 종교의 기본이념이
되는 "악행은 멈추고 선행은 실천하라"는 것이다.

대부분의 사람들은 종교에 의지해서 행복을 구한다. 그래서 제악막작 중선봉행諸惡莫作 衆善奉行, 즉 행복해지기를 원한다면 악행이 아니라 선행을 전제하는 것이다. 불교와 기독교에서는 자비와 사랑을, 이슬람교나 힌두교에서는 평화와 박애를 채근한다. 모든 종교의 시작점이 되는 경구이다.

도림 스님의 말을 통해 백낙천은 깊이 깨달았다. 백낙천은 그 자리에서 불법에 귀의하고 불자가 되어 수행을 돈독히 하였다.

이 선문답은 '도림설법'이라고 하여 후세에까지 회자되었다.

이 이야기는 중생의 정화를 위한 칠불통계七佛通偈, 즉 '제악막작諸惡莫作 중선봉행衆善奉行 자정기의自淨其意 시제불교是諸佛敎'라는 게송이다.

일체 악은 피하고 널리 선을 받들어 자신을 정화하는 것이 과겁의 비바시불·시기불·비사부불, 현겁의 구루손불·구나함모니불·가섭불·석가모니불 등 일곱 부처님들의 공통된 가르침이다.

여기서의 '자정기의'가 곧 수행이다. 중생심이 정제되면 욕망을 버리고, 안심입명이 곧 행복이라는 것을 알게 된다.

감각적인 즐거움을 뛰어넘어 모든 법이 여여如如하다는 이치를 보는 것이 참 행복이며 중생심의 정화이다.

마음이 오염될 때 중생은 오염되고, 마음이 정화될 때 중생은 청정하게 된다. 정화된 청정심이 곧 불심佛心이다.

불심에는 이미 바른 법이나 틀린 법이나 들어설 자리가 없다.

중생 정화의 화점은 알아차림의 자각自覺이다. 즉 '중생심의 정화'를 비롯해서 우비고뇌를 포함한 고통이나 고뇌 역시 알아차림으로써 달성된다.

알아차림이 느낌의 마음자리에서 관찰의 마음자리로 옮기면 마음집중의 정도에 따라서 느낌 자체가 약화되거나 사라지게 된다. 그래서 '중생의 정화를 위한 법'이 깨달음을 위한 실천법이라고 했다.

수행자가 진리를 체득해 나가는 동안의 삼매 가운데 천안통天眼通, 천이통天耳通, 타심통他心通, 신족통神足通, 숙명통宿命通 등과 같은 특이현상들을 포함해서 색계 4선정의 초선정, 2선정, 3선정, 4선정으로, 그리고 무색계 4선정의 공무변처, 식무변처, 무소유처정, 비상비비상처정 등을 거쳐 9차제정九次諸定의 마지막 상수멸정멸진정으로 해탈의 완성단계까지 닿게 된다.

먼저 색계 4선정 가운데 초선정은 바르게 향하는 마음(vittaka)과 바르게 머무는 마음(vicara)이 향상되면서 탐진치의 3독심이 선정의 희열과 기쁨으로 바뀐다. 알아차림과 집중이 잘 되어서 감각적인 욕망이나 악의 등의 거친 5개蓋가 바른 겨냥, 선정, 기쁨, 행복, 심일경심으로 순화·상승되는 시작으로서, 선정의 기쁨이 고조되는 첫 번째 선정경계이다.

2선정은 초선정이 성숙되면서 바르게 향하는 마음과 머묾이 가라앉으며, 마음집중의 강화에서 오는 선정의 행복이 절정에 이르는 두 번째 선정경계이다.

3선정은 거친 희열에서 벗어나 행복도 고통도 모두 극복된 잔잔한 평정(uppekha) 속에서 바른 알아차림, 바른 앎으로 성자들만이 누리는 도락道樂의 세 번째 선정경계이다.

4선정은 불성에 불이 켜진 단계이다. 그 어떤 번뇌의 생멸은 있지만 흔적이 남지 않는 네 번째 선정경계이다.

다음은 무색계 4선정으로, 1,000°C의 뜨거운 쇠붙이에 떨어진 물 방울처럼, 100°C의 끓는 물에 떨어진 눈송이처럼, '떨어져도 떨어짐이 없고, 해도 하는 바가 없다'는 공무변처정의 경계이다. 그물에 바람 가듯이, 구름에 달 가듯이 걸림 없는 평정심에서도 벗어난 무색계의 첫 번째 선정이다.

공성空性도 사라지는 공무변처정의 첫 번째 선정, 의식意識도 사라지는 두 번째 선정의 식무변처정, 의식의 있고 없음의 분별식도 사라지는 세 번째 선정의 무소유처정, 분별식의 사라짐에 대한 인식을 비롯해서 마음이 있는지 없는지 분별하기 어려운 네 번째 선정의 비상비비상처정 등이다.

그리고 "뚝" 호흡과 함께 일체 의식이 끊어져 버린다. 드디어 멸진정*의 본 삼매가 드러나게 된다.

색계 3~4선정의 경계에서 띄엄띄

*멸진정滅盡定: 일체 번뇌가 일어나지 않는 단계, 몸과 마음의 기능이 완전히 정지되어 생각과 호흡의 일어남과 사라짐도 사라지는 가장 고요하고 평화로운 선정삼매. 팔리어로는 '니로다삼마빠티'라고 한다.

134

엄 체험되는 무색계 4선정의 경계와 함께 체험되는 1~2분 정도의 근접삼매나 찰나삼매와는 완연하게 다르다.

멸진삼매(니로다삼마빠띠)를 비롯해서 일반적인 삼매에 들기 전에 수행자들의 수행과 업연에 따라 조짐이 약간 다르겠지만, 대략 이렇게 보인다.

산소나 호흡이 필요 없음을 느끼며, 하단전의 옅은 맥박이 사라짐도 느끼고, 이것이구나 등의 앎이 있는가 하면, 처음 체험에서 깨어날 때는 수보리가 더 없는 행복감에 못 이겨 흐느껴 울었던 체루비읍涕淚悲泣 못지않은 큰 행복감으로 단말마적인 감탄사를 토하게 되는 경우도 있다.

삼매 중에는 마치 잠들었을 때처럼 모르지만, 삼매에 듦과 낢은 또렷하다. 깨어날 때는 삼매에 들기 전의 선정상태와 조금도 다르지 않고, 또 육체적으로도 허리 결림, 다리 저림, 어깨 뿌듯함 등등이 없이 금방 앉았을 때처럼 상쾌하다. 이런 삼매를 한 번만 하는 것이 아니라 수행자 스스로 서원에 의해서 길거나 짧게 정할 수도 있다.

반드시 9차제정의 순서대로 거치는 것이 아니다. 색계 3~4선정에서 무색계 4선정을 띄엄띄엄 또는 훌쩍 건너뛰기도 하며, 자주 찰나삼매나 근접삼매가 경험되어진다.

삼매를 체험하였다고 해서 모든 업이 소멸되는 멸진정 또는 아라한의 경계는 아니며, 수다원과 이상 견성의 경계로 본다.

멸진정의 경계를 『청정도론』에서는 "고요함을 특성으로 죽지 않는

안식安息, 번뇌가 없음, 죽을 때는 재생
의식이 일어나지 않는 초세간적인 것,
이것은 팔정도에 의해서만 실현되는 경
계"라고 풀어서 기술하고 있다.

부처님은 출가 후 6년여의 고행 끝에
고행을 포기하고 수자타가 공양 올린
우유로 기운을 차린 후 네란자라 강변
의 보리수 아래에서 49일간 깊은 선정
에 드셨다. 그리고 존재를 구성하고 있는 네 가지 요소인 몸과 마음,
느낌, 정신적 대상들에 깊이 집중하여 명상하셨다.

부처님은 자신의 신체를 꿰뚫어보기 위해 마음을 한곳으로 모으
셨다.

그리고 자신의 몸 모든 부분이 끊임없이 연속적으로 흐르는 생멸
의 강에 모인 물방울과 같은 것이며, 몸 안에서 어느 것 하나 변하지
않거나 따로 영원히 존재할 수 있는 것이 없는 몸의 일체 무상無常을
보셨다.

다시 마음을 집중해 알아차리는 동안 마음에서 일어나는 현상과
느낌, 그리고 의식되는 모든 법들 역시 끊임없이 변화무상하여 실체
가 없는 무아無我임을 알고, 괴로움의 근원인 갈망과 분노가 어리석
음의 3독심에서 비롯됨을 깨달으셨다.

의사가 병의 원인을 알면 치료방법을 쉽게 제시할 수 있듯이, 부처
님도 고통의 원인이 무지의 갈애에서 비롯됨을 아셨다.

"나"라는 물질과 정신의 덩어리인 오온 그 자체가 괴로움이라고 정의하신 뒤, 그 원인인 갈애, 그리고 갈애의 원인이 무지에서 비롯되는 3독심의 업연을 보셨다.

이어서 업의 생성과 업의 재생을 함께 보시고, 업을 제어하는 바른 알아차림에 의해서 사라지는 마음작용의 원리를 발견하셨으며, 그 소멸법인 8정도를 정립하셨다.

결론적으로, 무지가 없으면 갈애가 일어나지 않을 것이고, 갈애가 일어나지 않으면 오온 역시 일어나지 않을 것이라는 결론에 도달하셨으며, "오온을 만들지 않으면 괴로움은 없다"라는 12연기와, 성스러운 알아차림을 근간으로 하는 8정도라는 중도와, 열반으로 이끄는 성스런 가르침인 4제를 정립하셨다.

5. 너 자신을 보라

즐거움이란 괴로움을 잉태한 상태로서 괴로움의 배면에 있다. 그래서 괴로움이 싫으면 즐거움을 쫓지 말라는 의미에서 근심, 걱정, 불안, 공포에서 벗어나는 가르침이 이어진다. 슬픔, 비탄, 고뇌도 마찬가지이다.

오, 고통스러워하는 빠따짜라여!
왜 고통 속에서 눈을 뜨지 못하는가?
가슴을 열고 너 자신을 보라.

부처님의 말씀(公案)에 정신이 번쩍 든 순간 빠따짜라는 자신이 미쳐 있었다는 사실을 깨달았다. 옷이 벗겨진 사실도 까맣게 모르고 무슨 소리인지 자신도 모르게 혼자서 중얼거리며 많은 사람들이 가는 길을 무작정 따라 온 곳이 바로 이 기원정사(法會場)였다.

부처님의 가르침은 자신을 돌아보는 자기 성찰의 깨어있음 내지 알아차림에 있다. 부처님의 공안으로 자신이 마음을 챙겨보았을 때는 도저히 상상할 수 없는 상황이 이미 자신에게 벌어져 있었다. 머리는 산발이 되고 눈물 자국은 때가 되어 말라붙었으며, 입술은 터지고 말라 바삭바삭한 나무껍질처럼 타버린 상태였다.

138

몸에는 실오라기 하나 걸쳐
져 있지 않았음을 자각하는
순간 부끄러워 쪼그리고 앉아
눈을 감아버렸다. 그때 누군
가가 부끄러운 곳을 가리도록
천을 던져 주어서 그것으로
몸을 가리고 부처님의 설법에 귀를 기울이기 시작했다.

그때는 사왓티에 빠따짜라의 가족들이 아무도 없었지만, 얼마 전에
는 아주 부유한 가정에서 뛰어난 아름다움과 모자람 없는 부모님의
보살핌으로 살았다.

하지만 그녀의 미모와 어리석음이 평화로웠던 인생 여정의 중간부
터 극심한 고통으로 내몰기 시작했다.

뛰어난 미모 때문에 주위의 많은 친구들이나 지인들로부터 며느리
감으로 청해 올 때마다 거절하기도 쉽지 않았던 부모는 빠따짜라가
남의 눈에 띄지 않도록 뒤뜰의 별당에서 홀로 살게 했다.

그곳에서 격리되다시피 살던 그녀는 젊은 하인과 비밀리에 정념을
불태우며 아기까지 갖게 되면서 더 이상 떨어질 수 없는 사이가 되어
버렸다. 좋은 사람과 함께하려는 것이 괴로움의 족쇄인 줄 까맣게 모
르고 최고의 행복이라고 믿은 그녀는 하인과 함께 아무도 살지 않는
숲 속으로 도망을 갔다.

자신이 좋아서 선택한 길이었기 때문에 움막을 짓고 사는 어려움
도 한 사람을 바라보면서 참아야만 했다.

그러나 그것은 순간적인 탐닉의 쾌락을 행복으로 믿으며 미래에 닥칠 고통을 잠시 잊었을 뿐이다.

사랑하는 이와 함께하려고 난생 처음으로 부모님을 떠나왔지만 지금은 부모님에게 돌아가고 싶어졌다. 뱃속의 아기가 자라면서 부모님을 보고 싶은 마음이 더욱더 간절해졌다.

뱃속의 아기가 점점 자라 낳을 때가 가까워지자 어머니 곁에서 아기를 낳고 싶다고 남편에게 말하였다.

그녀가 원하면 무엇이건 들어주던 남편도 집으로 돌아가서 아기를 낳는 것만은 응해줄 수가 없었다.

빠따짜라는 사랑하는 딸이기 때문에 용서받을 수도 있겠지만 남편은 천민으로서 주인에게 목숨이 달려 있었기 때문에 집으로 돌아간다는 것은 난처한 일이 아닐 수 없었다.

그래서 더 이상 남편을 조르지 않고 몰래 움막을 나섰으나 얼마 가지 못하고 숲 속에서 아기를 낳았다.

그때 남편이 뒤따라왔기 때문에 큰 어려움을 면할 수 있었고, 그녀는 다시 남편과 함께 움막으로 돌아오게 되었다. 족쇄 위에 또 다른 족쇄가 하나 더 채워졌으나 아기는 그녀에게 웃음과 행복을 안겨주는 보배였다. 아무리 생각해봐도 아기의 장래는 물론 이제부터 좋은 일만 있을 것 같은 희망에 가득 찼다.

다시 둘째 아기가 태어날 때가 가까워졌다. 지난번처럼 혼자가 아니라 걷지도 못하는 아기와 함께 움막을 나섰다. 이번에는 큰 비가 심하게 내려 더 이상 나아가지 못하고 다시 숲 속에서 아기를 낳을 수밖에 없었다.

어찌할 바를 모르던 그녀 앞에 뒤따라 온 남편이 나타나 천만다행이었다. 그러나 인적이 없는 깊은 숲 속에서 냇물이 많아져 갇히게 되자 남편은 아기와 산모를 위해 쏟아지는 비를 피할 수 있는 장소와 먹을 것을 찾아 나섰다.

그러나 남편은 밤이 깊어도 돌아오지 않았다. 큰아기와 갓난아기를 가슴에 품고 겨우 밤을 지새웠다. 밤새도록 장대같이 쏟아지던 비가 그치고 날이 밝자 남편을 볼 수 있었다. 얼마 떨어지지 않은 곳에 남편을 두고 밤새도록 애를 태웠던 것이다. 그러나 그는 간밤에 뱀에게 물려 온몸이 검푸르게 부풀어진 싸늘한 시체로 이미 변해 있었다.

비탄의 몸부림과 그리움의 통곡으로 죽어버린 남편을 불러 보았지만 이미 떠난 그는 움직여 주지 않았고, 칭얼거리는 어린 아기들 때문에 더 울고 싶어도 울 수 없었다.

나뭇가지와 잎을 긁어모아 남편의 시신을 덮어주고, 아기들을 데리고 사왓티로 발걸음을 옮겼다.

이 불행한 세 사람은 얼마 가지 않아 작은 시내를 만나게 되었다. 비록 시내라고 하지만 지난밤의 큰 비로 이미 작은 강이 되어 있었다. 물길이 세

차게 굽이치며 소리 내어 흐르고 있었지만, 물길을 건널 수 있는 다리나 나룻배 같은 것이 있을 리 없었다.

그녀는 우선 두 아기 중 큰 아기는 강가에 앉혀 놓고 갓난아기만 안아서 먼저 강을 건넜다.

다음 큰 아기를 데리러 세차게 흐르는 강물을 헤쳐 나아가기 얼마 되지 않아 아기의 울음소리에 깜짝 놀라 뒤를 돌아보았다.

순간 큰 독수리가 갓난아기를 두발로 움켜쥐고 솟아오르는 것이었다.

어찌 할 바를 모르는 그녀는 강 가운데서 소리소리 지르고 손을 내저으며 펄쩍펄쩍 뛰었다.

그러나 독수리는 점점 하늘 높이 까맣게 멀리 날아올랐다.

다시 큰아기 쪽으로 시선을 돌렸을 때, 아기가 거칠게 흐르는 물속으로 걸어 들어오지 않는가!

다시 미친 듯이 고함을 지르며 나가라고 손짓을 했지만, 그 손짓이 엄마 곁으로 빨리 오라는 손짓으로 잘못 생각한 아기는 그만 거친 물속으로 잠기고 말았다. 그리고 거세게 흐르는 물결을 따라 떠내려가 버렸다.

이제 그녀는 그리운 남편에게도 갈 수 없고, 사랑했던 아기들도 따라 갈 수 없고, 또 주저앉을 수도 없었다. 아무리 가슴을 치고 통곡하면서 현재를 과거로 되돌리려 해보지만 현실은 냉엄할 뿐이었다.

비탄과 실의에 빠진 그녀가 겨우 사왓티 근처까지 이르렀을 때, 마침 그곳에서 오는 사람을 만나자 그녀는 부모님의 안부를 물었다.

"저 검은 연기가 보이지요? 지난밤에 몰아치던 폭우로 집이 무너져 모두 죽어서 지금 화장하는 중이랍니다. 나도 그곳에 갔다가 돌아가는 길입니다."

남편과 두 아이를 하룻밤 사이에 모두 잃어버리고 만신창이가 된 그녀는, 부모님을 생각하며 겨우 자신을 지탱해 왔으나 이 말은 듣는 순간 다시 더 깊은 비탄에 빠져들지 않을 수 없었다.

마침내 그녀는 제정신을 잃어버리고 미친 상태가 되고 말았다.

"빠따짜라여! 너 자신을 보라."라는 부처님의 말씀에 제정신을 차린 빠따짜라는 마침내 부처님의 제자가 되었다.

결국 빠따짜라는 간밤의 많은 비로 고통을 만나고, 또 다른 감로의 비로 행복을 만나게 되었다.

이렇게 비구니가 된 빠따짜라는 어느 날 항아리의 물로 발을 씻고 쏟은 물을 자세히 관찰했다.

처음 물을 쏟았을 때는 멀리 흘러가지 못하고 거의가 땅속으로 흡수되어 버리고, 그 다음에 물을 쏟았을 때는 좀 더 멀리 흘러가고, 또 그 다음의 물은 보다 더 멀리 흘러가는 것이 아닌가?

여기서 그녀는 자신의 몸과 마음도 이 물의 흐름과 다르지 않다는 것과 더불어 오온도 바르게 이해하게 되었다.

'모든 만물이 영원하지 않다'라는 무상의 진리를 비롯해서 3법인의 공성을 깨달아 마침내 아라한과를 성취하게 되었다.

많은 사람들이 어머니의 목
소리만 믿고 거친 물속으로
뛰어드는 아기처럼 위험인지
아닌지, 옳은지 그른지를 분
간하지 못한다. 지적에 남편
을 두고도 어두움 때문에 보

지 못했던 것처럼, 진리를 바르게 이해하지 못하고 끝없는 괴로움의
세계로 떠내려가게 된다.

　고통의 원인을 몰랐던 그녀를 겹겹이 짓눌렀던 일들은 어리석음의
씨앗으로 열리는 열매이기 때문에 쓰고 처절하지 않을 수 없었다.

　미친 사람은 결코 자신이 미쳐 있음을 자각하지 못한다. 만약 자신
이 정신이상자임을 알면 미친병은 이미 고쳐진 상태가 된다.

　왜냐하면 미친 마음이 이미 사라졌기 때문이다. 온전한 정신의 사
람을 미친 사람이라고 하지는 않는다.

　해탈에 이르기 위해서는 그 무지의 어둠 속을 뛰쳐나와 실체의 중
심으로 뛰어들어 그 실체를 직접적으로 체험해야 한다. 깨달음이란
지적 능력을 통해서가 아니라 직접적인 체험을 통해서만 얻을 수 있
기 때문이다.

6. 오직 한 길

인류가 생긴 먼 옛날부터 지금
까지 많은 사람들이 안락과 평
화를 위해 괴로움에서 벗어나는
방법을 찾으려고 끊임없이 노력
해 오는 동안 수많은 신앙과 종
교가 명멸하였다.

그중에서 특히 불교의 바른
알아차림은 가장 현실적이고 합리적이며, 인간적이고 과학적인 방법
이다.

기적적이고 신비한 이 법은 오직 자력으로만 수행할 수 있는 깨달
음의 작업이요, 괴로움에서 벗어나기 위한 인류 최대의 과제를 풀 수
있는 유일한 길이다.

몸과 마음의 대상들을 바른 알아차림의 마음작용으로 깨닫는 법을
부처님은 "오직 한 길"이라고 강조하셨다.

수행자들이여!
네 가지 대상을 바르게 알아차리는 수행을 하면
모든 집착과 욕망에서 자유로워지리라.
진정한 행복과 위없는 지혜를 갖춰

완전한 깨달음의 자유를 얻어

마침내 해탈을 성취하게 되리니

마치 갠지스 강물이 오직 서쪽으로만 흘러가듯이

누구나 이 방법으로 열심히 정진하면

결코 다른 샛길로 빠지지 않고

분명히 열반의 깨달음을 성취하게 되리라.

갠지스의 긴 강은 동쪽에서 서남쪽으로 흘러 마침내 바다로 들어가게 된다. 어느 곳에서는 동쪽으로나 남쪽으로 그리고 서쪽으로나 북쪽으로 흐르지만, 결국 서남쪽으로 흘러 바다에 들게 됨을 수행의 결과로 비유하신 가르침이다. 몸, 느낌, 마음, 법 등 사념처四念處를 대상으로 정진하는 이 알아차림은 지혜를 갖춰 깨달음을 성취할 수 있는 행법이다. 그래서 부처님은 '오직 한 길'이라고 선언하신 것이다.

한때 부처님께서 많은 비구들과 함께 여러 마을을 거쳐서 기원정사로 돌아오셨다.

그리고 비구들은 법당에 모여, 그동안 맨발로 길을 걸었기 때문에 도로 사정에 대해서 민감했으므로 그에 대해 이야기들을 나누었다.

어떤 마을은 길이 잘 정리되어 반듯했고, 어떤 마을은 길이 높낮이가 심하고 거칠었으며, 또 어떤 마을은 길에 자갈을 깔아 놓아서 불편했지만 어떤 마을은 길이 잘 다듬어지고 손질이 잘 되어 있어서 좋았다는 등의 이야기였다.

그때 부처님이 법당에 들어오시며 비구들에게 지금 무슨 이야기를 나누고 있었는지를 물으셨다. 비구들은 이번에 지나온 마을들의 길에 대해 이야기를 했다고 하자, 부처님은 다음과 같이 일러주셨다.

"비구들이여, 마을의 길은 너희가 가야 하는 길과 관계가 없느니라. 비구가 길(道)에 관심을 가지려면 오직 수행의 길에 관해서만 대화를 나누어야 하며, 바른 수행의 길을 실천하여 일체의 고통에서 벗어나야 하느니라."라고 하시며 게송을 읊으셨다.

길로서는 팔정성도가 최상이요
진리로서는 사성제가 가장 성스럽고
욕망을 다스리는 법이 으뜸이며
인간계와 천상에서
두 발 가진 생명 가운데
깨달은 이가 최고의 성인이니라.

오직 이 길뿐이다.
그 어디에도 청정한 눈을 갖게 하는 다른 길은 없다.
너희는 마땅히 이 길을 따르라.
그러면 마군을 보지 못하리니

너희는 마땅히 이 길을 따르라.
그러면 모든 고통의 끝을 보리라.
나 또한 이 길로써 번뇌의 가시밭길을
벗어날 수 있었기에

너희에게 이 길을 보여 주느니라.

너희 스스로 힘써 노력하라.
여래는 다만 길을 보여줄 뿐이다.
누구든지 마음을 모아 알아차리는 수행으로
마라의 묶임에서 풀려나리라.

본래 길이란 언제 어떤 사람이 가도 같은 곳을 거치며 같은 목적지
에 도달하게 된다.

'오직 한 길'이란, 부처님이 가면 원
하는 목적지에 도달할 수 있고, 다른
사람이 가면 원하는 목적지에 도달할
수 없다는 뜻이 아니다.

'오직 한 길'이라고 표현한 그 내면
에는 외줄과 같은 의미도 내포되어 있
기 때문에, 이 길은 옆으로 빠지는 샛
길도 없거니와 지름길도 없으며, 둘러
가는 길도 없거니와 뛰어갈 수도 없다.

언제 어디서나 누구라도 이 길을 따라서 나아가면 생사윤회를 여
의는, 단지 하나밖에 없는 바른 알아차림의 행법이다.

이 한 길은 샛길이 없는 단 하나의 길이기 때문에 수행자는 확신을
갖고 처음부터 자유롭게 될 때까지 이 길을 따르면 된다.

또 혼자서 걸어야만 한다. 당신이 공동체에서 수행할지라도 혼자서 하는 것이기 때문이다. 따라서 이 길은 "유일한 길, 혼자서 걸어야 하는 길"이다.

알아차림의 길이 해탈에 이르고, 고통의 해결과 마음속의 번뇌를 소멸하게 하는 유일한 길이다.

다시 말해서 해탈의 경계는 업의 징후나 재생의식이 일어나지 않고 사념확산이나 그 어떤 의도가 일어나지 않는 무위법의 경계, 공성空性만이 궁극적인 실재로서 이해되는 성스러운 순수자각의 경계, 부처의 경계이다.

누구나 이 길을 따라서 나아가는 과정에서, 처음으로 나타나는 몸과 마음의 역학관계와 자연적인 성품을 바르고 정확하게 이해할 수 있는 지혜단계인 명색지名色智의 혜탈경계를 맞이하게 된다.

우리가 여기서 분명하게 이해해야 할 것은, 고에 관한 진리를 완전히 이해하고, 고의 원인에 대한 진리를 단순히 이해하는 데 그치지 말고 이를 제거하고 소멸시켜 근절해야 한다는 점이다.

고의 소멸, 즉 완전한 깨달음인 절대적 진리이며 궁극적 실재를 이해하는 해탈로 인도하는 진리를 따르고 실천해야 한다.

괴로움의 원인을 발견하고 제거하는 길이자 인간의 본성을 꿰뚫는 방법이 알아차림이다. 이것은 부처님 당신을 괴로움으로부터 해방시키기 위해 수행한 것이며, 일생동안 불제자들에게 일러주신 행법이다.

이 법으로 '내가 존재한다'는 유신견에서 금방 벗어남과 동시에 명색지를 비롯해서 지혜관문이 단계적으로 또는 한 순간에 나타난다.

누구든지 이 길을 따라 정진하는 수행자라면 똑같은 체험의 결과에 도달하기 때문에 '한 길'이라고 한다.

이 행법의 4가지 특성이라면, 수행의 실천결과는 누구에게나 필요한 것이며, 타인이 대리로 할 수 없는 것이며, 때와 장소를 가리지 않고 지속되어야 하며, 정도의 차이는 있지만 결과는 수행자에게 대단히 유익하다는 점이다.

보다 큰 유익함이라면 탐진치貪嗔癡의 삼독심에서 벗어나 윤회의 괴로움에서 자신의 삶을 보다 더 초연하고 평온하게 유지할 수 있다는 점이다.

현실의 삶에서도 수행의 내공으로 그물에 바람 가듯, 구름에 달 가듯이 분별없는 무심으로 자유를 누리게 되는 해탈의 길, 진리의 길이다.

여기서 말하는 네 곳에 마음을 챙겨 관찰하는 알아차림은 바른 겨냥과 바른 마음집중의 2가지를 아우르고 있다.

7. 알아차림의 네 가지

'네 곳을 바르게 알아차리는 행법'은 몸, 느낌, 마음, 법 등 네 가지 알아차림의 대상에서 각각의 성품을 보는 수행법을 말한다.

첫째, 몸을 대상으로 부정한 성품을 보고(觀身不淨),

둘째, 느낌을 대상으로 고통의 성품을 보고(觀受是苦),

셋째, 마음을 대상으로 늘 생멸 변화하는 무상한 성품을 보고(觀心無常),

넷째, 마음의 대상이 되는 법을 대상으로 존재하는 모든 것은 고정된 실체가 없다는 무아의 성품을 바로 보고(觀法無我) 지혜를 일구는 선법이다.

이렇게 신, 수, 심, 법이라는 4가지 대상으로 공성에 대한 자각이 일어나면 상락아정의 중생심이 무너지는 동시에 갈애가 끊어져서 해탈의 자유를 얻게 된다.

번뇌가 없는 무념, 무상, 무심, 본심, 깨어있음, 정신차림이 불심이고 부처이다. 번뇌 없음은 부처이고, 번뇌 있음은 중생이다.

번뇌가 곧 갈애로, 갈애는 곧 집착으로, 집착은 곧 업으로, 업은 고통의 윤회로 나아간다. 곧 번뇌가 윤회요, 고통이다.

여기서 바른 알아차림은 어떤 것일까?

한 손으로 펜을 천천히 쥐면서 그 찰나간의 느낌에 '이-?' '이-?'라며 마음을 모아 알아차려 보라. 그리고 글을 써 보라.

찰나간 손의 느낌에 집중해서 '이-?' '이-?'라며 지켜보면서 일체의 사념확산이나 사량분별의 번뇌가 일어나는지, 일어남이 멈추었는지를 알아차려야 한다.

만약 바르게 알아차리고 있다면 누가 펜을 쥐는지, 누가 글을 쓰는지, 남자다·여자다, 행복하다·즐겁다, 느낌이 좋다·싫다 등의 번뇌가 일어나지 않는다. 번뇌의 멈춤 속에서 단지 앎과 펜을 쥐는 진행 과정의 앎과 느낌만 번갈아가면서 일어나고 사라지는 원인과 결과만 보게 될 것이다.

여기서 '이뭣꼬?'라며 대상을 겨냥해서 보는 것이 바로 바른 알아차림이다. '이-?'라며 지속해서 마음을 모아 알아차리면 손의 밀착된 부분의 현상들을 '있는 그대로'* 여리실견如理實見하게 된다.

손의 느낌, 즉 차거나 뜨겁거나 무겁거나 등의 일체는 무상, 고, 무아에 기인되어 있다. 여기에는 여자도, 남자도, 나도, 너도, 그도, 그녀도 없다.

단지 원인과 결과, 결과가 원인이 되어 다시 결과를 무상, 고, 무아 그대로 알아차릴 때는 어떤 분별심이나 갈애나 집착이나 번뇌가 일어날

*있는 그대로(여리실견): 여섯 감역처에 대상의 닿음과 동시에 일어나는 느낌은 금방 사라지면서 다시 일어나는 성주괴공의 현상이 곧 무상, 고, 무아의 공성空性이다.

수 없다.

수행의 시작에서는 사라진 후와 일어나기 전의 사이가 되는 생멸의 틈새를 보면서 공을 이해하지만, 이후에는 일어남도 사라짐도 생멸의 틈새처럼 알아차리면 사라지는 그 공성을 볼 수 있게 된다.

이것이 깨어 있는 마음, 사념확산이 멈춘 마음, 번뇌 없음의 상태, 분별심이 없는 상태이다.

'바르게 알아차리면 사라진다!'라는 말은 바로 무념무상의 불심의 부처경계라는 의미이다.

집중력의 성숙도와 앎의 정도에 따라서 수다원과, 사다함과, 아나함과에 이어 이 알아차림이 끊어지지 않고 지속되면서 지난 업연을 다하면 나고 죽음이 없는 아라한과를 성취하게 된다.

부처님은 녹야원에서 다섯 비구들이 깨달음을 성취하였을 때 "이제 이 세상에 여섯 아라한이 탄생되었네."라고 선언하셨듯이, 당신 스스로 아라한이라고 하셨다.

그래서 생사를 여의면 아라한이며 부처이다.

분별심이 일어나지 않는 알아차림이 지속되는 삼매에는 찰나삼매, 근접삼매, 본삼매 등 3가지가 있지만, 찰나삼매나 근접삼매는 본삼매와 차이가 있다.

약간의 알아차림으로 근접삼매나 찰나삼매를 경험할 수 있지만 본 삼매는 최소한 7분에서 7시간 이상 지속되어야 한다.

착암기로 바위를 뚫는 것처럼 알아차림이 대상에 '이-?'라고 밀착된 집중관찰 상태가 계속되어야 알아차림 역시 끊어지지 않고 지속된다.

흔들리는 자동차를 타고 가면서 손전등으로 한 곳을 집중해서 비추려고 하는 것처럼 '이-?' '이-?'라며 마음을 곧추 세워야 한다.

아랫배를 대상으로 알아차릴 때는 마치 물에 돌을 던지면 어떤 지점에서 금방 가라앉는 것처럼 복부의 일어나고 사라지는 중심점에 밀착해야 한다.

나무토막을 물에 던졌을 때는 바닥에 닿지 않는 것처럼, 피상적으로 거리를 두거나 들뜨면 스쳐서 지나기 때문에 바른 알아차림이 될 수 없다.

돌이 물에 잠기듯이 '이-?' '이-?'라며 복부의 움직임에 밀착해서, 대상을 바르게 겨냥해서 알아차리면 복부의 팽창감이나 긴장감, 압박감, 그리고 복부의 움직임이 뚜렷하게 보인다.

8. 화두가 무엇인가

아무리 잘 길들여진 코끼리라도 시장을 지날 때는 조련사가 코끼리의 코에 통나무 토막을 물린다.

코끼리가 시장통을 지나면서 이곳저곳에 코를 벌름거리며 채소나 과일에 현혹되지 않게 하기 위해서다.

어느 납자가 조주선사에게 물었다.

"화두가 뭡니까?"

"노란 은행잎이니라."

"옛? 은행잎이라니요?"

"울고 보채는 아이를 그치게 할 수 있거든!"

노란 은행잎을 본 아이는 노란색 금화로 과자를 사먹을 수 있다는 생각에 금방 울음을 그치고 보챔을 그만둔다는 은행잎 공안이다.

납자는 일어나 3배를 올렸다.

마찬가지다.

수행자들이 코끼리 코의 나무토막이나 조주선사가 말하는 은행잎처럼 '이뭣꼬?'라는 화두로 알아차림의 대상에 밀착해서 집중할 때 그 어떤 번뇌도 일어날 수가 없다.

불교의 이상은 해탈로 향하는 행복 바로 가기며, 그 방법은 바른 알아차림의 불교명상 참선이다.

해탈 이전에 무엇보다 우선 알아차림이 정립되어야 성 안 내는 무진無瞋도, 욕심을 내지 않는 무탐無貪도, 무명을 뛰어넘는 지혜도 해결된다.

알아차림이 우선돼야 마음 다스림이 되며, 마음 다스림은 5개蓋와 자신을 이길 수 있는 무기이다.

부처님께서 '오직 한 길'이라는 이 바른 알아차림을 직접 발견하고 실천해서 깨달음을 성취하신 행법이기 때문에 여래선(止觀禪)*이라고도 한다.

바른 알아차림으로 '제행무상, 일체개고, 제법무아' 등 3법인의 공성을 꿰뚫어 이해해서 생사윤회에서 벗어나는 깨달음을 일궈낸 해탈도이다.

우리들이 부처님의 이 행법을 실천하는 것은 괴로움에서 벗어나는 이고득락의 시작이자 끝이 되는 가르침을 확신한다는 의미이다.

바른 알아차림의 성스러운 가르침을 바탕으로 체계화한 8정도는 계율준수, 자비심, 몸과 마음의 알아차림, 불방일不放逸, 마음집중(一

*여래선如來禪: 위빠사나견청정법, 8정성도, 중도中道이다. 원전 팔리어의 위빠사나Vipassana의 어원을 살펴보면, '위Vi'는 '모든, 여러 가지'로 해석하고 3법인을 중점적으로 의미하며, '빠Pa'란 '자세히, 면밀히'라는 뜻이며, '사나Ssana'는 '꿰뚫어 알아차리다'의 의미이다. '마음을 모아 바르게 알아차리다(Satipatthana)'라는 불교의 실천덕목, 불교명상이다.

念) 등 다양한 뜻을 내포하고 있다.

결론적으로 부처님께서 생사윤회를 벗어나는 바른 알아차림을 도식화한 것이 중도中道이다.

중도의 핵심이 되는 이 바른 알아차림의 마음작용 원리는 부처님께서 만드신 것이 아니라 발견하신 것이다. 콜럼버스가 신대륙을 만든 것이 아닌 발견한 것처럼 말이다. 부처님께서 이미 존재하는 원리를 찾아서 깨닫고 보니 옛날 성인들도 이 마음작용 원리를 이용해서 불도를 이룰 수밖에 없었다는 사실을 이해할 수 있었다.

그래서 알아차리면 사라지는 마음작용의 원리를 바탕으로 체계화한 행법을 중도라고 하고, 부처님은 이를 "성인들의 옛길"이라고도 하셨다.

부처님을 비롯해서 모든 불제자들은 괴로움의 직시와 동시에 괴로움에서 벗어나려는 이고득락을 추구하였다.

그리고 중도는 출·재가를 막론하고 괴로움에서 벗어나려는 사람이라면 필수적인 실천덕목이다.

이 중도에는 여섯 가지 특성이 있다.

첫째, 대상의 처음·중간·끝을 바른 마음집중과 함께 바르게 알아차려야 한다.

둘째, 현재의 알아차림의 대상에서 다른 대상으로 옮기며 그 대상과 대상 사이에 빈틈없이 알아차려야 한다.

셋째, 마음집중을 강화해서 찰나간으로 알아차리면 대상은 더욱 명확하게 포착되어 순일해진다.

넷째, 혼침이나 망상이 일어나면 수행자의 세 단계 노력* 가운데 2단계의 장애 극복을 위한 추가적인 노력을 배가해야 한다.

다섯째, 바르게 알아차려 나가는 동안 자연스럽게 도과道果에 들어 해탈에 이르게 된다.

여섯째, 수행자가 바르게 마음을 챙겨 나가는 동안, 우선 겨냥되는 대상에 대해서 깨달음에 유익하고 적합한가를 따져봐야 한다.

이와 같은 여섯 가지의 특성을 갖춘 법을 이해하면 이미 중도의 길에 들어섰으며 해야 할 일을 시작한 것이다.

*수행자의 세 단계 노력: 1단계는 사슬을 끊는 노력, 2단계는 장애 극복의 노력, 3단계는 족쇄를 여의는 노력이다.

제5장

사념처四念處

1. 알아차림의 대상

1-3

알아차림의 대상* 4가지란 무엇인가?

비구들이여,

마음을 모아

바르게 알아차리는 수행자라면

몸(身)의 현상을 알아차리며

느낌(受)의 현상을 알아차리며

마음(心)의 현상을 알아차리며

정신적 대상들(法)을 알아차리며

그 대상들에서 일어나는 욕망과 혐오감을 극복하느니라.

부처님은 출가 후 갖가지 수행을 통해서 기적에 가까운 경지까지 체험을 했지만 죽음에 대한 불안은 사라지지 않았다.

고행의 방법을 통해 뼈와 가죽만 남을 때까지 수행을 했지만 완전한 깨달음을 성취하지 못하자 고행을 그치고 원기를 회복하여 보리수 아래에 앉아 그 문제를 다시 통찰해 나갔다.

나는 죽기 싫은데 죽을 수밖에 없는 모순이 '나는 존재한다'는 잘못된 생각이 전제되어 있었기 때문이라는 것을 발견하고, 다시 '나는 존재한다'는 대전제가 바른 것인지 깊이 알아차려 나갔다. 그러는 동안 '나라는 존재는 오온五蘊요소'로 이루어진 연기라는 사실을 이해하게 되셨다.

부처님은 괴로움을 소멸할 수 있는 길로 팔정도를 설하셨는데, 그 가운데 바른 이해라는 정견正見은 4성제의 이해인 동시에 연기에 대한 공성空性의 도리를 일컫는 것이다.

사라지고 난 뒤와 일어나기 전의 그 자리, 곧 공空의 자리는 그 어떤 행복이나 괴로움이 들어설 수 없는 절대평화이다. 결국 일어남이 공이고 사라짐도 공이기에 일체가 공함을 볼 수 있다.

'보면 사라진다'는 메커니즘으로 몸, 느낌, 표상, 의도, 의식 등을 대상으로 '이-?' '이-?'라며 알아차리는 순간 모두가 공함을 볼 수 있다.

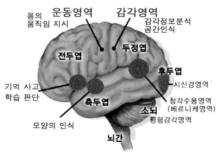

대뇌에서 몸으로부터 비롯되는 느낌의 감각령, 취상하는 연합령, 의도하는 운동령, 인식하는 반응령 등의 5온蘊 작용에서 업이 형성된다.

업의 뿌리가 되는 번뇌는 감수상태에서 의도를 거쳐 인식상태로 넘어오면서 일어나게 된다. 그때 감수와 동시에 '이-?' '이-?'라며

*알아차림의 대상: 몸과 마음에서 의식되는 일체가 알아차림의 대상이다.

바르게 마음을 챙겨서 보면 사라지는 메커니즘에 의해서 일체 번뇌가 사라짐이 공의 경계이다.

본래 업이란 감수에서 비롯되는 취상작용과 그에 대한 사념확산이 반복되는 습관에서 관념을 만들고, 인식과 동시에 저장시킴으로써 형성된다.

반복습관의 인식저장이 윤회로 향하게 하지만, 역설적으로 바른 알아차림의 반복습관은 업을 막는 빗장이 되고 번뇌의 유입을 막는 차단막이 된다. 바른 알아차림의 반복습관으로 업의 형성을 막아서 업의 생성이 되지 않으므로 재생이 없으니 다시는 태어남이 없는 열반이다.

부처님이 출가 이후 6년간 정진하신 고행을 포기한 것은, 고행의 괴로움에 굴복한 것이 아니라 생사윤회를 벗어나는 데 그 어떤 이로움도 없음을 이해하셨기 때문이었다.

부처님은 고행을 하면서 단식과 숨을 참는 지식止息수행 등 몸을 괴롭히는 온갖 수행을 참고 정진해 보셨다. 하지만 특수한 능력을 얻기 위한 방법으로는 고행의 가치가 있을지 모르나 보편성과 고유성의 진리를 일깨우려는 일반인들이 행할 수 있는 행법이 아님을 아시게 된 것이다.

부처님은 고행을 통한 수행이 깨달음에 도움이 되지 않음을 아시고 새로운 마음가짐으로, "나"라는 몸과 마음을 대상으로 일어나는 현상들을 하나도 놓치지 않고 알아차려 나가며 오온의 공함을 보시고, 연기에 대한 무아를 이해하시며 완전히 깨닫게 되셨다.

　이후 부처님은, 누구나 바르게 알아차리면(正念・自覺) 사라지는 마음작용을 갖추고 있기 때문에 깨달을 수 있다는 길을 몸소 보여 주셨다. 그리고 보다 상세하게 그 대상들을 신, 수, 심, 법으로 나눠서 일러 주셨던 것이다.

　이 가르침은 수천 년이 지난 지금까지 흐트러짐 없이 온전하게 전해져 오는 동안 많은 제자들이 부처님의 뒤를 따라 괴로움의 굴레로부터 자유를 얻었으며, 지금도 실천되고 있다.

　이고득락의 행복은 괴로움을 소멸하는 곳에 있다고 한 부처님은, 일체의 괴로움으로부터 벗어나 궁극적인 행복에 이르는 길은 4가지 대상을 알아차리는 선법뿐이라고 하셨다.

2. 삼법인의 공성空性

구름이 태양을 가리고 있어도 구름 속의 태양은 그대로 태양이다. 중생들 역시 그 본바탕은 부처였음을 단지 직관력의 알아차림이 일깨워준다.

부처님은 우리와 같은 사람으로 태어나 스스로 알아차림의 정진으로 깨달음을 이뤄 세상에서 말하는 신보다 위대한 성인이 되셨다. 그래서 당신이 일반범부로서 어떤 수행을 통해 해탈하게 되었나를 고스란히 전하고 계신다.

3법인의 공성空性을 보는 이 행법은, 지금의 현재를 보면서 분명히 이해하는 것이 곧 알아차림의 선법인 것이다.

우리들에게 일어나고 사라지는 네 가지가 있다.

첫째, 대상의 신념처身念處는 몸에서 일어나고 사라지는 현상의 알아차림이다. 몸에 대한 내적 알아차림으로, 부모로부터 물려받은 사대로 구성된 육신의 부정함을 바르게 알아차려야 한다. '나'라고 하는 것이 청정하다고 인지해 왔던 믿음에서 벗어나 청정하지 못하다는 이치와 공성의 지혜를 바르게 이해하는 것이다.

둘째, 대상의 수념처受念處는 느낌에서 일어나고 사라지는 현상의 알아차림이다. 괴로움이나 즐거움, 그리고 즐겁지도 괴롭지도 않은 현상들은 실재가 아닌 한낱 일시적인 현상들이다. 그 어떤 것에도 집착할 만한 가치가 없다는 것을 바르게 알아차려 3법인의 공성을 바르게 이해하는 것이다.

셋째, 대상의 심념처心念處는 마음에서 일어나고 사라지는 현상의 알아차림이다. 마음의 현상은 생멸에 의한 것임을 알아차려 공의 지혜를 바르게 이해하는 것이다.

넷째, 대상의 법념처法念處는 법에서 일어나고 사라지는 현상의 알아차림이다. 모든 존재는 실체가 없다는 공성을 바르게 이해하는 지혜가 발현發顯된다.

몸의 현상으로 3법인의 공성空性을 깨닫고,

느낌의 현상으로 3법인의 공성을 깨닫고,

마음의 현상으로 3법인의 공성을 깨닫고,

마음의 대상으로 3법인의 공성을 깨닫는다.

어떻게 몸의 현상으로 3법인의 공성을 깨닫게 되는가?

우리들의 몸에는 피가 흐르고,

우리들의 몸에는 생각이 흐르고,

우리들의 몸에는 바람이 흐르고,

우리들의 몸에는 느낌이 흐르고 있다.

특히 서 있을 때나 앉아 있을 때 항상 그 흐름들 가운데 가장 확실하고 또렷하게 인지할 수 있는 것이 바람의 흐름인 호흡의 현상이다.

이 호흡의 현상에 자세히 마음을 챙겨보면, 바람이 코끝을 스쳐서 가슴을 통해 아랫배에 이르기까지 들어왔다가 나가는 진행이 계속되는 것을 알 수 있다.

아랫배가 일어나고 사라지는 들숨과 날숨의 현상은 우리들이 인식하건 인식하지 않건 우리들이 살아 있는 동안은 계속 진행된다. 그리고 만약 어떤 상황에서 호흡이 멈추면 죽게 되는 엄중한 현상을 사람들은 인식하지 않고 있을 뿐이다.

일어나고 사라지는 호흡을 알게 되면 무엇이 어떻게 된다는 것인가?

불교는 주변에 있는 중요한 부분에 우리들의 마음을 연결해서 그 일어나고 사라지는 변화의 진리를 바른 알아차림으로 깨닫게 해준다. 호흡이 진행되는 과정을 알아차리면 변화하는 현상들을 이해하면서 세 가지의 진리, 즉 3법인의 공성을 깨달을 수 있다는 것이다.

우리들이 들이쉬는 숨과 내쉬는 숨은 결코 같지 않다.

들이쉬는 숨은 산소로써 삶이며 생명이요,

내쉬는 숨은 이산화탄소로써 죽음이며 독가스이다.

이런 한 호흡에서도 공空의 진리를 보게 해준다.

우리들이 들이쉰 산소는 그대로 나오는 것이 아니라 독가스로 변화되어 나오며, 먹은 음식이나 물도 그대로 나오는 것이 아니라 바뀌어서 나온다. 그것이 3법인의 진리 또는 공성空性을 확인시켜준다.

이와 같이 느낌이나 생각을 비롯해서 우리들의 몸에서 일어나고 사라지는 일체 자연적인 현상들은 공에서 벗어남이 없다.

166

'우리들의 몸에서 일어나고 사라지는 자연적인 공의 현상들을 알아서 어떤 이익이 있을까?'라고 의문을 가질 수도 있다.

그러나 부처님도 자신의 몸과 마음, 그리고 그 대상들에 대한 바른 알아차림으로 생사를 여의는 부처의 경계(滅盡)를 깨달으셨음을 상기해야 한다.

자신의 호흡에 관한 것이나 몸에 관한 것이나 마음에 관한 것이나 법에 관한 것에서 진리(空性)를 꿰뚫어 깨달을 수 있다.

자신의 호흡 하나만이라도 바르게 이해하면 몸 밖의 일은 물론 우주의 진리를 이해함하는 데 전혀 모자람이 없다.

바닷물을 다 마셔 보지 않고 한 방울만으로도 대양의 짠 맛을 모두 알 수 있듯이, '하나는 만법으로 통하고, 만법은 하나로 통한다'라는 의미의 일파만법 만법일귀一派萬法 萬法一歸처럼, 한 호흡으로 제행무상과 함께 일체개고와 제법무아의 진리도 함께 깨닫게 된다.

들이쉬면 내쉬어야만 하면서 또 들이쉬어야 하고, 먹었으면 내어놓아야만 하면서 또 먹어야만 하는 이것이, 우선 항상하지 못하다는 제행무상의 진리이고 공이다. 만족하지 못하는 일체개고의 진리, 실재하는 내가 없다는 제법무아의 진리 등의 공성을 깨닫게 한다.

바르게 알아차리는 수행으로 정진하면 몸과 마음에 대한 사견이나 집착에서 벗어나고 번뇌를 제거하게 된다. 또한 욕망을 완전히 제거하고 바른 지혜를 얻게 되며 사성제를 이해하게 되는 완전한 깨달음을 성취해서 견성해탈로 나아가게 된다.

바르게 알아차리는 전제로서 '이뭣꼬?'라고 염송하는 화두는 바른 겨냥, 바른 밀착, 바른 노력, 바른 마음챙김을 아우른다.

3. 역류문逆流門

역류문으로 향하는 바른 알아차림이란 과녁판을 향해 화살을 쏘는 것과 같다. 활을 쏠 때 우선 과녁판을 향하여 바르게 마음을 집중하고 바르게 겨냥해서 쏘면 화살이 과녁판에 꽂히듯이 알아차림도 대상을 향해 꽂힌다.

이와 같은 방법을 전제해서, 호흡을 비롯하여 행주좌와 일체를 쉼 없이 알아차려야 한다.

호흡, 아랫배의 움직임, 몸의 행주좌와 움직임, 생활 속의 움직임 등 일체에서 마음을 모아 알아차려야 한다.

호흡, 아랫배의 움직임, 몸의 움직임, 느낌, 생각 등 그 어떤 것이든 알아차림은 겨냥된 대상에게로 간다. 즉 대상에 꽂힘이 알아차림이다.

바른 마음집중과 바른 겨냥이 지속되는 동안 알아차림은 바위를 뚫는 착암기처럼, 목표점을 가리키는 레이저 광선처럼 대상에 머문다. 마음이 대상에 머물게 하는 바른 알아차림을 이끄는 것이 곧 '이뭣꼬?'의 화두이다. 따라서 우리가 화두를 들고 알아차릴 때 그 대상에 보다 더 강하게 밀착해서 오래 집중을 할 수 있다.

알아차림에 대한 집중력이 보다 성숙되었을 때 온전한 지혜를 갖게 되고, 물질(몸)의 본성을 바르게 이해할 수 있게 된다.

알아차림의 화두 '이-?' '이-?'라고 염송하며 마음을 강화하였을 때, 우리의 마음이 대상에 머무는 동안 몸과 마음의 본성을 꿰뚫어 보고 알게 된다.

오온의 공성空性인 덧없고(무상), 만족스럽지 않고(고), 실체 없음(무아)을 알 것이다. 우리가 충분한 집중력을 가졌을 때, 그 대상의 일어나고 사라지는 공성을 보게 된다. 알아차리면 사라진다. 바르게 알아차렸을 때만 일어나고 사라지는 공성을 분명하게 보게 될 것이다.

이 세상의 모든 존재는 조건에 의해 이루어져 인연이 다하면 사라지듯이, 일체의 괴로움 역시 자신의 무지無智로 인해 일어나지만 무지가 지혜로 바뀌면 사라진다.

의사가 병의 원인을 찾아서 그 근원을 제거하는 것처럼, 괴로움에서 벗어나려면 괴로움의 원인을 찾아 제거하는 방법을 바르게 이해해야 한다. 괴로움의 원인만 정확하게 근절할 수 있다면 생로병사 우비고뇌 등 모든 괴로움의 뿌리를 완전하게 제거할 수 있다.

내가 실재하지 않는다는 사실을 바로 직시하면 괴로움은 즉시 사라지게 된다. 그러나 나라는 실체가 없으므로 욕구를 버려야 하지 않겠느냐는 주문은 수행의 정도나 근기에 따라 받아들임이 다르겠지만 보통사람들에게는 쉽지 않은 실천이다.

왜냐하면 머리로는 이해되지만 가슴으로는 받아들일 수 있는 체험이 없기 때문이다. 얼마간이나마 온몸을 던져 피나는 수행을 통해 '내가 존재하지 않는다'는 것을 깨달아야만 진정으로 갈망과 집착을 놓을 수 있다.

강의 흐름을 따라서 떠내려가는 고기들은 죽은 고기이거나 삶을 포기한

병든 고기들이고, 흐름을 역류하는 고기는 삶을 추구하는 건강한 고기들이다.

부처님도 이런 사실을 누구보다 잘 알고 계셨기 때문에 자신의 가르침이 인간의 이기적 욕망을 거슬러 향하는 역류문逆流門이라고 하셨다. 부처님은 성도 이후

"나는 심오한 진리를 깨달았다.
이 진리는 범부중생들이 보거나 이해하기 어려우며 오직 현자만이 이해할 수 있다.
지나친 정열로 날뛰거나 무명에 싸인 사람은 더더욱 이 진리를 이해할 수 없다.
이 진리는 고상하고 심오하며 이해하기 어려운 역류문이다."

라고 하시며, 깨달음을 개인적으로 수용하려는 마음과 세상을 교화하

려는 생각 사이에서 고민하셨다. 왜냐하면 네 가지를 대상으로 바르게 알아차려서 공空을 깨닫는 것은 쉽지 않은 해탈법이기 때문이다.

건강을 위해서 누구에게나 맑고 깨끗한 공기가 필요하듯이, 일체의 괴로움에서 벗어나고자 하는 사람은 너나없이 반드시 이 수행이 필요하다. 또 맑고 신선한 공기는 건강을 원하는 사람 스스로 마셔야 하듯이, 생사에 대한 윤회고輪廻苦의 굴레에서 벗어나기를 원하는 사람은 자신이 직접 실천해야 한다.

건강을 위해서 때와 장소를 가리지 않고 늘 맑은 공기를 마셔야 하듯이, 이 수행 역시 늙고 병들기 전에 어느 때 어느 곳에서라도 꾸준히 지속적으로 정진해야 한다.

부처님은 바르게 수행하는 알아차림의 대상인 호흡과 배의 움직임, 몸의 움직임과 느낌 및 마음과 그 대상들을 알아차리는 법 등을 체계적으로 일러주셨다.

우리가 정진할 때 알아차림을 뒷받침하는 바른 노력이 중요한 것은 우리가 사물의 본성을 꿰뚫어 보기에 충분한 집중력을 키우기 위함이다.

몸에 대한 알아차림의 대상들은 우선 몸에서 일어나고 사라지는 호흡, 행주좌와의 움직임, 생활 속에서 몸의 움직임, 몸 안에 있는 32가지 부정물, 몸의 구성물 4대 원소, 묘지에 버려진 시체의 현상 등 여섯 묶음으로 나눠진다.

첫째, 호흡에 대한 알아차림이란 우리들이 살아 있는 동안은 계속해야 하는 들숨과 날숨에 대해서 마음을 모아 '이-?' '이-?'라며 알아차려야 한다.

둘째, 행주좌와 몸의 움직임에 대한 알아차림이란 가고, 머물고, 앉고, 눕는 네 가지의 동작에 대해서 마음을 모아 '이-?' '이-?'라며 알아차려야 한다.

셋째, 생활 속의 움직임에 대한 알아차림이란 아침에 눈을 떠서 저녁에 잠들 때까지의 일체 생활 속에서 일어나는 몸의 움직임에 대해서 마음을 모아 '이-?' '이-?'라며 알아차려야 한다.

넷째, 32가지 부정물에 대한 알아차림이란 몸의 구성물인 머리카락, 뼈, 살, 피, 고름 등에 대해서 마음을 모아 알아차려야 한다.

다섯째, 몸의 구성요소인 4대에 대한 알아차림이란 흙에 대한 원소, 물에 대한 원소, 불에 대한 원소, 바람에 대한 원소 등에 대해서 마음을 모아 알아차려야 한다.

여섯째, 묘지에 버려진 시체에 대한 알아차림 9가지란 시체가 공동묘지에서 썩어서 분해되고 흩어져서 사라지는 등에 대해서 마음을 모아 알아차려야 한다.

이와 같은 알아차림은 몸에서 일어나는 욕망과 혐오감을 극복하는 작업이다. 여기서 욕망이란 갈애, 갈망, 탐욕, 애착, 욕심 등이고, 혐오감이란 증오, 분노, 악의, 미움, 성냄 등을 뜻한다.

4. 느낌이 공안이다

깨달음의 도정인 3학으로 정진하는 목적은 윤회에서 벗어나는 해탈에 있다. 해탈을 위해서 몸과 느낌과 마음과 법 등 4가지 대상에 마음을 모아 알아차려 나가는 동안 탐심과 성냄, 즉 욕망과 혐오감이 가장 거친 장애임을 알 수 있을 것이다.

　이 두 가지의 거친 장애를 뛰어 넘을 수 있을 때 다른 장애들은 보다 쉽게 걷잡을 수 있게 된다. 그때 상락아정常樂我淨의 중생심도 공성으로 깨끗하게 사라진다.

이렇게 순화되면 힘들여서 알아차리지 않아도 욕망과 혐오감이 쉽게 일어나지 않는 순간적인 소멸상태의 근접삼매를 경험하게 된다.

　알아차림을 쉬고 있을 때도 욕망과 혐오감이 일어나지 않으므로 이제 더 이상 갈망이나 미움이 일어날 수 없다는 생각에 이를 수 있다. 이때 탐욕과 혐오감의 일시적인 소멸 상태인 삼매현상을 찰나삼매라고 한다.

　이처럼 호흡을 대상으로 알아차리는 것은, 책을 읽을 때 유치원생이나 저학년생들이 소리 내어서 읽는 것과 같은 이치이다. 훗날 상급

생이 되면 눈으로도 읽을 수 있다.

수행의 초기에 염송은 필수라 할 만큼 중요하다. 아랫배에 마음을 모으고 아랫배의 불러오고 꺼짐에 마음을 모아 '일어남-사라짐, 일어남-사라짐' 내지 '이-?' '이-?', '이-?' '이-?'라고 염송해야 한다.

여기서의 염송念誦은 바른 겨냥과 바른 밀착의 바른 마음집중을 아우르는 바른 알아차림의 시작이다.

염송은 아주 보잘 것 없을 정도로 작게 시작하지만 조금 익히면 그때부터 '이-?' '이-?'라고 새기게 된다. 강력한 알아차림은 아니더라도 보다 더 뚜렷한 알아차림의 순간을 한동안 가지게 되면서 집중력이 점점 성숙해진다.

물론 알아차릴 때는 번뇌가 사라지고 알아차림이 흐트러질 때는 번뇌가 일어나면서 순간적인 알아차림이 흐트러졌다가 다시 집중되고 다시 흐트러지기가 반복된다. 이를 '한순간 번뇌를 없애고 한순간 다시 번뇌를 일으킨다'고 한다. 한참 수행하여 집중력이 높아져 알아차림이 더 오래 대상에 머무는 동안은 번뇌도 더 오래 멈추게 된다.

그때 '이뭣꼬?'라는 화두의 알아차림을 하지 않는 대상에도 번뇌완화 및 번뇌소멸을 볼 수 있다. 이런 완화나 소멸이 일시적이기 때문에 이때 알아차림을 중단하면 번뇌들이 다시 불꽃처럼 일어난다.

그래서 '이-?' '이-?'라며 간단없는 알아차림, 쉼 없는 알아차림, 지속적인 알아차림을 요구한다.

마지막 해탈지의 멸진을 위해서 쉼 없는 알아차림이 계속되어져야 5개와 10결의 모든 번뇌들을 없애고 버리며 넘을 수 있다. 이렇게 뿌리가 뽑혀 힘을 못쓰게 되거나 완전히 소멸되면, 한번 없어진 그들은 다시 돌아오지 않는다.

이러한 '완전한 소멸'은 4성제의 멸滅에 해당되며, '더 이상 번뇌가 일어나지 못하게 함'이라는 엄밀한 의미가 된다.

느낌의 현상에는 좋아하고, 싫어하고, 싫지도 좋지도 않은 불고불락의 3가지 느낌이 있다. 그 느낌들을 끊을 수는 없지만 알아차림으로 다스릴 수는 있다.

또 느낌에 의해서 생기는 번뇌를 금방 다스리지 않으면 그것이 마음의 왕이나 주인이 되기 때문에 알아차림으로 다스려야 한다.

수행의 초기에서는 좋은 느낌보다 아프고 싫은 느낌이 더 많이 일어난다. 특히 좌선할 때에는 허리, 다리, 어깨 등의 통증과 회의 등 싫은 느낌들이 일어난다.

몸에서 나타나는 일반적인 느낌들은 ① 가려움, ② 아픔, ③ 뼈근함, ④ 저림, ⑤ 떨림, ⑥ 묵직함, ⑦ 차가움, ⑧ 뜨거움, ⑨ 부드러움, ⑩ 딱딱함, ⑪ 거칠음, ⑫ 결림, ⑬ 짓눌림, ⑭ 흔들림, ⑮ 따뜻함, ⑯ 시원함, ⑰ 둔탁함, ⑱ 찌릿찌릿함 ⑲ 가벼움, ⑳ 무거움 등으로, 다른 표현으로 불릴 수도 있지만 약 20여 가지 정도로 간추려진다.

이들 가운데 어떤 느낌이 일어나더라도 앞의 호흡에서처럼 처음에는 그 느낌에 따라 알아차림의 길잡이로 명칭을 붙여 '가려움, 가려움, 가려움' '아픔, 아픔, 아픔' '뻐근함, 뻐근함, 뻐근함' 이렇게 염송하면서 알아차린다.

처음에는 각각의 명칭을 붙여 알아차리다가 좀 더 익숙해지면 관념적인 모든 명칭들을 '이-?' '이-?'라는 화두로 총괄해서 염송하며 알아차린다.

물론 나중에는 '이-?'라는 염송도 필요 없고 알아차림만 남게 된다.

이렇게 알아차림으로써 사라지는 느낌도 있지만 한동안 지속되는 느낌들도 있을 수 있다.

몇 번 염송하며 알아차려도 지속되는 느낌에 대해서는 일곱 번 정도 알아차려본다. 그래도 사라지지 않을 때는 그냥 무시하고 알아차림의 기본 당처인 아랫배로 돌아와서 역시 '이-?' '이-?'라며 계속해 나간다. 또 여러 가지 느낌들이 동시에 일어날 때에는 제일 강한 느낌을 대상으로 쫓아서 알아차려 나가면 된다.

앉는 자세가 익숙하지 않아 생기는 다리나 허리의 통증은 참을 수 있을 때까지 참아야 한다. 조금 통증을 느낀다고 자세를 바꾸거나 움직이면 집중력이 향상되지 않기 때문이다.

너무 통증이 심해져서 알아차림에 장애가 될 때에는 자세를 바꾸되 자세를 바꾸는 과정의 모든 동작을 철저히 나눠서 보며 '바꾸려 함, 바꾸려 함, 바꾸려 함' '바꿈, 바꿈, 바꿈', '바꿨음, 바꿨음, 바꿨음' 내지 '이-?' '이-?'라며 차례차례로 알아차려야 한다. 알아차림은 사소한 동작에도 늘 '이-?' '이-?'라며 밀착해서 동반되어야 한다.

6근에 6경이 닿음과 동시에 탐심과 성냄이 일어난다. 알아차림이 느슨하거나 알아차림의 집중력이 강하지 못하면 금방 탐진치의 노예, 번뇌의 종이 될 수밖에 없다.

수행은 마음이 한다.

처음에는 마음이 몸을 대상으로, 마음이 마음을 대상으로 알아차리는 수행을 한다.

마음이 몸을 대상으로 알아차리거나 마음이 마음을 대상으로 알아차릴 때 모두 느낌으로 알아차려 나간다.

특히 사소한 마음의 변화도 민감하게 포착하고, 다른 여러 가지 형태의 마음들도 하나라도 놓치지 않고 알아차려야 한다.

"알아차리면 사라진다"는 작용원리로 불처럼 일어난 화도 '이-?'라는 화두를 앞세워서 마음을 모아 알아차리면 씻은 듯이 사라진다.

마음에서 일어나는 현상 역시 ① 답답함, ② 원함, ③ 불만, ④ 근심 걱정, ⑤ 우울, ⑥ 불안 초조, ⑦ 의심, ⑧ 싫증, ⑨ 기쁨, ⑩ 성냄, ⑪ 고요함, ⑫ 행복감, ⑬불쾌함, ⑭비탄, ⑮원망, ⑯괴로움, ⑰계획, ⑱혼침, ⑲두려움, ⑳자만감 등과 이외 다른 표현으로 몇 가지 더 있지만 역시

20여 가지 정도이다. 우리가 어떤 것을 원하거나 욕심낼 때 '원함, 원함, 원함' 또는 '이-?' '이-?'라고, 또 답답할 때는 '답답함, 답답함, 답답함' 또는 '이-?' '이-?'라며 마음을 챙겨 알아차린다.

물론 앞에서 언급했듯이 처음에는 각각의 명칭을 붙여서 알아차리다가 좀 더 익숙해지면 명칭을 뛰어넘어 '이-?'라는 화두로 통일해서 염송하며 알아차린다.

5. 일체법이 화두이다

법에 대한 집중대상은 5개蓋, 5온五蘊*, 12처處, 7각지覺支*, 4제(四聖諦)* 등과 같이 부처님께서 일일이 다섯 묶음으로 제시한 것들이다.

이는 알아차림의 4가지 대상들 가운데 몸이나 느낌이나 마음에서 일어나는 포괄적인 현상들을 부처님께서 묶어서 나타내 보이신 수행 체계도이다.

법이란 일체의 정신적 요소인 12처의 인식대상 내지 알아차림의 대상들이다.

'왜? 뭣꼬? 어?' 등의 의정疑情 유도로 잠시나마 머릿속이 텅 비는 공성을 보이기 위한 정신적인 알아차림의 대상들이다.

*오온: 색色·수受·상想·행行·식識 등이다.

*12처: 안이비설신의眼耳鼻舌身意와 색성향미촉법色聲香味觸法이다

*7각지: 염송각지, 택법擇法각지, 정진精進각지, 희흘각지, 경안輕安각지, 정定각지, 사捨각지 등이다.

*4성제: 고집멸도苦集滅道이다.

공안은 생각을 일으키거나 교리적으로 이런저런 생각을 하는 것이 아니라 마음을 집중해서 알아차리는 대상을 만들어 제시하는 것이다. 의정疑情은 수행의 일차적인 주제(호흡)와 수행 중에 생기는 장애, 수행이 향상됨에 따라 생겨

나는 긍정적 심신의 상태 등 일체가 알아차림의 대상이기 때문에 알아차림의 전제가 되는 마음집중을 위한 것이다.

한때 부처님께서 라자가하(왕사성)의 교외 벨루바나(죽림) 정사에 계셨을 때의 일이었다.

바칼리跋迦梨라는 비구가 라자가하의 어느 옹기장이의 집에서 중병으로 앓아누워 있을 무렵, 그는 도저히 병에서 회복되기 어렵다고 생각하고 곁에서 보살펴 주는 벗에게 당부했다.

"벗이여, 나는 이처럼 병이 깊어 이제는 회복될 수 없을 것 같네. 미안하지만 세존께서 계시는 우루벨라로 가서 부처님에게 청을 드려주지 않겠는가?

나는 마지막으로 부처님을 뵙고 그분의 발밑에 예배드리고 싶네. 그런데 이 병든 몸으로는 도저히 우루벨라까지 갈 수가 없네. 그러니 세존께 청을 드려서 '바칼리를 불쌍히 여기시고 이곳까지 와 주실 수 없겠습니까?'라고 여쭤봐 주시게."

그가 즉시 우루벨라로 달려가 그 일을 청하자 부처님은 쾌히 승낙하고 옹기장이의 집으로 향하셨다. 부처님의 모습이 먼발치에 보이자 바칼리는 병상에서 일어나 앉았다.

부처님은 옹기장이의 집에 들어가셔서 먼저 일어나 앉아 있는 바칼리에게 말씀하셨다.

"괜찮다, 바칼리야. 누워 있도록 해라. 내가 그쪽으로 가겠다."

그리고 그를 병상에 눕히고 옆에 앉으셔서 말씀하셨다.

"바칼리야, 힘들겠구나."

"세존이시여, 저는 이제 가망이 없습니다. 병은 나빠지기만 할 뿐 조금도 나아지지가 않습니다. 그래서 저는 마지막으로 세존의 모습을 뵙고 세존의 발밑에 예배드리고 싶었지만 이 몸으로는 도저히 우루벨라까지 갈 수가 없었습니다."

"바칼리여, 그대는 후회하고 참회懺悔할 일이 있는가?"

"예 많습니다, 세존이시여!"

"그러면 그대는 계행에 대해서 비난받을 일을 했는가?"

"그렇지는 않습니다, 세존이시여. 저는 계행에 대해서는 비난받을 일을 하지 않았습니다."

"만일 계행에 대해서 자신이 비난받을 일을 하지 않았다면 그대는 무엇을 후회하고 참회하려는가?"

"세존이시여, 저는 오랫동안 세존을 친견하러 가고 싶었지만 저의 몸에는 세존을 친견하러 갈 만한 힘이 없었습니다."

"바칼리여, 그것은 자책하거나 참회할 일이 아니다. 그대가 썩어질 이 몸을 봐서 무엇 하겠는가?

법을 보는 자는 나를 보고 나를 보는 자는 법을 보느니라.

바칼리여, 몸은 영원한가, 무상한가?"

"무상합니다, 세존이시여."

"무상한 것은 괴로움인가, 즐거움인가?"

"괴로움입니다, 세존이시여."

"무상하고 괴로운 것을 두고 '이것은 내 것이다. 이것은 나다. 이것은 나의 자아이다.'라고 보는 것이 타당한가, 그렇지 않은가?"

"타당하지 않습니다, 세존이시여."

"바칼리여, 느낌도, 인식도, 의도도, 앎도, 5온도, 그 대상들 일체가 '내 것이 아니요, 내가 아니며, 나의 자아가 아니라고 있는 그 대로를' 보아야 하느니라.

그때 5온을 염오하면서 탐욕에서 벗어나고, 탐욕에서 벗어나니 해탈이어라.

해탈의 지혜로 다시는 윤회계의 어리석음으로 돌아오지 않으리라."

(『바칼리경』 S22:87)

"법을 보는 자 나를 보고 나를 보는 것이 법을 보느니라."고 하신 경구 때문에 한때 나무든 산이든 물이든 모두가 법이고 도이며 부처라고 했다. 왜냐하면 '정신적 대상' 일체가 공空이고 법이기 때문이다.

그래서 '부처나 도, 법이 무엇이냐?'고 물으면 붕어빵, 정전백수자, 거북이 털, 마삼근, 똥 막대기, 사과, 토끼 뿔 등으로 답했다.

공空함을 보고 염오-이욕-해탈-열반 경계를 성취하여 깨달음을 실현해야 진정으로 부처를 보는 것이기 때문이다.

설탕이나 소금을 먹어 보지 못한 사람이 설탕은 달고 소금은 짜다고 외워서는 진실로 소금 맛과 설탕 맛을 알 수가 없다. 알아차림의 실천으로 진공묘유의 공성을 봐야 설탕 맛이나 소금 맛을 알 수 있다.

장마철에 자신이 사는 집의 창들이 모두 열려져 있다면 그 열려진 문으로 비바람이 몰아쳐 들어오는 것은 당연한 이치이다.

비바람이 번뇌·망상이고 먼지나 오물이 고통과 고뇌라고 비유하면 여섯 감관의 대상들은 여섯 감관의 열려진 문을 향해 돌진하게 된다. 그때 정신을 차리지 않으면 당연히 번뇌가 주인이 되고 망상이 왕이 되어 어리석은 분별과 갈망의 노예가 된다.

이때는 부처님의 거룩한 가르침을 들으면서도 듣지 않음이 된다.

부처님께서 생전에 가장 많이 사용하셨던 단어 가운데 하나인 정념이라는 바른 알아차림은 여섯 감관의 문지기인 동시에 사념확산의 빗장이다.

이 알아차림의 대상겨냥을 위한 길잡이가 바로 화두인 '이뭣꼬?'이다.

화두는 단지 달을 가리키는 부처님의 손가락이다. 화두 내용에 집착해서 무자화두 등등으로 궁리할 것이 아니라 그냥 부처님의 손가락 또는 법의 손짓으로 봐야 한다.

본래 훌륭한 문지기는 들어올 사람과 들어와서는 안 될 사람들을 잘 구분하여 들여보내듯이, '이뭣꼬?'와 함께하는 바른 알아차림도 번뇌 망상에서 비롯되는 '분별하는 마음과 어리석은 기대감'같은 불필요한 손님번뇌들을 결코 들여보내지 않을 것이다.

분별하는 마음은 실망과 혐오감, 분개심과 증오라는 선물을 갖고 와서 괴로움으로 몰아가기 때문이다.

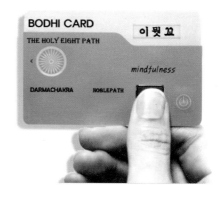

이 알아차림이라는 문지기가 없을 때에는 관념에서 비롯되는 분별심의 번뇌가 들어와 난장판을 만들 것이다.

몸 있는 곳에 마음을 머물게 해야지 마음 있는 곳에 몸을 머물게 할 수는 없다. 이것이 바로 '몸 있는 곳에 마음을 함께해서 늘 깨어 있으라'고 일러주시는 부처님의 마음단속이다.

이 알아차림의 일체 대상 전부가 공성이고 바로 법이다. 이 법 속에 의식되는 일체가 알아차림의 대상이고 공이다.

제6장

몸의 내적 알아차림

1. 좌선의 기본자세

2-1

비구들이여,

먼저 숲속의 나무 아래나 조용한 장소에서 가부좌를 한 다음 몸을 바르게 하고 마음을 모은다.

숨을 들이쉬고 내쉬는 것에 마음을 모아

숨을 길게 들이쉴 때는 숨을 길게 들이쉰다고 알아차리고,

숨을 길게 내쉴 때는 숨을 길게 내쉰다고 알아차린다.

숨을 짧게 들이쉴 때는 숨을 짧게 들이쉰다고 알아차리고,

숨을 짧게 내쉴 때는 숨을 짧게 내쉰다고 알아차린다.

호흡하는 몸 전체를 느끼며 숨을 들이쉴 것이라고 알아차리고,

호흡하는 몸 전체를 느끼며 숨을 내쉴 것이라고 알아차린다.

호흡하는 몸의 움직임을 평온하게 하여

숨을 들이쉴 것이라고 알아차리고.

호흡하는 몸의 움직임을 평온하게 하여

숨을 내쉴 것이라고 알아차린다.

몸의 상태를 안과 밖으로 마음을 모아 알아차리고.

몸의 움직임을 안과 밖에서 일어나고 사라지는 현상을 알아차린다.
몸의 자연적인 특성을 이해하기 위해
바르게 마음을 모아 알아차리는 동안
이 세상 그 어디에도 매이지 않고 벗어나게 되리니
수행자는 이와 같이 머무느니라.

마음가짐은 자신의 것이다. 문이 안으로 열리느냐 밖으로 열리느냐, 이것은 돌쩌귀의 상태에 달려 있듯이 행복과 불행도 자신의 마음가짐에 달려 있다. 자신의 마음먹기에 달렸다는 일체유심조一切唯心造처럼, 알면서 뜻대로 되지 않는 것은 길들여지지 않은 마음이나 지혜의 모자람 때문이다. 인류사상 최대의 난제였던 '괴로움에서 벗어날 수 있는 법'이 부처님에 의해서 상세하고 체계적으로 제시되었으니, 바로 이고득락의 길로, 고통을 여의고 행복을 얻는 길이다.

"첫 번째, 현실적인 행복을 위해서는 전문적인 학문이나 기능을 익혀야 하고, 두 번째, 미래의 행복을 위해서는 도덕적인 삶과 베풂을 실천해야 하고, 세 번째, 궁극적인 행복을 위해서는 알아차리는 수행을 해야만 한다."

부처님은 행복을 현실적인 행복, 미래의 행복, 궁극적인 행복 등 3가지로 나누시고, 이때 궁극적인 행복을 위해서는 알아차림의 수행이 전제된다고 하셨다.

가부좌란 무엇인가?
가부좌의 첫째 의의는 앉음새에 있다.

묵조선이든 간화선이든 여래선이든 이 형식을 떠난 좌선이란 있을 수 없다. 형식을 떠난 좌선이란 단순한 형이상학의 철리에 불과하다. 좌선의 형식에 대해서 누누이 강조하는 것은 비단 초심자에게만 한정되는 것은 아니다. 숙련된 자의 경우야말로 그 숙련의 경지가 좌선이라는 형식으로 드러나기 때문이다. 그래서 불법은 우리가 행하는 그대로의 모습이라고 해서 불법즉위의佛法卽威儀라고 한다. 특히 관조와 앉음이 함께하는 좌선은 곧 성묵聖黙 내지 부처이다.

가부좌의 둘째 의의는 관조觀照이다. 곧 알아차림이 수반되는 침묵이다. 그래서『묵조명黙照銘』에서는 묵과 조의 관계를 제대로 살펴야 한다고 말한다. 그래서 묵좌는 묵조의 좌이지 단순한 침묵만의 좌가 아니다. 이것은 몸의 좌이면서 동시에 마음의 좌이기 때문이다. 따라서 가부좌의 형식에 관조로 이어진다. 알아차림이 없는 형식의 좌는 한낱 껍데기일 뿐이다.

그러나 묵과 조가 합일하게 되면 그 경지는 수행의 결과가 성인의 모습으로 나타나는 경지가 되어 수행과 깨침의 합일이 나타난다. 미몽의 중생을 벗어나, 꿈을 탈각하듯이 위없는 경계가 된다고 하였다. 이것은 가부좌의 형식이 그 내용으로서의 관조에까지 다다른 것을 나타낸 것이다.

가부좌의 셋째 의의는 관조와 앉음의 작용이다. 일상의 모든 사사물물이 다 가부좌에서 본래의 체험으로 다가온다. 그리하여 주변의 어느 것 하나 가부좌의 현성 아님이 없다.

　그래서 가부좌는 부단한 알아차림의 체험으로 연속되어 간다. 과거, 미래, 현재의 알아차림이 따로 없다. 지금 그 자리에서의 깨침이다. 깨침에는 전후가 없다.

　바른 수행은 바른 가부좌이고, 바른 가부좌는 바른 수행이며, 바른 좌선은 바른 깨침이다. 좌선 그대로가 깨침의 작용이므로 앉아 있는 동안은 언제나 부처가 된다.

　이것을 가리켜 '일시좌선一時坐禪은 일시불一時佛이고, 일일좌선一日坐禪은 일일불一日佛'이라 한다. 좌선이 곧 불(坐禪卽佛)이요, 불은 곧 좌선(佛卽坐禪)이다.

　따라서 가부좌는 그대로 깨침의 현현으로서 나타난 몸의 구조이고 마음의 구조이다. 굳이 깨침을 얻으려고 목적하지 않아도 저절로 수행의 필연성이 구현되어 온다.

　그에 필요한 적당한 수행 장소로는 마을에서 가까운 산림이나 한적한 시골 같은 곳이 적합하다. 한적함이 가장 중요한 조건이기 때문에 사람들로부터 멀리 떨어져 있는 조용한 곳이면 무방하다.

　경험이 있고 집중력이 어느 정도 성숙한 수행자에게는 어떤 곳도 수행하기에 부적합한 곳은 없다. 한편 요즘은 선원이나 수행센터 또는 수도원에서 수행을 위한 한적한 환경을 만들어 제공하는 곳도 많다.

　수행의 자세는 앉는 것부터 시작한다.

좌법坐法은 간단히 6가지로 분류할 수 있다.

첫째, 결가부좌結跏趺坐-Padmasana이다.

결가부좌   반가부좌   평가부좌

'연화좌蓮花座'라고도 하며, 오른쪽 발이 위로 올라오는 경우는 길상좌蓮花坐, 왼쪽 발이 위로 올라오는 경우는 항마좌降魔座라고도 한다. 인도에서 5~6,000년 전부터 전해지고 있는 자세로써, 특히 불가佛家, 도가道家, 요가瑜家에서 가장 이상적이고 으뜸으로 치는 최고자세이다.

미추와 허리를 곧게 세우고 양쪽 발의 바깥쪽 발등을 반대편 허벅지 위에 올려놓는 자세이다. 중심을 아랫배로 떨어뜨리고 두 손바닥은 위로 향하도록 단전 앞에 가볍게 포개어 엄지손가락 끝이 맞닿게 해서 놓는다.

여러 좌법 중 가장 안정된 자세로 정신을 안정시키고 온몸을 편안하게 해주며 척추를 곧게 함으로써 여러 기관에 퍼져 있는 신경을 잘 조정하여 각 기관의 기능을 조절한다.

마음은 고요하게 가라앉아 외부로부터의 어떤 자극에도 쉽게 동요되지 않고 피로도 쉽게 풀리며, 선정은 깊고 오래 유지할 수 있다.

수행자에게 그 어떤 자세보다 안정적이고 편안하며 건강적인 면에서도 가장 우수한 최상의 좌법이라고 한다.

이 좌법은 관절의 활동범위를 넓혀줌으로서 허리, 무릎, 발목, 고관절 등의 건강에도 뛰어나며, 무릎과 발목의 경화硬化 또는 석회화石灰化를 치유하는 데도 적합하다. 허리 부근의 혈액순환이 좋아 척추 아래 부분의 상태를 조화롭게 할 수 있는가 하면, 간장肝臟에도 아주 좋은 영향을 준다.

둘째, 반가부좌半跏趺坐-Siddhasana이다.

'달인좌達人坐'라고도 하는 자세로 먼저 한쪽 발의 발뒤꿈치를 회음부에 밀착시키고 발바닥은 대퇴부의 아랫부분에 깔릴 듯 말 듯 하게 한다. 그리고 반대쪽의 무릎을 굽혀 바른쪽 발목 위에 발뒤꿈치가 치골恥骨에 닿도록 놓고 발은 대퇴부와 종아리의 사이에 올려놓는 자세이다. 결가부좌가 힘든 수행자에게 적합한 자세이다. 발을 올리는 쪽은 어느 쪽이든 좋으므로 때때로 바꿔 가며 하는 것도 괜찮다.

셋째, 평가부좌平跏趺坐-Shukasana이다.

'안정좌安定坐'라고도 하는데, 한쪽 발의 바깥쪽 발등을 반대편 대퇴부와 바닥 사이에 놓고 바른쪽 발은 먼저 접어진 발목 언저리에 발뒤꿈치가 닿도록 놓는 자세이다. 위의 자세들보다 편안하고 안정적이므로 마비나 통증이 늦게 일어난다.

넷째, 금강좌金剛坐-Vajrasana이다.

금강좌 　의자좌 　영웅좌

'단좌單坐'라고도 하는데, 두 무릎을 꿇어서 앉는 자세로 가부좌로 불편함을 느끼는 수행자나 위와 같은 좌법에서 혼침이나 무기력함이 일어날 때 하는 일시적인 자세이다.

우선 무릎을 가지런히 해서 바닥에 대고 발끝도 가지런히 해서 바닥에 붙인 채 상체를 수직으로 세운다. 그 뒤 상체를 꼿꼿이 내리며 체중이 발뒤꿈치에 얹히도록 하는데, 이때 엄지발가락이 서로 떨어지면 안 된다.

다섯째, 의자좌倚子坐이다.

오랫동안 의자생활을 해온 사람들이나 출퇴근 때 전철이나 버스에서 취할 수 있다. 또는 사무실이나 긴 시간 동안 앉아 있어야 할 때 장소에 따라 취할 수 있는 자세이다.

여섯째, 영웅좌英雄坐-Virasana이다.

'아기좌(倪坐)'라고도 한다. 금강좌의 자세와 같이 두 무릎을 가지런히 해서 꿇어앉되, 아래에 깔려 있는 두 종아리를 벌려서 그 사이의 바닥에 회음부가 닿도록 하면 자연히 두 종아리의 안쪽이 대퇴부의 바깥쪽에 닿게 된다.

금강좌가 상체를 발뒤꿈치 위에 올려놓는 자세인데 반하여, 영웅좌법은 몸의 상체를 바닥에 놓으므로 발의 피로를 없애 다리의 정맥혈을 잘 순환시킨다. 선정을 이루는 데 결가부좌 다음으로 효과가 크다.

위의 어떤 좌법을 선택하든 미추꼬리뼈가 치켜세워져야 한다.

미추부터 정수리까지 꼿꼿하게 세워서 가장 편안하게, 그리고 정수리의 머리카락 하나가 천정에 매달린 듯이 앉아야 된다. 입과 어금니를 가볍게 다물고 혀는 윗니 틀에 살짝 붙인 채 턱을 45°로 약간 숙이는 듯해서 눈을 지그시 감거나 빛이 스며들 정도만큼 반개半開를 한다. 시선의 끝점은 무릎에서 30cm 정도에 둔다.

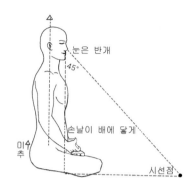

중요한 것은 어떤 자세라도 어깨를 비롯해서 손가락의 끝부분까지 긴장이 되어서는 안 된다는 점이다. 척추를 제외하고 어금니를 비롯해서 눈썹과 손발톱까지 힘이 들어가면 안 된다. 몸을 뒤로 기댄 듯이 척추가 뒤로 약간 휘어지는 것이 좌법의 핵심이다.

그렇지 않으면 금방 피로해지며 어깨나 목 부근의 뼈근함이나 허리와 어깨 등의 결림이나 상기병이 생기기 쉽다. 이렇게 몸의 자세를 강조하는 것은 우선 마음이 담긴 몸을 잘 간추리면 날뛰는 마음을 제어하는 데 보다 용이하기 때문이다.

행주좌와의 자세 가운데 특히 연화좌(결가부좌)의 자세는 처음 습관화 될 때까지는 힘들지만 움직이지 않고 90분의 벽만 뚫으면 '아하'라는 감탄사가 저절로 터져 나올 것이다.

몸을 잘 길들이면 눕지 않고 앉아서 자는 장좌불와長坐不臥나 열반에 드는 좌탈입망坐脫立亡도 어렵지 않다. 다른 좌법으로 시작하면 일생동안 연화좌로 앉기가 불가능해질 확률이 높다.

'90분 결사'란 무엇인가?

연화좌의 자세로 90분 동안 한 순간도 쉬지 않고 ① 대상겨냥이 명확해야 하고, ② '이-?' '이-?'라며 알아차려야 하고, ③ 움직이지 말아야 하는 3요소와 함께하는 깨어있음이다.

처음에는 저리고 아프고 뜨겁고 마비되는 등의 느낌이 들다가 45~90분 이내에 앉기 직전의 신선한 감각상태로 환원됨을 느끼게 된다.

허벅지부터 발끝까지 상쾌한 느낌이 퍼지면서 일체의 불편함이 희열로 바뀐다. 처음에는 고통 뒤에 오는 느낌이 좋아서 허리끈으로 다리를 더 꽁꽁 동여매기도 한다.

이 느낌이 일어나기 1초 전까지도 일어나려면 3~4분간 끙끙거려야 하지만, 이 느낌이 일어난 순간 바로 벌떡 일어나도 방금 앉았다 일어나는 느낌과 조금도 다르지 않다.

연화좌가 아니면 색계 3선정에서부터 나타나기 시작하는 본삼매는 물론 찰나삼매나 근접삼매도 경험하기가 쉽지 않다. 물론 술이나 흡연을 하는 사람은 어지럽고 속의 메스꺼움 때문에 거의 불가능하다.

'쉬운 것부터 시작~ 운운, 근기에 맞게~ 운운, 신체조건~ 운운'은 절대적으로 금기시하길 바라고, 선정삼매에는 이 연화좌가 가장 적합하다고 절대적으로 강조한다.

결가부좌가 어려운 수행자는 처음 몸을 만들 때 그림과 같이 2미터 정도(자신의 몸에 맞게)의 벨트를 준비해서 허리를 중심으로 양쪽 발을 움켜 조이는 방법도 권장해 볼 만하다.

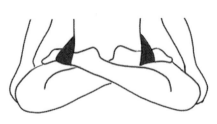

자세가 익혀진 이후에는 누운

자세보다 훨씬 더 편안함을 느끼게 될 것이다.

내생득작불來生得作佛이 아니라 당생득작불當生得作佛의 용단심으로 앉는 기술부터 먼저 익히기를 권장한다. 한 달이 걸리든 10년이 걸리든 '90분 결사'를 단 한 번만이라도 성취한 뒤에는 이제 수행을 그만두라고 해도 그만둘 수 없는 부동지 경계에 이미 들어간 것이다.

목마른 자의 해갈처럼 단지 90분이면 우선 법락의 맛을 보게 될 것이다. 그래서 90분 결사라고 했다.

'이-?' '이-?'라며 쉼 없는 알아차림으로 90분간의 깨어있음에 전력투구 할 수 있다면, 3생까지 연결되는 부동지의 업業 내지 7생 이내에 열반이 성취되는 수다원과(見性)나 내생의 극락왕생은 보장된다.

며칠, 몇 달, 몇 년 동안 수없이 실패하더라도 언젠가 한 번 완수할 수 있을 때가 성인의 대열에 합류하게 되는 때이다.

결가부좌 이외의 좌법은 결가부좌가 절대 불가능할 때나 수행을 쉴 때의 자세로 응용했으면 한다.

2. 어떻게 호흡할 것인가?

이제 자세가 선택되어 바르게 갖춰졌으면 두 손은 배꼽 아래의 단전 부위에 손바닥이 위로 향하게 해서 가볍게 포개어 놓는다.

혀는 윗니 틀에 밀착시킨 채 눈은 완전히 감거나 반쯤 뜨고(半開) 한 번 더 온몸에 긴장된 곳이 있는지 두루 살펴서 긴장된 부분이 없도록 해야 한다.

호흡에 마음을 모으는 방법은 우선 기본 알아차림(基本觀察)의 초점을 어디에 두는가가 매우 중요하다. 들숨과 날숨을 예민하게 느낄 수 있는 아랫배의 움직임과, 코의 끝부분과 윗입술의 윗부분으로 나눌 수 있다.

알아차림의 수행당처는 아랫배의 움직임이고, 집중력을 키우기 위한 수행당처는 코끝이다.

코의 끝부분을 알아차림의 기본당처로 해서 주의력을 모으면 금방 주의력이 집중되어 마음의 산란함은 가라앉고 고요함을 갖출 수 있다. 그러나 이렇게 한동안 알아차리다 보면 바람의 요소인 공기는 주변환경에 영향을 많이 받아 깊은 선정을 향하는 데는 오히려 알아차림의 대상을 놓치기 쉽다.

몸 전체에서 일어나고 사라지는 모든 느낌의 현상을 알아차리는 데도 대상 겨냥의 집중력이 아랫배의 움직임보다는 예리하지 못하다. 또 임종 시의 알아차림 역시 코끝보다 아랫배의 움직임이 훨씬 더 뚜렷하게 나타난다.

아랫배의 움직임을 알아차리는 것이 코의 끝부분보다 어렵지만, 아랫배의 움직임이 순탄하고 일정하므로 보다 깊은 선정체험은 물론 온몸의 느낌도 보다 쉽게 알아차릴 수 있다.

우리가 바른 자세를 오래 유지하려면 열여덟 개의 등뼈를 차례로 바르게 세워야 하는데, 그래야만 근육, 힘줄, 피부와 살이 비정상적으로 꼬이지 않는다. 따라서 근육 등이 꼬였을 때 나타나는 아픈 느낌이 거의 일어나지 않는다.

바르고 편안한 자세의 수행은 마음이 잘 모아져서 알아차림에 쉽게 집중할 수 있다.

바른 알아차림의 기본당처를 아랫배의 호흡의 움직임을 보는 것에서 시작하여 궁극의 해탈에 이르기까지 호흡을 보면서 다다르게 된다.

먼저 눈을 감고 안식眼識으로 아랫배의 움직임에 자연스런 호흡 그대로 마음을 모으며 알아차린다.

서두르지 말고 좀 더 자세히 아랫배를 잘 겨냥해서 마음을 모아보면 숨을 들이쉴 때 배가 불러지고 숨을 내쉴 때는 배가 꺼진다. 배가 일어나기 시작해서 중간 쯤 일어나다가 막바지까지 일어났다가 사라지기 시작해서 중간쯤 사라지다가 마지막에 사라진다.

그때 호흡의 전 과정을 놓치지 않고 '이-?' '이-?'라며 마음을 챙겨 바르게 알아차려야 한다.

한편 배가 일어나고 사라질 때 시작과 중간과 끝으로 나눠서 말했지만, 이는 배를 보는 데 세 단계로 나눠서 보라는 의미가 아니다. 시작부터 마지막까지 전 과정을 '이-?' '이-?'라며 보라는 뜻으로 이해해야 한다.

배가 불러오고 꺼질 때 그 대상을 보다 더 면밀히 보기 위해서 마음속으로 살며시 '이-?' '이-?'라고 염송해본다.

'일어남, 사라짐'이라고 4~5일 정도 이렇게 명칭을 붙이다가 나중에 배가 일어날 때나 꺼질 때에 '이-?' '이-?'로 통일해서 붙여본다.

이렇게 대상겨냥의 길라잡이가 되는 명칭이나 화두를 붙여서 알아차릴 때와 붙이지 않고 알아차릴 때, 그 알아차림의 강도를 분명히 이해하게 될 것이다.

만약 명칭을 염송할 때 알아차림의 강도가 높으면 그쪽으로 선택해야 하지만 언젠가는 '이뭣꼬?'의 '이-?'로 돌아와야 한다.

호흡이 너무 미세해져서 호흡이 끊어진 것인지 모를 때도 있다. 이때 호흡을 '인식할 수 없음'에 '이-?' '이-?'라며 미세한 호흡을 인지하기 위하여 보다 더 밀착해서 보려고 하면 아무리 미세한 호흡도 알아차리게 된다.

긴 호흡, 짧은 호흡, 미세해서 거의 인지할 수 없는 호흡 등을 바르게 알아차리기 위해서 배의 모양이나 형태에는 신경을 쓰지 않아도 된다. 만약 마음을 모아도 아랫배의 움직임을 감지할 수 없을 때는 일어나고 사라지는 현상을 느끼기 위해 아랫배에다 두 손바닥을 겹쳐 얹어서 심안(眼識)을 손바닥과 배의 움직임 사이에 밀착해서 주시한다.

이때 손바닥으로 뚜렷하게 감지되며 느껴지는 배의 움직임에 마음을 밀착시켜서 '이-?' '이-?'라며 알아차려야 한다.

우주와 이 몸의 겉모습은 다른 것 같지만 내용적으로는 다르지 않다. 이 몸이 곧 우주이므로, 이 몸의 내면을 이해하게 되면 곧 우주의 신비도 이해하게 된다.

화두나 명칭을 붙이는 목적은 알아차림의 대상겨냥을 보다 뚜렷하게, 보다 강하게, 그리고 보다 밀착하게 하는 역할로, 보다 집중력이 강해서 알아차림의 길잡이라고 했다.

이렇게 알아차리는 순간 일어난 번뇌는 즉시 사라져 일어나지 않게 되는 동시에 바로 공함이 겹치면서 사념확산은커녕 그 느낌이나 의식이 사라져버리는 공성空性마저 공이 된다.

알아차림의 길잡이로 '이뭣꼬?'를 제시하는 것은 그 내용에 생각이나 사고가 따르지 않고, 생멸의 실제를 보다 명료하게, 그리고 시공을 초월해서 오래 보기 위한 것이다.

알아차림의 길잡이 '이뭣꼬?'를 염송하는 으뜸 목적은 몸과 마음의 현상을 보다 오래, 보다 면밀하게 알아차리는 데 있다. 수행자의 재산은 멈추지 않고 알아차림을 지속하는 집중력의 증득에 있다.

한 시간의 좌선이 끝났다고 해서 또는 한 철의 안거가 해제解制되었다고 해서 정진이 끝난 것이 아니다. 몇 달 몇 년을 하다 보면 수행이 호흡처럼 자연스러워질 때가 오는데 이때부터 수행이 아닌, 수행의 삶이 된다.

예를 들어서 아침에 잠이 깨어서 눈을 뜰 때는 '눈 뜨려 함, 눈 뜨려 함, 눈 뜨려 함' '눈 뜸, 눈 뜸, 눈 뜸'이라며 눈을 뜨려는 의도부터 뜨는 과정의 감각까지 명칭을 붙여 염송하며 지켜봐야 한다.

이 역시 4~5일 정도 이렇게 명칭을 붙이다가 나중에 배가 일어날 때나 꺼질 때에 '이-?' '이-?'로 바꿔서 붙이면 된다.

일상생활 속에서 행주좌와 어묵동정 일체에는 물론, 임종 때 역시 '이-?' '이-?'라고 명칭을 붙이는 염송을 계속한다는 점에 먼저 밑줄을 긋는다.

3. 코끝의 진리

호흡은 모든 동물을 비롯해서 인간이 살아가는 자연적인 생리현상으로서, 어느 누구도 호흡을 떠나서는 살 수 없다. 이러한 호흡을 가장 자연스럽고 합리적으로 행하는 법은 몸과 마음을 위해서 더 없이 중요하다.

생리현상으로 일어나는 호흡을 그대로 방치하는 것이 아니라 호흡 따라 일어나고 사라지는 공기의 흐름에 마음을 모아 우주를 보고 진리를 깨닫는 것이다.

호흡을 대상으로 마음을 챙기는 동안 중생심이 정제된 자제심自制心과 함께 자연스럽게 자비심이 성숙된다. 여기서의 자제심은 주관과 객관이 하나가 되어 서로 갈등을 일으키지 않는 상태를 말한다.

만약 주관이 객관에 집착하면 자제하지 못하고 객관적인 어떤 대상의 노예가 된다. 그러나 객관과 주관이 하나가 될 때는 주主와 객客의 대립이 사라지고 객관이 주관의 세계로 들어오면서 자연스럽게 동화된다.

주와 객이 따로 존재하는 것이 아니라 하나가 되는 자제심으로 너와 내가 대립되지 않는 동체대비심이 일어난다. 그래서 연잎의 이슬처럼 그 어디에도 걸림 없는 자유인이 된다.

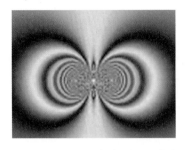 알아차림을 인중 코밑에 두고 들숨과 날숨에 숫자를 붙이는 수식관 數息觀은 5정심관*의 하나로서 5개蓋 가운데 불안과 공포, 산란심이나 들뜸을 제어한다.

알아차림을 배에 두고 배의 일어나고 사라짐에 '이-?' '이-?'라며 알아차리는 경우는 지혜개발의 지관선인 본수행이 되는 것이다.

들숨과 날숨은 두 개의 다른 것으로 봐야 한다. 들숨은 숨을 내쉴 때 존재하지 않고 날숨은 숨을 들이쉴 때 존재하지 않는다. 우리가 호흡에 대한 수행을 할 때 우리는 여러 가지 방법으로 호흡을 알아차릴 수 있다.

호흡을 알아차리는 과정 중에 우리가 숨을 길게 들이쉴 때도 역시 '이-?'라며 강력한 알아차림으로 꿰뚫어 이해해야 한다. 숨을 길게 들이쉴 때나 숨을 길게 내쉴 때도 숨을 짧게 들이쉴 때나 숨을 짧게 내쉴 때와 마찬가지로 바른 주의집중으로 '이-?'라고 염송하면서 알아차려야 한다.

'이-?'라며 충분한 주의를 기울인다면 절대로 알아차림에 대해서 실패하지 않는다. 그렇다고 우리가 호흡한다는 것을 알아차리기 위하여 일부러 길게나 짧게 호흡해야 한다는 말은 아니다. 여기서의 '알아차림'이란 것은 겉으로가 아

*5정심관법: 자비관, 수식관, 염불관, 부정관, 백골관 등이다.

니고 철저하게 안과 밖을 꿰뚫어 무상·고·무아의 공성을 꿰뚫어 본다는 뜻이다.

이렇게 마음을 챙겨서 알아차리는 호흡의 네 가지 방법이 이해되었으면 이 호흡들을 자연스럽게 하려고 노력해야 한다. 온몸으로 호흡을 알아차린다는 말은 만들려거나 꾸미려 하지 않고 자연스런 호흡의 시작, 중간, 끝을 함께 본다는 뜻이다.

들이쉬는 바람으로 세포 속에 산소를 공급하는 것은 생명의 창조이며 동시에 자비이고, 내쉬는 바람으로 세포 속의 불순물을 몸 밖으로 내어 보냄으로써 생명력을 잘 정화 유지시키는 행위 또한 자비이다. 이것이 생멸의 윤회인 동시에 생사를 초월한 불사不死의 알아차림이 된다.

이 호흡으로 들이쉬는 숨은 생명의 창조이고 내쉬는 숨은 다음 창조를 위한 휴식으로서 들숨이 태어남이라면 날숨은 죽음인 것이다. 죽음이란 소멸되고 없어지는 것이 아니라 다음의 재생을 위한 준비이다.

생과 사는 대립이 아니라 서로 떨어질 수 없는 불가분의 관계로서, 죽음을 통해 태어남이 있고 태어남이 있어서 죽음이 있게 되는, 생사는 하나라고 해도 결론적으로는 공하다는 의미이다. 몸속에 바람이 들어와 극치에 이르면 자연적으로 나가게 되는데, 이것은 곧 자연적인 이치이며 진리이다.

일어남의 극치에서 사라짐이 따르고, 사라짐의 극치에서 일어남이 따르게 되는, 상호부정이 아닌 상호의존 내지 공존이라는 것을 이해할 수 있다. 이런 이치에서 볼 때 진정 어느 것이 생이고 어느 것이 멸이라고 나눠서 단정할 수 있겠는가? 결국 생이 멸이고 멸이 생이다. 둘로 나눌 수 없는 불이不二의 진리 및 불사不死의 진리가 곧 공에 이른다.

들이쉬고 내쉬는 호흡이 곧 생멸이며 생사가 되는 참된 삶이 된다. 호흡은 몸과 마음의 원초적인 생리현상으로서, 바른 생리현상 아래 건전한 몸과 바른 마음을 기대할 수 있다.

호흡이 안정되지 못하면 정신이나 몸이 안정되지 못하고, 몸과 마음이 안정되지 못하면 호흡 역시 고르지 못하다.

모든 생명체들이 호흡을 통해서 나고 죽는 진리를 이해하고 우주의 본성을 깨달으신 부처님은, 우주의 성품이 당신의 성품과 다르지 않음도 깨달으셨다.

모든 종교의 목표는 불만족에서 벗어나는 데 있다. 불교는 불만족의 근원적인 원인을 타파하는 가르침이다. 뿌리를 보지 않고 하늘에 태어나게 되기를 노력하는 것이나 부자가 되게 해달라고 기원하는 것이나 모두 불만족의 근원적인 해결 방법이 되지 못한다.

우리들의 삶은 몸과 마음의 인연작용으로, 호흡이 근원이다. 그리고 우리들이 의식하지 않아도 호흡은 작용하고 있지만, 의식 아래에 있는 무의식은 깊이 잠재의식화 된 아뢰야식에서 비롯된다.

불만족에서 벗어나려는 마음이 없으면 호흡의 들고남이 있을 수 없다. 불만족에서 벗어나려는 이 마음은 인연에 의해서 일어나고 사라지며, 몸도 인연에 의해서 성주괴공成住壞空이 따르는 것이다.

들이쉬고 내쉬는 호흡 역시 생명을 지속시키는 원인과 결과의 들숨과 날숨으로, 이는 우주의 성품과 하나가 된다.

곧 진리는 멀리 있는 것이 아니라 바로 이 코끝에 있다. 부처님도 이 코끝의 인연을 이해하시고 깨달음을 성취하셨듯이, 이 진리를 깨닫게 되면 생로병사의 윤회에서 바로 해탈될 수 있다.

이 코끝의 호흡뿐만 아니라 모든 알아차림의 대상이 잘 보여질 때도 있지만, 마음이 방황할 때는 그렇지 못할 때도 있다. 그럴 때는 방황하는 마음이 새로운 알아차림의 대상이 된다. 이때 방황하는 마음을 즉시 알아차리고 바르게 겨냥해서 '방황, 방황, 방황' 또는 '이-?' '이-?'라며 알아차리면 이때 방황하는 마음은 사라지게 되는데, 동시에 이때를 놓치지 말고 다시 아랫배의 움직임에 마음을 모아 알아차려야 한다.

4. 몸 따라 마음 따라

몸 따라 마음 따라, 즉 몸 있는 곳에 마음을 이끌기 위해서 '이뭣꼬?'의 화두가 전제되는 것이다.

초보 수행자는 화두를 들지 않으면 마음 가는 곳에 몸이 함께하려고 하니까 '내 마음 나도 몰라'라며 방황과 갈등에 빠질 수밖에 없다.

수행자는 화두를 의지하여 몸에서 일어나고 사라지는 호흡의 알아차림으로 연기법을 이해하고 공의 도리를 깨달아 궁극적인 견성해탈지에 이르게 된다.

몸에서 일어나는 들숨으로 인하여 사라지는 날숨이 있고 또한 날숨 때문에 들숨이 있으므로, 존재의 탄생에서 들이쉬는 들숨은 삶을 다할 때에 마지막 내쉬는 날숨으로 이어지게 되는 것이다.

탄생시 들숨으로 시작되어 날숨으로 이어지는 호흡의 인과를 바르게 알아차려, 우주만물 일체가 연기의 법칙에서 벗어난 존재는 없다는 인연의 도리를 깨달아, 어리석음에서 비롯되는 고통과 고뇌에서 벗어나야 된다.

호흡은 몸과 마음의 상태에 따라 거친 상태 또는 편안한 상태로 바뀐다. 심한 운동을 했거나 정신적으로 심한 충격을 받을 때는 금방 호흡이 거칠어지고, 몸과 마음을 조용하게 가라앉히면 호흡도 금방 편안하게 가라앉는다.

바른 수행으로 마음도 몸도 안정되어 편안해지면 호흡도 점점 고요하고 미세하게 된다.

집중상태가 보다 향상될수록 호흡은 더 고요하고 미세해져서 호흡이 있는지 없는지 모를 정도가 된다.

수행은 마음이 하고, 마음은 호흡을 의지해서 자성을 깨닫게 한다. 수행 중에 호흡이 깊어져 선정에 들면 호흡이 사라진 뒤의 텅 빈 상태와 호흡이 일어나기 전의 진공상태에서 나를 보며 불생불멸의 공성을 깨닫게 된다.

명색名色의 진동이 우주의 파동이기에 나의 호흡이 곧 우주의 호흡이며 진리이다. 몸을 고요하게 안정시켜 마음을 가다듬어 보면, 마음은 몸을 따르고 몸은 마음을 따르는 이치로써, 마음은 몸을 따라 조용히 가라앉는다.

몸의 상태성은 바람이 몸속으로 들고 나는 호흡을 떠나서는 존재할 수 없으므로, 호흡의 출입은 몸을 유지하기 위해서는 필수적이다. 만약

호흡이 균형을 잃는다면 즉시 괴로움이 따르고, 들숨과 날숨 중 어느 것 하나라도 멎으면 더 이상 생존은 불가능해진다. 자신에 대해서 바르게 이해하려면 우선 자신의 육신으로 돌아와야 하는 것은, 몸이 있는 곳에 마음이 함께하기 때문이다.

목수가 나무를 자를 때 먹줄로 선을 긋고 그 먹선을 따라 톱질을 하면 나무가 반듯하게 잘린다. 여기서 먹선은 교리이고, 톱질은 수행이며, 반듯하게 잘려진 것을 보고 아는 것은 지혜이다.

마찬가지로 "소금은 짜고 설탕은 달다"는 것은 교리이고, 소금의 짠맛이 무엇인지, 설탕의 단맛이 무엇이지 직접 맛을 보는 것이 수행이며, 맛을 아는 것이 지혜이다.

한때 부처님께서 코삼비 심사빠 숲에서 한 줌의 심사빠 나뭇잎을 들어 보이시며 비구들에게 일러주셨다.

"비구들이여,
어떻게 생각하는가?
내 손에 있는 이 잎들과
이 숲에 있는 저 잎들 중에 어느 것이 더 많은가?"
"부처님 손에 있는 잎들은 아주 적고
이 숲에 있는 잎들이 훨씬 더 많습니다."
"비구들이여,
이와 같이 내가 가르친 것은 아주 적고

내가 알고 있지만 가르치지 않은 것이 훨씬 더 많다.

비구들이여,

그러면 나는 무엇을 가르쳤는가?

이것이 괴로움이다.

이것이 괴로움의 일어남이다.

이것이 괴로움의 소멸이다.

이것이 괴로움의 소멸로 인도하는 길이라고 가르쳤다.

비구들이여,

왜 이것만을 가르쳤는가?

이것은 청정범행의 시작이고

이것은 탐욕의 빛바램으로

이것은 염오의 소멸로

이것은 최상의 지혜로

이것은 바른 깨달음으로

이것은 해탈로 인도하기 때문이다.

그래서 나는 이것만을 가르쳤다.

비구들이여,

이것이 괴로움이라고 이해해야 한다.

이것이 괴로움의 일어남이라고 이해해야 한다.

이것이 괴로움의 소멸이라고 이해해야 한다.

이것이 괴로움의 소멸로 인도하는 길이니

이와 같은 길을 따라 수행해야 하느니라.

사람들은 스스로 악을 지어 스스로 더러워지고
스스로 악을 멀리해서 스스로 깨끗해진다.
스스로 조건을 만들어 스스로 괴로움에 빠지고
스스로 조건을 만들어 스스로 괴로움에서 벗어나며
스스로가 아닌 타인이 깨끗하게 해주거나
괴로움에서 벗어나게 해줄 수는 없느니라."

지금 우리들은 괴로움의 한가운데 서 있다. 어떤 이는 사랑하는 사람과 이별을 하거나 잃어버린 채 괴로워하고 있을 것이다. 어떤 이는 좀 더 많은 것을 소유하지 못해 괴로워하고, 혹은 인간관계에서 오는 갈등으로 누군가를 죽도록 미워하거나, 혹은 많은 것을 갖추었으되 왠지 공허해서 괴로워들 하고 있다.

삶은 어렵고 괴로운 것이 그 본질이기에, 부처님께서 선언한 깨달음도 괴로움의 직시에서 나온 것이다.

그리고 괴로움에서 벗어나기 위한 방법으로 8정도의 알아차림을 가르쳐주셨으나 괴로움 속에 안주하려는 사람에 비해서 벗어나려고 하는 사람은 극소수에 불과하다.

왜냐하면 오직 스스로 알아차려야 성취할 수 있기 때문이다.

5. 몸을 어떻게 보는가

몸(身)을 어떻게 알아차리는가?

몸에 대한 알아차림을 좀 더 세분화해서 보면, 몸의 상태성, 동태성, 일상성, 성품성, 요소성, 소멸성 등 6가지*로 분류할 수 있다.

몸에서 일어나는 자연적인 현상을 바른 방법으로 마음을 챙겨 알아차리려면 이 세상의 탐욕과 혐오감에서 비켜서야 한다. 좋아서 탐닉하고 싫어서 괴로워하는 번뇌의 늪에서, 그리고 부정한 것을 고귀하고 아름답게 보는 환상에서도 벗어나야 한다.

우리는 이쯤에서 바삐 바깥으로 치닫는 마음을 안으로 되돌려 가만히 자신을 살펴봐야 한다. 그러면 괴로움의 근원이 우리들 각자 내부에 있음을 금방 알 수 있게 된다.

사실 우리에게 괴로움을 준 존재는 없다.

스스로 자신의 어리석은 기대감으로 욕심내며 긴장으로 괴로움을 만들고 있다. 삶에서 만나는 모든

* 상태성常態性은 호흡, 동태성動態性은 움직임, 일상성日常性은 행주좌와 어묵동정의 일상생활, 성품성性品性은 몸의 안과 밖의 구성물, 요소성要素性은 지수화풍의 4대, 소멸성消滅性은 육신의 사라져 가는 과정이다.

것은 우리 자신이 만든 것일 뿐, 실재하거나 어디 다른 곳에서 온 것이 아니다.

어떤 사람은 인연을 잘못 만나서 그렇고 세월을 잘못 만나서 그렇다고 하지만, 바깥을 탓함은 내 삶이 행복해지는 데 아무런 도움이 되지 않는다.

바른 앎으로 변해야 되고, 사물을 바라보는 시각을 바꿔야 세상이 변한다. 우리의 삶을 옥죄고 있는 괴로움이 바로 행복의 조건이 된다는 사실은 참으로 아이러니하다. 행복은 괴로움을 여의는 데 있다.

지금 괴로움과 직면해 있음을 아는 것은 부처님의 가르침 속에 들어온 것이고, 괴로움을 자각했을 때는 이미 깨달음을 향해 첫걸음을 내디딘 것이다. 괴로움은 이 세상에서 깨달음의 문턱까지 손을 잡아주는 반려자이며, 해탈의 문턱까지 가는 가장 가까운 안내자이다.

괴로움을 긍정적으로 이해하게 되면 깨달음의 씨 뿌림이 된다. 그 괴로움으로부터 벗어나는 노력은 물을 주며 가꾸는 수행으로, 해탈의 결실을 얻을 때까지 멈추지 않아야 한다.

신경을 많이 쓰거나 몸의 활동이 지나치면 호흡이 빨라지거나 균형을 잃어 심하면 병이 나게 된다. 또 지나친 열정이나 증오심이나 거부감 등의 고뇌에 빠져 있을 때에 긴 한숨을 내어쉬게 되는 것도 몸의 내부에서 고통이 일어나고 있다는 징후이다.

'이-?' '이-?'라며 들이쉬고 내쉬는 한 호흡의 공성에서 제행무상諸行無常, 일체개고一切皆苦, 제법무아諸法無我를 볼 수 있다.

첫째, 제행무상이란 어떤 것인가?

몸과 마음을 비롯해서 주변을 한번 둘러보자.

나가면 들어가게 되고, 먹으면 내어놓게 되고, 또 내어놓으면 먹게된다. 공기도 들이쉬면 내쉬고 또 들이쉬어야 하듯이, 모든 만물이 순간순간 일어나고 사라지는 덧없음의 이치를 깨달아야 하는 것이 첫번째의 수행목표이다.

찰나에 일어나고 사라지는 생각이나 느낌, 그리고 호흡이나 눈을 깜박거리는 일체의 움직임이나 몸 밖에서 현현하는 일체의 현상들도 일어나고 사라지면서 다시 일어나고 사라진다. 순간순간 일어나고 사라지는 이것들이 무상의 진리를 깨닫게 하는 수행의 대상이 된다.

일체가 색즉시공色卽是空 공즉시색空卽是色이다. 있음이 사라짐이요, 없음이 곧 일어남이다. 일체가 있는 듯이 보이지만 실제로는 존재하지 않는 공성이다.

다시 말해서 이 세상에서 변하지 않는 것은 아무것도 없다. 다만 영원히 변하지 않는 것이 있다면 그것은 '변화되지 않는 것은 없다'라는 진리뿐이다.

둘째, 일체개고란 무엇인가?

모든 생명체는 태어나면서부터 경험하게 되는 육체적인 괴로움뿐만 아니라 나고, 늙고, 병들고, 죽는 것과 춥고, 덥고, 목마르고, 배고픔과 같은 일반적인 괴로움이 있다. 또 미운 사람이나 싫은 환경에서 함께할 수밖에 없는 괴로움, 사랑하는 사람이나 좋은 환경을 함께할 수 없는 괴로움, 원하는 바를 모두 이루지 못하는 괴로움, 모든 것이

허무하고 무상하게 변화되는 데서 느끼는 조건적인 괴로움 등과 함께 온갖 불만족에서 오는 괴로움이 있다.

이런 고통들은 시시각각 일어나고 사라지는 자연적인 현상이기에, 이 고통의 특성을 이해하면 더 이상 집착하지 않고 감각적인 노예의 굴레에서 벗어나게 된다. 이것이 수행의 목표이다.

셋째, 제법무아란 우리들이 나, 너, 그이, 그녀 등 모든 개체를 실재처럼 여겨오던 관념에서 벗어나라고 일러주는 부처님의 중요한 메시지이다.

부처님이 계실 때에도 62견의 사상들이 있었으며, 그 사상들의 근원은 나를 전제해서 갖춰져 있었다. '나는 존재하지 않는다'라는 무아는 오직 불교에서만 찾아볼 수 있는 독특함이었다.

반야심경의 '5온 일체개공도'는 나에 대한 순수공성을 의미하는 것이다.

6. 나는 실재하는가

지금까지 나를 전제해서 살아 왔던 사람들은 여기서 중요한 기로에 서게 된다. 부처님의 가르침대로 '실재하는 내가 없다면', 즉 나에 대한 존재 유무에 따라 삶의 목표와 방향이 바뀔 것이기 때문이다.

50년을 살든 100년을 살든 5욕락에 행복의 가치기준을 두고 번뇌의 종 또는 감각과 느낌의 노예로 살아온 사람들에게 부처님의 가르침은 역류해탈문으로 향하는 것과 같다.

'나를 바로 안다'는 것이 세상에서 무엇보다 시급한 일이 아닐까 싶다.

많은 사람들이 먼저 해야 할 일과 뒤에 해도 될 일을 분간하지 못하고, 먼저 해야 할 일을 뒤로 미루고 뒤에 해도 될 일을 먼저 하곤 한다.

많은 사람들이 앞뒤가 뒤바뀐 전도몽상의 어리석음 속에서 단 한 번도 개구리가 되어 물 밖으로 나와 보지 못한 올챙이처럼, 자신을 챙겨 단 한 번이라도 진리를 보는 계기를 갖지 못하고 삶을 마치게 된다.

부처님은 내가 실재하지 않는다고 하셨지만 '형상적으로는 내가 존재하지 않는가? 만약 그것도 아니라면 영혼은 존재하겠지?'라는 의문마저 일체 용납하지 않으셨다.

여기서 부처님의 가르침이 옳다면 우리들은 지금까지 '나'라는 존재가 없는 것을 있는 것으로 아는 환상적인 착각 속에서 살아 왔다는 말이다.

부처님은 '나'라는 존재를 아무리 살피고 챙겨보셨지만 그것이 결코 존재하지 않는다는 결론을 내리시고, 우리들에게 직접 '제법무아'라는 공의 이치를 일러 주셨다.

부처님을 롤-모델로 하여 부처가 되려면 더 이상 의심하지 말고 이론적으로나마 그 가르침을 믿고 검증해야 한다.

만약 부처님의 가르침에 의심이 생기면 그 의심을 의심 속에 묻어 두어서는 안 된다.

"내가 엄연히 존재하는데 왜 무아라고 했을까?"라고 묻고 살피며 조사, 검증해서 부처님의 가르침이 바른지 틀린지를 살펴봐야 한다.

그 뒤에는 믿음도 불신도 사라지고 오롯한 자신의 지혜로 깨달음을 완성하게 된다.

물론 부처님의 가르침은 달을 가리키는 손가락에 지나지 않지만, 부처님의 그 가르침을 의지해서 정진한다면 3법인의 공성을 이해하는 데 어렵지 않을 것이다. 동시에 더 없는 지혜를 갖춰 생사윤회를 벗어나는 깨달음에 이르게 된다.

마음을 모아 알아차려 나가는 수행에서 4대四大로만 형성된 이 몸의 모든 움직임은 오직 정신적인 의지작용에 의해서 움직일 수 있다는 특성을 이해하게 된다. 몸의 자연적인 특성이라면 4대에 대한 고유성을 말함인데, 이 특성에서 보편적인 3법인의 공성을 충분히 정립시킬 수 있게 된다.

제7장

몸의 외적 알아차림

1. 행주좌와 行住坐臥

2-2
비구들이여,
몸의 움직임 가운데
내가 걷고 있을 때는 내가 걷고 있음을 알아차리고
내가 서 있을 때는 내가 서 있음을 알아차린다.
내가 앉아 있을 때는 내가 앉아 있음을 알아차리고
내가 누워 있을 때는 누워 있음을 알아차린다.
몸의 움직임을 안과 밖으로 알아차리며
몸의 현상이 어떠한가를 바르게 알아차린다.
수행자는 이와 같이 머무느니라.

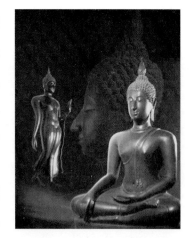

어떤 왕이 자신의 죽마고우를 재무관으로 둬서 나라의 재정을 다스리도록 했다. 그런데 그 재무관의 실책으로 나라의 재정에 큰 손실을 보게 되어 결국 대신들의 어전회의에서 극형으로 결정되었다.

왕은 친구인 재무관의 극형선고에 가슴 아파하면서도 그 결정에 어떻게 손을 쓸 수가 없었다.

왕이 친구의 극형만이라도 면할 수 있는 방법을 모색하던 중, 마침 대신들이 어떤 극형으로 집행해야 할지 그 방법을 왕에게 물었다.

그때 왕에게 좋은 계교가 떠올랐다. "기름이 가득 담긴 항아리를 머리에 얹고 500보를 걷는 동안 단 한 방울도 떨어뜨리지 않을 수 있겠소?" 하고 왕이 되물었을 때, 대신들은 이구동성으로 "불가능하다."고 했다.

"이 불가능한 일을 시켜서 한 방울의 기름이라도 떨어뜨리면 교수형보다 무거운 참수형을 시키고, 흘리지 않는다면 극형만을 면해 주는 조건은 어떻소?"

"한 방울의 기름도 떨어뜨리지 않는다고요?"

재무관을 미워했던 일부 대신들은 좀 더 잔혹한 참수형을 기대하며 "기름을 흘리지 않는 것은 불가능하니 아예 사면해 주는 조건으로 집행합시다."라고 했다.

다음날 왕의 죽마고우인 죄수를 불러서 형의 집행내용을 자세히 일러주며 기름이 가득 담긴 항아리를 머리에 얹어주었다.

"한 방울의 기름도 떨어뜨리지 않고 저 나무 아래의 탁자가 있는 곳까지 닿으면 형을 면제하고 방면하겠지만 그렇지 못할 때는 참수하리라."는 왕의 형 집행 어명과 함께 북이 울렸다.

사형수는 '나는 이미 죽은 목숨이다. 이 목숨을 다해서 최선을 다해 보자!'라고 다짐하고 나무를 향해서 발걸음을 옮기기 시작했다.

사형수가 살기 위해서는 불법佛法이나 행법行法이나 경행輕行이나 중도中道가 어떻고 등이 필요 없었다. 그러나 부처님의 가르침을 듣지도 않고 배우지도 않았으며 보지도 않았지만 자신이 살기 위해서 이미 부처님께서 말씀하셨던 경행법을 그대로 실천하고 있었다.

발을 들기 전의 현상,

들 때의 현상,

발이 앞으로 나아갈 때의 현상,

발이 땅에 바로 닿기 전의 현상,

발이 막 땅에 닿는 현상,

발이 땅에 닿아 대지를 밟을 때의 현상,

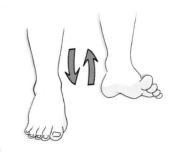

그리고 다시 다른 쪽 발이 들리는 현상 등에 주의를 집중해서 알아차려 나갔다. 발밑에 장애물이 있으면 있는 대로 없으면 없는 대로 알아차려 나가지 않으면 안 되었다. 교수형을 면제받기 위해서 마음을 챙기지 않으면 안 되었다.

만약 작은 돌 하나라도 잘못 밟아서 중심을 잃으면 기름독은 출렁거리게 될 것이고 기름은 흘러내릴 수밖에 없기 때문이다. 목숨이 걸린 절박함 때문에 철저한 알아차림을 챙길 수밖에 없었다.

마침내 그는 발의 움직임에 온 마음을 함께 한 결과 형을 면하고 뒷날 무죄판결까지 받게 되었다. 그런데 이 사형수와 우리들의 처지가 조금도 다르지 않다.

이미 태어났기에 죽음을 기다리는 사형수이고 다시 태어나면 두 번의 사형집행이, 또 태어나면 세 번의 사형집행으로 끊임없는 사형집행을 기다리며 감수해야만 하는 처절한 사형수이다.

가고 머물고 앉고 눕는 행주좌와의 그 어떤 자세에서도 깨어 있을 수 있으면, 자신이 끌려가는지 제어하는지를 바르게 알아차릴 수 있으면, 처절한 사형수에서 사면될 수 있다.

몸 있는 곳에 마음을 함께하는 도리를 벗어나면 금방 번뇌와 망상이 일어나는 그 순간 사형수의 사면은 요원해질 수밖에 없다.

만약 내가 걷고 있을 때 걷고 있음에 마음을 챙겨보면 처음에는 걷는 움직임이 마음대로 되지 않음을 알아차릴 수 있다. 몸 있는 곳에 늘 마음이 함께하는 집중력으로 알아차림의 대상에 붙들리지 말고, 그냥 '이-?'라며 마음을 챙겨서 대상을 "있는 그대로" 보며 사념확산을 막아야 한다.

지금 걷고 있을 때 자신의 발밑에서 일어나는 현상을 있는 그대로 알아차려 나가려면 발을 들 때 '이-?' '이-?' '이-?' '이-?' 나아갈 때 '이-?' '이-?' '이-?' '이-?' '이-?' 놓을 때 '이-?' '이-?' '이-?' '이-?' '이-?' '이-?'라며 알아차리고, 계속해서 순간순간의 의도와 몸의 움직임을 주시하며 알아차려야 한다.

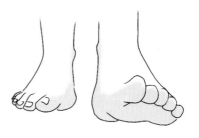

바른 알아차림이 이어지는 순간에는 저절로 바른 말인 정어, 바른 행위인 정업, 바른 생계수단인 정명을 실천하고 있어 계율을 지키는 것이 된다.

또 바른 알아차림을 이어가는 마음작용은 정정진이며, 바르게 알아차리는 것은 정념이며, 알아차림이 이어지므로 마음에 번뇌가 스며들지 않아 마음이 청정해지는 것은 정정이다.

이런 알아차림이 유지되는 결과로 바른 견해인 정견과 바른 알아차림의 겨냥이 되는 정사유의 집중력이 증득되는 것이다.

바른 알아차림은 몸과 마음이 순간순간 원인과 결과라는 조건에 의해서 새로운 움직임을 연속적으로 만듦을 이해하게 한다.

매 순간순간 일어나는 새로운 움직임은 원인과 결과라는 연기의 조건이다.

순간순간 생하고 멸하는 현상은 무상無常을 알아차리게 하고, 물질과 정신은 매 순간 일어나고 사라지기 때문에 변하는 자체가 괴로움이며, 결국 괴로움은 물질과 정신에서 비롯되는 것임을 알게 된다.

괴로움을 조절하려고 해도 이미 인과에 의해서 일어날 뿐 물질과 정신 안에 나라고 할 만한 실체가 없다는 무아를 자신의 직관으로 알게 된다.

'이-?' '이-?' 하는 찰나 물질4대와 정신4온의 공성을 직접 보는 것이 지혜이다.

4제 가운데 도제道諦인 중도로 자신의 몸과 마음을 있는 그대로 알아차려서, 몸과 마음에 대한 갈애나 집착이 일어나지 않아 새로운 업의 생성을 일으키지 않으므로, 모든 괴로움의 원인인 집성제를 소멸하여 결국 괴로움인 고성제가 완전히 소멸된 멸성제 열반을 증득하게 된다.

2. 아난다 존자의 깨달음

"법을 의지해서 쉼 없이 정진하라."

법등명 자등명 불방일 法燈明自燈明不放逸

부처님께서는 제자들을 극
진히 챙겨주고 보살펴주셨
다. 위의 말씀은 부처님이 목
숨을 다하실 때 제자들에게
남긴 유훈이다.

하늘처럼 믿고 의지했던
부처님이 입적하자 제자들이 당장 의지해야 할 것은 부처님의 가르
침뿐이었다. 부처님 불멸 즉시 장로 비구들은 서둘러 부처님의 가르
침을 체계적으로 정리해야 할 필요성이 절실했다. 부처님의 가르침
이 불문에 갓 입문하는 불제자나 먼 미래에 이르기까지 인류의 등불
로 전승되도록 해야 했기 때문이다.

부처님께서 입적하시자 90일 뒤에 마하가섭 존자에 의해서 5백 명
의 아라한과에 이른 비구들이 모이는 결집집대회가 소집될 예정이었
다. 그러나 부처님을 25년간 옆에서 보좌했던 아난다 존자는 대회 전
날까지도 수다원과의 부동지에 머물러 있었다.

부처님께서 가르침을 펴는 45년 동안 수많은 제자들이 깨달음을 얻었다. 그런데 의외로, 늘 부처님 곁에서 시중을 들던 아난다 존자는 깨닫지 못한 상태였다.

이런 사실은 그가 부처님의 가르침을 모두 들었고 전부 외우고 있었기 때문에 다른 제자들로서는 도무지 이해할 수가 없었다.

매일의 일상이 정해진 그로서는 부처님께서 가는 곳이면 어디나 함께 동행하고, 승가 사람들을 돕는 일로 너무 분주해 자신만을 위해 홀로 명상수행을 할 시간이 거의 없었던 것이다.

부처님께서 45년 동안 펼치신 가르침은 다른 아라한들에게는 부분적으로 갖춰져 있지만 아난다 존자의 머릿속에는 거의 대부분이 들어 있었다. 그의 기억을 되살려 경전을 체계적으로 편집해야 했지만, 아라한과에 이르지 못한 그를 경전 결집대회에 참석시킬 수도 없었다.

이제 빠른 시간 내에 깨달아야만 할 절박한 상황에서, 자신이 할 수 있는 유일한 길은 가행정진으로 최선을 다하는 것밖에 없었다. 내일의 시험을 준비하는 수험생처럼 용맹정진에 돌입하여 밤이 새도록 완전한 깨달음을 위해 경행으로 고군분투했다.

시간은 흘러 자정이 되고, 결집 회의가 열리는 날의 새벽 2경이 지나며 먼동이 트기 시작할 무렵이었다.

"아난다여! 너는 충분한 선근 공덕이 있어 쉬지 않고 정진하면 머지않아 아라한과를 성취하게 되리라."는 부처님의 유훈이 떠올랐다.

그때 '아! 내가 지금까지 최선을 다해 왔지만 멸진의 경계에 이르지 못한 이유는 무엇 때문일까? 정진만 지나치게 해서 선정이 약화되지는 않았을까? 선정을 보다 더 강화해 균형을 갖춰야겠다.'라고 생각할 때 이미 깨달음의 요소 가운데 평등각지가 갖추어졌다.

더 이상 깨달음에 대한 강박관념이나 집착을 내려놓은 상태가 되어 방으로 돌아왔다.

그리고 눕는 동안의 움직임은 물론 눕는 찰나까지 알아차림의 대상으로 마음을 챙겼을 때 마침내 멸진정에 이르며 아라한이 되었다.

발이 바닥에서 떨어져 있었기 때문에 서 있는 자세도 아니고, 머리가 바닥에 닿으려는 자세였기 때문에 누운 자세도 아닌, 행주좌와의 네 가지 기본자세에서 벗어나 있는 자세였다.

아난다 존자는 일체의 사념확산에서 벗어나 생각을 멈추고 사물을 있는 그대로 봄으로써 모든 번뇌와의 전쟁이 끝났다.

이제 더 이상 싸워야 할 번뇌는 없어졌기 때문에 그도 역시 부처님처럼 무한의 승리자가 되었다.

그가 얻은 깨달음은 모든 것을 놓아버리려는 노력의 끝에서 깨달으려는 마음마저 놓아버림으로써 이루어진 것이다.

포기와 버림 속에서 아난다 존자는 자신이 찾던 것을 얻었기에, 아라한이 되기 위한 더 이상의 시도도 없이 단지 있는 그대로의 자신으로서 깨어났다.

그는 수다원과에 머물러 있었기 때문에 사다함과와 아나함과를 단숨에 거치며 아라한과를 성취하게 되었다. 이처럼 선정과 지혜가 충분히 갖춰졌을 때 언제 어디서 해탈지에 이르게 될지 알 수 없는 것이다.

그가 이와 같은 용맹정진으로 아라한과를 성취하게 되면서 우리들도 "이와 같이 나는 들었다."라는 경전 서두의 주인공을 만날 수 있게 된 것이다.

3. 경행輕行

행주좌와~

걸을 때는 걷는 데 마음을 챙겨서 알아차리고,

서 있을 때는 서 있음에 마음을 챙겨서 알아차리고,

앉아 있을 때는 앉아 있음에 마음을 챙겨서 알아차리고,

누워 있을 때는 누워 있음에 마음을 챙겨서 알아차린다.

부처님 당시에는 이 가르침에 대하여 약간의 오해가 있었다.

이 오해는 근래에 일어난 것이 아니라 주석서가 쓰여지기 전이었다. '내가 가고 있을 때 나는 가고 있다.' 등을 알아차린다는 말에 관해서이다.

어떤 사람이 이 경구의 진정한 뜻을 잘못 이해해서 "수행을 하지 않는 사람이나 동물들도 그들이 갈 때 '나는 간다.'고 모두 다 안다."고 했다.

또 "그들이 서 있을 때에도 앉아 있을 때에도 누워 있을 때에도 다 안다. 수행자가 갈 때 간다는 것을 알아차려야 한다는 가르침이 뭐 그렇게 대단하냐?"고 했다.

그러나 수행자로서 알아차림의 앎과 일반사람들의 앎은 정반대가
된다.

수행자의 앎은 정신적인 의지와 물질적인 몸의 움직임을 나눠서
마음을 모아 마음을 챙겨서 알아차리며 번뇌의 유입을 막는다. 일반
사람의 앎은 의도와 움직임을 하나로, 지속적인 것이 아니라 힐끗 보
기 때문에 금방 잊어버리게 되므로 번뇌를 제어하지 못한다.

밀어붙이는 바람에 의해서 가는 배처럼,

활시위의 힘에 의해서 날아가는 화살처럼,

이 몸도 앞의 방향으로 나아가나니,

바람의 활기찬 밀침에 의하여 완전히 밀쳐지고,

끈으로 꼭두각시의 등을 맨 것처럼 마음으로 몸을 연결하여,

그것에 끌리어 몸이 움직이고, 서고, 앉는다.

자신의 정신적인 힘의 의지력에 의하여,

서거나 걷거나 앉을 수 있는 존재이다.

『대비구삼천위의경大比丘三千威儀經』에는 경행을 할 수 있는 적합한
곳으로 다음의 다섯 곳을 제시하고 있다.

첫째 인적이 드문 곳, 둘째 뜰 앞, 셋째 강당의 앞, 넷째 탑 아래, 다
섯째 건물 아래 등이다.

경행할 때는 눈을 반개해서 시선은 1.5m의 거리에 두고 알아차릴
만큼 '이뭣꼬?'의 '이-?'를 전제해서 아주 천천히 걷는다.

'눈이 있어도 맹인처럼 행동하라'는 경구가 있다. 맹인은 보이지 않아서 옆을 보지 않듯이, 경행할 때 좌우로 두리번거리지 않아야 한다. 발바닥의 느낌에 마음을 챙겨서 4대의 느낌을 알아차려야 한다.

초보자일 경우 발을 들 때의 무거움(水), 나아갈 때의 흔들림(風), 내려놓을 때의 딱딱함(地), 밟을 때의 따뜻함(火) 등의 현상을 처음으로 느껴질 것이다.

이런 현상을 하나도 놓치지 말고 하나하나에 '이-?' '이-?'라고 염송하며 알아차려야 한다. 옆의 사람이나 사물 또는 간판 등을 보고 싶은 그 마음의 현상을 직시하며 '이-?' '이-?'라고 알아차리면 금방 그 마음도 사라진다.

빨리 걸을 때는 1단계, 천천히 걸을 때는 4단계로 '이-?' '이-?' '이-?' '이-?'라며 알아차린다. 밖에서는 빨리 걷더라도 수행 중에는 가능하면 천천히 걸으려고 노력해야 한다.

걷는 몸과 걷고 있음을 알아차려 나가는 명색의 일치 속에서는, 몸과 마음은 서로 대립이나 갈등을 일으키지 않는다.

어떤 상념도 없는 상태로써, '힘들다, 걷는 것이 싫다, 얼마나 걸어야 하는지'와 같은 주관적 관념이 존재할 수 없다. 오직 걷는다는 것 외에는 아무것도 존재하지 않는다.

일반 사람들도 건강을 위해 일상생활 속에서 하루 한두 시간 이상 운동이나 걷는 것이 필요하다. 수행자도 마찬가지이다. 최소 하루 한 시간 이상 경행으로 정진해야 한다.

걸을 때 왼발을 옮겨 놓으면서 '왼발' 내지 '이-?'라고 염송하고, 오른발을 옮겨 놓으면서 '오른발' 내지 '이-?'라고 염송하고, 발이 땅에 닿을 때 '이-?'라며 걷는다.

왼발을 들어 올릴 때의 현상, 발을 앞으로 내밀 때의 현상, 발이 바닥을 향해 내려놓을 때의 현상, 발이 바닥에 닿아 밟을 때의 현상, 왼발이 닿으면서 오른발이 버텨지며 나아갈 때의 현상 등 각각의 일어나고 사라지는 근육의 팽창과 이완을 보며 공성을 인식하게 된다.

무거움이나 가벼움, 차가움이나 뜨거움, 딱딱함이나 부드러움 등 그 변화를 낱낱이 알아차려 나간다.

몸의 움직임에 마음이 함께하는 '몸 따라 마음 따라'의 명색일치법이다.

빠르게 걸을 때는 '좌-우, 좌-우' 내지 '이-?' '이-?', 조금 천천히 걸을 때는 '왼발, 오른발, …' 내지 '이-?' '이-?'라며 경행을 한다.

또 왼발을 내디디면서 왼발인 줄 인지하며 '이-?' '이-?'라고 알아차리고 오른발을 내디디면서 오른발인 줄 인지하며 '이-?' '이-?'라고 알아차려 나가야 한다.

이때 주의해야 할 세 가지의 필수요건을 갖춰야 한다.

첫째, 평상시의 걸음걸이대로 걸어야 한다.

둘째, 먼저 바닥과 닿는 부분의 느낌을 알아차려야 한다.

셋째, 바닥에 닿는 부분을 가능한 카메라의 조리개를 맞추듯이 작게 해서 미세한 느낌도 놓치지 않고 알아차려야 한다.

보다 더 자세하고 바람직하게 관찰할 때에는 네 단계로 각 세 번씩 염송하면 된다.

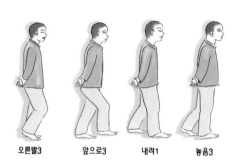

오른발3　　앞으로3　　내려1　　놓음3

'오른발, 오른발, 오른발' '앞으로, 앞으로, 앞으로' '내려(1번)' '놓음, 놓음, 놓음', '왼발, 왼발, 왼발' '앞으로, 앞으로, 앞으로' '내려(1번)' '놓음, 놓음, 놓음' 내지 '이-?' '이-?'라고 염송하며 천천히 왼발을 내디디면서 왼발의 움직임을 세분화해서 알아차리고, 천천히 오른발을 내디디면서 오른발의 움직임을 단계적으로 나눠서 알아차려 나가야 한다. '나눠서 알아차리다.'라는 의미는 가고 있다는 뜻이다.

이때의 걷고 있음은 걷는다는 생각조차 없으므로 걷고 있으면서도 걷는 것이 아니고, 걷는 것이 아니면서도 걷는 것이 된다. 걷고 있음에 대한 객관성 때문에 다른 것에 대한 집착이 일어나지 않는다. 발걸음이 가볍고, 그 어떤 상념도 없어 멈출 곳은 멈추고 나아갈 곳은 나아가는 자연의 이치를 따르는 걸음걸이가 된다.

앉아 있거나 누워 있을 때도 마찬가지이다. 몸과 마음이 하나로 모든 몸의 움직임이 매 순간 간단없는 일념 집중으로 사념邪念이 일어나지 않는다. 평온한 상태에서 깨어 있으면, 바른 마음으로 말하고 행동할 수 있게 된다. 이것이 수행에서 얻어지는 첫 유익함이다.

여기서 현상이란 관념을 벗어난 의식의 상태를 일컫는 것으로, 찰나찰나의 몸과 마음의 느낌이라고 이해하면 된다.

처음 경행을 시작할 때는 이 4단계의 방법을 사용한다. 이 수행이 익숙해지면 우리는 몸의 움직임이나 생각들이 고요하게 되고 정숙해지며 중생심도 점점 정화된다.

경행은 마치 자동차가 운행되면서 다음에 사용할 기동력을 충전하듯이, 쉼 없는 수행을 위해서 필수적이다.

경행 중에 서려고 할 때 '서려고 함, 서려고 함…' 내지 '이-?' '이-?'라며, 섰을 때는 '섰음, 섰음…' 내지 '이-?' '이-?'라며 마음을 챙겨서 선다. 앉을 때는 '앉으려 함, 앉으려 함…' 또 '앉았음, 앉았음' 내지 '이-?' '이-?'라며 몸에서 일어나고 사라지는 현상을 알아차리며 앉는다.

경행의 실천으로 5가지 유익함이 따른다.

첫째, 건강해지고 지구력이 증장되는 힘이 생긴다.

둘째, 좌선 때는 순간순간 변화되는 대상이 많아 알아차리기가 쉽지 않지만 경행에서는 알아차림이 훨씬 순일해진다.

셋째, 좌선 때 경색된 근육을 이완시키는 작용과 가라앉은 마음을 활발하게 해서 수행의 균형을 갖추게 된다. 그리고 몸과 마음을 상호

보완하게 하고 건강증진과 함께 병을 줄일 수 있다.

경행을 포행布行으로 이해할 수 있겠지만, 알아차림의 있음과 없음이 전제되는 내용면에서는 현저하게 다르다. 걸을 때도 앉아서 알아차릴 때와 마찬가지이다. 몸의 자세를 꼿꼿이 바르게 하여 모든 산만함이나 느낌의 현상들을 하나하나 바르게 알아차려 나가는 것이다.

만약 경행 중 앞에 장애물이 막혀 더 이상 진행할 수 없어 돌아가려할 때는 빨리 돌아서 걷지 않는다. 60~90도씩 '이-?' '이-?'라고 염하며 두 번이나 세 번으로 나눠서 회전해야 한다.

회전의 동작이 끝나는 동시에 두 발을 가지런히 모으며 잠깐 '섰음, 섰음,' 내지 '이-?' '이-?'라고 염해야 한다. 입선立禪의 자세에 마음을 챙긴 뒤 다시 '걸으려 함, 걸으려 함' 내지 '이-?' '이-?'라며 걸으려는 의도를 본 뒤 '왼발 들어, 왼발' '앞으로, 앞으로' 내지 '이-?' '이-?'라며 걷기 시작해야만 한다.

우선 꼿꼿이 척추가 바르게 되도록 서서 턱은 아래로 약간 당기고 두 손은 앞으로 모아 쥔다. 오른손바닥으로 왼손등을 감아서 배꼽의 언저리에 살며시 밀착시키는 차수叉手 형태가 바람직하다. 아니면 가볍게 팔짱을 끼거나 두 손을 뒤로 모아 쥐어도 좋다.

눈은 반개半開해서 완전히 눈의 긴장을 풀고 일체의 사물을 무시해야 한다. 시선은 자신의 발끝에서 키 높이만큼의 거리 정도인 1.5~2미터 전방을 향하여 던져둔다. 고개는 약간 숙여도 좋지만 자신의 발끝이 보이거나 목에 긴장이 와서 불편해지면 안 된다.

보통 때의 걸음걸이 형태를 유지하되 평소 때 걷는 속도보다 느리

게 한 걸음의 움직임을 2단계 내지 9단계로 나눠서 '이-?' '이-?''라며 마음을 모아 알아차려야 한다.

의식적으로 발을 너무 높이 들거나 어떤 형식을 갖추지 말고 평소의 걸음걸이 자세와 보폭으로 걸어야 한다. 걸을 때 발바닥의 뒷부분이 땅에 먼저 닿는 걸음걸이도 있다. 그런 수행자는 발바닥이 동시에 닿게 마음을 모아 걸으면 된다.

경행의 초기 수행 단계에서는 원칙대로 익혀 나가려고 해야 한다. 알아차림의 대상을 다리나 발, 대퇴부와 허리 등 여러 곳으로 분산해서는 안 된다.

우선은 발바닥에만 국한해서 보려고 애쓴다.

발을 옮기기 전의 의도와 서 있을 때 느껴지는 발바닥의 짓눌림이나 발을 들어 올릴 때의 무거움을 알아차려야 한다. 또 바람을 가로질러 앞으로 나아갈 때의 느낌도 인식해야만 한다.

내려놓을 때의 흔들림이나 무거움, 발이 땅바닥에 닿을 때의 팽창감이나 열기, 안정감 등을 '이-?' '이-?'라며 바르게 알아차려야 한다.

가끔 경행 중에 옆으로 지나가는 사람이나 사물을 보고 싶은 마음이 일어날 때가 있다. 그때는 즉시 그 마음의 유혹을 알아차려 "보고 싶음, 보고 싶음, 보고 싶음"이라고 한다. 아니면 '이-?' '이-?'라며 그 마음을 알아차리면 보고 싶은 유혹은 금방 사라질 것이다.

만약 꼭 봐야 할 경우나 잠깐 알아차림이 약화되어 사물이나 사람을 보게 되면 그냥 그대로의 명칭을 붙여야 한다. "사람, 사람, 사람" "건물, 건물, 건물" "나무, 나무, 나무" "자동차, 자동차, 자동차" 등과 같이 명칭을 붙여서 알아차려야 한다.

또는 '이-?' '이-?'라며 일견一見으로 보이는 것만 알아차리고 현재 진행하는 경행으로 되돌아가야 한다.

혹시 차를 보는 경우 무슨 차인가, 몇 년 식인가, 색깔이나 모형이 좋다, 나쁘다 등의 분별심이 일어날 수 있다. 그때 번뇌가 꼬리에 꼬리를 물며 끝없이 진행되는 사념확산이 된다.

궁극적으로 불필요한 번뇌에 빠지게 되든지 감정에 따른 행동으로 옮기게 될 것이다.

사물을 보게 될 경우 분석하려고 애쓰지 않아야 한다. 있는 그대로 한꺼번에 봐야 한다. 동시에 그 사물이나 사람 혹은 현상에 명칭을 붙이거나 '이-?' '이-?'라며 바르게 알아차린다.

역시 어떤 소리도 마찬가지로 분석하려고 하거나 분별코자 하는 마음을 무시한다. 있는 그대로 '소리, 소리, 소리'라고 염한다. 또는 '이-?' '이-?'라며 귀머거리처럼 마음을 챙기면 그 어떤 소리도 귀의 의식을 파고들지 못할 것이다.

넷째, 좌선 중의 무기력이나 혼침에서 벗어나게 된다. 잠에서 깬 뒤의 경행은 집중력을 계발시키고 식사 후의 경행은 열기를 갖추게 하여 소화력을 증대시킨다.

다섯째, 경행 중의 선정이 좌선 중의 선정으로 이어지고 좌선 중의
선정이 경행 중의 선정으로 이어져, 쉼 없는 알아차림으로 보다 깊고
밝은 지혜를 키운다. 그리고 오랫동안 선정에 머무를 수 있다.

【따라 하기】

1단계

'섰음, 섰음, 섰음,'

'걸으려 함, 걸으려 함, 걸으려 함,'

'오른발'

'왼발…' 내지 '이-?' '이-?'…

2단계

'섰음, 섰음, 섰음,'

'걸으려 함, 걸으려 함, 걸으려 함,'

'오른발 들어, 놓음,'

'왼발 들어, 놓음, …'

내지 '이-?' '이-?' '이-?' '이-?'…

3단계

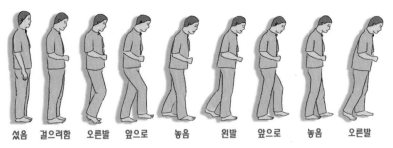

섰음　걸으려함　오른발　앞으로　놓음　왼발　앞으로　놓음　오른발

'섰음, 섰음, 섰음'

'걸으려 함, 걸으려 함, 걸으려 함,'

'오른발 들어, 앞으로, 놓음'

'왼발 들어, 앞으로, 놓음…' 내지 '이-?' '이-?' '이-?'…

4단계

'섰음, 섰음, 섰음'

'걸으려 함, 걸으려 함, 걸으려 함,'

'오른발 들어, 앞으로, 내려, 놓음'

'왼발 들어, 앞으로, 내려, 놓음' 내지 '이-?' '이-?' '이-?'…

4. 입선과 와선

경행에는 반드시 입선立禪이 따른다. 걷기 전이나 서서 머무를 때도 쉬지 않고 마음을 챙기기 위한 행법이다.

좌선 중에 정신이 혼미해서 무기력한 현상이 일어날 때는 두 손을 모으고 바르게 선 자세로 알아차리는 것이 바람직하다. 또 경행 중 장애물 때문에 돌아서려 하거나 경행을 시작하기 직전에 걸으려는 의도와 마음을 알아차리기 위해서 입선이 꼭 필요하다.

또 경행을 마치고 좌선을 위해서 앉으려는 자리에 잠깐 머무를 때 역시 잠깐이라도 산란한 마음을 막기 위해서 잠시 '이-?' '이-?'라며 챙기는 행법이다. 서서 머무를 때도 쉬지 않고 정진하는 행법이다.

입선은 좌선 중에 심한 혼침이나 무기력한 게으름의 현상이 일어날 때 가끔 취하는 수행법이다. 또한 전철이나 버스 속, 혹은 누군가를 기다릴 때 자연스럽게 할 수 있는 행법이기도 하다.

이때 서 있음에 마음을 바르게 챙겨 바른 앎으로 나아가야 한다. 서 있는 상태를 인식하며 알아차림의 기본당처인 아랫배의 현상관찰로 시작하여 몸의 현상관찰로 이어간다.

'일어남, 사라짐, 서 있음' 내지 '이-?' '이-?' '이-?'라고 염송하며 마음을 알아차려 나간다.

서서 정진하는 중에 메스꺼운 현상이나 현기증의 증상이 생길 때는 '메스꺼움, 메스꺼움, 메스꺼움…' '어지러움, 어지러움, 어지러움…' 내지 '이-?' '이-?'라며 알아차리면 금방 그 현상은 사라질 것이다.

그렇게 마음을 챙겨도 그 현상이 사라지지 않으면 천천히 '섰음- 섰음- 섰음, 왼발- 앞으로- 내려놓음, 오른발…' 내지 '이-?'라고 마음을 챙기면서 몇 발자국이라도 경행을 하면 그 현상은 금방 사라지게 된다.

만약 그 현상이 계속 사라지지 않으면 '오른발- 앞으로, 왼발…' '이-?' '이-?'라고 하며, 보통 걸음걸이로 한동안 경행을 하거나 좌선의 방법으로 바뀌서 정진하는 것이 좋다.

외부의 어떤 자극적인 소리나 사물을 접하더라도 즉시 '소리, 소리, 소리' 내지 '이-?' '이-?' 혹은 '사람, 사람, 사람' 내지 '이-?' '이-?', '나무, 나무, 나무' 내지 '이-?' '이-?'라며 알아차려야 한다. 그것을 알아차려서 대상이 사라지면 기본당처인 아랫배의 움직임을 보며 '일어남, 사라짐, 서 있음' 내지 '이-?' '이-?' '이-?'라며 수행을 계속한다.

와선臥禪은 낮 동안의 수행이나 일상생활을 마치고 누워 쉴 때나 밤에 잠들기 전에 누워서 수행하는 행법이다. 오른쪽이나 왼쪽이 바닥에 닿도록 옆으로 누운 자세와 등 전체를 바닥에 닿게 반듯이 누운

자세가 있다.

역시 기본당처인 아랫배의 움직임에 마음을 모아 '일어남, 사라짐', 그리고 몸의 눌림 현상에 '닿았음. 닿았음' 내지 '이-?' '이-?'라며 느낌의 현상들을 바르게 알아차려 나간다.

경행 중에 일어나는 졸림도 '졸림, 졸림' 내지 '이-?' '이-?', 또는 수행을 마칠 때는 '자려고 함, 자려고 함' 내지 '이-?' '이-?'라며 잠을 잔다.

와선의 방점은 몸을 움직이지 않아야 한다는 점이다. 지나치게 피곤하여 꿈을 꿀 때도 즉시 '이-?'라며 자연스럽게 알아차려진다. 꿈은 순간적으로 강한 햇빛을 마주 보는 듯이 투명하게 된다.

집중력이 깊어지면 잠이 드는 순간과 깨는 순간에도 시작할 때처럼 또렷이 알아차려진다. 집중력이 더 진전되면 자면서도 깨어 있는 듯, 깨어 있으면서도 자는 듯, 꿈도 꾸지 않고 오매일여寤寐一如에 머문다. 또 잠깐 잠을 자도 숙면을 취하기 때문에 늘 평온하다.

5. 오감제어 五感制御

2-3

비구들이여,

몸의 드나듦에 마음을 모아 바르게 알아차린다.

앞이나 뒤를 볼 때, 몸을 구부리고 펼 때,

옷을 입거나 발우를 지닐 때,

먹고 마시고 맛볼 때, 마음을 모아 바르게 알아차린다.

걷거나 서 있을 때, 앉거나 누워 있을 때,

잠들거나 잠이 깰 때, 말하거나 침묵할 때,

자연의 소리 등 모든 것에 바르게 알아차린다.

수행자는 이와 같이 머무느니라.

행주좌와 어묵동정의 일상에서 늘 알아차릴 수 있어야 한다. 가고 옴을 비롯해서 서 있거나 앉거나 눕거나, 또 움직이거나 말하거나 말 하지 않거나, 심지어 움직이지 않음에도 감정과 느낌들을 알아차릴 수 있다.

평소의 일상에서 몸 있는 곳에 마음이 함께하지 않았으면 수행의 초기에는 당연히 갈등과 대립이 많이 보이고 느끼게 된다. 마음은 마 음대로 몸은 몸대로 다른 세계에서 살아온 인연 때문이다.

그러나 수행이 성숙되면 몸을 일으킬 때는 오직 자신의 의지에 의해서 몸이 일어남을 이해할 수 있게 된다. 몸을 일으키는 진행과정에 의도 외 그 어떤 주재자도 없다. 신, 영혼, 나, 너, 그이, 그녀 등의 개체가 들어설 수가 없다는 의미이다.

이 진행과정은 마치 운전자와 자동차처럼, 마음은 운전자이고 몸은 자동차로 비유할 수 있다. 운전자가 마음을 바르게 챙기지 못했거나 술이 취한 상태라면 사고의 위험에 빠지기 쉽다.

마음을 챙기지 못한 채 말하고 행동하는 것은 사견(邪見)에 묶여서 바르고 건전한 행위보다는 어리석고 불건전한 행위 쪽으로 기울게 될 것이다.

자동차 운전자가 주의를 집중하여 깨어 있는 상태에서 운전을 한다면 사고의 위험을 방지할 수 있듯이, 마음을 챙겨 건전한 생각에서 말하고 행동하면 자신의 행위가 불건전한 행위로부터 벗어나 도덕적인 평온과 안정의 바탕에서 쉽게 선정으로 연결되는 동시에 깨달음의 지혜로 나아가게 된다.

그래서 바른 알아차림에는 바른 사고력과 평온을 위한 자비가 함께해야 한다.

보이는 대상에는 눈뜬장님처럼
이야기 속에서는 말을 못하는 벙어리처럼
들리는 대상에는 귀먹은 사람처럼
움직임은 중환자처럼
일상에는 시체처럼 행동해야 한다. (『밀린다왕문경』)

수행자가 일상생활 속에서 바른 알아차림을 위해 행해야 할 오감제어의 행위적 요소이다.

알아차림을 갖추기 위해 늘 몸과 마음을 함께하는 수행자의 삶을 간추려 제시한 경책이다.

첫째, 눈뜬 장님처럼 행동해야 한다.

수행자는 장님처럼 마음이 집중되고 안정되어야 한다. 불안정한 상태의 수행자는 옆으로 지나치는 사람들이나 사물들에 대한 호기심이 생겨 두리번거리게 된다. 이렇게 마음이 들떠 있을 때 욕망과 성냄 그리고 어리석음이 쉽게 일어나게 된다.

그러나 장님은 사물을 볼 수 없기 때문에 사람이나 사물을 보기 위하여 고개를 돌리거나 두리번거리지 않는다. 심지어 어떤 사람이 그에게 다가와 말을 하려 해도 결코 고개를 돌리지 않고 귀를 기울인다.

수행자 역시 바르게 마음을 집중해서 관찰하고 있는 동안은 장님과 같이 침착하게 관찰 대상에만 전념해야 한다.

만약 어떤 대상이 눈에 보이면 단지 '이-?' '이-?'라며 대상의 보임을 알아차림과 동시에, 조금 전의 관찰 대상으로 돌아와야 한다. 그 어떤 사물이 눈에 보이더라도 주의 깊게 보지 말아야 한다.

수행자라면 장님으로 오해받을 만큼 자신이 집중하고 있는 대상만을 면밀히 챙기며 전심전력으로 정진해야 한다.

둘째, 벙어리처럼 행동해야 한다.

이론이나 지식을 내세우려 하는 보통사람들과는 달리 수행자는 벙어리처럼 지적인 표현이나 논쟁을 삼가는 것이 필수적이다.

특히 선사가 수행에 대해 지도를 하는 중에 경전의 말을 인용하여 끼어들려는 경향이 많다. 고양이가 필요할 때까지 발톱을 감추듯, 자신이 알고 있는 지식을 말하거나 자랑할 필요는 없다.

수행자는 오직 여법한 행법을 익혀 지혜로 나아가면 된다.

부처님이 카필라왓뚜에 오신 지 이레째 되는 날 성루에서 라훌라의 어머니인 야소다라 비는 아들에게 좋은 옷을 입혀 궁궐을 나서시는 부처님을 가리키며 말했다.

"라훌라야, 저기 저 사문이 너의 아버지이시다. 가서 '존경하는 아버님! 제가 왕이 되려면 재산이 필요합니다. 저에게 유산을 주십시오!'라고 하여라."

어머니로부터 이 말을 들은 당시 일곱 살의 소년 라훌라는 곧장 부처님에게로 달려갔다. 라훌라가 부처님 앞에 다가서는 순간 아버지에 대한 애정을 느끼며 가슴이 떨리는 깊은 감동을 받았다. 거룩하신 모습의 아버지를 어떻게 불러야 좋을지 알 수가 없었다. 그래서 그는 "거룩한 세존이시여, 당신의 그림자마저 저를 기쁘게 합니다! 제가 부처님의 아들 라훌라입니다. 저에게 유산을 물려주십시오."라고 조르며 부처님을 따랐으나 부처님께서는 어린 아들의 뜻 모를 말은 개의치 않으셨고, 시봉하는 비구들도 그 천진한 어린아이를 어쩌지 못했다.

부처님께서 라훌라에게 좋은 말씀을 해주시며 함께 수도원으로 돌아오셨다. 그리고 사리푸트라에게 말씀하셨다.

"사리푸트라여, 저 어린아이를 거기에 잠깐 멈추게 하여라. 그리고 그에게 여래가 보리수 아래서 깨친 성스러운 보배와 함께 3보를 물려주어라. 여래는 그를 괴로움의 세계에서 벗어나게 하리라."

라훌라는 이렇게 최초의 사미*가 되었다.

이 소식이 숫도다나 왕에게 전해지자 왕의 슬픔은 이루 형언하기 어려울 정도였다. 아들에 이어서 손자까지 잃은 슬픔을 참지 못하고 부처님께 와서 이렇게 청했다.

"사문이여, 지금의 고통은 말하기 어렵소. 이제부터 모든 출가자들은 부모들로부터 사전승낙을 얻은 뒤에 출가할 수 있도록 해주시오."

부처님께서는 이 제안을 받아들이셨다. 이와 같은 계기로 지금도 출가시 부모의 승낙 여부를 묻고 있다.

일찍이 사미가 된 라훌라가 말을 함부로 하는 경솔함을 보이자 부처님께서 라훌라를 부르셨다.

"라훌라야, 거울에 대해서 어떻게 생각하느냐?"

* 사미: 7세에서 19세까지의 출가자에게는 3귀의와 사미10계만 수지한다.

"예 세존이시여, 거울은 참으로 귀중한 것이라고 생각합니다. 왜냐하면 밖으로 들고날 때 모습을 비춰보며 자신을 챙길 수 있기 때문입니다."

"착하구나! 잘 알아맞혔다.

라훌라야, 마찬가지로 이제부터 말하기 전에 하려는 말을 해도 되는지 또는 하지 말아야 되는지를 비춰보아라. 들고 남을 비춰보는 거울처럼 마음의 거울에 비춰보고 말을 해야 하느니라."

이 가르침이 있은 뒤 라훌라는 거의 말을 하지 않는 밀행제일의 상수제자가 되었다.

수행자들도 마찬가지이다.

특히 자신을 챙기는 수행자는 결코 말을 함부로 하지 않는다. 그러므로 할 말이 적어질 수밖에 없다.

셋째, 귀머거리처럼 행동해야 한다.

보통사람들은 소리가 나는 쪽으로 고개를 돌려서 말하거나 대답하지만 이것은 수행자의 모습이 아니다.

귀가 들리지 않는 사람은 어떠한 말이나 소리에도 귀 기울이는 법 없이 침착하게 행동한다. 수행자는 법에서 벗어난 얘기는 물론 그 어떤 소리에도 주의를 기울이지 말고 다만 수행의 대상에만 전념해야 한다.

만약 자신도 제어할 수 없이 귀에 와 닿는 소리에는 들림과 동시에 즉시 '들림, 들림' 내지 '이-?' '이-?'라며 단순한 소리임을 알아차려 조금 전의 관찰 대상으로 돌아와야 한다.

넷째, 심하게 앓고 있는 중환자처럼 주의를 기울여 움직이지 않는 듯이 행동해야 한다.

해탈열반을 위해서 수행을 결심했을 때는 목욕이나 식사 등 일상생활의 일거수일투족을 마치 심하게 요통을 앓고 있는 중환자처럼 행동해야 한다. 수행을 처음 시작할 때에는 몸과 마음의 진행현상은 빠르지만 알아차림은 그에 따르지 못하기 때문이다.

지금까지 조급하고 들뜬 마음으로 말하고 행동하며 살아왔지만 이제부터는 일체의 움직임들을 신중하게 해야 한다. 몸 내외에서 일어나고 사라지는 하나하나의 현상들에 주의를 기울여야 하는 것이다.

어떤 대상을 볼 때 그 대상이 확연하지 못하고 거칠어 애매모호하게 보인다면 그것은 대상에 좀 더 밀착해서 마음을 집중하지 않았기 때문이다.

천천히 행동하며 가장 가까운 곳의 대상부터 마음을 챙겨서 알아차리면 대상의 성품을 '있는 그대로' 보고 이해하게 될 것이다.

다섯째, 시체처럼 행동해야 한다.

'인내가 해탈을 이룬다'라는 경구처럼, 시체는 그 어떤 어려움이나 즐거움, 혐오감, 거부감 등에 대해서도 감각이나 감정이 없다. 수행자는 인욕바라밀의 결심을 갖고 모든 어려움을 극복해야 한다. 보다 나은 궁극의 행복을 위하여 포기와 희생은 필수적이다.

이 오감제어 경책은 천태지자 대사가 25방편 가운데 '중생은 다섯 가지 욕망으로 괴로워하면서도 오히려 그것을 구하기 그치지 않고……' 하며 다섯 가지 꾸짖음(呵五欲)편으로 제시하는 것과 다르지 않다.

흔히 참선이라면 앉아서 마음을 집중하는 것으로 이해하는 경우가 많다. 그러나 사실 참선이란 생활 속에서 항상 깨어 있을 수 있으며, 마음 챙기는 법을 키워 나가는 동시에 어리석음에서 벗어나는 작업이다.

보다 나은 궁극의 행복을 위하여 희생은 필수적이며, 거룩한 일일수록 더 많은 어려움이 길을 막지만 그 장애를 극복해야만 깨달음을 이룰 수 있다.

이와 같은 몸의 움직임에 대한 다섯 가지의 수행지침은 집중력과 알아차림을 진보시켜서 해탈열반으로 이끈다.

수행자는 오감제어가 따르지 않으면 물이 있는 곳으로 도망치려는 코끼리, 공동묘지가 있는 곳으로 도망치려는 여우, 숲 속으로 도망치려는 원숭이, 개미 둑으로 도망치려는 뱀, 하늘로 날아오르려는 새 등, 서로 다른 생활환경이나 습관의 동물들을 뿌리가 뽑혀진 말뚝에 튼튼한 밧줄로 옭아 놓은 것과 같다.

수행자가 감관을 바르게 제어하지 못하면 깊은 혼란에 빠지게 되다. 오감이 각각의 의식을 자기의 영역으로 끌고 가서 만족을 얻으려고 애쓰기 때문이다.

다섯 감각기능과 외부세계를 단단한 밧줄로 꽁꽁 묶어 생사윤회의 굴레에서 벗어나기 어렵게 하는 것이다. 그래서 몸은 현재에 있으면서 마음은 언제나 과거 아니면 미래에 머물게 된다.

바른 삶의 길을 묻는 이에게 주시는 부처님의 가르침은 "늘 여법如法하게 깨어 있어라!"이다.

다섯 감역처의 외부세계를 은산철벽銀山鐵壁같은 바른 알아차림으로 늘 깨어 있는 삶을 채근하신 것이다.

뜻은 알지만 방법을 이해하지 못하고 살아온 사람들은 이 순간부터라도 이 행법으로 몸과 마음이 함께하는 삶으로 첫발을 내디뎌야 한다.

여섯 가지 감각기관(六根)*에 의해서 일어나는 여섯 가지 감각대상(六境)*이 있다. 그에 대한 여섯 가지 인식(六識)*을 분별하여 집착하거나 혐오감이 없는 바른 알아차림에서 여시여시如是如是*하게 알아차려야 한다.

그 여섯 가지 감각의 문이 되는 6

* 여섯 가지 감각기관: 눈, 귀, 코, 혀, 몸, 마음 등이다.
* 여섯 가지 감각대상: 형상, 소리, 냄새, 맛, 닿음, 관념 등이다.
* 여섯 가지 인식: 안식眼識, 이식耳識, 비식鼻識, 설식舌識, 신식身識, 의식意識 등이다.
* 여시여시: 있는 그대로의 공성空性이다.

문六門이란 눈, 귀, 코, 혀, 몸, 의식 등 여섯 감관을 일컫는데, 이 가운데 마지막의 정신적 감관인 의식은 다른 오감을 지배하며 군림하는 의식의 왕이다.

의식의 왕인 바른 알아차림에 의해서 내외적으로 마음에서 마음을, 또 몸에서 몸을 알아차리는 것은, 몸에서 일어나고 사라지는 현상들을 알아차리며 지낸다는 뜻이다.

우리들이 물건을 쥘 때도, 그 과정을 자세히 관찰해 보면 내가 물건을 쥐는 것이 아니다. 물건을 쥐어야겠다는 독립된 의지에 의해서 물건이 쥐어진다고 할 것이다.

그러나 그 과정이 바르게 관찰되지 않으면 우리들의 관념에 의해서 '내가 물건을 쥔다', '내가 물건을 놓는다', '내가 손을 올린다', '내가 손을 내린다'고 생각하며 항상 나를 전제해서 내가 움직인다고 착각하게 된다.

이때 그에게 몸이 있다는 알아차림이 확립되는 깨어있음은 분명한 지혜를 얻기 위한 것이다.

천천히 물건을 쥐는 움직임을 관찰해 보면 '물건을 쥐겠다'는 정신적 의지의 조건반사 작용으로 진행되는 현상이다. 움직임은 바람의 운동이며 그 본성의 나타남이 된다.

몸의 모든 움직임에는 마음이 선행한다는 사실과 더불어, 그 마음이 몸의 모든 움직임을 다스리고 있다는 진리도 함께 보여준다. 그래서 수행자의 행동을 어떻게 간추려야 하는지 분명한 확신을 갖게 함과 동시에 몸과 마음의 역학관계도 깨닫게 해준다.

움직임 하나하나에 오래 머무는 바가 없음을 이해하면 제행무상의 진리를 이해하게 되고, 제행이 무상하기 때문에 불만족의 사실도 이해하게 된다.

일체개고의 진리를 보며, 또 지금까지 나를 움직이는 특별한 주재자나 진아[*]가 존재한다는 유신견의 벽이 무너지며 제법무아의 진리도 함께 깨닫게 한다. 이렇게 몸의 움직임에서 몸과 마음의 역학관계를 바르게 규명하여 지혜를 갖출 때, 앞에서 언급한 몸과 마음을 바르게 깨닫게 하는 명색지의 지혜단계를 이루게 된다.

누구나 한두 번은 아기를 안아본 경험이 있을 것이다. 그런데 아이는 깨어 있을 때가 잠들었을 때보다 훨씬 가볍다. 또 음악에 따라 춤을 출 때나 걸을 때와 음악이 없을 때의 몸놀림을 비교해 보면 당연히 음악과 함께 리듬에 맞춰서 춤을 출 때나 걸을 때의 몸놀림이 보다 가볍다. 이것은 몸과 마음이 함께할 때 오는 몸의 알아차림같이 보이지만, 실제로는 마음의 알아차림이다.

＊진아眞我: 힌두교의 영혼불멸사상
에서 나옴. 부처님은 한 번도 '진
아'를 입에 올리신 바가 없다.

6. 일상의 깨어있음

일상선日常禪

좌선 중에 정해진 시간이 끝나는 신호음이 들릴 때 '들림, 들림, 들림' 내지 '이-?' '이-?' '이-?'라고 해야 한다. 그 소리가 멎어 일어서려는 생각이 일어날 때는 일어서려는 의도를 알아차려야 하므로 '일어서려 함, 일어서려 함, 일어서려 함' 내지 '이-?' '이-?' '이-?'라며 의도를 알아차린다.

일어서며 '일어남, 일어남, 일어남' 내지 '이-?' '이-?' '이-?'라며, 일어나서 '섰음, 섰음, 섰음' 내지 '이-?' '이-?' '이-?', '걸으려 함, 걸으려 함, 걸으려 함' 내지 '이-?' '이-?' '이-?'라고 한다.

또 왼발을 앞으로 내디디며 한 걸음을 두 단계의 구분동작으로 나눠 '왼발 앞으로'* 내지 '이-?' '이-?', 오른발을 앞으로 내디디며 '오른발, 앞으로' 내지 '이-?' '이-?'라고 한다. 목적하는 곳에 서려고 할 때는 '서려 함, 서려 함, 서려 함' 내지 '이-?' '이-?'라며 서려는 마지막 걸음을 알아차리며, 서려는 마음도 함께 알아차린다.

예를 들어 물을 마시려고 물병이 있는 곳에 도착해서 물병을 보면서 '봄, 봄, 봄' 내지 '이-?' '이-?'라며, 물병에 손을 뻗어서 물컵에 물을 부어서 마시려 할 때의 염송은

* "왼발 들어 앞으로 놓음"의 준말이다.

다음과 같이 한다.

'손을 앞으로, 앞으로, 앞으로'
내지 '이-?' '이-?' '이-?'

'물병 잡음, 잡음, 잡음' 내지
'이-?' '이-?' '이-?'

'물병 듦, 듦, 듦' 내지 '이-?'
'이-?' '이-?'

'물 따름, 따름, 따름' 내지 '이-?' '이-?' '이-?'

'물병 놓음, 놓음, 놓음' 내지 '이-?' '이-?' '이-?'

'컵 입으로, 입으로, 입으로' 내지 '이-?' '이-?' '이-?'

'컵이 입에 닿음, 닿음, 닿음' 내지 '이-?' '이-?' '이-?'

'물의 차가움, 차가움, 차가움' 내지 '이-?' '이-?' '이-?'

'물을 삼킴, 삼킴, 삼킴' 내지 '이-?' '이-?' '이-?'

'컵을 내려놓음, 놓음, 놓음' 내지 '이-?' '이-?' '이-?'

'손을 당김, 당김, 당김' 내지 '이-?' '이-?' '이-?'

'팔이 겨드랑이에 닿음, 닿음, 닿음' 내지 '이-?' '이-?' '이-?'

'손을 내림, 내림, 내림' 내지 '이-?' '이-?' '이-?'

'손 아랫배에 모음, 모음, 모음' 내지 '이-?' '이-?' '이-?'

'경행을 위해 돌아서려 함, 돌아서려 함, 돌아서려 함' 내지 '이-?'
'이-?' '이-?'

'왼발-돌려놓음, 오른발-돌려놓음, 왼발-돌려놓음, 오른발-돌려
놓음' 내지 '이-?' '이-?' '이-?'

'서 있음, 서 있음, 서 있음' 내지 '이-?' '이-?' '이-?'

'왼발, 앞으로, 오른발, 앞으로' 내지 '이-?' '이-?' '이-?'
'방석에 앉기 위해 멈춤, 멈춤, 멈춤' 내지 '이-?' '이-?' '이-?'
'좌선을 위해 자리를 봄, 봄, 봄' 내지 '이-?' '이-?' '이-?'
'앉으려 함, 앉으려 함, 앉으려 함' 내지 '이-?' '이-?' '이-?'
'앉음, 앉음, 앉음' 내지 '이-?' '이-?' '이-?'
'아랫배를 향하여 일어남, 사라짐…' 내지 '이-?' '이-?' '이-?'

이와 같이 초기에는 명칭이나 화두를 붙여 알아차리다가 좀 익혀진 뒤부터는 '이-?' '이-?'라며 집중력이 크게 키워져 직관력에 불이 켜지면 명칭이나 화두도 일체 필요하지 않게 된다.

반복적인 습관으로 자연스럽게 업의 생성이 멎는 조건 업만으로 '행해도 행하지 않는' 무위의 삶을 살 때가 온다.

"비구들이여!
몸의 움직임에 마음을 챙기는 수행을 실천하지 않으면
죽음을 벗어나는 진리를 맛보지 못하느니라.
그러나 어느 누구라도 몸의 움직임에 알아차리는
수행을 실천하면 죽음을 벗어나는 진리를 맛보게 되리라."

라고 일러주셨다.

몸의 움직임에 마음을 챙겨 알아차리면 "마음 따라 몸 따라"의 그 움직임이 어떤 원소에 의해서 움직이게 되는지, 마음의 자연적인 성품도 이해하게 된다.

제8장

몸의 알아차림

1. 현상 부정관

2-4

비구들이여,

머리끝에서 발끝까지 온갖 깨끗하지 못한 것으로 가득한 이 몸을 알아차린다.

이 몸에는 머리카락, 몸의 털, 손발톱, 이빨, 피부, 살갗, 힘줄, 뼈, 골수, 콩팥, 심장, 간, 횡경막, 지라, 허파, 창자, 장간막, 위장, 위의 내용물, 쓸개즙, 쓸개, 고름, 피, 침, 콧물, 눈물, 지방, 기름, 관절액, 오줌, 똥 등이 있다고 알아차린다.

비구들이여,

이것은 마치 양쪽으로 구멍 나 있는 곡물 자루에 여러 가지 곡식이 채워져 있는 것을 눈 밝은 사람이 이 자루를 열어 보고

"이것은 콩, 이것은 쌀, 이것은 보리, 이것은 완두콩이구나."

라고 알아차리듯이 수행자는 머리끝에서 발끝까지 피부로 덮여 있는 온갖 깨끗하지 못한 것들로 가득한 이 몸을 알아차리며, 이 몸에는 머리카락, 몸의 털 등이 있다고 바르게 알아차린다.

이와 같이 안으로 몸에서는 몸을 알아차리면서 머물고
혹은 밖으로 몸에서는 몸을 알아차리면서 머물며
안과 밖으로 몸에서 몸을 알아차리면서 머문다.
몸에서 일어나는 현상(진리)을 알아차리면서 머물고
또 몸에서 사라지는 현상을 알아차리면서 머물며
또 몸에서 일어나서 사라지는 현상을 알아차리면서 머문다.

알아차림의 정도와 이해에 따라서
'이것이 몸이다'라고 그 자각이 확립된다.
그는 초연하게 머물고 세상의 어느 것에도 집착하지 않는다.
수행자는 이와 같이 몸에서 몸을 알아차리면서 머문다.

　우리들의 몸은 뼈와 힘줄로 엮여 있고, 살
로 덧붙여져 있다. 피부로 덮여져 보이지 않
는 내장과 위, 간장의 덩어리, 방광, 심장, 폐장,
신장, 비장, 그리고 콧물, 점액, 땀, 지방, 피, 관절
액, 담즙, 임파액 등이 가득 차 있다.
　아홉 구멍에서는 늘 더러운 것이 계속 흘러나온
다. 눈에서는 눈곱, 귀에서는 귀지, 코에는 콧물, 입에는 담즙이나 가
래, 몸에는 땀과 피지가 나오고, 머리에는 뇌수가 꽉 차 있다. 이런 몸
을 어리석음에 이끌려서 깨끗하고 아름답다고 여긴다.

　구성물에 대한 알아차림은 있는 그대로를 보라는 것으로서, 이 청

정하지 못한 32가지를 낱낱이 챙겨보는 것을 현상부정관이라고 한다.

이 구성물은 본래 '추하다, 아름답다'고 할 수 없는데도 불구하고 부정관이라고 한 것은, 아름답다는 어리석음의 관념을 전제해서 붙여진 것이다.

감각적인 쾌락의 갈망이나 육체에 대한 애착으로 수행하기가 어려울 때 이 부정관으로 바른 노력을 배가하여 바른 선정에 들도록 인도하는 선법이다.

움직이는 오물주머니와 같은 이 몸의 성품을 이해하지 못해 영원성이나 자아관념에서 벗어나지 못하는 수행자들의 기초수행으로는 더없이 유익한 행법이다.

어떤 사람을 보고 깊은 매력과 더불어 아름다움에 마음을 빼앗기고 괴로움에 빠진 사람이라도, '움직이는 오물주머니'같은 몸의 구성물 32가지를 하나하나 챙겨 나아가면서 단 며칠만 씻지 않아도 아홉 구멍에서 쏟아지는 부정물의 현상과 냄새 등 몸에 대한 성품을 바르게 이해하면, 어리석은 기대감이나 환상에서 쉽게 벗어날 수 있다.

이 알아차림은 자신에 대한 분명한 앎을 위한 것이며 현상들에 대해서 놓침이 없는 알아차림이 된다. 따라서 수행자의 마음은 그 어떤 세간적인 것에도 집착하지 않고 늘 깨어 있게 되는 것이다.

몸의 안팎을 챙겨보면서 영원하지 못한 것을 영원하다고 하거나 깨끗하지 못한 것을 깨끗하다고 믿는 것이 잘못된 사견임을 이해할 수 있게 된다.

머리카락, 몸의 털 등 구성물 32가지뿐만 아니라 오온의 일체가 인연에 의해서 모였다가 인연이 다하면 사라지는 것이다. 몸의 구성물들은 '깨끗하다, 추하다'고 할 수 없지만, 몸의 생성에 대한 진리는 진정 깨끗한 것이다. 거룩하고 청정함 속에 부정함이 있고, 부정함 속에 청정함이 내포되어 있음이다.

이 32가지 구성물들이 몸의 상태와 움직임을 어떻게 유지케 하는가를 마음을 모아 바르게 알아차리면, 영혼이나 어떤 주재자가 있다는 사견에서 금방 벗어날 수 있게 된다. '나는 영원하다, 영혼은 실재한다'라는 무지를 비롯해서 진아眞我와 가아假我의 설정도 금방 이해될 것이다.

몸의 구성물에 대한 바른 알아차림으로 우주만물의 자연적인 진리그 자체를 바르게 이해하는 것이다. 그럼으로써 무상한 것을 영원한 것으로, 괴로운 것을 즐거운 것으로, 무아를 자아로 여기는 전도된 관념으로부터 자유로워진다.

이렇게 관찰하는 동안 '나'라고 하는 구성물의 덩어리는 결코 '깨끗하고 아름답다'고 할 수 없는 것들로써 시간과 공간 속에서 상대적인 인연세계에서만 존재하는 것임을 알게 된다.

머리에 붙어 있을 때의 머리카락과 땅에 떨어진 머리카락, 입속의 침과 뱉어진 침처럼 일체가 상대적이다.

여기서 말하는 "깨끗하지 못함"은 더러움을 뜻하는 것이 아니라, 절대적 가치성이 아닌 상대적 가치성으로써 머리끝에서부터 발끝까지 모든 구성물들은 잠깐 일어났다 사라지는 무상한 것들임을 말한다.

부처님 당시 파세나디 왕의 비妃가 되는 케마는 과거생의 착한 공덕으로 금생에 뛰어나게 아름다운 얼굴과 몸매를 지니고 마가다의 부유한 집안에 태어났다.

그녀는 자신의 뛰어난 외모 때문에 교만하고 자존심도 대단했다. 빔비사라 왕은 왕비가 워낙 아름다워서 그만한 미모라면 그와 같은 자존심을 가질 만도 하다고 이해하면서도, 혹시 부처님을 뵙게 되면 보다 겸손하고 너그럽지 않을까 하는 생각으로 왕비에게 죽림정사의 부처님을 찾아뵈라고 몇 번 권한 바가 있었다.

케마는 다른 사람들로부터 부처님이 자주 "몸은 무상하며, 괴로움(苦)으로 가득한 그곳은 머리카락, 털 등 32가지의 부정물로 형성되어 있을 뿐이다."고 설하신다는 이야기를 들었을 때, 자기처럼 아름다운데도 "몸은 고기와 피와 오물로 가득 채워지고 뼈로 쌓아올린 하나의 성곽으로, 교만과 비방의 악취를 풍긴다."는 말을 하실까봐 의도적으로 부처님 뵙기를 피해 왔었다.

그래서 왕은 죽림정사의 평화롭고 기쁨이 넘치는 광경을 잘 전하도록 노랫말을 짓게 하였고, 많은 사람들이 그 노래를 왕비가 들을 수 있는 궁궐 주변에서 부르게 했다.

케마는 사람들이 부르는 아름답고 평화로운 죽림동산의 노래를 듣고 노래를 부르는 사람들 중 한 사람을 불러서 물었다.

"네가 예찬하며 부르는 그 노래 속의 동산은 어디더냐?"

"예! 왕비님, 죽림동산입니다"

왕비는 죽림동산을 찾아가 보고 싶은 강한 충동을 느끼며 마침내 '동산에 산책만 하고 오리라.'고 생각하고 궁궐을 나섰다. 그렇지만 자신도 모르게 부처님께서 법을 설하시는 곳으로 이끌려가게 되었다.

왕비는 부처님의 눈길을 피해 다른 불자들 뒤에 숨어서 부처님도 보고 설법만 살짝 듣고 오리라고 생각하였다. 부처님은 이미 다른 대중들 뒤에 숨어 있는 그녀를 보고 '가시는 가시로 뽑듯이, 케마도 자신의 용모에 집착해서 자만심이 높으니, 그녀보다 훨씬 더 아름다운 미인을 보여서 그 교만과 애착을 끊게 하리라.'고 생각하셨다. 그리고 신통력으로 열네다섯 살쯤 되는 아주 환상적인 미인을 곁에 있게 하셔서 자신의 외모에 집착하는 케마 왕비만 볼 수 있게 하셨다.

케마는 부처님 옆에 미인이 있음을 보면서 '부처님은 여성들의 아름다움에 대해 경멸하신다는 이야기를 들었는데 저렇게 아름다운 미녀가 부처님 곁에 있구나. 아! 저 소녀가 맑은 호수의 백조라면 나는 늙은 까마귀에 지나지 않는구나. 사람들이 내게 해준 이야기들은 진실이 아니구나.'라고 생각했다.

이렇게 부처님 곁에 있는 아름다운 소녀에게 마음을 빼앗기고 있는 동안 왕비는 부처님의 설법에 정신을 집중하지 못했다.

이때 부처님께서는 케마가 환상으로 지어진 미녀에게 대단한 관심을 갖고 있음을 보시고 그 소녀가 천천히 변하게 하셨다.

열네다섯 살의 소녀가 스무 살쯤 되는 여자로 성숙해지면서 얼마 지나지 않아 중년의 여인이 되고 금방 늙은이가 되는 것이었다.

마침내는 머리털이 하얗게 변하면서 몸도 제대로 가누지 못하는 병든 모습으로 변해 버리는 것이었다.

케마는 젊고 아름다운 모습이 사라지면서 늙은 모습이 나타나는 현상들을 보면서, 몸은 계속 변하면서 늙고 병들며 시들어 죽는 보편적인 성품을 보게 되었다.

그녀가 자신의 아름다움에 대한 애착과 자만심이 점점 가라앉는 동안 그 노파는 더 이상 몸을 이기지 못하고 자신의 대변 위에서 뒹굴며 죽어갔다. 얼마 뒤에는 몸이 부패되면서 아홉 구멍으로부터 썩은 진물과 고름이 흐르며 구더기와 벌레들이 들끓기 시작하는가 하더니, 까마귀와 독수리 떼가 썩은 살점을 뜯어먹으려고 몰려들었다.

케마는 이와 같은 상황을 지켜보면서 '그렇게 아름다웠던 젊은 미인이 나이가 들며 늙더니 마침내 몸을 가누지 못하고 쓰러져 드디어는 죽고 말았다. 아! 저렇게 아름다운 모습도 결국은 늙어 죽는구나, 물질로 형성된 이 몸은 영원한 것이 못되는구나. 몸도 역시 늙고 병들어 마침내 죽게 되겠구나.'라고 생각할 즈음, 부처님께서 말씀하셨다.

"케마여,

그대는 몸의 아름다운 모습을 참된 것으로 잘못 생각하고 있지는 않았는가?

자! 이제 몸이란 영원하거나 참된 것이 아니라는 것을 이해하였는가?

그대는 마땅히 사대오온四大五蘊으로 구성된 이 몸을 질병과 더러움이 흐르는 것으로 볼지니라.

오직 어리석은 자들만이 그런 육신에 집착하여 육신을 구하고자 갈망을 일으키느니라.

이 세상의 모든 중생은 욕망 때문에 죽고, 증오와 미움 때문에 타락하며, 어리석음의 환상에 빠져 있느니라.

이들은 자기의 갈망으로 인해 윤회의 흐름을 거슬러오르지 못하니, 다만 윤회에 얽매여 고통의 바다에서 벗어나지 못하느니라.

마치 거미가 줄을 치고 그 속에 숨듯이, 중생은 갈망에 넋이 빠져 스스로 만든 욕망의 흐름에 잠겨버리느니라.

지혜로운 이는 욕망을 끊고 정진하여 모든 고통에서 자유를 얻게 되느니라."

케마는 자신의 아름다움에 대한 애착에 빠졌다가 부처님의 가르침을 듣고 세간적인 쾌락의 장난감을 버리고 곧 부동지의 경계에 이르게 되었다.

그녀는 출가의 마음을 굳히고 며칠 뒤 빔비사라 왕과 함께 부처님을 찾아뵈었다.

"대왕이시여, 케마 비는 이제 출가를 해야 하거나 아니면 곧바로 열반에 들게 될 것이오."

빔비사라 왕이 아뢰었다.

"세존이시여, 저는 케마 비가 금방 열반에 드는 것을 원치 않습니다. 비구니가 되게 해 주십시오."

케마는 세속을 떠나 비구니가 되어 지속적으로 정진하면서 보다 향상되는 경계에 진입할수록 감각적인 쾌락과 세속적인 즐거움이 얼마나 무의미한가를 깨달았다. 그리고 훗날에 아라한과를 성취하여 부처님의 상수제자가 되었다.

2. 몸의 4대원소

2-5
비구들이여,
수행자는 이 몸이
어떤 물질적인 요소로 형성되어 있는가를
마음을 모아 알아차린다.
이 몸은 흙, 물, 불, 바람 등의
요소들로 이루어져 있다고 알아차린다.
이것은 마치 숙련된 백정이 소를 잡아
네 개의 토막으로 크게 나누는 것과 같이
수행자는 이 몸은 흙, 물, 불, 바람 등의
요소들로 이루어져 있음을
바르게 마음을 집중하여 알아차린다.

몸의 구성요소인 4대 중 흙의 요소는 딱딱
함과 견고함을 특성으로, 물의 요소는 적
시고 받아들임을 특성으로 지니고 있다.
또 불의 요소는 따뜻함과 차가운 열기를
특성으로, 바람의 요소는 유연함과 유동성
을 특성으로 지니고 있다.

본래 흙(地)의 요소는 홀로 존재할 수 없다. 그러므로 물(水)의 요소와 결합해서 견고한 몸을 갖추고, 몸의 부패를 막는 불(火)의 요소와 몸을 부드럽게 활동할 수 있도록 하는 바람(風)의 요소 등으로 구성되어 있다.

걸을 때 바르게 마음을 챙겨서 살펴보면, 정신적인 의도에 의해서 처음 발을 들어 올리게 된다. 그때 발을 들어 올리거나 앞으로 나가는 움직임은 바람의 요소이고, 발의 무거움이나 가벼움은 물과 흙의 요소이다. 그리고 발을 들어 올릴 때나 발을 내려놓을 때 일어나는 차갑고 따뜻함은 불의 요소이다.

좌선할 때나 눕고 서는 일상생활 속에서의 모든 움직임에서 쉽게 사대四大를 보고 이해할 수 있게 된다.

이 견고함이나 무겁고 가벼운 것이나 차고 더움이나 모든 움직임 그 자체를 그냥 그대로 알아차리기만 해야 한다. 애착이나 거부감을 느끼지 말고 '있는 그대로'에 긍정하며 평온함에 머물러야 한다.

몸을 갖춘 생명체들은 생존을 위해서 먼저 바람의 요소가 되는 호흡의 끊임없는 반복진행이 따른다. 더불어 물과 불과 흙의 요소가 되는 음식과 계절에 따르는 의복으로 이 사대원소들을 유지 증장시킨다.

겉모습의 형상에 집착하거나 혐오감을 갖지 말고, 어떻게 무엇으로 이루어져 있는가를 이해해야 한다. 경전의 가르침과 같이, 숙련된 도정이 소를 잡아 각 부분의 살과 뼈를 네 부분으로 나눠 놓으면 이미 소가 아니듯이, 이 몸도 역시 그와 같아 오직 네 가지 요소의 쌓임일 뿐으로, 어리석음으로 기대하고 있는 내가 아님을 알게 된다.

의지하고 집착할 것이 아무것도 없다고 허무주의나 염세주의에 빠지면 안 된다. 이 사대요소에 대한 관찰로 바르게 이해되는 앎은 절대관념과 허무주의, 그리고 유와 무의 양대 이원론에서 벗어나게 인도한다.

현상세계의 흙이나 돌에도, 물이나 불, 그리고 바람 그 자체도 각각의 사대원소를 두루 갖추고 있다. 즉 바위나 돌은 흙의 요소가 다른 세 요소들보다 비중이 많을 뿐 물과 불과 바람의 요소를 모두 지니고 있다.

흙은 차거나 따뜻하거나 따뜻하지도 차지도 않거나 하는 불의 요소와 여기저기로 옮길 수 있는 바람의 요소, 아무리 바짝 마른 흙이라도 물의 요소를 갖추고 있기에 젖을 수도 있고 마를 수도 있다.

불 역시 불의 요소가 많지만 다른 세 가지 요소를 갖추고 있기에 흙의 요소인 연소질(燃燒材), 물과 바람의 요소인 산소酸素로 불덩이나 불꽃을 만든다.

물도 자신의 요소를 포함한 세 가지 원소 때문에 불의 요소인 온도나 흐름과 멈춤을 지속시켜 나가는 중력 속에 흙과 바람의 요소를 갖고 있다.

불의 요소는 몸을 따뜻하게 해서 유연하게 해주며 음식물이 들어오면 열을 가하여 소화를 돕고, 바람의 요소는 몸속 내장의 운동과 몸의 움직임을 도우며 호흡으로 생명을 유지시킨다.

 몸의 내외內外를 관찰하는 동안 이
몸의 구성요소들은 인연에 의해서 모
였다가 인연이 다하면 사라지는 이치
를 이해하게 될 것이다.

물과 흙의 요소들의 융화작용으로
몸의 기관들이 굳게 갖춰지고 생성되
고 소멸되는 진리를 바르게 알아, 인연의 이치대로 어떻게 여법하게
살아갈 것인지도 깨닫게 된다.

어떻게 태어났으며 어디로 갈 것인가 하는 문제들을 뛰어넘어, 먼
저 어떻게 살아가느냐 하는 방법을 제시하는 것이 부처님의 가르침
이다.

"죽으면 썩어질 몸 무엇이 아까우랴?"라는 말은 삶에 대한 이해의
결여 또는 삶에 대한 성스러움을 모르는 무지 속에서의 자학적인 언
어표현이다. 반면 "굶어도 저승보다 이승이 낫다"라고 하는 말 역시
삶에 대한 무아의 진리와 무상함을 이해하지 못하는 무지 속에서의
집착적인 언어표현이다.

3. 존재의 요소, 아뢰야식

이 우주만물 중에 이 몸과 같이 사대를 갖추지 않은 그 어떤 것도 없다. 궁극적으로 이 우주 자체가 사대의 구성물이며, 극미진極微塵의 구성 이치를 벗어난 것은 없다.

내가 곧 우주이며 먼지이므로 자타自他가 따로 있다고 하거나 없다고 할 수 없다. 동체의 도리로 이 사대를 바르게 알아차려 나가면 궁극적인 깨달음에 이르게 된다.

이 육신을 현재의 상태 그대로, 구성되어진 그대로 네 가지 원소의 고유한 특성들을 대상으로 알아차려야 한다.

지수화풍地水火風의 무더기로서 땅과 같이 견고한 성질의 지地, 물과 같이 흐르는 성질의 수水, 불과 같이 익히는 성질의 화火, 바람과 같이 움직이는 성질의 풍風을 말한다.

오장육부 등은 땅과 같이 견고한 성질을 가졌다고 하고, 피 같은 것은 물과 같이 흐르는 성질을 가졌다고 한다. 또 음식이 소화되는 것은 불과 같이 익히는 성질을 가졌다고 하고, 몸이 움직이는 것은 바람과 같이 움직이는 성질을 가졌다고 한다.

괴로움이나 즐거움, 행복과 불행이 어떤 원인에 의한 결과라는 사실들을 바르게 이해하지 못하고 있는 이들에게 부처님께서 일러주셨다.

"비구들이여, 수행자가 바로 자신의 몸과 마음인 오온을 대상으로 바르게 알아차려 나아간다면 고의 뿌리를 보게 되리라."

여기서 흙(地)·물(水)·불(火)·바람(風) 등의 4대 원소元素인 몸(色)과, 느낌(受)·표상(想)·의도(行)·앎(識) 등의 네 가지 정신작용(四蘊)인 마음에서 일어나고 사라지는 자연적인 성품과, 그 역학관계를 정확하고 분명하게 규명할 수 있다.

이 오온의 바른 알아차림으로 수억 겁 동안 몸과 마음의 노예로서 윤회의 족쇄에 묶여 살아왔던 자신을 돌아보게 된다. 그리고 깨달음의 지혜도 갖추게 해 준다.

4온四蘊인 마음작용을 비유해 보면, 앎은 주인이고, 느낌·관념·의도는 종이 되어 서로 주종관계를 맺고 있다. 그래서 부처님은 의식이 물질·감각·인식·의도에 의존하며 그들과 무관하게 존재할 수 없다고 하셨다.

오온을 나라고 잘못 이해하는 과정에서, 인과를 이론적으로는 이해하지만 순간적인 반응에 의한 삶 속에 지식으로 가둬두고 있는 경우가 많다.

'관념에서 벗어나라!'고 계속 채근하게 되는 이 '관념'이라는 것은 기억의 저장소인 잠재의식에 보물처럼 귀하게 챙겨둔 표상 오온의 상相을 의미한다.

잠재의식은 의식적이든 무의식적이든 한 순간이나마 마음에 비춰진 모든 인상들을 하나도 놓치지 않고 기록하는 기억저장고의 기억들을 말한다.

부처님께서 "존재요소인 바왕가Bhavaṃ-ga"라고 꼭 찍어서 일러주신 이 업식*을 아뢰야식이라고도 한다. 이것은 자신에게 기억·저장된 내용들을 마음대로 불러내기도 하고, 저절로 나오기도 한다.

이 존재요소는 미래에 업이 생성(發現)되게 하는 윤회의 필수요소가 된다. 즉 업業의 형성의식形成識 또는 업장業藏·업보業報이다. 이것은 컴퓨터 저장소 또는 하드디스크의 자료와 같은 것이다.

이 업식業識이 없다면 기억이나 계획도 불가능하며, 또 부모와 자식 간에 서로 알아보지도 못할 것이다. 이 업보에 의해서 집착하고 혐오하며 끊임없이 윤회하는 것이다.

공성의 진리는 무상, 고, 무아의 3법인이며, 곧 자신의 내부에서 발견되는 궁극적인 보편성이다. 누구라도 훌륭한 부모와 좋은 환경에서 태어나 잘 살기를 원한다. 그러나 자연은 결코 우리의 기대나 욕망대로 되는 것이 아니라, 우리가 만든 원인이나 뿌린 씨앗의 종류에 따라 수확할 수밖에 없다.

당연히 그렇게 되는 진리 앞에서 그렇게 되지 않기를 바라는 기대감이 곧 고통과 직결된다.

*업식業識: 업을 생성시키는 재생의식이다. 즉 업을 생성시키는 원인 또는 뿌리이다. 서양철학에서는 재생의식을 인정하지 않으므로 잠재의식과는 다르지만, 조금은 비슷하다고 할 수 있다.

불이 뜨겁고 얼음이 차다고 입으로 외치고 머리로 외워도 체험이 없다면 그 뜨거움과 차가움을 이해하지 못한다.

마찬가지다. 아무리 훌륭한 진리의 가르침일지라도 관념이나 상식, 체험이나 관습에 의한 부분적인 앎을 모두 부정하고 바른 이해를 위한 실천이 없으면 궁극적인 실재를 볼 수가 없다.

물질적이든 정신적이든 자신의 업연에 의해 이루어진 모든 현상을 바르게 알아차리면 오감五感에서 비롯되는 모든 느낌이나 감정에서 비켜설 수 있다. 즐거움(樂)이나 괴로움(苦), 불고불락不苦不樂의 느낌과 감정을 초월한 지혜로써 생사윤회의 족쇄가 되는 번뇌로부터 벗어나게 되는 것이다.

진리는 유무라고 하거나 긍정 또는 부정할 수 있는 이원론적인 잣대로는 적시될 수가 없다. 집착이나 거부감을 뛰어넘어 '옳다, 그르다'를 벗어나, '있다, 없다'를 초월한 상태가 된다.

언어적인 표현을 빌린다면 여시여시如是如是하고 성성적적惺惺寂寂한 '있는 그대로' 보고, 해탈을 향하는 징검다리를 건너는 것이라고 할 수 있다.

우리는 몸에서 생겨나는 흙의 요소, 물의 요소, 불의 요소, 바람의 요소 등의 현상진리들을 바르게 알아차리며 보아야 한다. 또 그들이 몸에서 일어났다가 사라지는 현상들을 알아차리면서 정진해야 한다.

알아차림이 깊어질수록 '이것이 몸이다'라는 자각도 선명해지며, 점점 그 어떤 것에도 초연히 집착하지 않게 된다.

몸의 4대를 이해하는 것이 오온을 이해하는 것이다. 이것은 호흡을 지켜보며, 경행을 하며, 깨어있음의 일상에서 알아차리는 행법에서 비롯된다.

좌선 중에 배의 일어나고 사라지는 현상은 바람의 요소에 의한 생명을 증장시키는 행위이다. 이 호흡을 보며 '이것은 바람의 요소구나'라고 알아차리고, 아랫배의 뜨거움이나 찬 느낌의 현상은 '이것은 불의 요소구나' 라고 알아차리고, 몸의 여러 부분의 닿음으로 인하여 일어나는 딱딱함과 부드러운 느낌의 현상은 흙과 물의 요소로 알아차린다.

4. 구의부정관

2-6

비구들이여,

수행자는

① 몸이 죽어 하루 이틀 사흘이 지나면 파래지고, 붓고, 짓물러진 채 묘지에 버려지는 것을 보면서,

② 그리고 묘지에 버려진 시체가 까마귀나 독수리, 들개나 자칼, 여러 벌레들에게 먹히는 것을 보면서,

③ 그리고 묘지에 버려진 시체가 약간의 살과 피만 남고 힘줄에 연결된 해골로 변하는 것을 보면서,

④ 그리고 묘지에 버려진 시체가 살은 없어지고 핏자국만 남아 힘줄만 연결된 해골을 보면서,

⑤ 그리고 묘지에 버려진 시체가 살과 피도 없이 힘줄만 연결된 해골을 보면서,

⑥ 그리고 묘지에 버려진 시체가 힘줄도 없이 뼈마저 분리되어 손의 뼈, 발의 뼈, 정강이 뼈, 엉덩이 뼈, 척추 뼈, 해골 등 각각 제멋대로 흩어져 있는 모습을 보면서,

⑦ 그리고 묘지에 버려진 시체의 뼈가 마치 하얀 조개껍질같이 하얗게 변하는 것을 보면서,

280

⑧그리고 묘지에 버려진 시체의 뼈가 1년 이상이 지나 한 더미의 뼛가루로 변해 가는 것을 보면서,

⑨그리고 묘지에 버려진 시체가 썩어 사라져가는 것을 보면서, 자신의 몸도 그대로 자연과 동일하며 그렇게 될 것이며 결코 그에서 벗어날 수 없음을 바르게 마음을 집중하여 알아차린다.

수행자는 이와 같이 머무느니라.

태어나는 존재는 그 어떤 것을 막론하고 늙고 병들고 죽음에 이르는 과정을 벗어날 수 없다.

그래서 부처님은 말씀하셨다.

"존재는 태어남과 동시에 죽음으로 내달리는 것으로, 삶은 불확실하지만 죽음은 확실하다."

피할 수 없는 죽음을 앞에 두고 어떻게 생의 마지막을 장식할지 한 번쯤 챙겨보았을 것이다. 아무런 자각도 없이 살아온 지난날을 되새기며 이제라도 확실한 삶을 위해 무엇인가를 하지 않으면 안 된다.

재물, 명예, 건강, 가족 등에 대한 집착이나 죽음에 대한 공포감에서 벗어나기 위하여 공동묘지에 버려진 시체가 사라져가는 아홉 단계를 관하라고 하셨다.

구의부정관이다.

왜 수행하지 않으면 안 되는가? 삶은 무엇이며 태어남은 무엇인가? 또 인과는 무엇이며 자연은 어떤 것인가?를 반조해 봐야 된다.

그때 무상, 고, 무아의 보편적인 공성을 보다 쉽게 이해할 수 있다.

죽으면 모든 것이 끝이라고 생각하는 사람들도 있겠지만 사실은 그렇지 않다. 이미 생명력을 다한 사대원소가 각각 인연에 따라 흩어졌다가 또 조건이 되면 다시 흙, 물, 열기, 바람 등으로 갖추어져 바위나 먼지나 산이나 유기체든 무기체든 다시 모이고 또 다시 흩어지게 되는 것이 자연의 이치이다.

몸이 죽어서 쓰러졌을 때에는 부어서 검푸르게 되고 무덤에 버려져 들개나 여우, 늑대나 벌레들이 파먹고, 까마귀나 독수리 등 다른 생물이 먹게 된다고 알아차려야 한다.

이와 같은 자연적인 진리(實在)를 일어나면 일어나는 대로, 사라지면 사라지는 대로, 여시여시如是如是*하게 볼 때 일어남과 사라짐을 인연(條件)지우는 생사윤회의 실재(眞理)를 이해하게 된다.

4가지 원소의 모임인 이 몸이 생명력을 다하면 육체에서 시체로 물질의 명칭부터 바뀐다. 그리고 그 원소들이 본래의 자연현상 그대로 어떻게 환원되는가를 이해하기에는, 공동묘지의 시체에 대한 아홉 가지 단계관찰로써 충분하다.

죽음의 위대하고 거룩한 사실을 바르게 이해하면 삶 역시 얼마나 위대하고 거룩한가를 깨닫게 될 것이다. 삶이 얼마나 고귀한가를 이해하는 것은 곧 죽음에 대한 고귀함을 깨닫는 것이다.

*여시여시: 있는 그대로의 무상, 고, 무아의 3법인, 즉 공空을 의미한다.

선업이든 악업이든 몸을 생기게 하는 인연은 동일하지만, 선업을 조건으로 하는 몸은 아름답고 훌륭한 환경에, 악업을 조건으로 하는 몸은 추하고 좋지 못한 환경에 각각 태어나게 되는 인연이 된다.

본래 어리석음 때문에 탐욕이 일어나고, 그 탐욕이 집착을 일으켜, 선업이든 악업이든 몸을 생기게 하는 원인(條件)을 만든다. 어떤 업을 인연으로 해서 어떻게 생겨났든 결코 무상과 괴로움의 족쇄에서는 벗어날 수 없다.

태어남의 근본 조건인 어리석음(無明)을 비롯해서 몸을 생기게 하는 조건들이 사라질 때만이 생사윤회의 굴레에서 벗어날 수 있다.

이렇게 몸은 인연에서 태어나며, 어리석음이 완전하게 소멸하는 인연소멸에 의하여 태어나지 않는다는 것을 바르게 이해하게 되면, 생멸에 대한 의심의 여지가 사라질 것이다.

불교는 무엇을 얻으려고 외적인 대상을 구하는 것이 아니라 수행을 통해서 자기억제(계청정), 정화(심청정), 깨달음(견청정)으로 이끈다. 불제자는 외부적인 숭배 없이 8정도를 실천해야 한다.

흔히 수행자들을 전쟁터의 용감한 투사들에 비유한다.

폭탄이나 총칼로 싸우는 것이 아니라 '이뭣꼬?'로, 죄 없는 사람이나 생명체들을 죽이는 것이 아니라 알아차리면 사라지는 번뇌와 싸운다. 자신의 번뇌를 죽이고 또 죽여서 부처를 보고 또 만날 수 있기 때문이다.

은둔해서 살고 있는 수행자들이나

고독하게 혼자서 번뇌와 싸우기를 좋아하는 자는 언젠가 무한의 승리자가 되어 완전한 자유를 누릴 수 있게 된다.

이들에게는 고독이 진정한 행복이고, 외로움이 진정한 평화이다.

도고마성道高魔盛, 수행이 깊어질수록 장애가 많아진다는 말 가운데 여인의 유혹은 결정적이다.

『상윳따니까야』에 보면 "알아차림에 머물지 않고 감각기관을 바르게 절제하지 않을 때, 가볍게 옷을 걸친 여인만 봐도 거친 욕정이 그를 공격한다.(s19.10)"라는 경구처럼, 비구들이 깨어있음을 놓쳤을 때 여인의 유혹에 대한 감각적 욕망이 불길처럼 일어난다.

『청정도론』에 다음과 같은 이야기가 있다.

어느 젊은 여인이 부부싸움 끝에 마치 천녀처럼 '꽃단장'을 하고 친정집으로 가던 중이었다. 마침 탁발을 위해서 마음을 챙기며 마을로 내려오고 있는 젊은 비구와 마주치게 되었다.

"홧김에 서방질 한다"는 속담처럼 여인은 음란한 마음이 생겨 비구를 유혹해 보려고 하얀 이빨을 드러내 보이면서 요염한 미소를 지었다. 비구는 많은 알아차림의 대상들 중에 가장 강한 이빨에 마음을 모아 부정관(不淨想, asubha-saññā)을 시작했다.

그녀의 하얀 이빨을 보고 하얀 뼈들(念想)을 기억하며 그 자리에 서서 잠시 선정에 들게 되었다. 잠시 후 그녀를 찾아 뒤따랐던 남편이 비구를 만나자 물었다.

"스님, 혹시 어떤 여인을 보지 못하셨는지요?"

"이곳을 지나간 이가 여자인지 남자인지는 모르지만, 단지 뼈 무더기가 이 길로 지나가는 것은 보았소."라고 비구가 그에게 말했다.

(『청정도론』, 제1장 제54절)

만일 이 비구가 생각과 말과 행동을 절제하지 못하고, 깨어있음에 머물지 않고, 감각기관을 제어하지 못했다면, 여인의 유혹을 제어하기가 쉽지 않았을 것이다. 그러나 비구는 여인의 하얀 이빨을 보며 부정관을 떠올려서 깨달아 아라한이 되었다.

경전에 있는 그대로 평소에도 시체에 대한 9가지 부정상不淨想으로 정진했기 때문이다. 검푸르게 붓고, 부풀고, 문드러지고, 끊어지고, 흩어지고, 종래에는 해골로, 뼛가루로 변하는 과정을 보면서 수행한 비구는 아무리 아름다운 여인이 보이더라도 혐오스런 뼈 무더기로 보면서 넌더리를 쳤을 것이다.

묘지 등에 버려진 해골들을 보고 이에 대한 '표상'을 만들어 뼈 무더기를 보면서 자연스럽게 해골들을 떠올리게 한다.

이렇게 비구는 여인의 하얀 이빨을 보자 이전에 닦은 염상念想을 떠올리며 그 여인을 뼈가 이어져 있는 해골로 보게 된 것이다.

그래서 뒤쫓아 온 남편에게 "이곳을 지나간 이가 여자인지 남자인지는 모르지만, 단지 뼈 무더기가 지나가는 것은 보았소."라고 말한 것이다.

부정관은 글자 그대로 더러움을 관찰한다는 뜻인데, 아름답고 사랑스러운 존재들에 대해 더럽고 추한 것이라고 보는 수행이다. 부처

님께서 이와 같은 부정관을 닦게 하신 이유는, 우리들이 가장 소중하게 여기는 몸에 대한 집착과 감각적인 욕망에서 쉽게 벗어날 수 있도록 하기 위해서이다.

부정관은 그냥 더러운 시체를 바라보기만 하면 되는 것이 아니다.

1단계로 수행자는 시신 앞에 앉아 위 이야기에 나오는 것처럼 시신의 변화 모습을 계속 바라보다 2단계에서는 그 보아왔던 시신을 집중적으로 마음속에 떠오르게 하는 것이다. 이렇게 떠올리는 수행을 계속하다 보면 나중에는 마치 시신이 바로 눈앞에 있는 것처럼 나타나면서 확실한 선정삼매가 형성된다.

이 삼매를 경험함으로써 수행자는 자신과 남의 몸에 대한 애착과 감각적 욕망이 사라지면서 마침내 마음의 평온이 생기게 된다.

그렇지만 이런 수행은 현실적으로 쉽지가 않기 때문에 감각적 욕망을 극복하기 위한 대안으로, 비구가 여인을 볼 때 가족처럼 생각하라고 한다.

연상의 여인은 어머니로, 중년의 여인은 누이로, 젊은 여인은 딸로 보라는 것이다.

이렇게 해도 감각적인 욕망이 생기면 나를 낳아 준 어머니로 다음과 같이 반조한다.

"이 사람은 전생에 나의 어머니로서 내가 열 달 동안 당신의 모태에서 지냈으며, 태어난 뒤 오줌, 똥, 침, 코 등을 역겨워하지 않고 마치 전단향처럼 여기며 치워주고, 가슴에 품고 등에 업어서 키워주었다."

이와 같은 방법은 여성 수행자가 남성을 볼 때도 마찬가지이다.

이 행법은 『청정도론』 제9장 거룩한 마음가짐 36절에서 자애수행을 인용한 것이다.

제9장

느낌의 알아차림
受隨觀

1. 느낌에 대한 알아차림

3-1

비구들이여,

자신이 즐거움을 느낄 때

자신이 즐거움을 느낀다고 알아차리고,

자신이 괴로움을 느낄 때

자신이 괴로움을 느낀다고 알아차리고,

자신이 즐겁지도 괴롭지도 않음을 느낄 때

자신이 즐겁지도 괴롭지도 않음을 느낀다고 알아차리느니라.

모든 생명체들에게는 느낌이 있어서 그 대부분이 느낌과 감정에 묶인 노예로 6도 윤회전생輪迴轉生한다.

반면에 느낌을 직관해서 공성을 보면 해탈열반으로 향하게 되므로 윤회를 멈추게 된다.

이 신비하고 오묘한 직관력이라는 불성은 이미 갖추고 태어났으나 업력과 번뇌 때문에 불성이 힘을 발휘하지 못하고 있다.

그래서 부처님은 이미 갖춰진 직관

력 또는 불성에 불을 밝히는 행법으로 정념正念을 제시하셨다.

"바르게 알아차리면(正念) 사라진다"가 직관直觀, 각성, 정각, 본심, 평상심, 또는 불성이다. 불성으로 보면 일어남이 없으므로 사실 사라짐도 없는 공성이다. 역설적으로 불성이 곧 공성이다.

그러나 수행을 시작하는 동안의 일반범부들은 부처님의 가르침인 정념이라는 돋보기로 불성의 불을 밝혀서 무생무멸無生無滅의 공성을 볼 수 있다.

번뇌나 미혹에 가렸든 그렇지 않든 불성은 부처와 중생을 넘어서 있다. 그래서 부처님은 '모든 생명체들은 해탈의 에너지인 직관력의 원리를 갖고 있다'는 뜻으로 일체중생 개유불성一切衆生 皆有佛性이라고 하셨다.

여기서의 불성은 느낌에서 비롯되는 알아차림의 직관력이다. 이 느낌에 불성을 밝혀서 부처도 되고 불성을 밝히지 못해서 중생으로 윤회도 한다.

부처님의 제자들은 느낌을 디딤돌로 삼아서 고통에서 비켜서고 벗어나려고 진화하는가 하면, 탐진치를 떨치지 못한 사람들은 오히려 느낌이 걸림돌이 되어서 윤회의 길로 나아가는 것이다.

이 느낌 때문에 모든 존재들에게 삶의 목표가 행복이고, 그 정점인 해탈을 향해서 최고의 노력으로 진화하지만, 그 방향은 지혜의 유무에 달려 있고 결국 지옥과 해탈이 있다.

선어록의 경구들 가운데 "바르게 알아차리면 사라지는 상태가 부처이다."라는 직지인심 견성성불直指人心 見性成佛이나 지도무난 유혐간택至道無難 唯嫌揀擇, 즉 "시비 분별하는 번뇌만 버리면 최상의 도를 이루는데 어렵지 않다."라는 말이 있다.

역시 한 생각이 일어나기 전의 평상심이 부처라는 의미의 즉심시불卽心是佛 또는 평상심시도平常心是道 등의 경구들에서 강조하는 것은 알아차리면 사라지는 마음상태가 부처이고, 느낌이나 감정의 번뇌가 덧칠되지 않은 청정한 그대로의 마음상태가 부처라는 것이다.

'일체 번뇌를 죽여야 부처가 보인다'는 말은 사상이나 종교를 초월한, 자성을 보고 깨달아 부처가 되는 법이다.

부처님께서 모든 존재들은 해탈의 에너지를 갖고 있다는 일체중생 개유불성一切衆生 皆有佛性, 즉 괴로움에서 벗어나려는 이고득락의 불성이나 직관력이 없는 생명체는 없다고 하셨다.

부처를 이루기 위한 전제조건이 바로 불성佛性이다. 선천적으로 타고난 이고득락의 직관력이라는 이 깨달음의 성품은 악업이 많아서 반복적인 수행을 오래 쌓아야 겨우 불이 켜진다. 반대로 부처님처럼 선근공덕이 많은 사람은 그렇게 오래 걸리지 않아 불성을 밝혀 부처의 경계를 이루는 경우도 있다.

물론 조주趙州선사는 부처님의 개유불성皆有佛性을 "개(狗子)무불성無佛性"으로 납자에게 답하였다. 지금도 제방의 수선납자들을 비롯해서 많은 수행자들이 "부처님은 있다고 하셨지만 천하의 고불 조주선

사는 왜 없다고 했을까?"의 무無자 화두로 마음을 모아 부처를 찾고
있다.

모든 존재들은 찰나찰나 고통에서 비켜서고
벗어나려고 애쓰고 있다. 모든 고통과 그
조건에서 벗어나는 해탈 쪽으로 진화
를 거듭하고 있는 것이다.

삶의 목표는 행복이며, 구경究竟의 정
점은 해탈이다.

미래에 죽을 때도 목표나 희망은 행복 추구이며, 지옥이든 천상이
든 고통에서 벗어나는 것이 의식이 있는 동안의 과제 아니겠는가?

생명체인 모든 중생은 종교나 사상을 초월해서 고통으로부터 해
탈하려는 에너지가 있다. 괴로움을 싫어하고 괴로움에서 벗어나려는
에너지인 불성佛性 때문에 지혜를 밝혀서 해탈도 하고, 또 무지하게
지혜를 밝히지 못하고 윤회도 한다.

모든 중생은 불성을 갖고 있기 때문에 중생이 곧 미래의 부처이다.

인식분별의 한 마음이 일어나면 부처의 마음인 공성에서 천만 리
떨어진 중생심이 된다.

불심인 공을 찾으려고 느낌(感知)에 '이뭣꼬?'라는 화두話頭를 앞세
워 마음을 모아 알아차리는 순간에 일체 번뇌가 일어나지 못하고, 사
념확산이나 선입견이 일어나지 못하게 막아서, 있는 그대로의 공성空
性 내지 자성自性을 바로 보고 깨닫게 된다.

오감의 노예로, 번뇌의 종으로 살다보면 느낌에서 비롯되는 괴로움에서 벗어나기 위하여 정진을 한다.

팔을 뻗어 손으로 물건을 잡을 때 순간순간의 일어나고 사라지는 마음을 알아차리면서, 또 손끝에 물건이 닿는 그 순간순간의 일어나고 사라지는 느낌을 알아차리면서 그 변화의 현상에 깨어 있어야 한다.

2. 부동지가 극락이다

이렇게 반복 훈련된 알아차림의 업은 다음 생을 잇는 재생의식에 보태어져 다음의 재생의식이 일어나기 전까지 지속된다. 전생의 업은 재생의식과 일체화하면서 사라지고, 다음의 재생의식은 다시 전생의 업과 일체화하면서 사라지는 흐름의 연속이다.

그래서 이 알아차림의 반복이 수다원과에 이르면 일곱 번의 재생 이전에 꼭 부처의 경계를 성취한다고 부처님께서 일러주셨다.

이전의 행위들에 의해서 축적된 업은 유전되며, 부모로부터 물려받은 유전인자의 성향보다 나중에는 더 큰 역할을 하게 되기 때문이다.

다시 말해서, 시작은 강한 재생의식에 의해서 잉태되지만 그 이후부터는 부모의 유전자가 강하게 발동하면서 약화된다. 그리고 얼마 뒤 완전한 생명체로 형성되면 그때부터 재생의식은 생명체에 완전히 잠재화되면서 사라지고, 다시 잠재의식을 기저基底로 의식과 무의식으로 이어진다.

비물질적인 것을 대상으로 하는 관찰의 주체는 정신적 현상 중의 하나인 의식이다. 여섯 가지 감각기관(六根)이 여섯 가지 감각대상(六境)을 만날 때 상응하는 것이 의식이다.

눈이 형상을 만날 때 일어나는 눈의 의식(眼識),

귀가 소리와 만날 때 일어나는 귀의 의식(耳識),

코가 냄새와 만날 때 일어나는 코의 의식(鼻識),

혀가 맛과 만날 때 일어나는 혀의 의식(舌識),

몸이 닿음과 만날 때 일어나는 몸의 의식(身識),

마음이 정신적인 대상과 만날 때 일어나는 의식(意識)

등의 모든 의식은 즐거운 느낌이나 불쾌한 느낌이나 혹은 즐겁지도 불쾌하지도 않은 느낌을 일으킨다.

즐거운 느낌은 열정적이고 격렬하여 그 감정에서 또 다른 감정이 일어나게 하는 조건을 만들어 좋지 못한 과보를 낳아 윤회로 향하는 징검다리가 된다.

이것은 마치 독이 든 음식을 먹는 것과 같아서, 먹을 때는 즐겁지만 얼마 지나지 않아 괴로움이 되어 나타나는 것과 같다.

그러나 수행정진 중에 일어나는 괴로움은 그 순간은 괴롭지만 나중에 평화스러운 행복을 가져다주며, 선정이 깊어질수록 나타나는 법의 즐거움을 여여如如하게 '있는 그대로' 알아차림으로써, 즐거움이나 괴로움에 젖어 들지 않고 진정한 앎을 향하는 평화를 누릴 수 있다.

감지感知라는 느낌은, 인식을 거치며 업이 형성되고, 형성된 그 업이 생성되게 하는 중생으로 거듭거듭 윤회하도록 이끄는 뿌리이다.

어떤 느낌이 오래 지속되기를 바라는 갈망이나 빨리 사라지기를 바라는 갈망이 일어나면 그 집착은 이미 업을 만들어 윤회로 흘러들 준비를 하는 것이다.

그리고 이와 같은 느낌 가운데 좋은 느낌, 싫은 느낌, 좋지도 싫지도 않은 느낌 등 세 가지 느낌에 의해서 윤회도 하고 부처도 되는 갈림길로 접어든다.

느낌에 대한 사량분별이나 집착과 혐오감이 일어나면 업이 되고 윤회의 조건이 되지만, 느낌을 즐겁지도 괴롭지도 않은 순수 느낌으로, 순수 인식으로 보아 넘기면 부처의 길로 향하게 된다.

몸에 대한 알아차림은 물질적인 대상관찰이고 느낌에 대한 알아차림은 비물질적인 대상관찰이다. 이것이 곧 오온을 대상으로 하는 바른 알아차림이 되는 것이다.

눈, 귀, 코, 혀, 몸, 마음의 감각기관들에 상응하는 색, 소리, 냄새, 맛, 감촉, 법의 경계들과 접촉이 일어나는 순간 그곳에는 반드시 느낌이 일어나게 된다.

모든 느낌은 좋아하거나 싫어하거나 좋아하지도 싫어하지도 않는 무의식적 반응이 일어난다. 그 느낌의 반응이 집착이나 혐오감으로 업을 만들고 다음의 생을 준비하는 것이다.

느낌에 대한 알아차림은 즐거움과 괴로움의 맹목적인 의식이 일어나는 순간을 알아차린다. 수행자는 느낌에 대해 좋다거나 싫다는 감정의 투사 없이 단지 바라보며 알아차려야 한다.

 "이런 느낌이구나! 저런 느낌이구!"에 '이-?'라며 단지 알아차릴 뿐, 그 느낌에 그 어떤 사량분별을 덧붙이지 않아야 한다.

모든 느낌에 대해 알아차림만으로 단지 바라만 봐야 한다는 의미이다.

여기서 번뇌의 사념확산으로 분별하며 갈애가 일어나면 윤회의 문으로 향하는 것이고, 번뇌의 멈춤으로 사념확산의 분별이 멎고 갈애가 쉬어지면 해탈의 문으로 향하는 것이다.

여섯 가지 감각기관의 대상이 매혹적일 때는 즐거운 느낌이 일어나고 반대로 그 대상에 혐오감이 있으면 불쾌한 느낌이 일어나는가 하면, 전혀 관심이 없을 때에는 즐겁지도 불쾌하지도 않은 무기無記의 느낌이 일어난다.

이 세 가지 느낌들은 생사윤회의 세계로 향하는 세간적인 것과 해탈을 향해 진리의 길을 가는 초세간적인 것으로 구분되어진다. 바른 깨어있음으로 갈애가 일어나지 않으면 초세간적인 청정함이다. 비록 바른 깨어있음이라도 바른 알아차림이 되지 않고 갈애가 일어나면 세간적인 탁류에 휩쓸리게 된다.

3. 오온으로 부처를 만나다

3-2

육체적인 즐거움을 느낄 때
육체적인 즐거움을 느낀다고 알아차리고,
정신적인 즐거움을 느낄 때
정신적인 즐거움을 느낀다고 알아차리고,
육체적인 괴로움을 느낄 때
육체적인 괴로움을 느낀다고 알아차리고,
정신적인 괴로움을 느낄 때
정신적인 괴로움을 느낀다고 알아차리고,

부처님은 "사람이 죽으면 어떻게 되는가?"라는 질문에 "아라한이 되어 번뇌를 멸하기 전의 모든 존재는 윤회한다."고 하셨다.

결코 방편설이 아닌 진실이다.

근본적인 입장에서 보면 매 찰나 마음 혹은 알음알이의 생멸 자체가 윤회이다. 한 생의 입장에서 보면 한 생에서 죽음의 마음이 일어났다 멸하고, 바로 다음에 다음 생의 재생연결식이 일어나는 것이 윤회이다.

이렇게 윤회는 분명한 현실이다.

윤회는 현실이지 결코 교리를 위해서 만들어진 개념이 아니다.

흔히 '무아인데 어떻게 윤회하는가?' '무아인데 윤회의 주체는 누구인가?'라는 의문을 표하기도 한다.

하지만 윤회는 엄연히 존재하고, 매순간 우리는 윤회하고 있으며, 다시 그것은 금생에서 내생으로, 번뇌가 다할 때까지 기약이 없다.

불자들은 무아를 바로 이해해야 한다. 무아는 아무것도 없다는 말이 아니라 실체가 없다는 말이다. '실체가 없는 현재의 존재는 무엇인가?'라는 의문에 부처님은 연기라고 하셨다.

우리들이 마음과 몸의 과정이 영원하다고 생각하는 것은 오온의 생성과 소멸을 자각하고 있지 못하기 때문이다.

특히 육체적 현상의 찰나적인 생성과 소멸, 이합집산의 인연을 본다면 그것들이 영원하다고 믿지 않을 것이다.

이론적으로는, 부처님의 가르침에 따라서 몸의 육체적인 현상이나 느낌들을 잠시 지켜보면 단 1초 동안도 지속되는 것은 하나도 없음을 이해할 수 있다. 그렇지만 실제로 그것들의 무상한 본질인 공성을 자각하지 못했기 때문에 그 사실을 믿지 않는 것이다. 실제로 사람들이 정신적·육체적 현상의 생성과 소멸의 공성을 자각하지 못할 때, 그는 이 현상들을 영원한 것으로 간주한다.

오직 법에 대한 개인적인 체험이 있을 때에만 수행자들은 그것이 무상하다고 결론 내리고, '모든 현상은 무상하니까 내가 내일까지 살아있을지 어쩔지 모르는 일이야. 바로 다음 순간에 죽을지도 몰라'라는 사실을 받아들인다.

개체에 대한 관념은 내부의 영원한 실체에 대한 믿음을 바탕으로 하고 있다. 나를 구성하고 있는 물질과 비물질은 일어났다 사라지고 사라지면 일어나는 찰나간의 인연들인데 우리는 그 공성을 이해하지 못하고 있다.

찰나간의 인연들을 인간, 여자, 남자, 또는 동물, 부자 등이라고 간주하는 잘못된 견해가 '나는 실재한다'라고 확신하는 유신견有身見이다.

만일 마음과 몸의 과정을 참된 본질에서 바르게 이해하지 못하면 이 잘못된 견해를 극복하거나 깨뜨리지 못한다.

마음과 몸의 모든 행위 또는 모든 정신적, 육체적 과정을 실제로 마음을 모아서 알아차려야 자연스런 과정으로 자각할 수 있다고 부처님께서 일러주셨다.

수행자는 이 유신견을 깨뜨릴 수 있을 때 모든 괴로움에서 벗어날 수 있다. 이 유신견은 모든 번뇌의 원인이며 윤회의 씨앗이기 때문에 알아차림의 수행으로 정신적, 육체적 과정에 대한 바른 이해를 통해서 이 유신견으로부터 벗어나야 한다.

부처님께서 어느 날 제자들과 함께 연못 주변을 산책하다가 문득 아난다에게 물으셨다.

"아난다야, 큰 바다에 눈먼 거북이 한 마리가 살고 있었다.

이 거북이는 백 년에 한 번씩 물 위로 머리를 내놓는데, 그때 바다 가운데 떠다니는 구멍 뚫린 나무판자를 만나면 잠시 거기에

목을 넣고 쉰다. 그러나 구멍 뚫린 판
자를 만나지 못하면 그냥 물속으로
들어가야 한다. 그런데 백 년 만에
한 번 나오는 이때, 눈먼 거북이가 과
연 구멍 뚫린 나무판자를 만날 수 있겠느냐?"

"거의 불가능하다고 생각됩니다."

눈까지 먼 거북이가 백 년 만에 한 번 머리를 내밀 때 넓은 바다
에서 구멍 뚫린 나무판자를 만나 머리를 넣고 쉴 수 있는 확률은
거의 불가능에 가까웠기 때문이었다.

이에 부처님은 다시 일러주셨다.

"그래도 눈먼 거북이는 넓은 바다를 떠다니다 보면 서로 수없이
어긋나더라도 언젠가 구멍 뚫린 나무판자를 만날 수 있을지도 모
른다.

어리석고 미련한 중생들이 육도윤회의 과정에서 사람으로 태어
나기란 저 눈먼 거북이가 나무판자를 만나기보다 더 어렵다. 왜냐
하면 저 중생들은 선善을 행하지 않고 서로서로 죽이거나 해치며,
강한 자는 약한 자를 해쳐서 한량없는 악업을 짓기 때문이니라.
그러므로 너희는 사람으로 태어났을 때 여래가 일러준 법으로 열
심히 정진하여라. 아직 알지 못하였다면 불꽃같은 치열함으로 배
우기에 힘써야 하느니라." (『잡아함 15권 406경』)

이 맹구우목盲龜遇木의 고사는 훗날 사구성언四句成言으로 널리 알
려지게 되었다.

사람으로 나기 어렵고(人生難得), 남자로 태어나기 어렵고(丈夫難得), 출가하기가 어렵고(出家難得), 불법 만나기가 더 어렵다(佛法難得). 이를 간추려서 "사람으로 나기도 어렵지만 불법을 만나기는 더욱 어렵다(人身難得 佛法難得)"라는 말로 쓴다.

이렇듯 귀한 사람의 몸으로 이 땅에 태어나 깨달음의 불법佛法 인연을 맺었으니, 삼보三寶를 지극히 공경하고 늘 깨어 있는 각자覺者로서의 삶을 체험해 봐야 할 것이다.

수행의 시작은 배의 '일어남과 사라짐'에 '이-?' '이-?'라고 염하며 배의 움직임에 마음을 집중해 알아차리는 것이다.

좌선을 처음 시작하는 대부분의 수행자는 앉은 지 얼마 지나지 않아 다리가 뻣뻣해지거나 저리며 아프고 결리는 첫 괴로움을 만나게 된다. 이때 쉽게 움직이거나 다리나 몸의 자세를 무심코 바꾸면 안 된다.

만약 어떤 느낌에 대해서 이해하기도 전에 불편함이 일어난다고 해서 움직이거나 자세를 금방 바꿔버리면 불편함의 속성을 이해할 수 없다.

어떤 느낌이라도 일어났으면 사라진다는 법을 이해하고 그 느낌에 대해서 먼저 명칭을 붙이며 바르게 알아차려야 한다. 어떻게 사라지는가를 보기 위해서는 그 느낌의 중심을 겨냥해 꿰뚫어 보아야 한다.

그 느낌이나 생각이 사라지면 즉시 사라진 것을 알아차려 빨리 기본 당처인 아랫배로 되돌아와야 한다. 아무리 심한 아픔이나 느낌이라도 일어난 것은 사라지므로 결코 두려워하지 말고 안정된 자세로 움직이지 말아야 한다. 알아차림으로 계속 시도해 보면 평소에 전혀 보지 못한 현상들에 큰 환희심도 일어나게 될 것이다.

훗날 생을 마칠 때도 최소한 초연해질 수 있어야 한다. '아무리 심한 괴로움이라도 죽음보다야 더하랴?'라고 새기며 견디지 못할 만큼 심한 아픔이나 괴로운 느낌을 한 번만이라도 극복하게 되면 그 다음부터는 훨씬 쉬워진다.

차츰 쉬워지다가 어느 정도 지나면 마음집중의 힘이 증득되어 그 어떤 느낌이라도 바르게 알아차리는 순간 '보면 사라진다'는 마음작용 원리에 의해서 보는 찰나에 사라진다.

움직임 역시 너무 빠르게 움직이거나 혹은 너무 느리게 하지 말고, 자신이 알아차릴 수 있을 정도로 균형이 갖춰진 움직임으로 해나가야 한다.

움직임 중에 갑자기 가려움이나 통증을 느낄 때는 반드시 잠깐 동작을 멈춘 채 그 느낌에 마음을 집중해 알아차리고, 그 느낌이 희미해지며 사라진 뒤 움직임을 계속한다.

가끔 몸이 앞뒤로 흔들릴 때 그 느낌 그대로 '흔들림, 흔들림, 흔들림' 내지 '이-?' '이-?' '이-?'라며 그 흔들림에 대해서 마음을 모아 알아차리면 역시 사라진다.

만약 그 흔들림이 깊어지거나 사라지지 않을 때에는 벽이나 기둥에 기대거나 잠깐 누워서 관찰을 계속 유지하면 분명히 사라진다.

피로감이나 가려움, 만족감이나 불만족감 등 그 어떤 느낌이나 모든 감각, 생각, 관념, 사념, 기억, 회상, 혼침, 졸림 등의 현상들은 '이-?' '이-?'라며 마음을 집중해 바르게 하나하나 알아차려야 한다.

이뭣꼬, 저뭣꼬, 그뭣꼬 등 어떤 명칭을 붙이더라도 그것이 중요한 것이 아니다. 어떻게 마음을 집중하느냐가 중요하다.

집중력이 깊어지고 알아차림이 미세해지면 가끔 온몸에서나 등에서 전율을 느끼는 현상이 일어난다. 이것은 법에 대한 희열의 하나로, 수행이 향상된 자연적인 현상이다. 그러므로 결코 놀라거나 기뻐할 필요 또한 없다.

이제 수행에 중독이 되기 시작하는, 한껏 재미가 붙는 단계가 된다.

그럴수록 알-콜 중독자나 도박 중독자나 마약 중독자처럼 알아차림의 중독자, 수행 중독자가 되어야 부동지의 업으로 다음 생에도 수행의 삶을 이을 수 있다.

이후에는 수행이 아니라 알아차림이 삶이 되어 시장에서든 파티 자리에서든 자연스럽게 알아차려지고 번뇌는 놓아지게 된다.

물에 젖지 않는 연꽃처럼 청정해진 마음은 더 이상 번뇌에 더럽혀지지 않는다.

불성은 이미 환하게 밝혀져 있고, '이뭣꼬?'라는 화두를 놓아버린 지도 오래이다.

4. 불고불락의 무기無記

3-3
육체적으로 불고불락을 느낄 때
육체적으로 불고불락을 느낀다고 알아차리고,
정신적으로 불고불락을 느낄 때
정신적으로 불고불락을 느낀다고 알아차리며,
이와 같이 느낌을 안과 밖으로 느낌의
일어나고 사라지는 생멸의 현상을

바르게 마음을 챙겨 알아차리며,
수행자는 이와 같이 머무느니라.

오온에서 비롯되는 불고불락의 무기無記*는 세간적인 것과 초세간적인 것으로 나뉜다.

세간적인 불고불락의 무기란 어떤 느낌이 인식되기 직전의 상태이거나 혼미한 무감정의 상태이다.

초세간적인 불고불락의 무기란 느낌에서 의도와 인식의 단계로 진행되기 전의 상태에서 알아차림의 진행을

*무기: 선도 악도 아닌 중간 상태를 말함. 무기력의 무기無氣와는 구분됨.

멈춘 삼매상태이다.

6근과 6경이 각각 부딪치면서 일어나는 감지에서 인식으로 흘러 업을 형성하는 등의 진행은 마음을 더럽히는 탁류濁流이다.

탁류란 사념확산에 의한 번뇌에서 비롯되는 싫어하고 좋아하는 분별과 갈애를 일으키며, 집착과 탐욕으로 윤회의 바다로 흘러드는 번뇌의 탁류이다.

이런 형태의 느낌은 열정적이고 격렬하여 그 감정에서 다시 다른 감정이 이입되는 조건을 만든다. 그 느낌들은 좋지 못한 과보를 만들어 윤회의 바다로 향하는 3독심의 강이 된다.

느낌은 도덕적인 느낌, 비도덕적인 느낌, 초도덕적인 느낌 등 세 가지로 나눌 수 있다. 즉 선과 악, 그리고 선도 악도 아닌 법法이다.

여기서의 법은 탐진치의 물듦이 없거나, 그 이전 상태의 본래마음(本心)이 법이라는 것이다.

평소에 사람들이 화를 낼 때 감정에 휩싸인 성냄은 탐진치의 진심嗔心이 되지만, 입에 쓴 약처럼 필요에 의해서 감정을 비켜선 성냄은 도덕이나 비도덕 또는 선악을 초월해 있기 때문에 진심嗔心이 아니라 바로 법이다.

초세간적인 느낌에는 고와 락, 불고

불락의 선정이 있다. 세간적인 즐거움은 마치 독이 든 음식을 먹는 것과 같아서 먹을 때는 즐겁지만 지나면 괴로움이 나타나게 된다. 그러나 수행 중에 일어나는 초세간적인 고와 락은 나중에 평화와 진정한 행복이 따른다.

초세간적인 락은 선정이 깊어지면 깊어질수록 나타나는 법의 즐거움이기 때문에 여시여시하게 깨어있음으로써, 세간적인 즐거움이나 괴로움의 탁류에 젖어들지 않고 진정한 앎을 향하는 평화이다.

수행의 유익함은, 시작부터 성냄이 희석되면서 멈춰지고, 슬픔과 절망, 불안과 공포, 육체적·정신적 고통에서 벗어나게 되며, 따로 복을 구하지 않아도 최소한 천상에 태어나는가 하면 마지막에는 해탈에 이르게 된다.

부처는 깨달아 '해탈한 자', 즉 '벗어난 사람'이다. 바로 고통을, 그리고 그 원인을, 그리고 그 원인에서 벗어남과 그 벗어나는 방법 등 4제를 깨달아, 바로 고통이나 그 조건의 굴레에서 완전히 벗어났다는 의미이다.

여기서 벗어났다는 해탈의 경계인 부처의 마음은 어떤 것인가?

번뇌가 없는 상태, 사념확산이 없는 상태, 사량분별이 없는 상태, 한 생각마저도 없는 청정한 상태가 삼매이다.

굳이 비유를 든다면, 겉모습은 깊이 잠든 숙면상태의 마음작용이 완전하게 정지된 상태이다. 숙면에 빠져 있는 동안만은 여섯 경계로부터 완전한 자유이듯이, 여섯 감각의 문은 그 어떤 것들도 흔들 수 없다.

잠자는 이와 삼매에 든 이들이 아무것도 모른다는 점은 같다. 그러나 잠든 이에게는 업의 활동이 잠재된 상태가 된다.

따라서 깨어나서는 아무것도 알지 못하고 기억하지 못하며 말해주지 못한다.

해탈을 대상으로 과에 든 삼매를 출세간의 진정한 행복, 세간을 벗어난 적정Shanti, 완전한 평화라고 한다.

이것을 잠자는 마음과 비교하면 그 한계를 알 수 없을 만큼 깊고 심오하여 사람들에게 이해하도록 말해 주기는 매우 어렵다.

그래서 선정에 든 사람들도 선정에서 깨어났을 때 어떻게 지냈다고 말로 보여줄 것이 없다. 말로 보여줄 적당한 비유나 언어가 없기 때문에 그것을 보여주기 위해서 적당하지 않는 대상을 대상으로 한다.

마음작용이 멈춘 상태의 잠든 이를 깨우는 것은 어렵지 않고, 기절한 사람도 약을 먹이거나 다른 방법으로 다시 깨어나도록 할 수 있다. 그러나 삼매에 든 사람은 서원한 대로의 시간이 되기 전에는 누구도, 어떠한 방법으로도 알게 하지 못하고 깨어나게 하지 못한다. 스스로 '누가 부르면 깨어나야지'라고 마음을 세워놓은 이는 그 사람이 부르면 첫마디에 깨어난다.

잠자고 있는 이를 깨우면 단박에 깨어나지 못하고 처음에는 어리둥절해 하지만, 삼매에 들었던 이는 깨어나는 순간부터 몸과 마음이 날아갈 듯이 가볍고 아주 개운하며 맑다.

이와 같은 완전한 선정삼매를 자기의 것으로 만들 수 있는 방법은 번뇌를 차단하는 알아차림의 행법 외에 없다. 이 알아차림의 길잡이가 곧 '이뭣꼬?'이다.

진리를 본 사람이 일반범부들과 다른 점이 있다면, 법의 실천인 자비심에서 가늠할 수 있다. 즉 지혜단계는 지혜자비와 원력자비 또는 무위공덕과 유위복덕으로 쉽게 돋보인다.

즐겁지도 괴롭지도 않은 불고불락의 중립적인 감정을 만났을 때에 수행이 성숙되지 못한 사람은 무기의 상태가 되지만, 수행이 성숙된 수행자에게는 깨어있음의 상태 그대로 삼매가 된다.

세간적인 느낌들이라도 그 현상들의 대상에 마음을 모아 면밀하게 관찰하여, 즐거움이 일어날 때는 즐거움인 줄 알아차리고 괴로우면 괴로움인 줄 알아차린다.

또 즐겁지도 괴롭지도 않음이 일어날 때 불고불락인 줄 알아차리는 동안 그것은 초세간적인 느낌으로 바뀌게 된다.

초세간적인 수행자들은 이런 감정들을 정신적인 현상의 일시적인 생멸현상으로 본다. 순간적인 즐거움이지만 그 느낌이 사라질 때 일어나는 괴로움 때문에, 비록 즐거운 느낌이지만 고통의 씨앗으로 알아차린다. 수행자의 괴로움은 정진을 가로막는 독약으로 알아차리고,

불고불락의 중립적인 느낌은 무상으로 알아차려야 한다.

불고불락의 중립적인 느낌은 즐거움과 괴로움의 중간에 머물고 있지만, 잠시 후 즐거움이나 괴로움의 한가운데서 어느 한쪽으로 기울게 된다.

이때 바르게 마음을 모아 챙기면 즐거운 것에 대한 집착이나 불쾌한 것에 대한 혐오감, 그리고 무감정상태의 부주의로부터 보호받게 된다.

5. 지식은 지혜의 덮개이다

 느낌이나 감정은 얼굴 표정이나 말씨, 행동에 나타난다. 부나 명성을 성취한 즐거움에 젖어 있는 사람은 밖으로 기쁜 표정을 감추지 못하고, 명예나 사랑하는 사람을 잃으면 슬픔에 빠져 그 우울함을 밖으로 드러낸다.

깨어 있는 수행자라면 육체적인 고통이나 정신적인 고뇌에 묶이지 않고 늘 그러한 감정이나 느낌들로부터 초월해 있다. 그 여법함 때문에 그 향기는 원력에서 비롯되는 자비심이 아니라 지혜의 향기로 꽃을 피운다.

여기서 말하는 원력자비는 복덕이 되고 윤회의 디딤돌이 되지만, 지혜의 자비심은 공덕이 되고 깨달음의 디딤돌이 된다.

일어나고 사라지는 감정의 생멸현상을 바르게 알아차리면, 느낌의 일어남이 그 감각기관과 대상의 접촉에서 비롯됨을 알게 된다.

느낌의 사라짐 또한 그 감각기관의 대상이 소멸할 때에 사라지므로 느낌이 존속되는 한 알아차림은 계속되면서 느낌의 진정한 특성을 바르게 이해할 수 있게 된다.

집중력이 강화되어 깨어 있는 상태가 오래 지속될 때는 어떤 느낌이라도 그 감각의 표적에 잘 겨냥해서 마음을 챙기는 순간, '알아차리면 사라진다'의 마음작용에 의해서 그 알아차리는 순간 그 대상은 산산이 분쇄되거나 투명화 되어 버린다.

평범한 사람에게는 즐거운 느낌은 빠르게 사라지고 괴로운 감정은 오래 지속되지만, 수행이 익은 사람에게는 즐거움이나 괴로움을 막론하고 "있는 그대로" 공함을 알아차리는 순간 즉시 소멸된다.

이 바른 알아차림은 그 어떤 습관적이거나 강한 관념적인 번뇌도 순식간에 사라지게 하는 청정재淸淨材이다.

느낌이나 감정의 노예 상태에서 자유롭게 됨은 물론, 지금까지 괴로운 것을 즐거운 것으로 믿어 왔던 환상에서 깨어나게 된다.

'나는 알고 있다'는 무지가 곧 지식이다. 지식의 실천이 지혜로 바뀔 때, 꽃에는 향기가 따르듯이 수행자의 지혜에는 자비의 향기로 말과 행동과 마음이 따른다.

인생이란 무수한 상황과 마주치면서 즐거움과 괴로움, 그리고 즐겁지도 괴롭지도 않은 느낌으로 반응한다.

어느 순간에도 느낌이나 감정이 없는 순간이란 없다. 즐거움과 괴로움, 그리고 즐겁지도 괴롭지도 않은 느낌으로 지속적인 생멸을 거듭하는 것이 중생들의 삶이다.

이런 느낌은 하루에도 지옥과 극락을 오르락내리락하며 업장을 강화시키는 고리 역할을 한다. 매 순간 깨어 있지 않으면 영원히 윤회의 굴레에서 벗어나지 못한다.

매 순간 깨어 있어라!

이것은 수행자가 마음에 사무치도록 새겨야 할 가장 수승한 덕목이다.

손이 더러워진 나그네가 푸른 연못을 지나가면서

'저 연못에 손을 씻으면 깨끗하게 될 텐데!'라고 되뇌면서도

연못을 그냥 지나친다면 나그네의 손은

결코 깨끗해질 수 없을 것이다.

즉 연못에 손을 씻어도 더러워진 손이 깨끗하게 되는지를

모르는 사람의 손과 조금도 다를 바가 없을 것이다.

그러나 직접 연못으로 가서 손을 씻으면

어떤 계급이거나 어떤 신분이거나 여자이거나 남자이거나

그의 손은 깨끗하게 되리라.

라고 부처님께서 일러주신 바 있다.

실천이 따르지 못하는 지식은 가슴으로 확신되는 바른 믿음이 정립될 수 없다는 것을 비유한 것이다.

우리가 이렇게 거룩한 수행을 시작한 이상 이제 방일하거나 더 이상 뒤로 미룰 수가 없다. '금생에 못하면 다음 생에 해야지'라는 생각은 아주 잘못된 발상이다.

맹구우목의 경구처럼, 다음 생에 사람으로 태어나거나, 사람으로 태어나더라도 수행인연을 갖는다고 어떻게 보장할 수 있겠는가?

그것은 아무도 모르기 때문에 최소한 이번 생에서 부동지의 업만이라도 지어야 한다. 왜냐하면 부동지의 업연으로는 다음 생 역시 수행자로서 재생할 수 있다고 부처님께서 보장하셨기 때문이다.

부처님께서는 알라위 지방에 가셨을 때 법을 설하셨다.

나를 바르게 보기 위해서 먼저 생사를 바르게 이해해야 하고
생사를 바르게 이해하기 위해서 무너지기 쉬운
이 몸의 무상함을 바르게 알아야 하고,
이 몸의 무상함을 바르게 이해하기 위해서
죽음을 관찰하는 수행을 해야 하느니라.

왜냐하면 삶을 바르게 이해하고 능히 죽음에 대한
불안과 공포를 이겨 낼 수 있기 때문이니라.

삶은 불확실하지만 죽음은 확실하다.
생명은 매우 불안정하지만
죽음은 확정된 진실이라는 것을
바르게 이해해야 한다.
이와 같은 진리를 바르게 이해하는
수행이 따르지 않으면
죽을 때 두려움에 떨며 소리 지르
거나 정신을 잃게 되느니라.
마음이 어두워져 자신이 죽은 뒤

어디로 가는지 알지 못하게 되느니라.

사람이 숲 속을 지나가다 갑자기 큰 독사를 만났을 때

놀라서 두려움에 떨며 소리치는 것과 같으니라.

그러나 죽음에 대해서 바르게 인식하고 이해하는 수행을

실천하는 사람은 죽음의 순간에도 두려움에 떨거나

불안과 공포에 휩싸이는 미망에서 헤매지 않게 되느니라.

정진을 게을리 하지 않은 불자는 안심입명安心立命,

즉 고요하고 안정된 마음으로

편안하게 죽음을 맞이할 수 있게 됨으로써

자신이 어디로 어떻게 왜 가는지 바르게 이해하게 될 지니라.

그것은 마치 지팡이를 들고 숲 속을 지나갈 때 큰 독사가 나타나면

들고 있던 지팡이로 안전하게 뱀을 물리칠 수 있는 것과 같으니라.

부처님께서 이와 같은 내용의 설법으로 죽음에 대한 마음을 관찰하는 수행을 권하셨다. 하지만 설법을 들은 대부분의 사람들은 세상살이에 휘둘리어 수행을 실천하려는 마음을 일으키지 못했다. 그런데 이제 나이 14세가 된 소녀 말라칸다는 부처님의 가르침을 가슴 깊이 받아들여 죽음에 대해서 마음을 챙기며 부처님의 가르침을 새기며 열심히 정진했다.

부처님께서 알라위 마을을 다녀가신 지 2년이 지난 어느 날, 많은 비구대중들과 함께 다시 방문하시게 되었다. 왜냐하면 그동안 말라칸다가 열심히 정진하여 이제 수다원과의 경계를 성취할 때도 되었고, 또 그녀의 수명도 얼마 남지 않았음을 보셨기 때문이다.

또 그녀로 인해 당신의 제자들도 수행에 보다 더 분발하는 계기가 되도록 많은 비구들과 함께 동행하셨다.

알라위 사람들은 부처님의 방문에 매우 반가워하며 그 일행들을 크게 환영해 맞았다.

부처님께서 다시 오신다는 소식을 접한 말라칸다는 '거룩하신 스승님을 어서 뵈러 가야지. 지난번의 가르침을 그동안 가슴에 담고 열심히 정진하였기 때문에 이제 부처님을 뵐 기회가 왔구나.'라고 생각했다.

그런데 마침 그날 베 짜는 곳에서 일하는 아버지로부터 북에 실을 감아오라는 전갈이 왔다. 그녀에게는 설법을 듣는 것도 중요하고 아버지의 심부름도 중요했다. 그녀는 '서둘러서 북에 실을 감아 아버지에게 가는 길에 부처님을 뵙고 설법을 들은 뒤 실을 감은 북을 아버지에게 갖다 드려야지.'라고 생각했다.

한편 부처님께서는 공양을 끝내시고, 예전 같으면 곧 법문을 하실 텐데 오늘은 무엇인가 기다리시는 듯이 고요히 입정入定해 계셨다.

부처님의 침묵으로 대중들도 모두 조용히 앉아 있을 수밖에 없었다. 그때 아버지에게 가지고 갈 북에 실을 잔뜩 감아서 바구니에 담아 옆에 끼고 급한 걸음으로 말라칸다가 나타났다.

그녀가 부처님과 대중들의 침묵 속에서 세 번 절을 한 뒤 부처님을 뵈오며 기쁨에 젖어 고개를 들 때 부처님의 금구가 열리셨다.

"어디서 왔느냐?"
"잘 모릅니다, 세존이시여."
"어디로 가느냐?"
"잘 모릅니다, 세존이시여."
"모르느냐?"
"압니다, 세존이시여."
"아느냐?"
"잘 모릅니다, 세존이시여."
"선재, 선재, 선재로다."

부처님께서 소녀의 대답을 다 들으시고 그녀가 당신의 질문에 잘 대답하였다고 칭찬하셨다. 그리고 대중들을 향해 "혹시 이 소녀가 잘 알지도 못하면서 여래의 질문에 또박또박 말대꾸를 했다고 생각하는 사람이 있다면 그는 아직 법에 눈을 뜨지 못하였기 때문이니라."고 하셨다.

이어서 대중들의 이해를 돕기 위해, 금방 여래와 주고받은 문답의 내용에 대해서 말라칸다에게 의중을 자세하게 설명하라고 하셨다.

그때 그녀는 합장의 예를 올린 뒤 부처님의 물음에 차례대로 말씀드렸다.

"예, 세존이시여, 부처님께서는 제가 집에서 이곳에 도착한 사실을 잘 아실 것인데도 불구하고 '어디서 왔느냐?'고 물으셨습니다. 그래서 저는 부처님께서 '네가 과거 전생의 어느 곳으로부터 이곳에 태어났느냐?'고 물으신 것으로 생각하고 저는 '잘 모릅니다.'라고 말씀드렸습니다.

또 부처님께서 '어디로 가느냐?'고 물으신 것은 '죽으면 어디로 가는지 아느냐?'고 물으신 것으로 이해하고 '잘 모릅니다.'라고 말씀올렸습니다.

또 부처님께서 '모르느냐?'고 물으신 것은 '언젠가는 죽는다는 사실을 모르느냐?'고 물으신 것으로 생각했기 때문에 저는 '압니다.'라고 말씀드렸습니다.

마지막으로 부처님께서 '아느냐?'고 물으신 것은 '네가 언제 죽을지 아느냐?'고 물으신 것으로 생각하여 저는 '잘 모릅니다.'라고 말씀드렸던 것입니다."

이때 부처님께서는 말라칸다의 윤회에 대한 이해경계를 보시고 매우 만족하게 생각하시며 일러주셨다.

"대중들은 이 소녀의 당돌한 대답에 어리둥절했으리라. 무릇 무지한 자는 캄캄한 어둠 속에 있는 것과 같고, 마치 눈이 없는 맹인과 같으니라. 이와 같이 세상 사람들의 대부분은 앞을 보지 못하고 단지 몇몇 사람만이 실재를 보고 들을 뿐이다. 마치 몇몇 새들만이 그물을 벗어나듯 적은 수의 사람만이 천상에 태어나며 해탈의 자유를 누리느니라."

아무리 많은 복이라도 실재적인 것이 아니므로 언젠가는 그 복의 다함이 있게 된다. 이와 같은 업에 의해서 형성되어진 유루복보다 업의 영향력에서 벗어나는 심해탈의 무루복을 깨달아 생사윤회에서 벗어나라는 가르침으로 설법을 마치셨다.

말라칸다가 부처님에게 삼배를 올리고 아버지가 베 짜는 곳으로 내달려 도착했을 때, 그녀의 아버지는 베틀 위에서 졸고 있었다.

그는 딸의 인기척에 깜짝 놀라 엉겁결에 북의 줄을 힘껏 당기고 말았다. 그때 북이 베틀에서 튀어나오며 뾰족한 북 끝이 말라칸다의 가슴을 찔렀고, 그녀는 그 자리에 쓰러져 죽고 말았다. 그녀의 아버지는 자기 잘못으로 딸이 죽었다고 크게 슬퍼하며 부처님을 찾아뵙고 출가제자로 거두어 주시기를 간절하게 청하여 비구가 되었다.

6. 업은 소멸되는가?

캄캄한 밤에 촛불 하나 밝혀 놓고 대낮 같다고 좋아하다가 갑자기 밝은 횃불이 나타나면 그 촛불은 영향력을 발휘하지 못하게 된다.

이는 마치 촛불 같은 선업 속에서 행복해 하다가 그 선업이 다하고 횃불 같이 강력한 악업이 나타나면 그 선업은 금방 빛을 잃어버리는 것과 같다.

약한 빛의 촛불이 나름대로 빛을 발하고 있듯이, 업 또한 이와 같아서 크게 영향력을 발휘하지 못하더라도 진행은 계속되는 것이다.

악업이 큰 영향력을 발휘하는 사람이 선업을 보다 큰 영향력으로 키우면 악업은 사라진 것 같이 보이지만, 촛불처럼 미약하게나마 영향력을 발휘한다.

선업 또한 마찬가지이다. 비록 지금 우리들이 이렇게 공부하며 인간으로 향유할 수 있는 이 복덕을 누리고 있으나 이 복덕이 언제 다할 것인지 아무도 알 수 없다. 잠재되었던 큰 악업이 도래하지 않는다고 보장할 수 없기 때문이다.

비도덕적인 악행을 멈추고 수행할 수 있을 이때, 기회를 놓치지 말

고 좀 더 열심히 정진하여 확고한 부동지의 슬기로 다음 생의 방향을
갖춰 놓지 않으면 안 된다.

  그 어떤 이론이나 감각적인 경계에도 묶이지 않겠다는 확신으로
더 이상 물질과 느낌의 노예상태에 묶여 있지 말고 하루빨리 벗어나
야 한다.
  어떤 사람이 좋은 묘목을 정원에 심었다면 버팀목과 보호대를 만
들어 물과 거름을 주며 주의를 기울여 보호해야 한다.
  비싼 값으로 묘목을 사서 정원에 심어놓고 버팀목이나 보호대 없
이 물도 거름도 주지 않고 심은 것만으로 만족하며 보고 즐기면 그 나
무는 어떻게 되겠는가?
  깊이 뿌리도 내리기도 전에 조금만 센 비바람이 와도 금방 쓰러지
고 말 것이다.

  마찬가지로 이 선법이 좋다고 찬탄만 하며 자신의 자그마한 소견
만을 쫓아 자만에 빠져 있다면 진정한 수행의 열매를 얻기 전에 쓰러
지게 될 것이다.
  이는 마치 나무를 심어놓기만 하고 보살피지 않는 것과 같아서, 심
한 바람이 불면 언제 넘어질지 모르는 나무를 보고 즐기는 것과 같은
어리석음이다.
  항상 마음을 챙기며 바른 노력으로 열심히 정진하다 보면 얼마 지
나지 않아 어김없이 찾아드는 반가운(?) 친구들이 있다.
  그들은 다름 아닌 게으름, 졸림, 통증, 의심 등 정신적이고 육체적

인 장애들이다.

이러한 장애는 수행의 진척을 나타내주는 중요한 증표이기 때문에 수행자라면 이러한 장애를 장애로 보지 말고 오히려 해탈의 긴 여정을 이끌어 주는 길동무로 받아들여야 한다.

보통 사람들은 이런 장애를 만났을 때 체념하거나 주저앉거나 자신을 합리화하며 수행을 멈추거나 포기해 버린다.

자기 앞에 놓인 난관이나 역경을 넘지 못하고 자신이 해야만 하는 일과 노력을 포기하는 퇴굴심으로 자신을 교묘하게 합리화하려 든다.

장애가 일어나면 일어날수록 불퇴전의 용기로 더욱 마음을 가다듬고 다섯 가지 정심관법 중에 하나를 골라서 집중력을 키워야 한다. 즉 수행의 장애를 뛰어넘을 수 있는 두 번째의 노력을 경주해야 한다.

그 어떤 장애가 자신을 가로막더라도 그 장애를 극복하고 말겠다는 용기를 갖춰서 해탈의 지혜를 증장시켜야 한다.

한 시간 정도 정진하면 온몸에 통증이 일어나고 무기력과 혼침에 빠지기도 한다. 이때 자세를 바꾸거나 몸의 불편함을 없애려고 애쓰지 말고 그 불편함에 '이-?' '이-?'라며 알아차려야 한다.

피곤하다고 기대거나 자세를 자주 바꾸거나 쉬는 것은 퇴굴심에 굴복하는 것이니, 바로 이때가 두 번째 단계의 노력이 필요한 시점이다.

이 수행으로 심하게 병이 든 사람이나 죽은 사람은 없다. 도리어 있는 병도 낫게 되니 전혀 염려하지 말고 강한 용기로 장애를 극복해 나가며 정진을 계속해야 한다.

지금까지 우리들은 육체가 원하는 대로 오감의 노예상태에서 몇 억겁인지 모르는 동안 번뇌의 종노릇을 해 왔다. 이제 이 수행으로 그동안의 번뇌의 종노릇을 청산하고 번뇌를 죽이는 왕이 되고 번뇌를 다스리는 주인이 되려는 것이다.

물론 부처님과 그 제자들이 여러 가지 어려움을 만났듯이, 처음 해탈을 향해 진리의 길을 나아가는 데는 많은 장애가 따른다. "인욕은

해탈의 문턱까지 안내해 줄 진정한 도반이며, 참고 견디는 인욕이 해탈로 인도한다."라는 가르침을 새기며 5개蓋를 뛰어넘는 용단심勇斷心으로 정진을 멈추지 말아야 한다.

수행자는 무념무상의 경계로 사념확산이 없는 경계에서 버텨야 한다. 옳은 생각이나 잘못된 생각을 막론하고 모든 번뇌가 끊어진 상태를 지속하려고 노력해야 한다.

어느 누구도 보리 씨앗으로 콩을 거두리라고 기대하지 않겠지만, 대부분의 범부들은 악의 씨앗으로 선의 열매를 수확하리라고 기대하며 산다.

사견이라고 알려져 있는 영원한 실체, 자아 또는 에고에 대한 믿음이나 관념 때문에 자연스런 과정의 참된 본질을 깨닫지 못하게 된다.

이론적으로 우리는 영혼이나 자아가 없다는 것 또는 영원한 실체가 없다는 사실을 이해하고 있지만 여전히 인격, 개체, 존재, 남자, 여자 등과 같은 유신견에 빠져 있다.

우리는 몸과 마음의 과정에 대한 독특하고 일반적인 특성을 이해하지 못하기 때문에 이런 관념을 갖게 된다. 그래서 우리는 정신적, 육체적 현상들을 영원한 것이라고 간주한다.

하물며 '나'라는 말뚝자아관념에 직업이나 이름이나 가족관계나 온갖 것들을 죽는 순간까지 붙들고 살아간다. 이와 같은 갈망의 잠재의식이 재생연결의식으로, 그리고 또 다음 생의 잠재의식으로 이어진다.

이렇게 범부들은 어리석음으로 생각하고 말하고 행동하여 고통의 나락으로 내달리면서, 보다 훌륭한 세계나 환경에 집착하므로 고통은 더욱 배가된다.

이와 같은 고해에서 벗어나는 방법은 '이-?' '이-?'라며 알아차리는 오직 한 길 외에는 없다.

7. 수행의 실제

예1, 아플 때는 '아픔, 아픔, 아픔' 내지 '이-?' '이-?' '이-?'라고

예2, 저릴 때는 '저림, 저림, 저림' 내지 '이-?' '이-?' '이-?'라고

예3, 뻣뻣할 때는 '뻣뻣함, 뻣뻣함, 뻣뻣함' 내지 '이-?' '이-?' '이-?'라고

예4, 가려울 때는 '가려움, 가려움, 가려움' 내지 '이-?' '이-?' '이-?'라고

예5, 결릴 때는 '결림, 결림, 결림' 내지 '이-?' '이-?' '이-?'라고

예6, 피곤할 때는 '피곤함, 피곤함, 피곤함' 내지 '이-?' '이-?' '이-?'라고

예7, 평온할 때는 '편안함, 편안함, 편안함' 내지 '이-?' '이-?' '이-?'라고

예8, 찌릿찌릿할 때는 '찌릿찌릿함, 찌릿찌릿함, 찌릿찌릿함' 내지 '이-?' '이-?' '이-?'라고

예9, 마비되었을 때는 '마비됨, 마비됨, 마비됨' 내지 '이-?' '이-?' '이-?'

이렇게 명칭을 붙여서 알아차리거나 화두로 염송하며 알아차리면

미미한 느낌은 금방 희미해지며 사라지게 된다. 그 느낌의 사라짐을 알아차리는 동시에 즉시 기본 당처인 아랫배로 돌아와야만 한다.

그래서 다시 호흡이 일어나고 사라지는 움직임에 알아차림을 밀착시켜 역시 '일어남, 사라짐……' 내지 '이-?' '이-?'라며 알아차려야 한다.

만약 느낌의 상태가 심하여 몇 번 더 명칭이나 화두를 염송하며 마음을 챙겨 알아차려도 그 느낌이 사라지지 않을 때는, 일곱 번 정도 염송하며 마음을 집중하다가 그냥 그 느낌을 무시하고 기본 당처인 아랫배로 돌아와 일어나고 사라지는 움직임을 관찰한다.

무시했던 심한 통증은 자신도 모르게 약화되거나 사라져버리지만 느낌의 상태가 너무 극심해서 더 이상 견딜 수 없을 때는 자세를 바꿔도 된다.

자세를 바꿀 때 반드시 주의해야 할 점이 있다. 자세를 바꾸려는 자신의 의도를 알아차려야 한다. 다리나 팔, 손을 움직이려 할 때 역시 의도와 그 움직임들을 세분화해서 낱낱이 '이-?' '이-?'라며 알아차려야 한다.

'다리를 바꾸려 함, 다리를 바꾸려 함, 다리를 바꾸려 함' 내지 '이-?' '이-?' '이-?'라고 '발을 내려놓음, 발을 내려놓음, 발을 내려놓음' 내지 '이-?' '이-?' '이-?'라고 염하며 움직여야 한다.

이와 같이 자세를 바꾸기 위해서 먼저 바꾸려는 의도를 챙긴 다음 움직임에 대해서 차례차례 구분하여 명칭을 붙이거나 '이-?' '이-?'라며 움직여 나간다.

자세를 바꾸는 움직임이 끝나는 동시에 그 즉시 알아차림은 기본 당처인 아랫배의 일어나고 사라지는 움직임의 현상 관찰로 돌아온다.

만약 수행 중 입에 고인 침을 삼키고자 할 때에도 마찬가지로 우선 삼키려는 의도를 알아차려서 '삼키려 함, 삼키려 함, 삼키려 함' 내지 '이-?' '이-?'라고 두세 번 정도 염송한다.

침을 삼킬 때는 '삼킴, 삼킴, 삼킴' 내지 '이-?' '이-?'라며 천천히 삼켜지는 과정을 낱낱이 마음을 모아 알아차려 나아간다. 그 침의 삼킴이 끝남과 동시에 그 즉시 알아차림은 기본 당처인 아랫배의 일어나고 사라짐의 현상 관찰로 돌아와 마음을 다시 집중해서 알아차려야 한다.

손이나 다리를 들어 옮기고자 할 때 먼저 들어 옮기려는 의도를 알아차려 '들려고 함, 들려고 함, 들려고 함' 내지 '이-?' '이-?' '이-?'라고 세 번 정도 몸에 인지시킨다.

그 후 움직이기 시작하는 동시에 '듦, 듦, 듦' 내지 '이-?' '이-?' '이-?'라고 염송하면서 차츰차츰 움직여서 완전히 움직임이 끝나면 다시 기본 당처로 돌아와서 '일어남, 사라짐', '일어남, 사라짐' 내지 '이-?' '이-?' '이-?'라며 알아차려야 한다.

바른 알아차림은 시공을 막론하고 필수적이다. 이것을 지속적으로 유지하려면 좋지 못한 생각으로부터 마음을 보호하기 위한 바른 노력과 바른 알아차림으로 지혜를 갖춰 나가야만 한다.

제10장

마음

1. 마음의 알아차림

4-1

비구들이여,

욕망이 일어나면 자신의 마음에 욕망이 일어남을 알아차리고
욕망이 사라지면 자신의 마음에 욕망이 사라짐을 알아차린다.
성냄이 일어나면 자신의 마음에 성냄이 일어남을 알아차리고
성냄이 사라지면 자신의 마음에 성냄이 사라짐을 알아차린다.
어리석음이 일어나면 자신의 마음에 어리석음이 일어남을 알아
차리고
어리석음이 사라지면 자신의 마음에 어리석음이 사라짐을 알아
차린다.
집중된 마음이나 산란한 마음이 일어날 때는 일어남을 알아차리고
평등심이나 불평등한 마음이 일어날 때는 일어남을 알아차리고
우월감이나 열등한 마음이 일어날 때는 일어남을 알아차리고
해탈감이나 해탈하지 않은 마음이 일어날 때는 일어남을 알아차
리고
이와 같이 마음을 안과 밖으로 바르게 마음을 챙겨 알아차리며
수행자는 이와 같이 머무느니라.

세상에는 특별한 것이 많은데 그중에서 가장 특별한 것이 마음이

다. 볼 수도 만질 수도 들을 수도 없으면서도 엄연히 존재하는 오묘한 것이 바로 마음이다. 오묘한 이 마음이 수많은 형태로 나타나 우리의 삶을 지배하면서 나를 만들고 세상을 만든다.

또 이 마음은 무애자재하여 세상을 모두 담을 만큼 넓지만 때론 바늘 하나 꽂을 자리도 없다. 그런데 이렇게 다양한 모습의 마음은 어떤 주재자에 의해 만들어지는 것이 아니라 스스로 만들어 스스로 사용하는 것이다.

불교의 이상은 마음을 길들여서 잘 챙기고 다스릴 수 있는, 깨달음의 알아차림이 형성되는 무애자재의 마음에 있다. 즉 마음이 어떻게 일어나며 어떻게 사라지는가를 보면 그 일어난 마음에 집착하지 않고 마음을 자유자재로 다스릴 수 있으며 그것이 곧 해탈이다.

본래 마음은 깨끗하고 넓고 크며 곧아서 걸림이 없다. 밝은 것이 오더라도 그대로 받아들이고 어두운 것이 오더라도 그대로 받아들여, 밝음과 어둠에 물들지 않는 허공처럼 청정한 깨달음의 자리이다.

비록 허공처럼 청정한 마음일지라도 길들여지지 않은 마음은 감각적인 대상을 보았을 때 거기에 금방 물들며 휘둘린다. 이런 마음은 오래 지속되는 것이 아니라 찰나적으로 일어났다 사라지면서 다음 마음의 원인이 된다.

이렇게 마음은 일어나고 사라지는 원인과 결과의 연속으로 상속되어 흘러가는 속성이 있다.

마음을 일으키게 하는 대상들이 일어났다 사라지듯이 마음 역시 그 대상들을 따라 일어났다 사라지지만, 마음의 흔적이며 그림자인 업業은 남는다.

업에 의해서 다음의, 또 다음의 연속적인 윤회의 생이 있게 되니, 이 마음이야말로 세상 만물 가운데 가장 희귀하고 오묘한 것이라고 할 수 있다.

신·구·의 3업 가운데 신업은 행동으로 나타나는 흔적이고, 구업은 말로 나타나는 흔적이며, 의업은 생각으로 나타나는 흔적이다.

착한 마음에서 일어나는 선업과 악한 마음에서 일어나는 악업, 선도 악도 아닌 무감정의 상태에서 일어나는 무기업無記業으로 나누어 이를 삼성업三性業이라고 한다. 또 그 과보가 나타나는 시기에 따라서 순현업順現業과 순생업順生業, 순후업順後業 등 3가지로 분류한다.

선과 악의 과보를 받도록 인도하는 것이 십선도十善道와 십악도十惡道이다.

업보를 받는 상속자는 존재하지만 사람은 자아나 실체가 없으므로 선악의 실체 또한 없다. 마치 거울에 비친 사물이 그림자를 남기지 않듯이 업의 본성도 그와 같다.

대상을 인식하는 마음은 대상을 만나면 일어났다가 그 대상이 사라지면 곧 사라진다. 또한 의도적인 행위에도 과보가 따르므로 마음은 오묘하면서도 결코 믿을 수 없는 것이다.

이런 마음에서 비롯되는 내적인 여섯 감각기관과
그 대상의 만남으로 보고, 듣고, 냄새 맡고, 맛보고,
접촉하고, 생각함이 일어난다. 그 진행되어 일어나
는 즐거움이나 혐오감, 무심함 등의 감정은 마음의
대상이 되면서 마음의 흔적인 업을 낳는다.

마음을 집중하여 알아차려야 하는 대상에는 마음
의 현상과 관련된 수많은 요소들이 있다. 3독심을 비
롯해서 산란한 마음, 정화되지 못한 마음, 우월한 마
음, 평온하지 못한 마음, 해탈되지 못한 마음 등의 여덟
가지 마음에 대한 알아차림은 매우 중요하다.

첫째, 욕망(貪慾)이 있는 마음이란 매혹적인 대상에 집착하는 마음
이다. 세간 사람들이 행복이라고 하는 즐거움의 탐닉도 맛있는 독약
과 같아서 잠시는 즐겁지만 얼마 지나지 않아 괴로움으로 변한다. 즐
거움도 금방 괴로움으로 변하고 괴로움도 금방 즐거움으로 변하기
마련이다. 즐거움이 있으므로 괴로움이 있고 괴로움이 있으므로 즐
거움이 있기 때문이다.

영원하지 않은 것에 대한 집착은 곧 번뇌의 지옥으로 통하는 문이
다. 욕망이 있는 마음에서 벗어나기 위한 행법이 바로 부정관법不淨觀
法으로 무상無常함을 일깨운다.

둘째, 성냄(瞋怒)이 있는 마음이란 기대감이나 욕구가 채워지지 않

을 때 일어나는 감정이다. 기대감이나 욕구가 채워지지 않는 데서 오는 실망감이나 혐오감에서 비롯되는 이것은 마치 격렬하게 타오르는 불과 같다.

쉽게 화를 잘 내는 사람은 빠르게 번지는 불길과 같고, 발끈발끈 화를 잘 내고 얼마 지나지 않아 가라앉는 사람은 번지지 않는 심한 불길과 같다. 또 화를 내면 오래 지속되는 사람은 불길이 멀리 번지는 것과 같고, 전혀 화를 내지 않거나 화가 나더라도 잠깐 스쳐갈 뿐인 사람은 가장 순한 상태이지만 그래도 이것은 번져나지 않는 약한 불길과 같은 것이다. 성냄의 불길은 자신부터 태운다.

셋째, 어리석음(無知)이 있는 마음이란 탐착貪着과 성냄(瞋心)이 함께하는 미혹迷惑의 상태로서, 당황하고 의심하며 대상을 바르게 알지 못하는 불안정한 상태이다. 어리석음은 지혜의 결여에서 온다.

지혜가 없으면 삶의 고비마다 일을 그르치고 나고 죽는 업만 두텁게 쌓게 되므로 바르게 마음을 집중해 알아차려 나가는 행법으로 지혜를 밝혀야 한다.

넷째, 집중되지 않은 산란散亂한 마음이란 감각적인 대상에 휩싸여 두려움과 회의, 의심과 불안으로 비롯되는 번뇌 망상에 잠겨 있는 상태로, 즉 어느 방향으로 향해야 할지 갈 길을 잃고 십자 대로에서 헤매는 사람과 같다. 지나치게 놀라거나, 즐거워하거나, 우울해하거나, 슬퍼하거나, 시시각각 감정이 예민하여 봄에 새로 돋은 풀잎이 가벼운 바람에도 흔들리듯 한다.

여기서 벗어나기 위한 행법은 수식
관법數息觀法을 실천하여 안정된 평온
함을 먼저 기르는 것이다.

다섯째, 정화되지 않은 불평등한 마
음이란 모든 감각적인 대상에 대해 지
나친 편견이나 편애를 가진 예민한 마
음 상태로, 쉽게 증오하고 깊은 탐착
에 빠진다. 좋으면 어쩔 줄을 모르고,
싫증이 나면 극단적인 말과 행동으로 쉽게 표출하는 어리석은 마음
이 여기에 속한다.

여섯째, 우월함이 있는 마음이란, 본래 사람은 자신을 보기는 어렵
지만 타인을 보기는 쉽다. 수행자는 타인의 열등한 부분을 보고는 우
월감을 갖기보다 '나는 그렇게 해서 안 되겠구나.'라고 생각해야 한
다. 반대로 타인의 우월한 부분을 보고는 열등감을 갖기보다는 자신
도 그와 같이 따르려고 해야 하는 것이 여법하게 수행하는 태도이다.
그러나 우월감과 열등감은 모두 불건전한 어리석음에서 비롯되는
것이다. '나는 남보다 낫다, 나는 남보다 못하다, 나는 남과 같다'는 등
의 마음은 모두 탐욕이나 혐오감이 있는 마음이다.

일곱째, 평온하지 못한 마음이란 감각적인 욕망, 성냄, 혼침이나 무
기력, 불안·근심, 회의·후회 등 5개蓋에 휩싸인 상태로서, 이 장애들

중 어느 한 가지라도 뛰어 넘지 못하면 평온함을 얻을 수 없다.

여덟째, 해탈되지 않은 부자유스런 마음이란 지금까지의 일곱 가지 어리석은 상태의 마음이 정화되지 못한 상태로서, 남이 못되기를 바라고 탐·진·치의 삼독심에 휩싸인 채 어리석은 기대감으로 윤회의 바다로 향하는 삶을 말한다.

이 여덟 가지의 마음은 바른 알아차림, 바른 노력, 바른 겨냥 등의 삼위일체적인 앎에 의하여, 해탈을 향하는 수행자가 반드시 정화해야 하는 대상이다.

2. 내 마음 나도 몰라

중생들의 마음은 탐·진·치에 중독되어 있어서 사랑과 미움, 손해와 이익, 칭찬과 비난, 괴로움과 즐거움 등의 8풍에 휘둘리고 있다.

　우리들이 추구하는 행복함도, 우리들이 비켜서려는 괴로움도, 바른 알아차림으로 무상·고·무아의 실재하지 않는 공성을 볼 수 있다.

마음을 알아차리면
알아차린 마음이 다음 마음으로 이어진다.
마음을 챙기는 순간에는 선한 마음이 되고
선한 마음이 원인으로 다음 마음에 이어진다.
그래서 마음을 알아차리면 행복하게 된다.

마음을 알아차리지 못하면
알아차리지 못한 마음이 다음 마음에 이어진다.
선하지 못한 마음이 원인으로 다음 마음에 이어진다.
그래서 마음을 챙기지 못하면 괴롭게 된다.

마음을 알아차리면
알아차린 마음이 다음 마음에 이어진다.
마음을 알아차리는 순간에는 청정한 마음이 되고
이 청정한 마음이 원인으로 다음 마음에 이어진다.
그래서 청정한 마음을 알아차리면 평온하게 된다.

한 번의 알아차림으로
언제까지나 청정한 마음이 되는 것은 아니다.
지속적인 알아차림에 청정한 마음이 상속되어
늘 행복할 수 있게 된다.

외삼촌인 상카라키따를 스승으로 의지해서 출가한 비구가 초암에서 정진하던 중 가사 두 벌을 보시 받았다.

마침 자신의 가사가 낡았으므로 한 벌은 자신이 입고, 다른 한 벌은 외삼촌이자 덕 높으신 스승에게 바치기로 했다. 그는 지체하지 않고 기원정사로 스승을 찾아가 인사를 올리며 청하였다.

"존자님, 이 가사를 받아 주십시오."

"나는 이미 가사가 있으니 그것은 네가 입도록 하여라."

"이것은 저의 성의이니 제발 받아 주시기 바랍니다."

"괜찮다. 그것은 네가 사용하도록 하여라."

그는 덕 높은 스승에게 가사보시를 함으로써 자기에게 큰 공덕이 있을 거라고 기대했으므로 쉽게 포기할 수 없어 몇 번이고 더 청했지만 스승은 끝내 받아 주지 않았다.

어쩔 수 없었던 그는 스승에게 부채질을 하면서 가사에 대한 번뇌를 일으키게 되었다.

"나는 이 분의 조카이며 제자인데도 이 분은 내 공양을 받지 않으시는구나. 이렇게 무정한 분과 평생을 보내기는 그렇게 쉽지 않을 것이다. 차라리 환속해서 집으로 돌아가 버릴까?

스승이 받지 않은 이 가사를 시장에 내다 팔면 아마도 암염소 새끼 한 마리 정도는 살 수가 있을 거야. 그 암염소를 키우면 곧 새끼를 낳겠지. 그러면 그 새끼들이 자라고 또 새끼를 낳아서 멀지 않아 나는 많은 염소를 키우는 부자가 되겠지.

그렇게 돈을 번 다음에 나는 예쁜 아내를 맞이해서 결혼을 하는 거야. 아내가 아들을 낳으면 외삼촌의 이름을 따서 '상카락키따'라고 이름 짓고, 아내와 함께 아들을 데리고 와서 외삼촌인 존자님에게 인사도 올리며 행복하게 사는 모습도 보여줄 수 있겠지.

나는 사원 근처까지 와서 아내에게 '여보, 이제 아이는 내가 안고 가리다. 이리 줘요.'라고 말할 때 아내는 "아니에요. 아이는 제가 안고 갈 거예요. 당신은 마차나 잘 몰도록 하세요.'라며 아이를 꼭 껴안겠지.

그래서 화가 나 아기를 뺏으려고 실랑이를 하다가 아내가 아기를 놓쳐버리겠지. 그때 땅에 떨어진 아기의 배 위로 수레바퀴가 지나가고 말겠지. 나는 '아기를 안고 가
면서 아기를 옳게 붙들지도 못했
단 말인가!'라고 소리치면서 아내
를 손으로 내려치겠지."

　그가 이런 망상에 빠져서 자신
도 모르게 손을 들어 아내를 때린다는 것이 스승의 머리를 후려치고
말았다.

　"이놈아, 갑자기 머리는 왜 때리느냐?"라는 소리에 깜짝 놀라 정신
을 차린 그는 당혹감과 부끄러움으로 도망치다가 마침 그곳을 경행
하시던 부처님과 맞닥뜨리게 되었다.

　부처님께서 그 비구의 당황해하는 모습을 보시고 전후사정을 물으
시더니 그동안의 이야기를 듣고 이렇게 일러주셨다.

　"마음이란 가까운 곳에서 먼 곳까지 갈 수 있으므로 수행자는 마음
을 잘 다스려서 멀리 떠나지 않도록 해야 하느니라. 마음은 끝없이 방
황하고 홀로 움직이며 물질이 아니면서도 몸속에 머무느니라.

　수행자는 늘 자신의 마음에서 일어나는 번뇌를 잘 다스려야 해탈
할 수 있느니라.

　누구라도 마음을 잘 다스리는 사람은 이 세상에서나 저 세상에서
그 어떤 걸림도 없는 무애자재의 마음을 얻게 되리라."

　마음은 조각되지 않은 돌이나 통나무와 같고 흰 백지나 맑은 물과
같다.

조각가가 조각을 하게 되면 돌이나 나무의 본래 모습은 사라지고, 청정한 마음에 흔적의 업을 남기듯이, 조각된 모양만 남게 된다.

비도덕적인 악을 조각하면 비도덕적인 악의 돌이나 나무가 되지만, 그 이전의 돌이나 나무는 초도덕인 동시에 법일 뿐이다.

마음도 마찬가지로 본심은 사라지고 도덕적인 업이나 비도덕적인 업만 남게 된다. 그래서 마음도 조각되지 않은 돌이나 통나무 같다고 했다.

마음은 그림 그리기 전의 흰 도화지와 같다는 것 역시 흰 도화지 위에 여러 가지 색깔의 그림이 그려져 흰색의 도화지는 사라지고 빨간색, 노란색, 파란색 등등의 그림으로 바뀌었다.

여기서도 역시 흰 도화지는 초도덕인 동시에 법이다.

마음도 마찬가지로 본심은 사라지고 탐욕, 성냄, 어리석은 마음이 업이라는 흔적을 남긴다.

그래서 마음도 그림 그리기 전의 흰 도화지와 같다고 했다.

마음은 물과 같다는 말은, 물을 소가 먹으면 우유가 되고 선이 되지만 독사가 먹으면 독이 되고 악이 된다. 그들이 먹기 전의 물은 선도 악도 아닌, 선과 악을 초월한 초도덕적인 법이다.

'알아차림'으로 보이는 공성은 편견이나 사변思邊이 없는 마음이다. 이 마음도 없고 저 마음도 없는 상태의 순수 알아차림의 객관성을 의미한다.

이 마음이란 오감에서 비롯되는 몸 밖의 형상, 소리, 냄새, 맛, 닿음 등에서 일어나는 의식이다. 또 정신적인 현상에서 비롯되는 기억, 계획, 상상, 회상 등의 번뇌를 의미하기도 한다.

3. 윤회로 이끄는 마음의 흔적

마음은 어떤 대상이든 의지하지 않고는 결코
홀로 일어날 수 없는 것이다. 대상이 생기면
거울처럼 알아차리기만 하는 아주 단순한
기능이다. 문제는 자신의 관념에 비친 궁리
나 망상이라는 잘못된 흔적 때문에 발생한다.

생각이나 인식의 흔적은 무의식적이든 의식적이든 분별해서 아뢰
야식에 기록되는 업이다.

바른 깨어있음은 어떤 대상이 마음에 비춰지더라도 사념思念의 징
검다리를 건너지 않고 현상의 흐름을 따라 순수자각만이 오롯하게
함께하는 상태이다.

순수 앎(자각)을 위해서 번뇌의 징검다리를 건너지 않아야 한다.
번뇌의 징검다리에 알아차림이라는 벽을 높이 쌓고 그 벽을 넘지 못
하도록 깨어 있어야 한다.

즉 생각은 늘 또 다른 대상에 굶주려 있으므로 느낌(受)과 인식(識)
사이에 강한 마음집중으로 알아차림의 높은 벽을 쌓는 것이다.

마음은 생각의 흔적을 잘 분류해서 아뢰야식의 기억보관소에 재생
의 요소로 기록하며 또 다른 기록거리를 기다린다.

사념의 징검다리를 건너는 순간 좋은 것이든 나쁜 것이든, 크든 작든, 길든 짧든, 아뢰야식의 업록業錄에 금방 기록되어 재생의식화 될 수밖에 없다.

이 생각이 바로 분별하여 갈망을 일으키게 하는 사량분별의 정신작용인 번뇌이다. 생각의 자료창고인 기억보관소에는 불가사의하리만큼 많은 비교분석 자료들이 준비되어 있다.

형상을 보면 형상 봄만으로
소리를 들으면 소리 들음만으로
냄새를 맡으면 냄새 맡음만으로
맛을 느끼면 맛의 느낌만으로
닿음을 느끼면 닿는 촉감만으로
과거에도 미래에도 벗어나
현재 찰나에 깨어 있어야
진정한 평화를 보게 되리라.

그 어떤 것도 관념적이건 관습적이건 비교분석하지 말아야 한다.
마음에 있음을 비추면 있음으로, 없음을 비추면 없음으로, 비춰지는 그대로의 순수자각은 연꽃이 물에 의해서 더럽혀지지 않듯이 업의 영향을 받지 않는다.

아뢰야식에 기록된 순수자각은 업의 영향을 받지 않고 단지 작용만 하는 무위의 업이 될 뿐이다. 그래서 아나함이나 아라한의 지혜경계에 이른 이는 순수 앎만 실재하므로 업의 영향력에서 비켜난 성자라고 한다.

깨달음을 성취한 성자라도 순수 앎을 쉬고 사념의 징검다리를 건너서 궁리 단계를 거치더라도 낱낱이 영향력을 발휘하는 조건 업이 된다.

관념의 감옥에서 갈망의 노예가 되어 말하고 행한다면 생사윤회에서 벗어남은 요원할 수밖에 없다.

"이 땅 위에서 왕이 되는 것보다, 또 천상에 태어나기보다 우주를 지배하는 것보다 성스러운 8정도에 드는 것이 훨씬 낫다."는 부처님의 가르침에 기원정사의 창건주 수닷타 장자는 크게 감명을 받았다. 그가 아들에게 부처님의 가르침을 어떻게 전했는지에 대한 이야기가 있다.

수닷타 장자의 아들 칼라는 부처님이나 비구들이 집에 올 땐 밖으로 외출하거나 집안에 숨어버리는 습관이 있었다.

아들의 이런 버릇을 고치고 부처님의 법을 전할 수 있는 방법을 고심한 끝에 돈으로 아들의 마음을 움직여 보려고 생각했다.

"칼라야, 300냥을 줄 것이니 부처님이 계시는 수도원에 가서 이번 초하루법회에 참석하여 하룻밤을 지내고 오너라."고 아들에게 제안했다.

칼라는 돈이 탐이 나 기원정사에는 갔지만 가르침은 듣지 않고 시간만 보내다 아침 일찍 돌아왔다. 아버지는 반가운 마음으로 아들에

게 먼저 죽을 먹으라고 권했으나 아들은 죽보다 돈부터 달라고 말했다.

다시 보름법회가 다가오자 수닷타 장자는 아들에게 "이제 부처님의 게송 한 구절을 외어서 오면 그 보상으로 1,000냥을 주겠다."고 또 제안했다. 그래서 칼라는 부처님에게 삼배의 예를 올리고 무엇인가 배우고 싶다고 사뢰었다.

부처님께서 칼라에게 짧은 게송 한 편을 가르쳐 주었다. 칼라는 부처님으로부터 받은 게송을 외우고 뜻을 이해하려고 여러 번 읽고 열심히 애를 썼으나 끝내 외우지는 못했다. 그러나 뜻을 깨치면서 수다원과인 부동지의 경계에 들게 되었다.

다음날 아침 일찍 칼라는 부처님과 비구들을 따라 고요한 마음으로 자기 집에 도착해서 전과는 달리 '부처님과 비구들이 계시는 앞에서 돈 이야기를 꺼내지 않았으면…' 하고 마음속으로 빌었다.

그는 아버지가 자기에게 1,000냥을 줌으로써 자기가 초하루와 보름날 수도원에 가서 밤을 새우며 정진한 것이 돈을 받기 위해서였다는 사실이 알려지는 것이 부끄러웠기 때문이었다.

수닷타 장자는 부처님과 비구들에게 공양을 올린 다음 수도원에서 지내고 돌아온 아들에게도 아침 죽을 주며 1,000냥도 함께 내어 놓았으나 아들은 그 돈을 받지 않고 사양하였다.

수닷타 장자는 거듭 권했지만 아주 겸손하게 끝내 받지 않았다.

그것을 본 수닷타 장자는 "세존이시여, 제 아들이 아주 달라졌습니다. 이제는 제 아들이 믿음직스럽고 자랑스러워졌습니다."라고 부처님께 사뢰었다.

그는 자기가 어떻게 아들을 초하루와 보름의 재일에 수도원에 가서 지내도록 했는지 자세히 말씀드리자 부처님께서 말씀하셨다.

"수닷타여, 그대의 아들 칼라는 이제 세계를 다스리는 전륜성왕보다, 그리고 천상의 천왕보다 더 큰 보배를 갖게 되었다오."

중생들이 "몸에 좋은 것, 미래에 좋은 것, 죽은 뒤에 좋은 것" 하고 찾아다니는 것은, 우리가 어리석어 전체를 보지 못하고 관념적이고 편향적인 갈망에 묶여 그것이 오히려 생로병사를 재촉한다는 사실을 모르기 때문에 벌어지는 일이다.

"그래도 사는 동안만이라도…"라는 편견적인 상식은 초월적인 전체의식과 반대의 개념이다.

칠면조의 몸은 하나지만 털의 색깔은 수없이 많듯이, 우리들의 몸도 하나지만 마음에는 수많은 얼룩들이 있으며, 그 얼룩들을 말끔하게 지우는 것이 깨달음을 이루는 것이다.

마음에 뜨거운 불을 지피면 마음은 펄펄 끓는 화탕火湯지옥이 될 것이고, 또 마음에 찬 서리를 불어 넣으면 마음은 금방 한빙寒氷지옥으로 변할 수밖에 없다.

기둥에 묶인 강아지는 사슬의 영역에서는 앉고 서고 눕고 빙빙 돌면서 자유롭게 움직이지만 결코 그 사슬의 영역을 벗어날 수 없다. 우리도 육신이라는 기둥에 탐욕의 사슬로 묶여 생사윤회를 벗어나지 못한다. 마음이 탐욕과 성냄과 어리석음의 사슬에 묶여, 마치 기둥에 묶인 강아지처럼 육도를 윤회하며 맴돌고 있는 것이다.

그러나 천만다행으로 이생에 불법을 만나 그것을 의지해서 해탈의 원력을 세우고 깨달음의 길로 나아갈 수 있게 되었으니, 이보다 큰 행운은 있을 수 없다.

4. 마음은 홀로 일어날 수 없다

본래 마음은 하나의 대상에 의해서만 일어나고 사라진 뒤 또 다른 대상에 의해서 다시 또 다른 마음이 일어난다.

두 가지의 대상을 함께 알아차릴 수도 없거니와 한 대상에 두 번 겹쳐서 마음이 일어날 수도 없다.

이와 같은 이치를 이해하고 알아차림의 문지기를 잘 훈련시켜서 6문으로 드나드는 일체를 잘 관찰하도록 해야 한다.

문을 지키는 문지기가 자리를 비우거나, 엉뚱한 일에 빠져 있거나, 졸면서 아무나 드나들게 하면 어떻게 되겠는가?

알아차림의 의무를 저버리고 6문으로 드나드는 그림자의 노예가 되어, 하지 말아야 하는 일과 해도 되고 하지 않아도 되는 일까지 하려니까 윤회로 향할 수밖에 없다.

세간적인 범부들은 환상적인 즐거움으로 가득한 이 세상에서 실제적인 행복을 결코 찾을 수 없다.

그러나 법을 보려는 수행자는 반드시 고통과 갈애를 볼 수 있기 때문에 진정한 행복을 찾게 된다.

'물질적인 행복은 욕망을 키우는 데 불과한 또 다른 고통이다. 욕망은 결코 충족될 수 없는 무상, 고, 무아의 보편적인 공성을 갖고 있다. 그러므로 태어난 자는 결코 생로병사生老病死를 포함한 8고苦에서 벗어날 수 없다'는 이치를 보게 된다.

첫째, 욕애 즉 감각적인 욕망은 소금물로서 갈증을 해소하려는 것처럼 끊임없이 일어나며 고통의 세계로 몰아가는 욕망이다.

둘째, 유애 즉 천상에 대한 집착으로 색계에 태어나려는 영원성의 관념에 묶여서 생사윤회의 사이클에 휘둘리게 되는 욕망이다.

셋째, 무유애 즉 몸이 없는 정신적인 세계에 대한 집착으로 무색계에 태어나려는 허무주의적인 관념에 묶여서 무지의 수렁으로 내몰리는 욕망이다.

일반인들은 이 세 가지 갈애에 묶여서 나고 죽는 윤회를 거듭한다.

작은 기대감은 작은 고통이 따르고 큰 기대감은 큰 고통이 따르듯이, 육체의 구성 자체가 고통의 원인인 동시에 갈애의 덩어리이다.

갈애는 먼 지난 생들로부터 단 한 번도 제거하지 못하고 계속 잠재의식에서 재생의식으로 그리고 또 잠재의식으로 연결되어 지속되는 성향이다.

살아 있는 동안은 잠재의식 속에서, 죽을 때는 재생의식이 되는 사견邪見, 무지無知, 욕애欲愛, 유애有愛 등의 끊임없이 지속되는 흐름들을 뛰어 넘지 않으면 안 되는 윤회의 문턱이다.

이 갈애는 모든 사람들에게 잠재된 뿌리 깊은 윤회의 필수적인 요소로서 고통을 야기하는 재생의 주요 원인이 된다.

자아와 육신을 궁극적인 실체로 믿는 사람은 개체적인 관념으로 나를 전제해서 잠재되어 있는 세 가지 교만심이 따른다.

첫 번째 '나는 쉽게 죽지 않는다'는 활명교活命憍, 두 번째 '나는 쉽게 병들지 않는다'는 무병교無病憍, 세 번째 '나는 쉽게 늙지 않는다'는 장년교壯年憍 등이다. 이 교만심은 처음 깨달음을 향해 나아가려는 범부들의 발목을 잡는 가장 강한 족쇄이다.

내가 모르면서 남에게 전할 수 없으며, 또 세간법의 상식으로 이해한 법을 남들에게 전하더라도 그들이 온전히 이해하지 못한다.

자아관념을 실체시하는 견해에서 비롯되는 이기주의적인 세간법을 즐기는 사람은 이 법을 볼 수도 들을 수도 없다. 관념적인 상식으로 불법을 보고 들으면 자신의 개념에 갇힌 세간법이 되기 때문이다.

세간법을 즐기는 사람들은 이와 같은 가르침을 들을 기회도 많지 않고, 들어도 즉시 이해하는 사람 또한 흔치 않다. 그리고 감각적인 집착이나 물질적인 즐거움의 세간법을 뛰어넘는 극소수의 사람만이 더 없이 소중한 행복과 불제자들의 이상이고 목표인 해탈에 다다를 수 있다.

만약 반야지혜로 무명의 갈애를 자르지 않는 한 세속법에 묶인 윤회는 계속된다. 모양도, 형태도, 냄새도 없는 마음은 어떻게 육체를 갖출 수 있으며, 어머니의 태내에서 어떻게 존재할까?

모든 생명체의 발생은 그 원인이나 조건이 갖춰져야 한다. 한 생명체가 생겨나서 성장하는 데 원인이 되는 씨앗과 외부적인 조건이 갖춰지지 않으면 안 된다.

생명체는 오로지 자신의 생존 의지와 그에 적합한 인연을 갖춰야 발현되는데, 마치 보리와 같다. 보리가 자라려면 씨앗이 근원이 되어 싹트고 자랄 수 있는 흙, 물, 온도, 공기 등의 조건을 갖추어야 하는 것과 같다.

생명체들은 서로 다른 운명을 지니고 상이한 환경에서 태어나며 지니고 있는 성격도 서로 다르다. 이것이 어디서 비롯되는가를 찾으려면 전생에 형성된 업業으로 거슬러 올라가야만 한다.

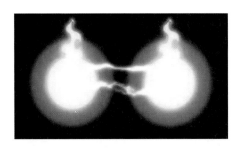

새로운 생명체는 부모의 정자와 난자, 그리고 임종에 임한 사람의 숨이 끊어질 때 방출되는 에너지(熱)인 재생의식(識)의 업력과 더불어 하나의 원생세포인 핵이 형성된다.

죽어가는 사람이 온갖 힘을 다해서 삶에 매달리다가 죽는 순간에 방출하는 이 업력(에너지)은 며칠이나 몇 년 또 어디든지 시공을 초월해서 존재한다. 언젠가 인연이 되면 수태 준비가 된 자궁으로 전광석화처럼 진입하게 된다. 부모는 단지 태아의 몸을 구성하는 데 필요한 육체적인 요소만을 제공해 줄 뿐이다.

이 과정은 공기의 진동작용으로 만들어지는 소리가 사람들의 청각 기관에 부딪쳐 주관적 느낌의 소리를 생겨나게 할 때 그 느낌의 소리가 옮겨간 것이 아닌 것과 같다. 단지 공기 진동의 에너지 이동만 일어난 것이다.

이와 같이 죽어가는 사람이 방출한 업의 에너지가 부모가 마련해 준 물질에 작용하여 태아로 생성하게 된다. 업의 에너지가 난자와 정자에 충격을 주면서 하나의 응결체인 원생세포가 생겨나게 한다.

이 세포가 어머니의 자양분으로 자라면서 살갗이 이루어지며 단단한 뼈와 근육으로 자라게 된다.

단단한 뼈와 근육에서 머리카락과 손톱과 발톱이 돋아나고, 어머니가 섭취하는 음식물로 성장한다. 따라서 현재의 삶은 과거의 업력에 의해서 나타나는 것이며, 미래의 삶은 현재의 업력에 의해서 나타나는 것이라고 할 수 있다.

이처럼 이생에서 다음 생으로 옮겨가는 것은 업의 에너지 외에 아무것도 없다. 우리들이 알고 있는 영혼이나 자아란 세세생생 한 찰나도 끊이지 않고 지속적으로 일어나고 사라지는 무수한 변화과정일 뿐이다.

마치 파도는 바다 위에서 밀려왔다가 밀려가는 듯이 보이지만 사실 찰나 순간의 에너지 작용으로 물은 제자리에서 오르락내리락 하는 것과 같다. 마찬가지로 윤회의 세계를 옮겨 다니는 영혼이나 자아라는 실체가 따로 있는 것이 아니고, 단지 순간순간 삶을 향한 충동과 의도에 휘말린 물질과 비물질의 일어나고 사라지는 진행운동만 있을 뿐이다.

업식業識이 입태하는 순간에 부모의 심리적인 상태가 태아의 품성에 영향을 주고, 부모의 천성이 태아의 인격에 영향을 주지만, 태아만이 지닌 특별한 성품은 결코 부모나 외부로부터 오는 것이 아니다.

존재를 생겨나게 하는 업의 에너지와 외부로부터 비롯되는 영향이나 조건들의 작용을 혼동해서는 안 된다.

부모에 의해서 새롭게 태어나는 존재가 부모와 상반되는 성향을 보이지 않는 것은 바로 외부로부터 받게 되는 영향이다.

육체를 구성하고 있는 흙의 요소, 물의 요소, 불의 요소, 바람의 요소 등이 생명력을 잃을 때는 사체와 함께 소멸한다고 언뜻 생각할 수도 있다. 그렇지만 사실은 우주 공간을 떠돌아다니는 동일원소의 집합체와 합치되는 찰나 새로운 재생이 이루어진다. 영혼이나 자아라고 믿어 왔던 운동이 멈추고 또 다른 운동이 새롭게 시작되는 것이 곧 재생이다.

신체는 소멸되지만 구성요소인 업의 에너지는 늘 꺼지지 않는 운동이다.

5. 존재의 실상

나라는 자아가 실재하지 않는 무아라면 현존의 나는 누구인가?

당신이라고 해도 안 되고, 당신이 아니라고 해도 안 되고, 당신이라고 해도 맞고 아니라고 해도 맞다고 하는 것 역시 안 되고. 또 당신이라고 해도 틀리고 아니라고 해도 틀리다고 하는 것 역시 안 된다는 4구백비의 이론이다.

여기서 그 누구란 바로 업의 상속자이다.

촛불의 비유로 들어보자.

A라는 촛불에서 B라는 초에다 불을 옮겨 붙였다면,

B의 촛불은 A의 촛불인가? 아니요!

A의 촛불이 아닌가? 아니요!

A의 촛불이기도 하고 B의 촛불이기도 한가? 아니요!

A의 촛불도 아니고, B의 촛불도 아닌가? 아니요!

B촛불은 A촛불에서 옮겨왔으나 자신의 심지와 촛농으로 불태우고 있기 때문에 A의 촛불이냐고 물었을 때 '아니요'라고 할 수밖에 없었고,

A의 촛불에서 옮겨왔기 때문에 A의 촛불이 아니냐고 물었을 때 역시 '아니요'라고 할 수밖에 없었고,

A의 촛불이기도 하고 B의 촛불이기도 하냐고 물었을 때 B의 심지 등으로 타고 있기 때문에 A의 촛불도, B의 심지 등으로 타고 있지만 A의 촛불에서 옮겨온 불이기 때문에 B의 촛불도 아니요,

A의 촛불도 아니고 B의 촛불도 아니냐고 물었을 때, B의 심지 등으로 타고 있지만 A의 촛불에서 옮겨온 불이기 때문에 B의 촛불이 아니라고 해도, A의 촛불에서 옮겨온 불이지만 B의 심지 등으로 타고 있기 때문에 A의 촛불이 아니라고 해도 '아니요'라고 할 수밖에 없다.

다음은 코티타 비구의 물음에 사리푸트라 존자가 일러주는 가르침이다.

"참선으로 얻게 되는 멸진정의 선정상태에 이르게 되면 무엇이 사라지고 무엇이 남습니까?"

"즐거움에 대한 욕망과 악의, 혼침이나 무기력, 불안과 공포, 회의와 의심 등이 사라지고 깨어있음, 열반으로 향하는 열의, 충만과 만족, 반조와 선정만이 남게 되느니라."

"다섯 감각기관에서 일어나는 느낌을 식별하는 근원은 무엇입니까?"

"마음(意識)이니라."

"다섯 감각은 무엇에 의해서 작용합니까?"

"생명력이니라."

"생명력은 무엇에 의존합니까?"

"에너지(熱)이니라."

"에너지는 무엇에 의존합니까?"

"생명력이니라. 즉 촛불처럼 밝음은 불꽃에 의존하고 불꽃은 밝음에 의존하는 것 같이 생명력과 에너지도 상호의존 작용하는 것이니라."

"사람이 죽을 때 무엇이 육체를 떠납니까?"

"생명력과 에너지와 의식이니라."

"육체가 죽으면 에너지는 어떻게 됩니까?"

"우주의 에너지와 일체화 되느니라."

"생명력을 잃은 사체와, 지각과 감정이 정지된 수행자는 무엇이 다릅니까?"

"사체는 몸과 말과 마음의 형성력이 정지되면서 생명력도 소멸되고 열도 식어져 감각작용도 사라진다. 멸진정의 선정에 든 수행자는 호흡과 의식은 정지되지만 생명력과 에너지와 감각기능은 살아 있느니라."

이와 같이 불교에서 영혼불멸론은 부정하지만 에너지불멸론은 인정한다. 죽은 뒤에 일체가 소멸된다는 소멸론은 과학과 모순되지만 에너지불멸론은 과학과 일치한다.

죽음이 오온의 소멸임을 바르게 이해하지 못하는 사람이나 새로운 오온의 생겨남이라는 재생을 바르게 이해하지 못하는 사람은 자아가 새로운 몸으로 이전하며 새로운 몸을 재현한다고 믿는다.

또 윤회가 재생이라는 사실을 바르게 이해하지 못하는 사람은 어떤 자아가 이 세상에서 저 세상으로 옮겨 다니며 지금의 자아는 저 세상에서 온 진아라고 믿는다.

존재에 대해서 바르게 이해하지 못하는 사람은 자아가 영원하고 즐거운 것이라고 생각하며 다시 다른 생으로 태어날 것이라고 믿는다.

자아는 원자들의 모임이거나 절대자에 의해서 태아 형성과정을 거쳐 신체를 갖추고 그 신체에 갖가지 기능이 불어넣어진다고 생각하며, 자신의 삶은 조물주의 피조물이나 우연의 일치라고 잘못 생각할 수도 있다.

그러나 태아는 전생에서 이전되어 온 것은 아니지만 전생의 원인 없이 생겨날 수 없는 존재이다.

'다음 생에 태어나는 것은 단지 인연으로 형성된 결과 또는 과실일 뿐이다. 전생에서 그대로 이전된 것은 아니지만 전생의 인연 없이 태어날 수 없는 것이다.'는 부처님의 가르침처럼, 거울에 자신의 얼굴을 비춰보는 것과 성대로 메아리를 일으키는 것 등과 비교할 수 있다.

거울 속의 얼굴 모습이나 메아리가 얼굴과 성대로부터 비롯된 것은 사실이지만 얼굴과 성대가 옮겨간 것은 아니다. 재생도 마찬가지로 전생과 내생이 같은 자아라면 우유가 버터로 될 수 없는 것과 같은 것이다.

또 전생과 내생이 완전하게 다르다면 버터는 우유에서 결코 생겨날 수 없는 것과 같은 이치이다.

즉 같은 것도 아니고 다른 것도 아니다. 실재하는 진정한 자아는 없으며 또한 창조주나 절대자도 없다.

단지 일어나고 사라지는 몸과 마음에 능동적인 생멸작용과 수동적인 생멸작용이 있는 것이다. 삶의 원인이 되는 선악의 행위로서 업과 과보를 짓는 것이 수동적인 생멸작용인가 하면, 태어나서 성장하고 늙고 썩어서 사라지는 것이 능동적인 생멸작용이다.

사람은 의도적으로 행동한 업의 주인이고 상속자이며, 업은 그가 태어날 모태이자 친구이며 피난처이기도 하다.

따라서 업이 사람들을 높거나 낮게 그리고 거룩하게나 천박하게도 한다. 잔인하게 살생하는 자는 지옥에 떨어지거나 인간으로 다시 태어난다 해도 단명할 것이고, 잔혹하게 생명체를 괴롭히는 자는 병에 시달리게 되거나 기형아 혹은 불구자로 태어나게 된다.

남을 미워하는 자는 추악한 모습으로 태어나게 될 것이고, 질투 시기하는 자는 신망이 없는 사람으로 태어나게 될 것이고, 고집이 센 이는 비천한 사람으로 태어나게 될 것이고, 게으른 이는 무식한 사람으로 태어나게 된다.

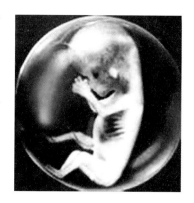

라고 경전에 이르고 있다.

자비심이 모자라서 살아 있는 생명체를 죽이는 사람은 마음의 저변에 생명을 단축시키는 성향을 갖는다. 다른 생명의 단명에 만족감이나 쾌락을 느끼면 수명이 짧은 생명력의 씨앗이 그에게 친화력을 갖게 되고, 죽은 뒤에는 남의 생명을 죽이며 행복을 느끼는 이에게 친화력을 갖고 융합된다.

기형이나 불구자로 자라나는 생명의 씨앗은 남을 학대하는 일에 쾌감을 느끼는 이에게 친화력을 갖게 된다. 화를 잘 내는 사람은 그 내면에 얼굴이 흉한 신체와 친화력을 가지며 그에 상응하는 씨앗이 된다.

질투하는 자, 인색한 자, 교만한 자 등은 남에게 베푸는 것을 아까워하고 남을 경멸하는 성향과 가난한 환경으로 이끄는 생명의 씨앗이 그에게 친화력을 갖게 된다.

궁극적으로 자아란 실재하지 않지만 물질과 비물질의 지속적인, 일어나고 사라지는 운동의 저변에 잠재된 업력의 흐름 때문에 생사윤회는 끝이 없다.

6. 마음 다스리는 법

좌선 중에 명칭이나 화두를 들지 않으면 알아차림이 약해지면서 혼침에 이어 졸림(昏沈)이 오게 된다. 그때 알아차림을 눈 부위에 좀 더 강하게 밀착시켜 '졸림, 졸림…' 내지 '이-?' '이-?'라며 알아차리면 졸림은 사라지고 명쾌한 기분으로 바뀌게 된다. 반대로 졸림이 점점 깊어지더라도 졸림을 계속 관찰하고, 도저히 참기 어려운 상태가 될 때는 일어나 경행輕行을 하든지 서서 정진을 계속한다.

그렇게 정진하는 것도 어려우면 방이나 조용한 곳에 가서 30~40분 정도 쉬는 것이 좋다. 자리에 누울 때까지, 그리고 잠에 떨어질 때까지 가장 강한 알아차림의 대상을 겨냥해서 '이-?' '이-?'라고 계속해야 한다.

잠의 상태는 처음 재생의식 상태와 죽을 때의 임종의식 상태와 비슷하다. 이와 같은 현상들은 매우 희미하므로 알아차리기가 힘들기 때문에 보다 강한 집중력을 요한다.

깨어 있을 때 역시 보고, 듣고, 냄새 맡고, 맛보고, 닿고, 생각하는 짧은 순간순간의 잠재의식들은 띄엄띄엄 계속되지만 명확하지 않아 거의 알아차리지 못한다.

잠을 잘 때는 잠시 중단되었던 무의식이 계속되다가 금방 잠에서 깨어났을 때도 한동안 무의식이 진행된다. 잠에서 완전히 깨어나 의식이 돌아오면서 사념이나 생각들이 일어나기 시작한다. 알아차림은 잠이 깨어나 의식이 일어나는 순간부터 시작되어야 한다.

수행의 시작단계나 초보단계일 때는 즉시 관찰할 수 없을지도 모른다. 그렇지만 알아차려야 한다는 기억이 일어나는 순간부터 마음을 챙겨야 한다.

잠에서 깨어나 무슨 생각이나 회상이 일어날 때 '생각, 생각, 생각' '회상, 회상, 회상' 내지 '이-?' '이-?' '이-?'라며, 그 생각이나 회상이 사라지는 동시에 즉시 아랫배의 일어나고 사라지는 움직임의 현상 관찰로 돌아와야만 한다.

엄격한 수행의 과정이라면 잠에서 깨어나는 순간부터 잠들기까지 계속 '이-?' '이-?'라고 반복하며 정진을 지속해야 한다.

몸이나 마음의 느낌이 즐겁거나 불쾌하거나 그 어떤 현상에 대해서도 마음을 모아 알아차려야 한다. 의도, 사념, 상상, 회상, 기억, 계획 등과 같은 것들이 틈틈이 마음속에 뛰어들기 때문이다.

무엇을 하고자 하는 의도가 일어날 때는 '하려고 함, 하려고 함, 하려고 함' 내지 '이-?' '이-?'라고 의도를 염송하고, 또 생각이 일어날 때는 '생각, 생각, 생각' 혹은 '상상, 상상, 상상' '회상, 회상, 회상' '기억, 기억, 기억' '계획, 계획, 계획' 내지 '이-?' '이-?' '이-?'라며 바르

게 마음을 모아 알아차리면 즉시 그와 같은 현상들이 사라진다. 동시에 알아차림은 아랫배의 현상 관찰로 되돌아와야 한다.

부처님 당시 불심이 지극한 '마띠까'라는 보살은 성인의 세 번째인 아나함 과를 증득하여 타심통이 열렸기에 남의 마음을 쉽게 읽을 수 있었다.

그래서 보살의 집에 매일 탁발하러 오는 비구들이 어떤 마음을 갖고 있는지를 건네 볼 수 있었다.

그렇지만 그 보살은 살피는 마음을 소홀히 해서, 지난 90일 간의 안거에 비구들을 위해 열심히 공양을 올렸지만 어느 수행자도 과를 얻지 못하였다.

그래서 이번 철에는 그 원인을 깊이 살펴보고 수행자들이 원하는 음식이 무엇인지를 생각해서 적당한 시간에 원하는 음식으로 잘 올리게 되었다.

적당한 영양이 갖춰진 음식들을 섭취한 수행자들은 열심히 정진할 수 있었기에 높은 수준의 과를 증득하게 되었다.

이 이야기를 듣게 된 어린 비구는 '나도 그곳에서 수행을 하면 쉽게 과를 얻을 수 있겠구나!'라고 생각하고 부처님에게 허락을 얻어 보살이 사는 그 마을의 수도원으로 가게 되었다.

이 비구는 그 보살이 정말로 다른 이의 마음을 아는지 시험하고 싶은 생각이 들었다. 그는 오랫동안 사용을 하지 않아서 지저분한 처소의 청소를 좀 해줬으면 하고 생각했다.

마띠까 보살은 어린 비구가 무엇을 원하는지 알아서 사람을 보내어 청소를 깨끗하게 해주었다.

그러나 비구는 '보살이 청소를 하려고 계획했는데 마침 내가 그 생각을 일으켰을 거야.'라고 생각하며 믿지 않았다. 어린 비구는 다시 먼 길을 다녀와서 갈증이 나자 '보살이 내 마음을 안다면 마실 것도 좀 보내 줄 수 있을 것인데…'라고 생각했다. 그 사실을 안 보살이 사람을 시켜 마실 것을 보내 주었다.

다음날 아침 어린 비구가 '아침에 죽을 좀 보내주었으면 얼마나 좋을까.' 하고 생각하자 바로 죽을 만들어 보냈다. 비구는 원하는 대로 모든 일이 착착 진행되자 큰 욕심이 생겼다.

'보살이 직접 아주 귀한 과일을 나에게 올리는 모습을 보았으면 좋겠다.'고 생각하자 보살이 금방 귀한 과일을 직접 갖고 와 올렸다.

어린 비구는 '한두 번도 아니고 진짜로 보살이 사람의 마음을 다 아는구나.' 하는 생각이 들자 문득 두려운 마음이 일어났다.

이 비구는 아직 수행을 시작하기 전의 마음, 즉 마음을 다스릴 수 없는 상태의 중생심 그대로였기 때문이었다. 중생심은 좋은 생각을 할 수도 있지만 나쁜 생각을 더 많이 하게 된다.

또한 나쁜 생각뿐만 아니라 사람으로서 도저히 상상할 수도 없는 부끄러운 생각도 할 때가 많다. 내가 가사를 입은 불제자로서 이러저러한 생각들을 보살이 모두 보고 알면 얼마나 망신스러울까에 생각이 미치니 갑자기 불안한 생각이 일어났다.

불안하고 부끄러운 이 생각마저 읽힐까봐 과일을 먹지도 못하고 부처님에게 도망쳐 나와 "마띠까 보살님 가까이에서 수행하기가 쉽지 않습니다."라고 했다.

부처님께서 "왜 그곳에서 수행하기가 쉽지 않다고 하느냐?"고 물으시자 어린 비구는 "제가 아직 마음을 다스리지 못해서 적당하지 못한 생각을 할 때가 많은데 저 보살이 사사건건 모두 알면 얼마나 불편하고 힘들겠습니까?"라고 했다.

부처님은 어린 비구를 찬찬히 살펴보시고는, 그가 이미 마음의 성품을 보았기에 수행해서 도를 얻을 곳은 그곳밖에 없음을 아시고 "네가 수행하여 도를 얻을 수 있는 곳은 '마띠까' 보살이 있는 마을뿐이니, 그곳에 가서 마음을 잘 단속하여 수행하면 큰 과를 얻을 수 있을 것이다."라고 하시며 다시 돌아가라고 하셨다.

이 비구는 난처해하며 다른 곳에 갈 수 있도록 다시 한 번 더 허락을 구했다.

"너에게 어려운 것이 무엇이며, 얼마만큼 어려우냐?"

"세상에서 다스리기 제일 어려운 것이 마음인데, 마음대로 하는 것을 그 보살이 다 보는데 어찌 부끄럽지 않겠습니까? 마음을 다스리는 것이 가장 어려운 것 같습니다."

"네가 세상에서 마음 다스리는 한 가지 일에만 집중할 수 있으면 세상 어디서든 능히 편안하게 지낼 수 있느니라."

탐욕과 성냄과 어리석음이라는 근본적인 번뇌와 관계된 마음의 순간들이 제시되어 있다. 탐심이 일어날 때 탐심이라고 알아차리면 생겨난 탐심이 어떻게 변화해 가는지 스스로 알게 된다.

수행의 힘이 약한 일상의 마음으로는 탐심이 있다는 것을 알아도 그 탐심을 다루는 데 능하지 못하므로 탐심이라는 문제는 해결되지 않는다.

알아차림의 힘이 강화되면 탐심이 일어나는 순간과 동시적으로 알아차려서 사라지게 하거나 진행을 차단할 수 있다.

알아차리는 순간 탐심은 끊어지거나 사라지게 되는 이것이, 수행에 의해 생겨난 집중력에 의해서 번뇌가 제어되는 것이다.

탐심과 같은 부정적인 마음뿐만이 아니다. 탐심이 없는 긍정적인 마음도 바르게 알아차려서 사라지게 해야 한다. 탐심을 알아차린 후 탐심이 사라지면, 사라졌음도 바르게 알아차려야 한다.

알아차림이라는 마음의 작용에 의해서 부정적인 마음들은 사라지고, 긍정적인 마음이나 청정한 마음이 일어나도 즉시 알아차려서 사라지게 해야 한다.

부정적인 마음이나 긍정적인 마음이나 모두가 알아차리고 사라지게 해야 하는 번뇌이다. 긍정적인 마음이 생겨나면 생겨났음을 바로 알아차려야 하는 이유가 여기에 있다.

부정적인 마음도 긍정적인 마음도 거부나 집착의 대상이 아니라 알아차림의 대상이라고 이해해야 한다.

어떤 것이라도 생겨나고 경험된 것은 알아차림의 대상이다. 집착의 대상이 아니다. 부정적인 요소가 없어지고 긍정적인 요소가 생겨나는 것은 좋은 일이지만, 긍정적인 요소에도 집착하지 않아야 한다.

7. 빈손도 내려놔라

 옛날 중국의 덕산스님 못지않게 『금강경』에 해박한 지식을 갖춘 어느 납자가 조주선사를 찾아가 지금까지 자신의 눈높이로 배우고 정진한 바를 확인하려고 자신이 알고 있는 법을 낱낱이 일렀다.

한참 듣던 선사는 납자가 문자에만 갇혀 있음을 간파하고 "무엇을 모르는가?"라고 묻자, 불법은 거의 다 알고 있다는 자부심으로 "아무 것도 아는 바가 없습니다."라고 했다.

"무엇을 모르는지도 모르고 이곳까지 왔는가?"

"가르침을 받으러 왔습니다."

"먼저 모든 것(관념)을 내려놓게."

"모두 내려놨습니다."

"그럼 지고 가게!"라고, 벗어났다는 관념에 빠진 납자에게 "빈손도 내려놓으라."고 일갈하자 몰록 깨친 납자는 자리에서 일어나 예를 올렸다.

마음이 머릿속에 있는 것도 아니고 마음속에 머리가 있는 것도 역

370

시 아니다. 바람은 공기의 움직임이듯이 마음은 다섯 가지 감각기관에 부딪히는 대상을 아는 연속적인 흐름이다.

한 찰나 어떤 생각이 마음을 차지하면 다음에 다른 생각이 그 자리를 차지하려고 기다리는 격이다.

생각이 생각을 잇는 과정은 찰나적으로 바뀌는 마음을 의지해서 일어나는 정신작용이다.

이 정신적인 현상도 물질적인 현상과 같이 토막난 독립체가 아니라 융합 속에서 변화 생성된다. 즉 찰나간으로 끊임없이 일어났다 사라지는 생멸의 연속이다.

생각이 너무나 빠른 속도로 생성 융합하며 이어지므로 그 마음은 변화하지 않고 견고하며 지속적인 것으로 착각할 수도 있다.

선풍기의 날개가 돌아갈 때 실제로는 원형이 아닌데도 빠른 속도에 의한 착각 때문에 원형으로 보이는 것과 같다.

우리가 아침에 지나가며 본 강물은 저녁에 돌아올 때의 그 강물이 아니다. 단지 같은 강물로 보이는 것은 찰나간으로 변화, 생성, 연속, 인력, 유유상종 등의 법칙에 의해서 다른 물줄기로 채워져 있기 때문이다.

강물은 물의 입자들이 빈틈없이 모여서 쉴 틈 없이 밀고 당기며 생성 융합하므로 어제의 강이 오늘의 그 강처럼 비춰지게 된다. 강물의 흐름처럼 마음도 순간순간 다른 마음으로 이어지며 흐른다.

이 흐름이 얼마나 빠른지에 대하여 부처님께서 "비구들이여, 나는 생각의 변화만큼 빨리 변하는 것에 대해서 들은 바가 없으니, 그것이 얼마나 빨리 변하는가를 설명하기는 결코 쉬운 일이 아니다."라고 일러주신 바가 있다.

미세한 관념마저 벗어났다는 생각에서 벗어나지 못하면 생사윤회의 멍에는 아직 그의 것이다.

바라문의 유행자流行者 마타따라가 부처님에게 여쭈었다.

"세존이시여, 우리도 이렇게 사노라면 언젠가는 윤회에서 벗어날 날이 오겠지요? 얼마나 더 많은 윤회를 해야 해탈될 수 있을까요?"

"마타따라여, 만약 여기 4방8방 1요자나* 높이의 반석이 있어 세상에서 가장 부드러운 카시 비단으로 백 년에 한 번씩 스쳐서 이 반석이 모두 닳아 없어져도 그대의 윤회는 끝나지 않는다네! 또 다른 비유로 말하면 여기 4방8방 1요자나 깊이의 빈 우물이 있어 세상에서 가장 작은 겨자씨로 백 년에 한 개씩 넣어서 이 빈 우물이 모두 채워져도 그대의 윤회는 끝나지 않는다네!"라고, 우리가 흔히 갖는 생사윤회에 대한 의문을 부처님은 간단하게 비유해서 일러주셨다.

자아나 마음이나 영혼이 영원하다고 믿고 있는 잘못된 관념에서 벗어나지 않는 한 윤회전생은 끝이 없다는 의미이다.

부처님께서 일러주신 윤회는 자

* 요자나Yojana: 부처님 당시 인도에서 쓰이던 거리 측정 단위. 1요자나는 약 19~20km. 왕이 여행을 할 때에 하루에 1요자나씩 갔으며, 부처님 또한 그렇게 걸으셨다. 한역으로는 유순由旬이라고 하며 일설에는 12~15km라고도 한다. 본래 소가 하루 동안 걷는 거리를 말한다.

아나 영혼이 윤회하는 주체가 아니란 점을 꼭 찍어서 이해해야 한다.

만약 어떤 영혼이나 자아가 존재해서 그들이 옷을 벗고 입듯이 몸을 바꿔가며 장소를 전전하며 윤회한다면, 힌두교를 비롯한 타종교에서 말하는 윤회와 조금도 다를 바가 없다.

그들은 고정불변적인 영혼이나 자아가 윤회의 실체라고 믿는 반면, 부처님의 가르침에 의한 윤회의 실체는 업의 형성력에 있다는 것이 다르다.

즉 윤회의 주체는 업의 에너지인 동시에 업의 상속자가 된다.

업력이 있으므로 윤회가 가능하고, 업의 행위자가 있으므로 업의 상속자가 있게 된다. 마음을 다스려 업을 만들지 않으면 그 상속자도, 윤회도 없다는 결론이다.

제11장

법의 알아차림

1. 오개五蓋에 대한 알아차림

5-1

비구들이여,

　자신에게 감각적인 욕망이 있으면 있음을, 없으면 없음을 알아차리고,

　일어나지 않은 감각적인 욕망이 어떻게 일어나는가를 알아차리고,

　　일어난 감각적인 욕망이 어떻게 사라지는가를 알아차린다.

　　자신에게 성냄이 있으면 있음을, 없으면 없음을 알아차리고,

　일어나지 않은 성냄은 어떻게 일어나는가를 알아차리고,

일어난 성냄은 어떻게 사라지는가를 알아차린다.

자신에게 혼침과 졸림이 있으면 있음을, 없으면 없음을 알아차리고,

일어나지 않은 혼침과 졸림은 어떻게 일어나는가를 알아차리고,

일어난 혼침과 졸림은 어떻게 사라지는가를 알아차린다.

자신에게 들뜸과 회한과 우울이 있으면 있음을, 없으면 없음을 알아차리고,

일어나지 않은 들뜸과 회한과 우울은 어떻게 일어나는가를 알아차리고,

일어난 들뜸과 회한과 우울은 어떻게 사라지는가를 알아차린다. 자신에게 회의적 의심이 있으면 있음을, 없으면 없음을 알아차리고, 일어나지 않은 회의적 의심은 어떻게 일어나는가를 알아차리고, 일어난 회의적 의심은 어떻게 사라지는가를 알아차린다.

자신들의 몸과 마음의 현상에 마음을 모아 알아차리는 수행을 시작하는 수행자가 처음으로 부딪히는 문제가 바로 5가지 장애(五蓋)이다.

일차적인 알아차림의 대상은 육체적인 현상 가운데 좌선 시의 호흡이나 호흡에 동반되어 발생하는 복부의 움직임에서 일어나는 현상이다. 경행 시에는 발을 들어올리고 앞으로 나아가며 내려놓는 움직임의 느낌들이다.

육체적인 현상들에 마음을 챙겨서 알아차리다가 정신적인 현상들인 5개蓋가 생기면 생기는 즉시 알아차린다. 이 장애들이 사라지면 사라졌다고 바로 알아차려야 한다.

"이것이 있음으로서 저것이 있고, 저것이 있음으로서 이것이 있다."라는 작용과 반작용의 인연 이치로 슬픔의 씨앗, 행복의 씨앗, 부의 씨앗, 가난의 씨앗, 고통의 씨앗, 불행의 원인 등을 스스로 뿌리고 스스로 거두게 된다.

봄에 씨앗을 뿌려서 가을에 수확하듯이, 또 콩 심은 데 콩 나고 팥 심은 데 팥 나는 섭리대로 행복 심으면 행복을, 슬픔 심으면 슬픔을, 고통의 씨앗, 성냄의 씨앗, 미움의 씨앗 등 뿌리면 뿌리는 대로 거둘 것이다.

수행도 마찬가지이다. 모든 고통에서 벗어나려면 알아차림을 무기로 탐진치의 군단을 쳐부수는 전장에서 싸워야 한다.

수행자의 주적인 욕망과 분노와 어리석음의 군단을 분쇄하는 과정에서 셀 수 없이 많은 저항들을 만나게 될 것이다. 그 가운데 특히 5 개蓋를 밟고 넘지 않으면 안 된다. 번뇌가 있는 곳에 번뇌와 싸우는 수행자도 있고 번뇌를 정복한 수행자도 있으므로 수행은 내적인 전쟁이다.

법을 실천한다는 것은 번뇌에게 정복당했던 마음을 탈환해서 나를 찾는 것이다. 법의 알아차림 역시 번뇌와의 전쟁이다.

이 전쟁에서 자신을 탈환하기 위해 '법에 대한 알아차림'의 정진은 보다 더 진지해져야 한다.

몸과의 전쟁, 느낌과의 전쟁, 마음과의 전쟁, 법과의 전쟁 가운데 법과의 전쟁이 가장 어려운 부분이기 때문이다. 어려운 법에 대한 알아차림을 직시하고 법에 대한 번뇌와 싸워 이기는 것이 수행자에게 주어진 최우선 과제인 동시에 발등의 불이다.

부처님께서 엄지 손톱 위에 흙을 조금 올려놓으시고 말씀하셨다.

"비구들이여, 이 손톱 위의 흙이 많으냐? 저 바깥의 흙들이 많으냐?"

"예! 세존이시여, 그 손톱 위의 흙먼지보다 저 바깥의 흙먼지들이 훨씬 더 많습니다."

"그렇다. 저 바깥의 흙먼지만큼 많은 사람들이 감각적인 즐거움에 빠져서 그 너머에 또 다른 행복이 있다고 알지 못한다. 단지 이 손톱 위의 흙만큼만 또 다른 행복이 있음을 믿고 법을 따라 수행한다."

세상 사람들이 이와 같다.

복을 구하는 사람들은 저 바깥의 흙먼지만큼 많지만 수행으로 해탈을 구하는 수행자는 그리 많지 않다는 것을 비유해서 하신 말씀이다.

대부분의 사람들은 외부의 것들과 다투며, 번뇌를 적으로 수행정진하는 수행자도 극히 드물다. 수행을 하지 않는 사람들은 심지어 번뇌를 보지도 알지도 못한다.

아무것도 보이지 않는 캄캄한 그믐밤에 길을 가다보면 온갖 장애물 때문에 이리 부딪치고 저리 넘어지며 가는 길이 힘들다. 이와 같이 수행자가 알아차림의 대상을 놓치거나 바른 겨냥이 없으면 마음은 그믐밤처럼 캄캄하여 온갖 번뇌에 의해서 수행을 진전시키지 못한다.

여기서의 온갖 번뇌는 많지도 적지도 않은 5개蓋이다. 수행을 하지 않거나 쉴 때에도 이들이 마음을 오염시키므로 항상 주의 깊게 살펴서 일어나는 번뇌가 주인 노릇을 못하게 해야 한다.

일어나는 번뇌를 차단시키거나 사라지게 하려면 늘 자신의 마음과 몸에서 일어나는 현상들에 '이-?' '이-?'라며 쉼 없이 계속 알아차려

 나가야 한다.

알아차림이라는 문지기가 없으면 오개의 번뇌가 우리의 마음에 한여름의 잡초처럼 뒤덮을 것이다. 이 번뇌들이 생겨날 때는 생겨났음을, 사라질 때는 사라짐을 놓치지 않고 '이-?' '이-?'라며 마음을 모아서 알아차리는 것이 법에 대한 깨어있음이다.

이 깨어있음의 대상에서 비켜서게 하려는 것들은 감각적인 욕망, 성냄과 악의, 혼침과 게으름, 들뜸과 회한과 우울, 회의적 의심 등의 장애이다.

왜 이들을 장애 또는 덮개라고 꼬리표를 붙였는가? 그들이 수행을 방해하는 특별한 힘을 갖고 있기 때문이다.

육체적인 갈망에 묶인 사람들은 상식적인 행복을 뛰어넘는 수행을 오래 할 수 없음이 첫 번째 장애이다.

수행은 감각적인 욕망을 충족시키지 못하기 때문에 불쾌하고 싫어지는 마음, 성냄으로 이어지는 것이 두 번째 장애이다.

이렇게 알아차림의 대상에 겨냥이 약화되면서 집중력이 느슨해져 게으름과 혼침으로 나아가게 되는 것이 세 번째 장애이다.

혼침과 게으름으로 마음은 대상에 겨냥되지 못하고 여기저기 날뛰며 후회와 비난, 그리고 근심걱정에 빠지게 되는 것이 네 번째 장애이다.

이제 법마저 믿지 못하고 스승을 의심하고 비난하면서, 이 수행과 저 수행 등을 비교하는 갈림길에서 갈 길을 잃은 나그네 지경에 이르는 것이 다섯 번째 장애가 된다.

이와 같은 바른 알아차림의 장애는 바른 겨냥, 바른 노력, 바른 알아차림, 바른 마음집중 등의 수행요소가 부족한 데서 온다.

처음 수행을 시작하는 수행자에게 해탈의 문턱까지 안내해 주는 안내자 1명과 선우善友와 악우惡友 각 5명, 모두 11명의 도반이 함께한다고 비유할 수 있다. 수행의 안내자인 고통과 다섯 선우라면 신심, 정정진, 정념, 정정, 지혜 등 5근根을 말함이고, 다섯 악우라면 감각적인 욕망, 악의, 혼침과 도거, 들뜸과 회한과 우울, 회의적 의심 등 5개蓋를 일컫는다.

해탈의 문턱으로 빨리 가자고 앞에서 이끄는 5근을 착한 친구로, 해탈의 문턱으로 가지 못하게 뒤에서 붙들고 앞에서 가로막는 5개를 나쁜 친구로 비유한 것이다.

2. 오감을 제어하라

5개蓋 중 첫 번째 감각적인 욕망은 수행자를 해탈로 나아가지 못하게 하는 가장 강한 적이다.

중국의 선사들은 이 적을 알아차림의 몽둥이로 죽이라고 간절하게 외친다.

"부처가 보이면 부처도 죽이고, 부모가 보이면 부모도 죽이고, 일어나는 번뇌는 무조건 죽여라, 죽여라, 끊임없이 죽여라. 이 알아차림의 몽둥이로 그 어떤 번뇌라도 죽여야 한다."

"감각적인 욕망이나 성냄의 생멸과 유무를 알아차린다."는 말은 소멸 내지 벗어난다는 뜻이다.

알아차림이라는 문지기가 없으면 우리의 마음에는 갖가지 번뇌가 잡초처럼 일어나기 마련이다. 정신적인 현상의 번뇌가 일어날 때, 그리고 사라질 때 그 찰나마다 '이-?' '이-?'라며 즉시 마음을 모아 알아차리는 것이 바른 깨어있음이다.

이와 같은 번뇌는 여섯 감역처를 통해서, 감각적인 욕망도 6문을 통해서 들어오므로, 감각기관의 문에 '이뭣꼬?'라는 깨어있음의 문지기가 있으면 감각적 욕망이란 도둑이 들어올 수가 없다.

'이뭣꼬?'라는 알아차림의 문지기가 없으면 번뇌들이 들어와 주인으로 몸과 마음을 지배하게 된다. 감각적 욕망이 일어나면 일어난 만큼 괴로움이 따르고, 감각적 욕망을 여의면 여읜 만큼 평화가 따른다.

감각적 욕망은 무상·고·무아의 공성으로서 실체가 없다. 그래서 감각적 욕망의 텅 빔을 볼 때 괴로움의 울타리를 뛰어넘는 지고의 평화가 따른다. 감각적인 욕망의 혐오에서 벗어나 초연해지는 것이 해탈의 문턱을 넘는 것이다.

태어나는 순간이 아니라 어머니의 모태에 잉태하는 순간 명색과 함께 6가지 감각의 문이 형성되면서, 가장 원초적인 본능이 되는 감각적인 욕망을 어느 누구나 본능적으로 갖게 된다.

감각적인 욕망에서 비롯되는 "5욕의 즐거움을 누린다."고 말할 때, 이는 식욕, 성욕, 수면욕, 재물욕, 명예욕 등 5가지 욕망을 충족시킨다는 말이다. 그리고 인간의 이런 기본적인 욕구 가운데 성욕과 식욕이 보다 더 강하다.

이 욕망은 한번 분출하면 금방 맥없이 식어 버리지만, 그 감정과 이미지를 마음속 깊숙한 곳에 저장해 놓고 기회가 되면 또 다시 분출시킨다. 마치 갈증이 날 때 바닷물을 마시더라도 갈증이 해소되지 않아 자꾸 바닷물을 퍼마시는 것처럼, 기회만 되면 표출하려 한다.

이런 감각적 욕망에서도 해방되려면 알아차림밖에 없다.

이 감각적인 욕망의 알아차림을 여섯 가지로 나눠서 제시하고 있다.

첫째, 32가지의 오물 주머니가 움직이는 것으로 부정상을 떠올린다.

둘째, 머리카락, 몸의 털, 손발톱, 이빨, 피부, 지방, 살갗, 힘줄, 뼈,

골수, 콩팥, 심장, 간, 횡경막, 지라, 허파, 쓸개, 창자, 장간막, 위장, 위 내용물, 똥 등 22가지 흙의 요소와 쓸개즙, 고름, 피, 땀, 눈물, 기름, 침, 콧물, 관절액, 오줌 등 10가지 물의 요소가 합해서 32개 요소로 몸을 이루고 있으므로, 이들을 차례로 외우며 그들의 성품들을 떠올리는 부정관에 전념한다.

셋째, 목과 네 다리를 감추는 거북이처럼 다섯 감관을 잘 보호·제어하는 5감五感을 제어制御한다.

넷째, 음식은 생명체들의 아픔이고 죽음이고 시체임을 알고 그들의 소중함을 알아서 탐닉하지 말아야 한다.

다섯째, 계행이 밝고 열심히 정진하는 스승이나 훌륭한 도반들을 가까이한다.

여섯째, 묵언默言을 하거나 '이뭣꼬?'라는 의정으로 번뇌를 차단·소멸해야 한다. 감각적인 욕망에 관계된 생각이나 말이나 행위를 제어하고 피해서 감각적인 욕망에서 비켜서는 것이다.

아름다운 여자가 보일 때 단지 알아차리면 된다.

그냥 '봄, 봄' 내지 '이-?' '이-?'라며 알아차리고 더 이상 사념확산이 되지 않도록 차단한다. 마음속에 흔적을 남기지 말고 저장하지 말라는 의미이다.

어떤 대상을 보았을 때 순간적으로 일어났다 사라지는 것 같지만, 마음은 단계적인 인식작용이 따른다.

처음 대상을 보았을 때 대상이 눈에 들어오고 이어서 인식하게 되는데, '좋다, 혐오스럽다, 좋지도 혐오스럽지도 않다'고 하면서 저장(業藏)하게 된다.

이렇게 한번 대상을 봄으로써 그 대상을 마음속에 저장한 뒤 가끔 저장된 업록業錄에서 꺼내 보기도 한다.

여기서 눈에 들어오는 느낌(受)에서 '이-?' '이-?'라며 알아차리면 인식(想-사량분별)의 징검다리로 넘어오지 않게 됨으로써 사념확산이나 기억저장이나 업의 저장을 차단하게 되는 것이다.

업의 창고(業藏)인 업록에 넣지 않으려는 노력이 '이-?'.'이-?'라며 알아차리는 정념이다. 그냥 알아차릴 뿐 분별하거나 마음속에 저장하지 말자는 이것이 느낌(受)과 인식(想) 사이에 벽(이뭣꼬?)을 치는 것으로 벽관법이라고도 한다.

일상 속에서 보지 않을 수 없고 듣지 않을 수 없는 경우가 있다.

길거리를 걷다가도 특별하게 노출이 심한 옷이나 몸매가 드러난 옷을 입고 다니는 여인과 마주치면 보지 않을 수 없다.

이때 단지 '봄, 봄' 내지 '이-?' '이-?' 하고 지나쳐야 하지만 대부분의 남자들은 다시 한 번 더 쳐다보고 그 이미지를 마음속에 '찰칵' 저장해 두었다가 생각나면 그 이미지를 다시 꺼내보거나 무의식적으로 떠올리기도 한다.

어쩔 수 없이 대상과 마주칠 때는 인식되기 전에 단지 '봄, 봄' 내지 '이-?' '이-?'라며 알아차리면 인지로 끝나는 순간 인식에 의한 업의 저장은 되지 않는다.

마찬가지로 싫은 소리를 들을 때도 있다. 듣기 싫은 소리를 들었을 때 단지 '들음, 들음' 내지 '이-?' '이-?'라며 알아차리는 순간 더 이상 반응을 하지 않는다.

냄새나 맛과 같은 경우도 마찬가지다. 이와 같이 5가지 감각기관이 5가지 감각대상과 마주쳤을 때 첫 단계 느낌에서 다음 단계로 진행하여 저장하지 않고 곧바로 빠져 나오는 것이 '바른 알아차림'이다.

이와 같이 알아차림을 강화하면 다음과 같은 느낌들을 체험하게 된다.

희열로 소름이 끼치거나 소름닭살이 돋고 솜털이 일어나는 느낌, 전기에 감전된 듯 짜릿하거나 시원하고 기분 좋은 느낌, 파도를 탄 듯 공간을 떠다니는 공중부양의 느낌, 실제로 공중부양 되는 느낌, 온몸에 퍼지는 희열이 완벽하게 스며들듯이 기쁨이 충만한 느낌 등의 희열은, 수행 중에 집중이 깊어지면 나타나는 현상들로서 세간적인 것과는 다른 초세간적인 것이다.

부처님의 제자들 대부분은 스스로 원해서 비구가 되었지만 난다와 라훌라는 자신의 의지보다는 부처님의 뜻으로 출가하게 된 경우이다. 그 가운데 난다는 부처님께서 카필라왓뚜를 처음 방문하셔서 막 태자 즉위식과 결혼식을 함께 올리려는 그에게 발우를 들려서 니로다 정사까지 데리고 와서 머리카락을 자르고 비구로 귀의시키셨다.

난다가 사랑하는 신부 칼야니의 애절한 절규를 뒤로하고 부처님의 발우를 들고 따라와서 느닷없이 비구가 되었으니 어떻게 수행을 바르게 할 수 있었겠는가?

수행은커녕 자나깨나 칼야니에 대한 그
리움으로 감옥에 갇힌 죄수처럼 지내고 있
을 때였다.

정사 뒤뜰의 나무 아래에 앉아서 화려했
던 궁중생활과 아름다운 칼야니 생각에 한
참 빠져 있을 때 자신의 달콤한 환상을 깨는
목소리가 들렸다.

"아, 행복하다. 정말 행복하다. 아! 평화롭구나!"라고 감탄하는 소리
에 고개를 들어보니 왕으로 있다가 얼마 전에 머리를 깎은 비구였다.

"나는 이 숲이 지옥이나 감옥 같아서 지겨운데 무엇이 그렇게 행복
하고 평화롭다는 말인가요?"

"내가 왕위에 있을 때는 모든 사람들을 의심해서 챙기지 않으면 한
순간도 마음을 놓을 수 없었습니다. 나라의 여러 곳은 물론 어느 것
하나 불안하지 않은 것 없이 지내다가 이렇게 머리를 자르고 비구가
되었으니 우선 걱정거리가 사라져서 행복합니다. 또 이 숲에서 홀로
정진하면서 의심하지 않게 되니 더욱 평화로울 수밖에 없지 않겠습
니까?"

이와 같은 이야기가 부처님에게 전해지자 부처님께서 조용히 난다
를 부르셨다.

"난다여, 오늘은 나와 함께 산책이나 좀 하자꾸나."라고 하시며 난다를 데리고 숲 속으로 나가셨다. 그때 불에 탄 원숭이가 나무 위에서 무엇인가를 열심히 먹고 있는 모습들을 보시며 난다의 약혼녀 칼야니에 대해서 넌지시 물으셨다.

"난다여, 저 원숭이가 아름다운가, 칼야니가 아름다운가?"

"세존이시여, 저 불에 탄 원숭이와 아름다운 칼야니를 어떻게 비교할 수 있겠습니까? 칼야니는 정말 아름답습니다. 특히 웃는 모습은 정말 예쁩니다."

한동안 잠자코 걸으시다가 부처님의 초능력으로 난다와 함께 천상계에 이르러서 천녀가 나타나자 부처님께서 아름다운 천녀를 가리키며 다시 난다에게 물으셨다.

"난다여, 저 천녀가 아름다운가, 칼야니가 아름다운가?"

"천상의 천녀와 인간계의 칼야니를 어떻게 견줄 수 있겠습니까? 천녀들이 훨씬 더 아름답습니다."

또 한동안 부처님을 따라가던 난다가 아름다운 천녀들이 커다란 솥에 기름을 끓이고 있는 것을 보고 천녀에게 물었다.

"무엇에 쓰려고 이렇게 많은 기름을 끓이고 있습니까?"

"예, 이것은 하계에서 착한 불자들이 올리는 시물만 축내면서 공부를 하지 않는 '난다'라는 비구가 멀지 않아 여기로 오게 되므로 그를 삶기 위해서 이렇게 기름을 끓이고 있는 것이랍니다."

이 말을 들은 난다는 깜짝 놀라 부처님께 쫓아가서 사실 여부를 여쭈었다.

"그렇다. 네가 정진은 하지 않고 칼야니 생각에만 골몰하고 있으면

얼마 지나지 않아 너의 건강은 쇠약해져서 인간세상의 삶을 마치고
이 천상에 오게 되리라. 그때를 위해 지금부터 천녀들이 기름을 끓이
며 너를 기다리고 있단다. 만약 네가 칼야니와 궁중생활에 대한 미련
을 모두 버리고 열심히 정진하면 저 아름다운 천녀들을 모두 그대의
아내가 되도록 약속할 것이니 정진하는 것이 어떻겠느냐?"

"열심히 정진만 하면 저렇게 아름다운 천녀들을 모두 저의 아내가
되도록 해 주신다는 말씀입니까?"

"열심히 정진만 한다면 내 그렇게 하겠다."

부처님께서 이렇게 난다가 정진하도록 하셔서 난다는 열심히 정진
하기 시작했다.

옛날 같으면 식사도 거르고 칼야니의 생각에 빠져 있을 난다가 열
심히 정진하는 동안 오래지 않아 마음이 고요해지면서 수행에 따르
는 기쁨과 환희가 고조되었다.

"세존이시여, 이제 부처님의 가르침에 대해서 눈을 떴습니다. 이제
야 부처님의 가르침에 가슴이 열렸습니다. 한동안 저의 어리석음을
참회합니다. 제발 천녀들을 저의 아내가 되도록 해주시겠다던 부처

님의 약속을 거두어 주십시오."

과연 부처님께서 천녀들을 난다의 아내로 만드시려고 한 말씀이었을까?

아니다.

수행으로 어느 정도의 경계에만 들면 그 환희와 법락이 세간의 그어떤 즐거움보다 훨씬 뛰어나다는 것을 보여주기 위한 방편이었다.

마찬가지로 수행을 해 보지 않은 일반인들은 수행 중에 나타나는 희열에 대하여 잘 모른다.

부처님의 가르침으로 수행정진하면 자연스럽게 일어나는 지혜와 자비의 상태가 얼마나 즐겁고 행복한가를 이해시키려고, 초기에는 이와 같은 '얍윰yab-yum'*이라는 그림과 형상까지 동원하였다.

부모불父母佛이라고도 하는 이 형상은 지혜의 아버지와 자비의 어머니, 또는 반야의 아버지와 방편의 어머니가 함께하는 그림이나 형상으로, 티베트에서는 초기에 세간적인 욕망에서 비롯되는 범부들의 희열과 비교될 수 없는 수행정진의 희열이 있다는 것을 상징적으로 보여주었다.

*얍윰: 지혜의 아버지와 자비의 어머니가 함께하는 모습의 그림이나 조각상.

훗날 이를 바탕으로 좌도밀교左道密敎의 상징으로까지 발전되었지만, 이런 초세간적인 희열은 '이-?'

'이-?'라며 알아차리면 사라지는 삼매에서 체험되어지는 법락法樂이다. 우리도 불법수행에 눈을 뜨면 난다처럼 부처님의 가슴을 이해하게 될 것이다.

청나라 3대 순치황제의 출가 시 가운데 한 구절을 옮겨본다.

이내 몸 중원천하 임금노릇 하건마는
나라와 백성 걱정 마음 더욱 산란하여
인간세상 백년 살이 삼만육천 날
풍진 떠난 명산대찰 반나절에 미치랴.
부질없는 한 생각의 잘못으로
가사 장삼 외면하고 곤룡포를 감게 됐네.

이 몸 본래 서천축 스님인데
무엇을 반연하여 제왕가에 떨어졌네.
이 몸이 나기 전에 그 무엇이 내 몸이며
세상에 태어난 뒤 내가 과연 뉘이런가.
자라나 사람노릇 잠깐 동안 나라더니
눈 한번 감은 뒤에 내가 또한 뉘이던가?

백년의 세상일은 하룻밤의 꿈속이요
만리의 이 강산은 한 판의 바둑판이네. ……

수행 중에 일어나는 이런 법희나 법락이 오래 지속되기를 바라는 것은 탐심의 번뇌이고, 희열이 사라지면 아쉬워하며 불편하게 생각하는 것은 혐오감의 번뇌이다. 아무리 수행을 오래해도 이렇게 탐내고 아쉬워하면 세간적인 어리석음이다.

감각적인 대상을 보았을 때는 단지 '봄' '봄' 내지 '이-?' '이-?'라며 알아차리고, 속 뒤집히는 소리를 들었을 때도 단지 '들음' '들음' 내지 '이-?' '이-?'라며 알아차린다.

성인도 오물은 피해 가듯이, 손자병법의 최고 계책인 마지막 36계는 '여의치 않으면 피하라.'이다.

여기서는 '여의치 않으면 피하라.'가 아니라 '가능하면 피하라.'이다. 가장 좋은 방법은 오감제어로 감각적 대상과 부딪치지 않도록 피하는 것이다. 싸우지 않고 이기는 것이 최선의 방법이다. 피하지 못해서 맞닥뜨렸을 때 제어하는 방법은 '이뭣꼬?' 외에 따로 없다.

3. 성냄과 혼침

성냄은 5개蓋 중 두 번째로 매우 거친 번뇌이다. '분노하다, 미워하다'라는 뜻으로, 두들겨 맞은 독사가 바짝 약이 올라 꼿꼿이 고개를 쳐들고 노려보는 것 같은 마음이다.

성냄이란 기회를 포착한 원수처럼, 또 성냄의 독은 물린 상처를 타고 빠르게 퍼져 나가므로 꼬리에 꼬리를 무는 원한과 증오의 고통이 따르게 된다.

성냄은 사람에게서 생기거나 짐승에게서 생기거나, 혹은 왕이 내는 성냄이나 아이가 내는 성냄이나, 누구를 막론하고 성냄의 현상은 똑같다.

심장박동이 빨라지고, 피가 빨리 돌고, 몸이 뜨거워지고, 눈에 핏줄이 서고, 목소리는 딱딱하고, 움직임이 거칠어지는 것이 성냄의 특성이다.

성냄은 마음에 들지 않은 대상과의 접촉에서 발생되는 것이다.

거슬리는 현상들에 대한 미움과 노여움이 강하면 강할수록 지속되는 시간도 강하고 동요는 더 커진다.

성냄은 탐욕 및 어리석음과 더불어 깨달음에 장애가 되는 독에 찌든 번뇌들이라 해서 3독심이라고 한다.

사악한 성냄을 지님으로써 행복하지 않은 곳이나 지옥에 태어나게 된다. 이러한 습관을 지닌 채 살아간다면 결코 행복한 다음 세상을 기대할 수 없다. 그 자체로서 이미 지극한 고통이 따르는 지옥이다.

지혜로운 이에게는 욕심도 기대도 실망도 그리고 성냄도 없다. 화가 나면 먼저 어리석음에 대해서 두려워하고 부끄러워할 줄 알아야 한다.

정신 이상지기 지신이 정신 이상인 줄 알면 그 병은 이미 나은 것이다. 마찬가지로 자신의 성냄에 부끄러워할 줄 알면 성냄은 이미 부끄러움과 뉘우침으로 바뀐다.

부끄러움과 두려움을 안다면 이미 성냄은 사라져버린다.

성냄에는 어떤 성인군자도 합리화나 유익함을 찾을 수 없다.

성냄은 살생과 맞먹는 악의 에너지, 파괴와 방해의 에너지를 분출한다. 그리고 독성도 분비된다. 화난 사람의 침 속에 들어 있는 독성을 축출해서 쥐에게 먹이면 죽을 정도의 독성이 있다. 사람을 가둬두고 극한상황까지 화가 나도록 하여 그 침의 독성을 축출해서 시험한 결과 황소도 죽일 수 있다고 한다. 그 독성이 결국 자신을 태우는 것이다.

"어리석음에 잠긴 이들은 자신을 원수처럼 지옥으로 내몰고 있느니라. 가만히 있어도 죽을 것인데 빨리 죽으려고 몸부림치며…"라고 하셨다.

　고통의 지옥으로 몰아가는 사람이라면 자신이건 부모건, 형제건 친구건 누구라도 원수일 것이다.

　그러나 그 어떤 탐욕이나 성냄도 '이-?'라며 탐욕이나 성냄을 알아차리면 금방 사라진다. 이것이 정신적인 에너지의 원리이면서 마음의 물리적인 특성 또는 메커니즘이다.

　집중이 잘되어 마음이 온화해지면 기쁨이 일어나게 되는 곳에 탐욕이나 성냄이 함께할 수가 없다.

　누군가 자신에게 화를 내거나 자신이 누구에 대해 화가 날 때는 그 화를 전부 그 사람에게 퍼붓는 대신 주의 깊게 '이-?' '이-?'라며 불편한 마음을 알아차리면 성냄은 말끔히 사라진다.

　화두를 일상화하는 수행자들은 성냄을 하찮은 일이라고 생각하며 이웃이나 적을 사랑하는 것이 어렵지 않다고 생각하게 된다.

　5개 중 세 번째, 혼침이나 게으름의 극복은 바른 겨냥, 바른 알아차림에 있다. 바른 겨냥(正思惟)에 혼침이나 게으름이 일어날 수 없다. 알아차림의 옹색함이나 시들해진 마음에서 비롯되는 혼침에는 바른 겨냥이 주장자이다.

　졸림으로 눈이 멀게 되면서도 아라한과를 성취한 아누룻다의 고사이다.

　"아누룻다여,

그대는 훌륭한 집안에서 거룩한 마음으로 출가하여, 정진하려고 이곳에 머물고 있지 않느냐? 그런데 오늘 법회에서 졸고 있더구나! 그대의 마음은 아직도 정진하는 데 전념하지 않고 있는 것 아니냐?"

부처님께서 설법 중에 아누룻다가 꾸벅꾸벅 졸고 있는 모습을 보시고 법회를 마친 뒤 아누룻다에게 출가의 결의를 한 번 더 상기하라고 내리신 경책이었다.

본래 잠이 많았던 아누룻다는 이렇게 훈계를 받자 몸둘 바를 모르고 부처님 전에 엎드려 사뢰었다.

"세존이시여, 이후부터 어떤 일이 있어도 법회 중에는 졸지 않겠습니다."

그는 이때의 일을 잊지 않고 깊이 새겨서 수마의 극복을 위해 정진 중에는 졸림에 눈이 감기지 않도록 나뭇잎 줄기로 눈꺼풀을 튕겨 놓았다.

그는 이렇게 눈을 혹사하다가 안타깝게 앞을 보지 못하게 되었다. 그러나 쉼 없는 수행정진으로 마침내 천안통을 얻어 당시 부처님의 제자들 가운데 천안제일의 비구가 되었다.

"복을 구하는 이여! 이 바늘에 실을 꿰어 공덕을 쌓으시오."

"자! 바늘과 실을 이리 주어라. 여래가 그 공덕을 쌓겠다."

"아니, 세존께서 여기 계시는 줄은 몰랐습니다. 이미 하셔야 할 일을 모두 마치시고 무상정등각을 이루신 거룩하신 세존께서 무슨 공덕이 더 필요하시겠습니까?"

"아누룻다여, 세상 사람들이 모두 복을 구하지만 나만큼 진지하게 복을 구하는 사람은 없을 것이다."

이때 부처님께서 복을 구하려고 아누룻다의 바늘에 실을 꿰어준 것일까? 아니다. 법을 본 순수지혜의 향기인 자비심이다.

아라한의 행위는 선행이든 악행이든 업의 영향력에서 이미 벗어나 있으므로 그 어떤 복이나 과보도 받지 않는다.

그래서 아라한의 행위는 행하는 바가 없이 행하기 때문에 무위법이라고 했다. 부처님 역시 아라한으로서 복을 기대한 선행이 아니라 단지 아라한의 삶이며 자비였던 것이다.

모자람이 없어 구하는 바가 없고, 지혜로워서 기대하는 바가 없는 이에게는 얻는 바도 없고, 잃는 바도 본래 없다. 그러나 범속한 사람들은 오감의 즐거운 대상만을 쫓아 감각적인 쾌락을 위해 살아간다.

인간은 평화를 지향하는 동물이지만 평화로운 삶은 게으름을 유발하기 쉽다. 그래서 수행자는 같은 나무 아래에 3일 이상을 머물지 말라고 했다. 작은 집착도 갖지 말라는 의미와, 늘 새로운 자극에 노출시켜서 삶은 불안정한 것임을 깊이 알아야 한다는 의미도 된다. 불안정한 삶에 민첩하게 대처하라는 가르침이다.

수행 중에 자주 맞게 되는 혼침과 졸림을 없애는 여섯 가지이다.

① 혼침과 졸음의 원인이 과식에 있는지 살피고,

② 잠시 자세를 바꾸어 경행이나 입선이나 와선을 하고,

③ 광명상을 닦으며 광명상을 사유하고,

④ 지붕이 없는 곳에서 수행하며 노천에서 머물며,

⑤ 잠자기를 즐기지 않는 좋은 벗을 가까이하며,

⑥ 수면의 불이익과 깨어있음의 이로움에 관한 경구를 회상한다.

수행 중에 졸음에 시달리던 목련존자에게 부처님께서 일러주신, 졸음을 극복하는 여덟 가지 방법이다.

① 졸음의 원인이 되는 생각들을 떨쳐 버려라.

② 이전에 들은 가르침(法)을 상기하라.

③ 가르침을 자세하게 반복해서 생각하며 외워라.

④ 양 귓불을 잡아당기고 팔다리를 문지르라.

⑤ 자리에서 일어나 찬물로 눈을 씻으라.

⑥ 광명상(창밖)에 주의를 기울여라.

⑦ 경행(걷는 수행)을 하라.

⑧ 사자와 같이 우측으로 누워서 쉬되 일어날 시간을 정하고 잠을 자라.

수행을 자동차의 운전에 비유할 때, 혼침이나 게으름은 액셀러레이터에서 발을 떼는 것과 같다.

자동차의 액셀러레이터가 작동되지 않으면 주행을 할 수 없기 때

문에 게으름이 수행의 진행을 막는 것이다.

대웅전의 풍경에 물고기를 달아 놓는 이유는 잘 때도 눈을 감지 않는 물고기처럼 한순간도 게으름이나 혼침에 빠지지 말고 수행에 전념하라는 의미이다.

우리가 사찰에서 목어나 목탁을 치는 이유도 수행자는 늘 깨어 있으라는 의미이다.

목어木魚를 처음 물고기 모양으로 만든 유래가 있다.

어느 날 스님이 배를 타고 바다를 지날 때, 등에 나무가 자란 한 마리의 물고기가 바다에서 나타나 전생에 지었던 죄를 참회하였다. 스님이 등에 자란 나무와 물고기의 몸을 벗게 하기 위해서 수륙재水陸齋를 베풀어주자 물고기는 금방 죽어버렸다. 그러자 등에 있던 나무로 물고기 모양을 만들어 종처럼 치며 수행자들을 일깨웠다고 한다.

삶의 목적이 행복해지는 것인 줄 모르면서 살아가는 우리들에게 마지막까지 떠나지 않는 세 가지 의문이 있다. "인생이 무엇이며, 왜 태어났으며, 어떻게 살아야 하는가?"이다. 세 가지 명제를 아우르는 "부모미생 전 나는 누구인가? 이것이 무엇인가? 이뭣꼬?"에 대한 해답이 본성 내지 자성의 이해를 구하는 부처님의 가르침이다.

4. 들뜸과 의심

5개蓋 중 네 번째, 들뜸과 회한과 우울에 대한 수행은 긍정적인 마음으로 길들이고 개발해서 긍정적인 사고로 세상을 볼 수 있도록 강화시키는 작업이다.

이 작업의 성과는 세상의 진리인 궁극적인 실제, 즉 공성을 꿰뚫어 보고 이해하는 것이다.

세상을 꿰뚫어 아는 궁극적인 지혜로 무지에서 비롯되는 일체의 고통에서 비켜설 수 있다.

여기에 전제되는 것이 신심, 정정진, 정념, 정정, 지혜 등 5근根이다. 결국 자신의 마음을 바르게 챙기지 않는 것이 악행이고, 불법을 믿고 따르며 실천하는 것이 곧 선행이다. 어리석음과 게으름은 악이고 쉼 없는 알아차림은 선이라는 뜻이다.

이 들뜸과 회한에서 벗어나는 6가지 방법이다.
 ① 부처님의 가르침을 널리 묻고 많이 배울 것,
 ② 해도 되는 일과 해서는 안 되는 일을 분간해서 행할 것,

400

③계율을 잘 이해하고 실천할 것,

④계율을 잘 이해하고 지키는 연장자와 함께 지낼 것,

⑤들뜸과 회한을 잘 다스리는 좋은 벗을 가까이할 것,

⑥들뜸과 회한의 해로움과 고요함의 이로움에 관한 적절한 말을 할 것 등이다.

보다 더 중요한 것이 있다면 보다 더 강한 집중력과 알아차림이다.

불안정한 들뜸이나 침울함이나 후회하는 것은 강한 덮개와 같아서 수행자의 마음을 덮어버린다. 그러나 보다 강한 집중력과 알아차림은 마음을 고요하고 평온하게 이끌므로 불안정이나 우울함이 덮을 수 없다.

이 장애들을 빠르게 알아차려서 위와 같은 작업으로 개방성과 유연성을 잘 갖추어야 한다.

5개蓋 중 다섯 번째, 회의적 의심은 5근의 향상을 위해서 6식에 대한 무상함을 이해하고 수행에 대한 경외심으로 알아차림이 지속되면 5근 중의 지혜가 크게 향상된다.

회의적인 의심이 약화되면 마음은 고요와 평온, 그리고 믿음에 대한 확신이 설 것이다. '아! 내가 부처님의 가르침대로, 그리고 그 결과가 나에게도…'라는 믿음이 확신으로 바뀌면서 수행자는 생각한다. '아! 이제 시작일 뿐이다. 여기에는 의심이 들어설 수 없구나.'라며 탁한 물을 맑히는 정수제淨水劑같은 믿음이 일어날 때 의심이나 성냄, 회한의 구름은 완전히 걷히게 된다.

여기서의 믿음은 맹목적인 믿음이 아니라 체험에 의한 확신으로 후회나 우울함이 일어날 수가 없다.

누구나 훌륭한 환경에서 태어나 좋은 조건으로 성장하며 행복을 누리고 싶어 하지만 그것은 결코 생각대로 되지 않는다. 어떤 사람은 왕이나 부유한 집안의 자손으로 태어나지만, 어떤 사람은 가난하고 비천하게 태어나기도 한다. 또 어떤 사람은 훌륭한 상호나 거룩한 마음과 모습으로 태어나지만, 어떤 사람은 어리석고 추한 모습으로 태어나기도 한다.

이와 같은 불평등에 대해서 이해할 수 없었던 젊은 비구 수바라 Subhara가 부처님께 물었다.

"세존이시여,

이 세상의 많은 사람들 중 일찍 죽는 사람과 오래 사는 사람, 건강한 사람과 병약한 사람, 잘생긴 사람과 못생긴 사람, 지위가 있거나 없는 사람, 부자이거나 가난한 사람, 어리석거나 지혜로운 사람 등의 평등하지 못한 것은 어떤 원인에 의해서 비롯됩니까?"

"사냥이나 낚시를 즐기던 사람은 살생의 과보로 단명하게 태어나고, 모든 생명체들에게 동정적이고 자비로운 사람은 장수하도록 태어나느니라. 살아 있는 존재들을 괴롭히고 해치는 사람은 그 과보로 병약하게 태어나고, 다른 생명체를 사랑하고 아끼며 해치는 습관이 없으면 그 과보로 건강하게 태어나게 되느니라.

평소 악의적인 마음으로 분통을 터뜨리며 난폭하게 행동하는 사람은 못생긴 모습으로 태어나고, 모욕적인 말에도 잘 참고 온화한 성품을 지닌 사람은 아름답게 태어나게 되
느니라. 남의 명예와 존경에 대해서
질투하고 시기하는 사람은 높은 지위
나 명예를 얻지 못하지만, 남을 존경
하며 시기하거나 질투하지 않고 하심
下心하는 마음을 지닌 사람은 그 과보
로 훗날 사회적인 높은 지위를 얻게
되느니라.

고집이 세고 거만하며, 존경해야 할
사람을 존경하지 않고 자만에 찬 사람은 어려운 환경에 태어나게 되
지만, 겸손하고 유순하며 존경해야 할 사람을 존경하는 사람은 그 과
보로 좋은 환경이나 가문에 태어나게 되느니라.

또 덕과 학문이 있는 사람을 찾아 무엇을 해야 하고 무엇을 하지 말
아야 하는지를 묻고 탐구해야 함에도 불구하고 그냥 되는 대로 살던
사람은 어리석게 태어나게 되느니라. 그러나 학문과 이치를 배우고
익혀서 실천하며 탐구하고 사색하던 사람은 그 과보로 지혜로운 사
람으로 태어나게 되느니라."

이와 같은 가르침은 어떤 행위가 어떤 결과를 낳는가의 인과를 일
러주는 동시에 작용과 반작용의 에너지 철학이다.

인과에 대한 에너지 철학은 자연적인 진리의 변화의 법칙, 생성의
법칙, 유유상종의 법칙, 영속성의 법칙, 작용과 반작용 등 다섯 가지
법칙 가운데 작용과 반작용의 법칙이다.

변화의 법칙은 어떻게든 변한다는 것이고, 생성의 법칙은 무엇인가 된다는 것이다. 유유상종의 법칙은 같은 에너지의 종속성이고, 영속성이란 끊이지 않고 계속된다는 뜻이고, 작용과 반작용의 법칙은 인과의 작용이다.

사람은 어떻게 형성되는가?
이 자연적인 법칙으로 사람이 형성되는데 업業, 식識, 온도溫度, 영양소營養素 등 네 가지의 에너지 요소가 필수적이다.
첫 번째, 업의 에너지는 다섯 가지 감각기능(五感帶), 두 가지의 성(兩性), 의식의 터전(心臟) 등을 만들고,
두 번째, 업식의 에너지가 생명기능을 만들고,
세 번째, 온도의 에너지는 증식배양하게 하고,
네 번째, 영양소는 사대의 파생물을 증장하는 진행의 과정으로 비로소 인간이 되는 것이다.

이와 같은 과정으로 사람을 비롯해서 모든 동식물과 우주가 생겨나게 된다. 이렇게 업의 조건에 의해서 형성된 것들은 철저하게 무상, 고, 무아의 보편적인 특성을 따르므로, 업의 에너지에 의한 오온의 먼지를 떠난 세상은 존재할 수도 존재하지도 않는다는 결론이다.
지금도 과학은 보다 작은 원소를 나누는 것에 끊임없이 노력하고 있지만, 이미 부처님께서 지수화풍으로 궁극적인 실재의 고유한 특성을 분류해 나눠 놓으셨다.
아무리 작게 나눠도 지수화풍의 고유성에서 벗어날 수 없다.

5개蓋의 다섯 번째, 회의적 의심을 없애는 6가지 방법이다.

①부처님의 가르침을 많이 배울 것,

②불법승 삼보에 대한 회의적 의심이 있으면 널리 물어 의심을 풀 것,

③계율을 잘 이해하고 있을 것,

④삼보의 진실함에 대한 믿음을 기를 것,

⑤삼보에 대한 신심이 지극한 좋은 벗을 가까이할 것,

⑥회의적 의심의 해로움과 회의적 의심을 없애는 일의 이로움에 대한 적절한 말을 하는 것 등이다.

누군가 자신의 자존심을 건드리면 반발하며 되받아치고 싶어 한다. 이와 같은 마음은, 일어나고 사라지는 무상의 진리를 모르는 어리석음의 바탕에서 '나'를 전제한 관념의 집착에서 비롯된다.

이 잘못된 관념에 대한 집착은 본래 전생前生부터 잠재의식화 되어 전생轉生되어온 네 가지의 선천적인 성향이다.

그것은 잘못 인식된 관념과 사견 때문에 갖춰지는 어리석음, 그리고 이 무지에서 비롯되는 감각적인 쾌락을 추구하면서 존재하려는 집착이 원초적인 본능처럼 된다.

이와 같은 잠재화된 번뇌의 갈망이 업業을 만든다. 잘못된 관념, 무지, 감각적인 쾌락을 추구하는 탐착, 존재하려는 집착 등의 네 가지 번뇌가 다시 그대로 잠재

의식 속에 각인되는 연속적인 순환이다.

결론적으로, 윤회의식을 끊으려면 잘못된 관념의 고리를 자르지 않으면 안 된다. 잘못된 관념에 집착하는 어리석음으로 업을 지어 나고 죽는 생사와 성주괴공의 윤회를 따른다. 그러나 무지에서 벗어난 지혜로 보면, 업의 흐름만이 제 자리에서 제 할 일을 하고 있을 뿐이다. 우리들이 상식적으로 알고 있는 성주괴공도, 생사도 본래는 없는 것이다.

5. 다섯 가지 쌓임(五蘊)에 대한 알아차림

5-2

비구들이여,

물질(色)은 이렇게 일어나고 사라진다고 알아차리고,

느낌(受)은 이렇게 일어나고 사라진다고 알아차리고,

인식(想)은 이렇게 일어나고 사라진다고 알아차리고,

의도(行)는 이렇게 일어나고 사라진다고 알아차리고,

의식(識)은 이렇게 일어나고 사라진다고 알아차린다.

'나'란 물질과 비물질로 구성된 명색의 구성요소이다. 색·수·상·행·식으로 나눠서 무상·고·무아를 보고, 12처*를 나눠서 무상·고·무아를 이해하게 되고, 18계를 보면서 3법인의 공성을 깨닫게 된다.

오온 가운데 상想의 관념에 갇히면 세상을 텅 빈 공성으로 보지 못하고 자기 나름대로 경험에 따라 받아들이며, 어리석은 기대감에서 실망하고 분노하며 괴로워한다.

"뱀 보고 놀란 가슴 새끼줄 보고 놀라고, 자라 보고 놀란 가슴 솥뚜

*12처處: 눈, 귀, 코, 혀, 몸, 생각과 안식, 이식, 비식, 설식, 신식, 의식 등이다.

껌 보고 놀란다."는 말이 있다. 마찬가지로 관념에 의한 시각으로 사물을 볼 때 전도몽상의 시각이 된다. '있는 그대로'를 보지 않고 선입관으로 본다는 의미이다.

이미 지난 과거에 사로잡힌다거나 오지도 않은 미래를 걱정하는 고통도 관념에 붙들린 것이다.

오온 가운데 상에 붙들리지 말라고 이르는 '과거심불가득, 미래심불가득, 현재심불가득'이란 경구처럼 현재 당처의 알아차림은 과거·미래·현재果未現에 붙들리지 않음이다.

오온에 대한 관념의 집착이 괴로움이기 때문에 버리지 않으면 안 된다.

색온은 물질작용이고 수·상·행·식온은 마음의 작용이므로 오온을 명색名色이라고도 한다.

우리들은 오온을 보며 이것이 자신의 모두인 것으로 착각하고 있다. 그러나 지혜의 눈으로는 오온은 실체가 없는 공이다.

일체개공이 색즉시공이다.

『반야심경』의 첫머리에서도 이렇게 오온이 모두 비어 있다고 강조한다. 자아에 집착하여 살고 있는 생활이 모두 미망迷妄의 삶이 된다.

지혜의 눈이 열린 사람은 자아에 걸림 없이 자재하여, 자아를 근본으로 받게 되는 온갖 고난과 장애에서 벗어나게 된다.

모든 인간계가 실체가 없는 가화합假和合으로 이루어진 현상적 존재이기 때문에 집착하지 말아야 할 것을 일러주는 것이다.

'법에 대한 알아차림'의 부분은 알아차림의 대상과 장애, 수행 도중에 경험하는 현상들, 그리고 마지막 목적을 전체적으로 이해하는 데 가장 중요한 부분이다.

일반사람들은 이 요소들을 바르게 분석하지 못하기 때문에 자아라고 집착한다. 그리고 괴로움을 장만한다.

자아라는 오온을 바르게 이해해서 그 집착으로부터 벗어나야 한다.

그래서 오온 가운데 먼저 눈에 보이는 대상인 색온을 먼저 설하셨다. 색온 가운데 원하는 것과 원하지 않는 것을 경험하는 느낌인 수온을 설하셨고, 느낀 것을 이해하는 인식작용인 상온을 설하셨다.

인식에 따라 업을 형성하는 정신적인 의지인 행온을 설하셨고, 그 느낌, 인식, 의지 등을 지배하는 마음인 식온을 설하셨다.

첫째, 물질인 색온色蘊은 물질적 현상인 몸의 구성요소 지地·수水·화火·풍風이다. 이 네 가지의 원소(四大)가 고형성, 유동성, 에너지성, 운동성의 특수성을 가지고 있다.

다섯 가지의 물질적 감각기관인 눈·귀·코·혀·몸의 기능과 그에 상응하는 형상·소리·냄새·맛·닿음이 있다. 그리고 마음의 대상인 일체의 자연계에서 일어나는 관념·개념·생각 등 24가지*를 함께해서 '나'라고 한다.

둘째, 감각인 수온受蘊은 물질과 외부세계를 감수하는 정신작용인 느낌이다.

느낌에는 즐거운 것과 괴로운 것, 그리고 불고불락 등 3가지가 있다. 그리고 육체적인 즐거움과 괴로움, 정신적인 즐거움과 괴로움, 평온 등 5가지가 있다.

눈이 형상과 접촉하여, 귀가 소리와 접촉하여, 코가 냄새와 접촉하여, 혀가 맛과 접촉하여, 몸이 닿음과 접촉하여, 마음이 마음의 대상인 기억이나 계획 그리고 생각이니 관념과 접촉하여 각각 경험되는 감각영역이 느낌이다.

셋째, 지각·표상작용인 상온想蘊은 감수작용을 다시 정리하여 생각으로 나타내는 사고작용이다.

*24가지: 4대에서 파생된 ①눈, ②귀, ③코, ④혀, ⑤몸/ ⑥형상, ⑦소리, ⑧냄새, ⑨맛/ ⑩여자의 기능, ⑪남자의 기능/ ⑫심장토대/ ⑬생명기능/ ⑭영양소/ ⑮허공의 요소/ ⑯몸의 암시, ⑰말의 암시/ ⑱물질의 가벼움, ⑲물질의 부드러움, ⑳물질의 적합함/ ㉑물질의 생성, ㉒물질의 상속, ㉓물질의 쇠퇴, ㉔물질의 무상함이다. 이렇게 모두 24가지의 물질이 있다.

느낌과 마찬가지로 인식도 여섯 가지 내적 기능과 그에 상응하는 여섯 가지의 외적 대상과 관련된 여섯 가지 종류로 구성되어 있다.

'인식되어진 모두를 하나로 묶어 인식의 무더기'라고 한다. 역시 마음부수 중의 하나로서 모두 모아서 상온이라고 한다.

심상心想을 취하는 취상작용으로서 표상·개념 등의 작용을 의미한다.

수온受蘊과 상온想蘊은 정신작용 중 번뇌를 발생하게 하고 번뇌가 더욱더 커지게 하는 대표적인 마음이다.

넷째, 의지 등 마음작용인 행온行蘊은 생각을 일으키는 힘이며, 마음의 의지작용이다. 여기에는 선악과 같은 의도적 행위가 포함된다. 마음의 의지작용이 새로운 사건의 연결고리를 만들어낸다.

괴로움이 일어나는 갈애에는 그 원인이 되는 정신적인 의지작용이 있다. 만약 이 의도가 멈추면 업을 장만하지 않기 때문에 태어남이나 괴로움은 더 이상 없다.

정신적인 의지가 있으므로 몸과 입과 마음으로 행하며 업을 지어 나가는 것이라고 부처님은 규정하셨다.

감각이나 인식과 의도 역시 여섯 가지 내적 기관과 그에 상응하는 외부세계의 여섯 가지 대상과 관련하여 여섯 가지로 구성되어 있다. 감각이나 인식은 의도가 아니어서 업보를 낳지 않는다.

업보를 낳는 것은 작의, 의욕, 신해, 신심, 삼매, 지혜, 정진, 탐욕, 성냄, 무지, 자만, 자아의 관념 등과 같은 의도적 행위이다.

오온의 수·상·식 이외의 모든 마음의 작용을 총칭하는 것이다. 업을 형성하는 특성을 가진 이것을 하나로 묶어 행의 무더기(行蘊)라고 한다.

52가지의 마음 부수 가운데 느낌과

인식을 제외한 나머지 50가지를 모두 모아서 행온行蘊이라고 한다.

마찬가지로 업을 형성하는 것의 특성에 의해서는 한 가지이지만, 마음과 연결된 것에 따라서는 유익한 것, 해로운 것, 결정할 수 없는 것 등으로 세 가지*이다.

식識은 마음의 주체(心王), 수受·상想·행行은 마음의 부수적 작용처로 심소心所라 하며, 행行에는 또한 마음을 작용시키는 힘이 있다. 이 행온이 곧 유위생멸법有爲生滅法이다.

다섯째, 마음의 총체인 식온識蘊은 눈, 귀, 코, 혀, 몸, 마음 등 여섯 가지의 감각기관 중 식識을 근거로 생겨난다.

*이상의 수·상·행을 모두 심소心所라 한다. 다음에 설명할 식-마음과 같은 것을 대상으로 함께 일어나서 함께 사라지는, 같은 토대를 가진 것이기 때문이다. 이 심소들 중에 수와 상이 두드러지므로 각각 하나의 온으로 설명하고, 나머지 모든 심소들을 묶어 행이라 했다. 이 행들 중에 의도가 가장 두드러지므로 일반 개론서에는 이 행을 의도라 많이 번역하기도 한다. 이리하여 마음부수인 심소는 모두 52가지가 있으며, 그중 느낌과 표상을 제외한 나머지 50가지를 행상카라이라고 한다. 자세한 것은 『아비담마 길라잡이』 1권, pp.186~을 참고하라.

그에 상응하는 여섯 가지의 외적 현상인 형상, 소리, 냄새, 맛, 닿음, 관념 중 하나를 대상으로 하는 반사적인 작용이다. 예를 들면 안식은 눈을 근거로 해서 형상을 대상으로 하는 의식이고, 심식은 마음을 근거로 해서 관념을 대상으로 하는 의식이다.

의식은 다른 기관들과 연관되어 있다. 의식은 대상을 인식하는 것이 아니라 대상의 존재를 알아차리게 한다.

인식판단의 작용, 또는 인식주관

으로서의 주체적인 마음을 가리킨다. 단지 아는 특성을 가진 이것을 하나로 묶어 식온識蘊이라고 한다.

마찬가지로 아는 특성에 의해서는 한 가지이지만 유익한 것, 해로운 것, 결정할 수 없는 것 등 세 가지이다. 또 욕계, 색계, 무색계, 출세간 등 네 가지로 분류하지만, 자세하게 분류하면 89가지에서 121가지로 나눌 수 있다.*

이러한 오온은 현상적 존재로서 끊임없이 생멸 변화하는 것이기 때문에, 상주 불변하는 실체가 아닌 순수공성이다.

아비달마阿毘達磨에서는 '식'은 마음의 주체(心王)이고 '수, 상, 행'은 마음의 부분적 작용·상태 등의 속성(心所)이라고 했다.

오온은 십이처十二處와 마찬가지로 중생의 현실세계의 구조와 성질을 설명하는 또 다른 차원의 세계관이며, 자신에 대한 일체만유의 분류법이다.

오온은 물질계와 정신계의 인연에 의해서 생긴 것이며, 몸과 마음의 역학관계를 가리키는 말이다. 유정의 생성을 성립하게 하는 법은 무상無常이요 고苦이며 무아無我로서, 공함을 반증해 준다.

*『아비담마 길라잡이』 1권, pp.90~ 을 참고하라.

6. 실체 없음이 인연이다

부처님이 사왓티의 기원정사에 계실 때 제자들을 모아 놓고 이렇게 말씀하셨다.

"비구들이여,
진실로 너희들의 소유가 아닌 것은 다 버려야 한다.
그래야만 긴 밤 동안 편안해지리라.
너희들은 어떻게 생각하느냐?

이 제타숲에 있는 모든 초목과 잎사귀와 가지를 어떤 사람이 가지고 간다고 하자.
그러면 너희들은 '그것은 내 것인데 왜 가지고 가는가?' 하고 따지겠는가?"

"아닙니다, 세존이시여, 왜냐하면 그것은 '나(我)'도 아니고 '나의 것(我所有)'도 아니기 때문입니다."

"그러면 다시 묻겠다. 너희가 가지고 있는 눈, 귀, 코, 혀, 몸, 뜻은 영원한가?"

"영원한 것이 아닙니다."

"영원한 것이 아니라면 괴로운 것인가, 아닌가?"

"괴로운 것입니다."

"그렇다면 괴롭고 영원하지 않은 것에 집착할 이유가 무엇인가?
그것은 아무리 집착해도 '나'도 아니고 '나의 것'도 아니니라.
이렇게 알아차리면 모든 세간의 일에 대해서도 집착할 것이 없고,
집착할 것이 없으므로 다시는 태어남도 없으리라.
이번 생이 다하면 다시는 윤회의 몸을 받지 않게 되리라.
긴 밤 동안 안락하고자 하거든 내 것이 아닌 것을 모두 버려라."

(잡아함 10권 274경 『기사경棄捨經』)

일상적인 지식이나 경험에 갇히지 말고, 감정이나 감각을 뛰어넘어 '있는 그대로' 봐야 할 필요성을 이해해야 한다. 보통 사람들은 경험을 통해서만 세상을 보려고 한다.

감각기관이 받아들인 것을 실재인 양 받아들이지만 감각이나 경험적인 것은 실재와 같지 않다. 경험적인 인식을 뛰어넘어야 실재가 보인다.

실재가 무엇인가를 알려면 감각이나 지식에 갇히지 않고 나에 대해서 오온으로 나누고 분석해 봐야 한다.

"5온은 무상하고, 무상한 것은 만족스럽지 못하고, 만족스럽지 못한 것은 실체가 없으니(무아), '이것은 내가 아니고 나의 것이 아니고 나의 자아도 아니다'고 바르게 보아야 하느니라."고 오온에 대한 공성 空性을 부처님께서 일러주셨다.

부처님 당시 한 젊은 바라문이 아버지가 돌아가시자 장례를 치르

고 나서 뒤늦게 전지하신 부처님이 기원정사에 계심을 알았다. 그는 부처님을 찾아뵙고 돌아가신 아버지의 영혼이 천상에 태어날 수 있도록 청원을 했다.

그때 부처님께서 젊은 바라문을 찬찬히 챙겨보시고는 "먼저 장터에 가서 토기로 된 단지 두 개를 사서 한 곳에는 기름을 담고 다른 한 곳에는 조약돌을 담아서 가지고 오너라."고 하셨다.

부처님의 말씀대로 그것들만 장만하면 왕생극락은 문제없을 것이라고 믿은 그는 바라나 시장에서 그것들을 사서 마차를 몰아 기원정사로 향해 급하게 달렸다.

젊은 바라문이 단지 두 개를 잘 챙겨서 부처님에게 다다르자 부처님께서 그 두 개의 토기단지를 연못에 넣고 막대기로 깨트리라고 하셨다.

물론 그 젊은 바라문은 부처님의 말씀대로 두 개의 단지를 연못에 넣고 막대기로 두들겨 깨트렸다.

그리고 기름은 물위에 뜨고 자갈은 바닥에 흐트러진 것을 보신 부처님께서 젊은 바라문에게 다시 말씀하셨다.

"자! 이제 어느 유명한 바라문에게 가서 '조약돌아! 떠올라라. 기름아! 가라앉아라.'고 기도를 해서 저 기름이 가라앉고 자갈이 뜨게 된다면 나는 자네의 아버지를 천상으로 인도할 걸세."

이에 어리둥절하던 젊은 바라문

이 입을 열었다.

"아니 이 세상의 어느 바라문이 있어 저 기름을 가라앉게 할 것이며, 또 저 자갈들을 물위에 뜨게 하겠습니까? 본래 기름은 물보다 가벼우므로 물위에 뜨고, 자갈은 물보다 무겁기 때문에 물아래로 가라앉는 이치를 어떻게 바꾸겠습니까?"

"맞네, 자네가 그 이치는 잘 알면서 나에게 자네 부친의 영혼을 천상세계로 제도해 달라는 말은 이치에 맞지 않네. 자네 부친이 지난 생과 이번 생 동안 무거운 악행으로 일관했다면 저 자갈처럼 하계로 향할 것이고, 유익한 선행으로 착하게 살아왔다면 당연히 천상으로 향할 것이네. 이와 같은 이치로, 착한 과보에 의해서 천상으로 향하는 이를 어떻게 붙들어 하계로 끌어내리고, 어리석은 과보에 의해서 하계로 향하는 이를 어떻게 붙들어 천상으로 제도한단 말인가? 스스로 지어서 하계로 향하고 스스로 지어서 천상으로 향한다네. 단지 자네는 아버님의 이름으로 선근공덕을 쌓아서 더 보탤 수는 있을 것이네."

이와 같이 오온의 신구의로 지어지는 인연법을 기름과 자갈에 비유해서 어리석음을 일깨워주신 가르침이다.

12처處

1. 오온의 12처가 해탈문이다

5-3

여섯 가지 안팎의 기관에 대한 알아차림

눈과 형상에 의한 안식으로 일어나는 번뇌를 알아차리고
일어난 번뇌는 어떻게 사라지는가를 알아차리고
사라진 번뇌가 어떻게 일어나는가를 알아차린다.
귀와 소리에 의한 이식으로 일어나는 번뇌를 알아차리고
일어난 번뇌는 어떻게 사라지는가를 알아차리고
사라진 번뇌는 어떻게 일어나는가를 알아차린다.
코와 냄새에 의한 비식으로 일어나는 번뇌를 알아차리고
일어난 번뇌는 어떻게 사라지는가를 알아차리고
사라진 번뇌는 어떻게 일어나는가를 알아차린다.
혀와 맛에 의한 설식으로 일어나는 번뇌를 알아차리고
일어난 번뇌는 어떻게 사라지는가를 알아차리고
사라진 번뇌는 어떻게 일어나는가를 알아차린다.
몸과 닿음에 의한 신식으로 일어나는 번뇌를 알아차리고
일어난 번뇌는 어떻게 사라지는가를 알아차리고
사라진 번뇌는 어떻게 일어나는가를 알아차린다.
마음과 그 대상에 의한 의식으로 일어나는 번뇌를 알아차리고

일어난 번뇌는 어떻게 사라지
는가를 알아차리고
사라진 번뇌는 어떻게 일어나
는가를 알아차린다.

법을 알아차리는 수행(法念處)
의 세 번째는 여섯 가지 안팎(根
境)의 기관에 대한 관찰이다.

세상의 만물은 생겨나 진행되다 소멸되어 사라지는 연속적인 흐름
에서 성주괴공成住壞空의 인과법칙이 끊임없이 진행되는데, 이를 허
망한 이름과 관념으로 실재하는 것처럼 믿고 집착한다.

사라지는 현상이 원인이 되어 일어남의 결과를 초래하고, 결과가
원인이 되어 또 다른 사라짐의 결과를 만드는 동시적 원인이 된다.

작용과 반작용의 이 연기법을 과학은 소멸되는 작용과 탄생되는
반작용의 두 현상으로 분류하지만, 따지고 보면 사라짐이 일어남이
고 일어남이 사라짐인 연속적인 흐름이기 때문에 불이不二로 본다.

장마철의 칠흑 같은 어둠 속에서 문밖에 벗어 둔 신발을 찾으려고
이리저리 더듬던 중 번개가 '번쩍' 하는 그 찰나 자신의 신발을 보고
쉽게 찾을 수 있다.

먼저 괴로움을 일으키는 진원지가 12처에서 일어나는 갈망과 애착
에 의한 것임을 알면, 무엇이 자신을 윤회의 늪에서 헤매게 하는지 깨

닫게 된다.

물론 수행을 하면 알게 되는 부분이지만, 미리 알고 이해를 도모한다면 지도를 갖고 길을 찾는 것처럼 수행의 진전에 큰 도움이 된다.

성도成道 직후의 부처님도 녹야원으로 향하시던 중에 만났던 우빠카에게 스스로 자신을 일체지자一切智者라고 하셨다.

여기서 일체지자란 세상의 일체를 다 아는 사람을 말하고, 세상의 일체란 12처를 가리킨다.

눈이 형색과, 귀가 소리와, 코가 냄새와, 혀가 맛과, 몸이 감촉과, 마음이 법과 부딪치는 것을 떠나서는 아무것도 존재할 수 없다.

이 세상에 6문과 6진의 12처를 떠나 무엇이 있겠는가?

12처란 '안·이·비·설·신·의'라는 육내처의 감각장소와 '색·성·향·미·촉·법'이라는 육외처의 감각대상이다. 인식주체(주관)와 인식대상(객관)이 부딪칠 때 정신적인 인식주체의 '식(앎)'이 일어난다. 그 종류가 안식, 이식, 비식, 설식, 신식, 의식 등 6식이다.

이렇게 6문·6근根의 6내처와, 6경境·6진塵의 6외처, 그리고 6식識의 여섯 알음알이를 더하여 18계界라고 한다.

우리가 살고 있는 세상은 12처가 서로 부딪침으로써 6가지 앎이 일어나고 사라지는 세계이다. 행복도 불행도 깨달음도 이 6문에서 비롯된다.

우리가 수행하는 것은
6가지 감각기관의 문에
6가지 감각대상이 접촉할 때마다 마음을 모아 알아차리는 깨어있음
의 실천이다.

6문에서 일어나는 6가지 대상에 '이-?' '이-?'라고 염하며 바르게
알아차릴 때 번뇌가 끊어지고 갈애는 일어나지 않는다.

알아차림이 있을 때는 6가지 감관이 6가지 대상과 부딪칠 때 경험
적인, 지식적인, 학습적인, 선입관적인, 관념적인 말이나 행동, 생각
에 얽매이지 않고 대상을 있는 그대로 받아들여서 인지한다.

마음이 깨어 있는 상태에서 대상을 인식할 때 대상을 "있는 그대
로" 받아들이게 되므로 갈애로 나아가지 않는다.

부처님께서 '나'라는 것을 명색으로, 오온으로, 또 여섯 감각기관으
로, 그 대상들 여섯으로, 그 부딪침에서 비롯되는 여섯 알음알이로 나
누고 또 나눠서 분석하며 풀어놓은 것은 생멸의 공성空性을 보이기
위해서이다.

비구들이여!

모든 것은 불타고 있느니라.

그대들은 먼저 치열하게 타오르고 있는 것을 알아야 하느니라.

모든 것이 불타고 있다는 것은 무엇인가?

비구들이여!

사람들의 눈이 불타며 그 대상도 불타고 있다.

사람들의 귀도 불타며 그 대상도 불타고 있다.

사람들의 코도 불타며 그 대상도 불타고 있다.

사람들의 혀도 불타며 그 대상도 불타고 있다.

사람들의 몸도 불타며 그 대상도 불타고 있다.

사람들의 마음도 불타며 그 대상도 불타고 있다.

비구들이여!

이들은 무엇에 의해 불타고 있는가?

그것은 탐욕의 불길에 의해서

성냄의 불길에 의해서

어리석음의 불길에 의해서

생·노·병·사의 불길에 의해서

우비고뇌憂悲苦惱의 불길에 의해서들 각각 불타고 있느니라.

비구들이여!

이것을 바르게 보는 이는

능히 모든 것에 염오하는 마음이 일어나느니라.

염오하는 마음은 탐욕에서 벗어나게 하느니라.

탐욕에서 벗어나면 해탈할 수 있느니라.

이처럼 머리에 불이 붙은 듯이 빨리 벗어나라고 채근하시는 이 가
르침은, 초기에 마가다의 수도 왕사성 근교의 영취산 독수리봉에서
설하신 것이다. 1,250여명의 제자들을 부처님의 뜨거운 가슴으로 이

끌어주시는 영산법회에서의 가르침이
었다.

눈으로 사물을 볼 때에 일어나는 그
알음알이에 마음을 모아 알아차릴 수
있으면 당신은 이미 일체지자의 길에
들어선 것이다.

왜냐하면 6식이 모두 그렇기 때문
으로, 6근은 6경을 통해서 6식이 일어
나니까 안식만 이해하면 18계를 모두
를 이해한 것이다.

눈·귀·코·혀·몸·마음 등이 없으면 보고 듣고 맛보며 욕심내지 않
아도 될 것 같고, 사물·소리·향기·맛·닿음·법이 없으면 보고 듣고
맛보며 욕심내지 않아도 될 것 같다.

그러나 윤회가 있게 하는 갈망은 여섯 감각기관에 있는 것이 아니
고 여섯 대상에 있는 것도 아니라, 12처에서 일어나는 느낌에서 비롯
되는 것이다.

흰 소와 검은 소가 하나의 고삐에 묶여 "나는 너 때문에 괴롭다."고
서로 탓을 한다. 검은 소는 흰 소 탓으로, 흰 소는 검은 소 탓으로 돌
리고 있는 형상이다.

이것은 흰 소가 검은 소에 묶여 있는 것도 아니고 검은 소가 흰 소
에 묶여 있는 것도 아니다. 여기서 두 마리의 소를 묶어 놓고 있는 것

은 흰 소나 검은 소가 아니라 바로 '고삐'이다.

　마찬가지로 외부세계가 인간을 묶어 놓는 것도 아니고 인간이 외부세계를 묶는 것도 아닌, 외부세계와 우리를 묶고 있는 것은 단지 느낌의 고삐이다. 느낌이라는 고삐가 외부세계와 인간을 단단히 묶어 놓아 생사윤회의 족쇄에서 벗어나지 못하게 할 뿐이다.
　느낌 그 자체는 윤회의 직접적인 족쇄가 되지 못하지만, 느낌은 갈애의 뿌리이기 때문에 역설적으로 해탈의 고삐가 된다.

2. 의왕醫王을 찾아서

부처님 당시 기원정사에서 아라한이 된 키싸코따미의 이야기 역시 수행의 길잡이인 동시에 이정표가 된다.

"저의 나이가 결혼 적령기에 접어들자 이름만 장자이지 아주 가난한 집안의 아들에게 시집을 가게 되었습니다. 그리고 시어머니와 시누이들이 저의 갖가지 허물과 트집을 잡을 때마다 고개 숙이고 받아들이지 않을 수 없었던 시집살이는 정말 참기 어려웠습니다.

그렇게 어려운 생활 속에서 허덕이던 어느 날 저에게 구세주가 나타났습니다. 그는 제석천이나 천신도, 또 왕이나 거부 장자도 아닌 핏덩이 같은 저의 아기였습니다.

아기를 낳자 언제나 흠만 잡던 그들의 얼굴에 웃음꽃들이 활짝 피기 시작했을 때는 아기가 어느 옥동자보다 귀하고 어느 태자 못지않은 금지옥엽이었습니다.

방긋방긋 웃는 아기의 얼굴은 저의 생명이었습니다.

점점 살이 올라 토실토실해지자 아기의 몸은 막 피려는 연꽃 봉우리처럼 예쁘고 사랑스러웠습니다. 아기가 저를 의지해서 자라는 동안 저의 삶도 점점 순조로워지기 시작했습니다.

이렇게 삶이 순탄한 것은 모두 아기 덕분이었기 때문에 저는 이 아기를 정말 깊이 사랑했습니다. 그러나 운명의 신은 저를 금방 고통의 구렁텅이 속으로 내몰아 가기 시작했습니다. 저의 희망이고 꿈이었던 아기가 천천히 시들어 가는 연꽃처럼 무너져 내렸습니다.

아기들이 흔히 앓는 병으로 그렇게 사랑하던 아기가 점점 죽어가도 저는 속수무책이었습니다. 저도 아기와 함께 죽음을 향해 내달리고 있었지만, 그때 저는 죽음이란 것을 이해하지 못했습니다. 저의 인생에서 처음으로 제가 낳은 아기가 숨이 끊어지자 비통한 마음으로 그 아기만을 꽉 끌어안았습니다.

이 세상에 수많은 사람들이 살고 있는데 왜 하필이면 내 아기가 죽을 수밖에 없을까? 결코 수긍할 수 없었습니다. 사람들은 내 아기가 죽었다며 늦기 전에 빨리 공동묘지에 보내야 한다고 했습니다.

아기를 목숨처럼 사랑하고 심장처럼 아껴왔던 나에게 그들은 피도 눈물도 없는 사람들로 보였습니다. '생애에 처음으로 행복을 갖다 준 아기는 어머니의 심장이며 생명이 아니던가? 이 아기를 어느 어머니가 황량한 공동묘지에 보낼 수 있단 말인가? 말도 안 돼!'

이와 같은 시름에 빠져 잠시 잠이 들었을 때 친척들이 몰려와서 아기를 빼앗아 공동묘지로 보낸다고 했습니다. 그때 저의 눈에서는 불이 일어나고 가슴은 용광로처럼 달아오르기 시작하면서 그 다음은 어떻게 되었는지 기억이 나지 않았습니다.

있는 힘을 다해서 아기를 뺏기지 않으려는 일념으로 미친 듯이 날뛰다가 정신을 차려보니, 죽은 아기를 누구에게도 뺏기지 않으려고 힘껏 끌어안고 발길 닿는 대로 사위성의 거리를 걷고 있었습니다.

저는 결코 아기와 떨어질 수 없었습니다.

'아무리 그들 말대로 아기가 죽었다고 하더라도 어떻게 어느 어머니가 아기를 금방 공동묘지로 보낼 수 있단 말인가? 죽는 길이 있다면 살 수 있는 길도 있을 것이다. 죽은 아이를 꼭 다시 살릴 수 있을 것이다. 이 넓은 천지에 이 아기를 치료해 줄 수 있는 사람이 없을까? 그 사람을 만날 때까지 절대로 포기하지 않을 것이다.'라는 생각과 믿음으로 아기를 살릴 수 있는 사람을 찾고 또 찾았습니다.

지나가는 여인을 붙들고 '아주머니, 제발 이 아기가 다시 살아날 수 있도록 도와주세요!'라고, 아기를 다시 살리기 위해서 눈물로 애절하게 부탁했습니다. 그렇지만 그녀는 차갑게 '아이고! 낭패다. 전혀 사리분별이 안 되는 여자구먼.' 하고 중얼거리며 아기는 쳐다보지도 않고 쏜살같이 지나쳐 버렸습니다.

그렇습니다. 그녀의 말대로 저는 스스로를 추스르기는커녕 완전히 미쳐버린 상태였습니다. 그때 제 자신이 미친 줄 알았다면 그 아주머니에게서 끝났을 것입니다. 그러나 정신병을 앓는 환자는 스스로 정신이상자인 줄을 모릅니다. 그래서 저는 아기를 살려야겠다는 마음으로 사위성의 큰 도시를 두루 돌아다녀 보았지만 아기를 구해 주거나 치료해 줄 수 있는 사람을 만날 수 없었습니다.

간혹 동정 어린 눈빛으로 측은하게 고개를 내젓는 사람도 있었지만 많은 사람들은 차디찬 냉소와 비웃음으로 내쫓거나 밀쳐냈습니다. 저는 쫓아내든 욕을 하든지 아기를 살리기 위해서라면 자존심은커녕 어떤 수모나 고통도 견딜 수 있었습니다.

한동안 배회하던 중 어디선가 귓가에 '안타깝구나, 이리 오너라! 비록 네가 원하는 약이 지금 나에게는 없지만 약을 줄 수 있는 사람을 가르쳐 주리라!'라는 목소리가 들렸다. '아! 이제 아기를 살릴 수 있겠구나.'라는 희망과 힘이 솟구쳐서 용수철처럼 그 노인 앞으로 달려갔습니다.

'이 길을 곧장 가다가 좌측의 큰길로 한참 따라가면 큰길이 끝날 무렵 기원정사라는 수도원이 보일 것이다. 그곳에 가면 부처님이라는 의사가 괴로움의 근원을 끊고 영원히 죽지 않는 약을 주실 것이다. 어서 그곳으로 가보게나!'라는 말을 듣고 아기를 살릴 수 있는 희망으로 황급히 은혜로운 의사를 찾았습니다.

드디어 그 은혜로운 의사를 뵈었지만 당신도 자신의 손에는 약이 없으나 사위성에 가면 그 약을 구할 수 있을 것이라고 하였습니다.

이제 약을 구할 수 있는 곳을

일러주셨으니 무슨 문제가 되겠는가? 사위성에 가서 한 사람도 죽어 나간 적이 없는 집안의 겨자씨가 아기를 살릴 수 있을 것이라는 말씀이었습니다.

사위성 입구의 첫 번째 집으로 쫓아 들어가 겨자 씨앗을 빌렸습니다. 제가 필요로 하는 겨자씨는 한 줌이었지만 그 집에서는 착한 마음으로 두 줌이나 주었습니다.

'정말 감사합니다. 기원정사의 부처님께서 한 사람이라도 죽어 나간 적이 없는 집안의 겨자 씨앗이 우리 아기를 살릴 수 있을 것이라고 하였습니다. 혹시 이 집에서는 한 사람도 죽어 나간 적이 없지요?'

집주인은 입을 딱 벌리며 저와 아기를 측은하게 번갈아 보면서 '이 사람아! 세상 어느 집안에서 사람이 안 죽어 나간 적이 있겠는가? 이 집안에서 죽어 나간 사람의 수는 하나 둘이 아니라 셀 수 없을 정도로 많았네!'

실망감으로 '그러면 다른 집으로 가보겠습니다.'라고 얼버무리며 밖으로 나왔습니다. 다음 집으로, 또 다음 집으로 들러봤지만 모두 약속이나 한 것처럼 그들의 말은 첫 집과 다르지 않았습니다.

도시의 큰길을 처음부터 끝까지 모두 물어 보았지만 사람이 죽지 않은 집안은 찾을 수 없었습니다.

집집마다 부모가, 갓 태어난 쌍둥이가, 딸이나 아들이…… 죽었다고 했을 때, 처음에는 아기에게 약이 될 겨자 씨앗을 구할 수 없는 것에 불안하고 걱정이 되었습니다.

그러나 방문하는 집마다 죽은 사람들의 사연을 들으며 나의 아기 하나만 죽은 것이라고 생각하며 아픈 마음을 키워왔던 자신이 점점 부끄러워지기 시작했습니다.

이 세상에는 이와 같은 고통을 만나는 이가 나 하나뿐만이 아니라는 생각과 더불어 부처님의 일러주심이 깊이 이해되었습니다.

'무상의 성품대로 변하는 일은 한 집안의 일도, 한 마을의 일도, 한 도시의 일도, 한 나라의 일도 아니다. 목숨 있는 모든 중생들이 만나야만 하는 일이 아닌가?'

이와 같은 뜻을 직접 일러주시지 않았어도 더 절실하게 알 수 있었습니다. '좋아하는 이와 헤어지는 것이 어찌 나에게만 해당된단 말인가?'라는 생각에서 저는 아기의 시신을 사람들이 없는 곳에 묻고 새로운 마음으로 바뀌어 다시는 지나온 길을 돌아보지 않았습니다.

결국 남편에게 허락을 얻어 기원정사로 돌아와 부처님께 귀의하는 비구니가 되었습니다. 이때 부처님께서 이렇게 말씀하셨습니다.

'너는 너 한 사람만 자식을 잃어버린 것으로 생각했던 것이니라.

이 세상에는 태어나서 오래 살다 죽는 사람보다 일찍 죽는 사람이 더 많으니라.

무릇 모든 생명에는 죽음이 있으며, 죽음은 그들의 욕망이 채 달성되기도 전에 그들을 데려가느니라.'

그리고 부처님은 다음의 게송을 읊으셨습니다.

사람들은 자녀에 대해 지극히 애착하나니

목장의 소들도 그와 같아라.
마음이 감각적 쾌락에 집착되어 있
는 동안에
죽음은 그들을 순식간에 앗아간다.
마치 홍수가 잠자는 마을을 휩쓸어
가듯이.

부처님의 게송을 들으며 일체 모든 현상은 무상하여 오래 가지 못
한다는 것과, 생과 사는 공空이고, 생과 사가 다르지 않는 불이不二임
도 이해하게 되었습니다.

모든 생명은 자기 욕망을 성취할 수 없는 고통 속에서 살다가 불만
족 속에서 죽어가며, 일체의 사물에는 그것을 이끌어가는 불멸의 자
아가 없다는 견처見處를 얻고 얼마 지나지 않은 어느 날, 기름 램프를
밝히고 있던 불꽃이 펄럭거리다가 꺼지는 듯 다시 살아나는 것을 보
면서 일체 중생이 죽었다가 또 다시 태어난다는 진리도 그때 완전히
깨달을 수 있었습니다.

몸도 정신도 인연이고, 우주도 인연이고, 오온도 인연이라는 이치
와 더불어, 6문이나 12처가 모두 찰나간에 일어나고 사라지는 인과
라는 사실을 깨달은 저에게, 만약 부처님께서 그때 신통으로 아기를
다시 살아나도록 하셨으면 아기와 저에게 잠깐의 위안은 될 수 있었
겠지만 3법인의 공함을 이해하는 데는 아무런 이익도 없었을 것입
니다."

키싸코따미처럼 생멸의 성품을 바르게 보고 이해하면 죽지 않는 약을 먹은 것과 같은 것이다. 이 보편적인 성품을 바르게 이해하면 모든 사람들은 죽지 않으려는 마음과 떨어지지 않으려는 애착이 사라지고 죽음의 공포도 사라져 생사를 여의는 약을 먹은 것이 된다.

우리들은 보고 듣고 맛보고, 그들의 인식작용과 느낌으로 '한 생각'이 되는 번뇌, 사념확산, 지식적인 덧씌움, 망상, 꾸밈, 경험적인 짐작 등으로 뛰쳐나간다. 이것은 감관과 경계가 만나는 순간 일어나는 느낌에서 동시적으로 일어나는 갈애 사이, 즉 느낌과 갈애 사이의 징검다리이다.

3. 해탈과 지옥

한 생각이 일어나 갈애의 징검다리를 건너면 윤회로, 한 생각이 일어나지 않아 갈망의 징검다리를 건너지 않으면 해탈로 향한다. "번뇌가 일어나는 순간 고해苦海"라는 의미이다.

"갈망의 징검다리를 건너다"란 '한 생각을 일으켰다, 한 생각이 시작되었다'라는 말이고, "갈망의 징검다리를 건너지 않았다"라는 말은 '한 생각을 끊었다, 사념확산이 일어나지 않았다'라는 것이다. 이 사념확산이나 한 생각을 일어나지 않도록 하는 것이 바른 알아차림이다.

부처님을 비롯해서 당신의 제자들이 실천한 행법도 역시 한 생각을 끊어서 갈망의 징검다리를 건너지 못하게 하는 바른 알아차림이다.

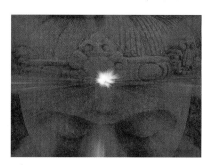

눈에 사물이 닿을 때 바른 알아차림이 없으면 동시다발로 갈애가 일어나면서 열 가지 족쇄인 10결結*에 묶이게 되어 윤회의 늪으로 빠져들게 된다.

12처에 속지 않으려면 '이-?'

*10결: ① 유신견, ② 법에 대한 의심, ③ 의식과 계율에 집착, ④ 육체적인 욕망, ⑤ 악의惡意-성냄, ⑥ 유애有愛, ⑦ 무유애無有愛, ⑧ 들뜸과 불안정, ⑨ 아만・명예심, ⑩ 무명無名 등 해탈을 가로막는 열 가지 족쇄, 열 가지 결박이라고 한다.

'이-?'라며 알아차리고, 6근에 속지 않으려면 '이-?' '이-?'라며 알아차리고, 6경에 속지 않으려면 '이-?' '이-?'라며 알아차리고, 5온에 속지 않으려면 '이-?' '이-?'라며 알아차린다.

나에 속지 말라는 것은 곧 열 가지 족쇄 가운데 으뜸인 유신견이라는 사견에 속지 말라는 뜻으로서, 이에 속지 않으려면 '이-?' '이-?'라며 알아차리고, 해탈하지 못하게 하는 열 가지 결박에 묶이지 않으려면 '이-?' '이-?'라며 알아차려야 한다.

눈에서처럼 귀에도 소리가 닿으면 느낌이 일어나는 동시에 좋아하거나 싫어하거나 좋아하지도 싫어하지도 않는 불고불락의 느낌으로 진행된다.

소리 들음에 관념이나 지식에 갇히지 않고 '있는 그대로' 보려면 '이-?' '이-?'라며 마음을 곤추세워서 직관적으로 알아차려야 한다.

번뇌에 빠지지 않고, 10결結에 묶이지 않는 알아차림으로 소리를 들어야 한다.

감각적이거나 경험적인 것과 실제가 다르지만, 범부들은 경험적인 관념을 통해서만 세상을 보려 하기 때문에 감각기관의 그림자를 실체인 양 받아들인다.

감각에 갇히지 않고 지식에 갇히지 않으려면 관념에서 벗어나 분석해 봐야 한다.

색수상행식色受想行識의 오온 가운데 상想에 사로잡히면 세상을 '있는 그대로' 보지 못한다. 자기 나름대로 경험에 따라 선입관으로 받아들이며 어리석은 기대감에서 실망하고 분노하며 괴로워한다.

'자라 보고 놀란 가슴 솥뚜껑 보고 놀란다'는 말처럼, 오온의 상상想에 갇힌 시각으로, 전도몽상의 시각으로 볼 때 '있는 그대로' 볼 수 없다.

이미 지난 과거 그림자에 사로잡히거나 오지도 않은 환상에서 상심하는 고통도 오온의 상상想에 붙들린 것이다.

어떤 바라문이 부처님에게 물었다.

"당신의 제자들은 매일 한 끼씩만 먹고, 의복이나 잠자리마저 그토록 거친데 어떻게 얼굴에서 빛이 나는가요?"

이에 부처님께서 일러주셨다.

"나의 제자들은 과거도 후회하지 않고, 미래도 걱정하지 않고, 오직 현재에 산다오.

과거와 미래를 걱정하는 사람은 한낮의 햇볕에 시드는 갈대와 같소. 저들의 얼굴이 빛나는 것은 현재에 살기 때문이라오."

현재에 산다는 것은 찰나간의 지금에 바른 알아차림으로 깨어 있다는 뜻이다. 이렇게 현재의 순간, 찰나간의 지금에 마음을 모아 무상, 고, 무아를 보며 일체의 공성空性을 알아차리면서 현재에 깨어 있는 삶이 가장 수승하다.

"비구들이여,
식識은 영원한가, 무상한가?"
"무상합니다."

"무상한 것은 괴로운 것인가, 즐거운 것인가?"

"괴로운 것입니다."

"만일 무상하고 괴로운 것이라면 변하는 법이다. 이런 식에 대해서 '이것은 나다, 이것은 나의 것이다, 이것은 나의 자아이다.'라고 하겠는가?"

"아닙니다. 세존이시여."

"식은 과거에 속한 것이건 미래에 속한 것이건 현재에 속한 것이건, 안에 있는 것이건 밖에 있는 것이건, 거칠건 미세하건, 아름답건 추하건, 멀리 있는 것이건 가까이 있는 것이건, 그 모든 식은 나도 아니요, 나의 것도, 나의 자아도 아니라고 알아야 하나니, 이것이 '있는 그대로' 아는 것이니라."

옛날이나 지금이나 대부분의 사람들은 영원주의적이거나 허무주의적이다. 즉 영혼은 영원하다는 상견 또는 죽으면 그뿐이라는 단견에 빠져 있는 세상이다.

그러나 부처님은 영원주의도 아니요, 허무주의인 것 또한 아니다. 단견도 아니요, 단견 아님도 아니요, 상견도 아니요, 상견 아님도 아닌 "인연"이라고 하셨다. 그래서 불교에서는 스스로 바꿀 수 없는 숙명이라는 말을 쓰지 않고 스스로 바꿀 수 있는 운명이라고 한다.

우리는 늘 감관과 대상의 만남을 아는 마음이라는 2가지 기능이 작용하고 있다는 것과, 각각의 영역에서 기능을 발휘하는 것을 알아야 사건에 빠지지 않는다.

그렇지 않으면 대상을 볼 때 '내가 본다'는 생각을 가지고 보기 때문에 법을 볼 수가 없다. 그래서 아만에 사로잡히게 된다.

코와 경계가 만날 때를 비롯해서 다른 감각기관도 마찬가지로, 우리가 대상을 알아차리지 못하면 오개五蓋에 갇히기 마련이다.

장애나 족쇄가 일어났을 때 그 일어난 것을 궁금하게 여겨서는 안 된다. 단지 그 일어난 것을 알아차려서 지혜가 성숙되면 나중에 장애나 족쇄가 일어난 원인을 알 수 있게 된다.

알아차림의 대상이 일어날 때 또 다른 번뇌가 엉키기 전에 즉시 알아차려야 한다. 계속해서 대상을 알아차리면 결국에는 왜 이런 대상이 일어났는지를 알게 되는 것이다.

윤회의 근원은 무명에 의한 갈애이다. 누구나 무지에 의한 갈애는 필연적으로 장애와 족쇄가 덮고 묶는다. 그러나 '이-?' '이-?'라고 염하며 알아차리면 장애도 족쇄도 즉시 사라지게 된다.

족쇄를 없애려고 하거나, 없어지기를 기다리거나 바란다면 족쇄를 소멸시킬 수 없다. 또 사라진 장애나 족쇄가 어떻게 하면 다시 일어나지 않는지 역시 알아야 한다. 장애나 족쇄의 일어남을 막으려면 그 원인을 찾아서 제거해야만 되는 것이다.

장애나 족쇄가 일어나면 일어남과 동시에 알아차려야 하고, 알아차린 결과로 장애나 족쇄가 사라진 것을 다시 알아차려야 한다.

족쇄가 어떻게 사라졌는지를 알아차리는 일련의 과정을 거치면 사라진 장애나 족쇄가 다시 일어나지 않는다.

혀와 맛의 만남에서도 마찬가지로, 일어나는 설식舌識의 번뇌가 계속되면 되풀이해서 마음을 모아 알아차려야 한다. 오랫동안 익혀진 번뇌는 제거하려고 해도 쉽게 제거되지 않는다.

거칠고 강력한 번뇌를 제거하는 유일한 방법은 강하게 밀착해서 예리하게 '이-?' '이-?'라며 연속해서 마음을 모아 알아차림을 지속하는 것밖에 다른 길이 없다. 만약 쉽게 결과를 얻으려고 서두르면 오히려 번뇌의 힘을 키우는 결과가 된다.

4. 16찰나의 한 생각

이 몸이 썩어 사라지는 현상은 작용이고, 썩는 과정에서 이산화탄소와 수증기가 발생되는 현상은 반작용이다. 이산화탄소와 수증기가 사라지는 현상은 작용이고, 그 과정에서 다시 몸을 짓는 현상은 반작용이다.

이렇게 시간과 공간을 넘어서 따지고 보면 작용과 반작용이 창조를 의미하고 또한 소멸을 의미한다.

육근을 의지해서 이 세계를 배워 알고 열반의 세계로 건너가는 가르침은, 존재에 대한 관념이나 인습적인 사유를 초월해서 알아차림으로 이해해야 한다.

'나'에 대해서도 '내가 보고, 듣고, 냄새 맡고, 맛보고, 느끼고, 생각한다'는 잘못된 견해 때문에 고통의 바다를 헤매며 헤어나지 못한다.

감관과 사물이 만나서 일어나는 의식을 마음이라고 한다. 범부들은 오감과 그 대상의 만남에서 비롯되는 느낌에 대해서 '나의 느낌이다, 내가 느낀다, 나에게서 일어나는 느낌이다.'라고 자기중심적으로 다듬고 갈무리해서 자신의

관념으로 잠재화시킨다.

파도가 한 번 일어났다가 가라앉듯이, 하나의 느낌이 일어나고 사라지는 것은, 무의식에서 의식으로 그리고 다시 무의식이 되는 16찰나의 과정으로, 이를 하나의 생각이라고 한다.

어떤 사람이 망고나무 밑에서 잠이 든 무의식상태에서 다시 무의식까지의 한 싸이클의 생각을 단계별로 나눠서 비유한 것이다.

① 바람이 불어온다: 아직 무의식 상태이다.

② 가지가 마구 흔들릴 때 수면에 약간의 방해를 받는다: 무의식이 동요한다.

③ 망고가 떨어지는 소리에 잠에서 깬다: 무의식이 끊어진다.

④ 잠에서 깨어나 주위를 살핀다: 오감五感이 작동한다.

⑤ 떨어진 망고를 보고 망고인 줄 안다: 6식六識이 발동한다.

⑥ 망고를 움켜쥔다: 알아차리는 인식認識단계이다.

⑦ 먹을 수 있는지 살핀다: 관념이 가미되는 궁리(구상)단계이다.

⑧ 먹을 수 있다는 것을 확인한다: '좋다, 그렇다'로 결정되는 단계이다.

⑨~⑮심찰나간 망고를 먹는다: 의도적인 행위가 7단계 심찰나간 진행된다. 신구의身口意의 업을 짓는 과정이다.

⑯삼킨다: 지금까지의 체험

이 기억 저장된다.

①다시 잠이 든다: 무의식 상태, ②무의식 동요, ③무의식 끊어짐, ④의식동요, ⑤의식, ⑥인식, ⑦생각, ⑧결정, ⑨~⑮의도, ⑯저장⋯ 이렇게 연속적으로 진행되는 것이 마음의 흐름이다.

⑰무의식과 무의식 사이의 한 마음이 끝나고, 또 무의식에서 꼭 같은 과정을 거치며 마음이 일어나게 된다.

이 느낌들의 하나하나가 시간적으로 상상할 수 없는 빠른 속도로 일어나고 사라진다. 하나의 느낌은 반드시 16단계의 심찰나간을 거치며 일어나고 사라진다. 이 "16"이라는 숫자는 경전 상에 많이 등장하는 의미 있는 숫자이다.

아비담마의 주석서에 의하면 시작과 끝의 무의식을 포함해서 17단계라고도 한다.

하나의 생각이 일어나고 사라지는 16단계 심찰나의 순서는 결코 뒤틀리거나 생략되거나 건너뛰지 않는다. ①~⑧까지는 누구에게나 동일하지만 ⑨~⑮까지의 일곱 단계는 사람들의 잠재성향이나 관념에 따라 다른 생각이나 행을 하게 되므로 이 부분은 기술될 수 없는 부분이다. 다음으로 ⑯은 ⑨~⑮까지 일곱 단계에서 진행되었던 것을 업으로 저장하면서 다시 무의식으로 진입하기 직전의 단계이다.

마음은 16단계의 정해진 간격으로 생멸하기 때문에 마음의 대상이 되는 물질과 비교하면 16배로 빠르다. 한 찰나는 1/75초이니 1분이면 280번 이상의 생각이 일어나고 사라지는 셈이다.

객관적 대상과는 다른 자기중심적인 관념이 형성되면, 이제 이 관념이 사람을 움직이는 고삐가 되고 묶는 족쇄가 된다.

보이는 대상이 인식되는 상태에서 과거, 미래, 현재의 시간을 초월해서 관념이 사람을 구속하고 노예화시킨다.

잘못된 생각들이 인식작용에서 관념 형성의 족쇄를 만드는 마지막 단계임을 보여준다.

그래서 색즉시공 공즉시색이라는 반야공관의 부처님 시각에서 생사生死가 하나라고 한다.

몸과 마음이 모두 비었다는 『반야심경』의 "오온일체개공도"의 경구 한 구절이 해탈의 씨앗이고 불안佛眼의 돋보기이다.

경구를 모두 알고 이해하는 것은 해탈의 씨 뿌림과 같으므로, 씨를 뿌려놓고 물을 주지 않는다면 씨는 발아하지 못하고 열매도 맺을 수 없다.

여섯 감각기관 또는 육문六門이라는 감관에 닿는 그 어떤 것도 모두 알아차림의 대상이다.

일체의 괴로움에서 벗어나고자 하는 이는 이 알아차림이 필수이다. 지속적인 이 알아차림의 정진은 육체적인 괴로움과 정신적인 고뇌에서 벗어나게 하며, 슬픔과 비탄, 불안과 공포, 근심과 회의에서 벗어나게 하며, 훌륭한 환생이나 일체 괴로움에서 벗어나는 해탈에 이르게 한다.

뿐만 아니라 수행하는 도중 천안통天眼通, 천이통天耳通, 타심통他心

通, 신족통神足通, 숙명통宿命通 등을 얻는 때도 있지만, 이것은 어디까지나 수행 중에 따르는 자연적인 과정일 뿐 목표는 아니다.

"온 세상이 나와 다투려 하지만 그들을 외면하고 무시해야 하느니라."고 부처님께서 앞서 일러주셨듯이, 번뇌나 망상은 부처님이나 중생을 막론하고 6문을 향해서 돌진해 온다.

바닷가의 암벽은 수없는 파도가 밀려와도 반응하지 않듯이, 어떤 번뇌가 돌진해 와도 휘둘리지 말고 초연하게 알아차려야 한다.

알아차림의 궁극적인 목적은 현생의 삶에서 보다 더 초연하고 평온함을 유지하며, 수행에서 얻은 지혜로 윤회의 속박에서 벗어나는 자유를 누리는 데 있다.

부처님께서 천명하셨듯이, "알아차림만이 윤회의 괴로움을 뛰어넘게 한다."라는 말의 의미는, 알아차림을 실천하지 않는 한 윤회의 굴레에 결박된 채 추한 것을 아름답게, 괴로움을 행복으로, 무상한 것을 영원한 것으로 아는 사견邪見에서 벗어날 수 없다.

알아차림은 해탈의 씨앗에 물을 주는 작업으로서, 수행의 과정을 거치지 않고 해탈이라는 열매를 기대하는 것은 어리석은 일이다. 조건 지어진 것은 실체가 없고 변한다는 사실을 자각함은 역시 씨를 뿌리는 일이요, 그러한 진리가 현실에 용해되어 실천되는 것은 물 뿌림인 것이다.

수행이 뒷받침되지 않고 알아차리는 힘이 결여된 상태에서는 고통과 성냄의 끝없는 반복에서 벗어날 수 없다.

지금이라도 '이-?'라고 염송하면서 바르게 알아차리는 순간부터 마음은 평온하고 행복감이 충만한 진정한 평화를 체험하게 된다.

어디에 매어둘 데 없이 마음이 흩어져 있고, 가진 게 많아도 공허하다면 '이-?' '이-?'라며 자신을 한 번 챙겨봐야 한다.

어떻게 사는 것이 행복한 삶인지 의정이 일어나면 지금 즉시 수행에 한 발을 들여놓아야 한다.

불교수행을 아무리 강조해도 사람들이 실천에 선뜻 나서지 못하는 것은 과거 불선업의 과보로 열 가지의 족쇄에 단단하게 결박되어 있기 때문이다.

깨달음을 성취한 부처는 번뇌의 화살을 두 번 맞지 않으시지만, 중생은 번뇌의 화살을 수만 개를 맞는다. 왜냐하면 부처는 번뇌를 보는 순간 사라져버리니까 두 번 맞이하지 않지만, 중생은 번뇌를 알아차리지 못하므로 사념확산이 계속되어 수만 번의 번뇌를 맞이하게 되기 때문이다.

그래서 부처는 세간의 다툼에서 벗어나 있지만 중생은 세간의 다툼에 휩싸여 있다. 그리고 분노한다.

세간의 다툼에서 벗어난 사람은 '나'라는 말뚝Ego이 사라졌으므로

'나, 나의 것, 나의 견해' 등 어떤 것에도 묶이지 않는다. 그렇지만 일반 사람들은 '나'라는 말뚝(자아)관념에 묶여서 직업이나 이름이나 가족관계나 온갖 것들을 죽는 순간까지 붙들어 안고 살아간다.

이렇게 세간의 다툼에 휩싸인 갈망과 분노의 잠재의식이 재생연결 의식으로, 또 다음 생의 잠재의식으로 이어지는 것이 문제이다.

잠들지 않은 의식의 상태에서나, 잠든 무의식의 상태에서나, 오감을 통해서 외부의 모든 충격과 인상을 인식하고, 안으로는 회상·사고·관념 등의 아뢰야식으로 저장한다.

내외적으로 의식되는 인상을 인식하지 않으면 안 되는 것이 아뢰야식의 기능이다. 업으로 저장되는 메커니즘이다.

5. 존자님의 수행입문

"구슬이 서말이라도 꿰어야 보배이고, 부처님의 손가락에서 눈을 떼지 않으면 달을 볼 수 없다."라는 말이 있다. 부처님의 가르침을 바르게 이해해서 깨달음의 수행으로 연결하여 반야지혜를 일궈내지 못하면 업은 금방 잠재의식에 잠기게 된다.

수박의 겉만 핥아서는 과육의 맛을 모르며, 수박 속을 먹어봐야 수박 맛을 알 수 있다. 수박에 대한 설명은 부처님의 가르침이나 부처님의 손가락에 불과한 것이고, 수박을 먹어본 뒤의 맛이나 수행한 뒤의 앎은 지혜이다.

직접 체험해 보지 못한 사람은, 아무리 불이 뜨겁고 얼음이 차다고 입으로 외치고 지식으로 외워도 그 뜨거움과 차가움을 알지 못하는 것과 마찬가지이다.

아무리 경전을 많이 외우고 쓰더라도 수행이 따르지 않으면 깨달음의 지혜가 일어날 수 없다.

부처님 당시 경전을 강의하는 강백講伯*으로 명성이 널리 알려져 자만심이 대단했던 푸틸라 존자에게 부처님께서 선정수행을 권하신 바가 있었다.

*강백: 강당에서 경론을 강의하는 강사講師스님의 높임말.

그는 근처 숲 속의 수도원을 찾아 그곳에서 가장 덕이 높고 연로한 스님에게 수행지도를 청했다.

"존자님, 저에게 수행을 좀 지도해 주십시오."

"아닙니다. 세상이 다 아는 존자님에게 제가 오히려 배워야지요."

"아닙니다. 가능하시다면 존자님께 꼭 수행지도를 받고 싶습니다."

사실 이 수도원에 있는 비구들은 모두 아라한과를 성취한 최고의 수행자들이었기 때문에 누구든지 푸틸라 존자의 수행을 지도하는 것은 큰 문제가 되지 않았다.

그러나 이 수도원에서 가장 연로하셨던 이 장로비구는 마음속으로 '이 비구는 학식과 교학이 매우 뛰어나기 때문에 자만심도 매우 높을 것이다. 선정수행을 하려면 먼저 그의 관념부터 내려놓게 해야 되겠구나.'라고 생각하고 선뜻 수행지도를 허락하지 않았던 것이다.

그래서 자기가 직접 그를 지도해 주지 않고 그의 도제스님에게 내려 보냈다. 푸틸라 존자는 그 스님을 찾아 앞서처럼 수행지도를 청했지만 그 역시 대답을 했다.

다시 그는 그의 손아래 스님에게로 보내지고, 다시 또 다른 손아래 스님에게 보내지면서, 푸틸라 존자는 결국 수도원에서 가장 나이 어린 일곱 살 사미승에게 보내어지게 되었다.

이때도 푸틸라 존자는 앞서처럼 수행지도를 청했지만 스승이 될 사미승은 바느질만 할 뿐 푸틸라 존자를 거들떠보지도 않았다.

한때 기고만장하던 푸틸라의 자존심이 심하게 상했다.

그러나 푸틸라는 여러 존자님들을 거치면서 약간의 겸손함을 익혔기에 마음을 낮추어서 재차 수행지도를 구했다.

"사미스님!, 저의 수행을 지도해 주십시오."

마지못해서 고개를 든 사미승이 말했다.

"존자님, 그게 무슨 말씀이십니까? 존자님은 나이도 많으시고 아는 것도 많으신 분인데, 어떻게 제가 존자님의 의지처가 될 수 있겠습니까? 마땅히 제가 존자님으로부터 법을 배워도 시원찮으리라 생각하는데요."

"사미스님!, 제발 저에게 수행의 첫머리만이라도 지도해 주십시오."

"존자님, 진정으로 그러시다면 저의 훈계와 경책을 달게 받으실 수 있겠습니까? 그렇다면 제가 아는 것만큼 존자님의 의지처가 되겠습니다."

"예, 그렇게 하겠습니다."

"존자님, 먼저 저 연못으로 들어가 좌정坐定해서 마음을 가다듬어 보십시오."

사미승은 푸틸라 존자의 아주 고급스런 가사를 보고 그를 시험해 보려고 그곳에서 멀지 않은 진흙연못을 가리키며 말했다.

이미 굳은 결심을 하고 있었던 푸틸라 존자는 사미승의 이 말이 떨어지자 망설이지 않고 연못 속으로 들어가서 좌정하였다.

얼마 뒤 사미승은 그를 다시 가까이 불러서 이렇게 말했다.

"존자님, 여기 여섯 개의 구멍이 있는 다람쥐 굴에 뱀 한 마리가 들어갔습니다. 그때 뱀을 잡으려면 어떻게 해야 할까요?"

"여섯 구멍 중 다섯 구멍은 모두 막고 한 구멍만 남겨 둔 채 그 구멍을 잘 지켜보며 기다려서 그 뱀을 잡을 수 있을 것입니다."

"존자님, 알아차림의 수행도 이와 같습니다. 존자님은 이제부터 여섯 가지 감각기관 가운데 다섯 개의 감각기관을 모두 제어하시고 오직 의식의 문 하나만을 열어둔 채 정신을 차려야 합니다. 이와 같이 알아차림의 대상을 잘 챙기셔서 열심히 정진하시면 반드시 기대하는 바를 성취하게 될 것입니다."

푸틸라는 이미 경전의 이해에 밝았으므로 사미승의 가르침은 마치 잘 준비된 램프에 불을 붙이는 것과 같았고, 얼마 지나지 않아 도와 과를 이루며 마침내 아라한과를 증득하였다.

제13장

칠각지 七覺支

1. 일곱 가지 깨달음의 요소에 대한 알아차림

5-4

자신에게 바른 알아차림(염각지念覺支)이
일어나면 일어난 대로 사라지면 사라지는 대로 알아차리고,
일어나 더욱 향상되어 갖춰지면 그대로 알아차린다.

자신에게 바른 겨냥(택법각지擇法覺支)이
일어나면 일어난 대로 사라지면 사라지는 대로 알아차리고,
일어나 더욱 향상되어 갖춰지면 그대로 알아차린다.

자신에게 바른 노력(정진각지精進覺支)이
일어나면 일어난 대로 사라지면 사라지는 대로 알아차리고,
일어나 더욱 향상되어 갖춰지면 그대로 알아차린다.

자신에게 환희심(희각지喜覺支)이
일어나면 일어난 대로 사라지면 사라지는 대로 알아차리고,
일어나 더욱 향상되어 갖춰지면 그대로 알아차린다.

자신에게 평온함(경안각지輕安覺支)이
일어나면 일어난 대로 사라지면 사라지는 대로 알아차리고,
일어나 더욱 향상되어 갖춰지면 그대로 알아차린다.

자신에게 삼매(정각지定覺支)가
일어나면 일어난 대로 사라지면 사라지는 대로 알아차리고,
일어나 더욱 향상되어 갖춰지면 그대로 알아차린다.

자신에게 평정심(평등각지平等覺支)이

일어나면 일어난 대로 사라지면 사라지는 대로 알아차리고,

일어나 더욱 향상되면 그대로 알아차린다.

깨달음의 일곱 가지 요소인 7각지覺支는

① 바르게 마음챙김이 되어 있는지,

② 관찰 대상은 잘 겨냥되어 있는지,

③ 바르게 노력하고 있는지,

④ 법의 실천에 의한 즐거움이 있는지,

⑤ 법의 실천에 의한 평온함이 있는지,

⑥ 어떤 것에도 기울어지지 않고 무심한 상태인지,

⑦ 무심한 상태에서 나아가 평정이 계속되는지

로, 이 중 한 가지라도 충분하지 못하면 깨달음을 향한 수행은 바른 정진(正精進)이 아니라 결여된 정진이 된다. 비록 열심히 수행을 하더라도 수행의 결실을 기대할 수 없다는 뜻이다.

임제선사의 "언제 어디서든 주인이 되어서 사는 것이 참 삶"이라는 수처작주 입처개진隨處作主立處皆眞의 말처럼, 번뇌의 종이 되지 말고 번뇌를 죽이고 살리는 주인공이 되어야 깨달음을 향하는 바른 삶의 길에 든다.

바른 알아차림이 있느냐 없느냐, 7각지가 있느냐 없느냐에 따라서 번뇌의 주인과 종으로 바뀐다.

첫 번째 염각지, 즉 바른 알아차림의 실천을 위해서는 세간의 혼란과 포악한 사람을 멀리해야 하고, 바른 수행자와 도반이 되어 여법한 수행을 생활화해야 하며, 오직 바른 알아차림으로 간단없이 정진해야 하고, 언제 어디서 무엇을 하든 바른 알아차림으로 깨어 있어야 한다.

두 번째 택법각지, 즉 알아차림의 바른 대상겨냥을 잘 가려서 선택하기 위해서는 법을 바르게 이해해서 그 이해된 것을 새겨 받들고, 몸과 마음을 청정하게 가꾸며 오근을 균형 있게 계발하고, 해탈문은 게으른 사람은 결코 갈 수 없음을 깊이 상기하고, 부처님과 역대 불제자들도 이 길로 갔다는 사실을 반조한다.

세 번째 정진각지, 즉 바른 노력의 실천을 위해서는 항상 거룩한 부처님의 가르침을 상기 반조하고, 게으른 사람을 멀리하고 방일하지 않는 수행자와 도반이 되며, 게으름과 혼침은 윤회의 굴레와 연결되어 있음을 상기하고, 수행의 결실을 상기하며 반조한다.

네 번째 희각지, 즉 수행이 점점 깊어져 법에 대한 환희를 위해서는 삼학의 성스러운 길을 상기하며 반조해서 실천하고, 악업을 피하고 자비관과 선업을 상기하며 실천하며, 계율을 수지하고 번뇌 없는 청정함을 상기 반조하고, 마음에 용기와 지혜를 심어주는 어진 사람과 늘 함께해야 한다.

다섯 번째 경안각지, 즉 수행의 평온함을 얻기 위해서는 양 극단을 피해서 중도를 취하고, 알맞은 식사의 조절과 적당한 기후에 머물며, 모든 상황에서 바른 자세와 바른 알아차림을 지속하고, 불안정한 사람을 멀리하고 평온한 사람과 늘 함께해야 한다.

여섯 번째 정각지, 즉 알아차림이 당처에 밀착되어 바른 자각이 지속되는 삼매를 위해서는 몸과 마음을 청정하게 꾸미며 선정을 실천하고, 바른 평등심으로 바른 선정을 지속하며, 3법인을 상기해서 무기력함이나 게으름을 극복하고, 선정과 해탈을 스스로 경책하며 발원한다.

일곱 번째 평등각지, 즉 번뇌 또는 사념확산이 완전히 끊어진 상태를 위해서는 번뇌 없는 청정심으로 모든 생명들에게 평등심을 갖고, 삼보에 대한 고귀함과 요긴함을 상기 반조하며, 이기적이고 편견을 가진 사람을 가까이하지 않고, 평정된 마음으로 초연하게 생활하는 사람을 도반으로 한다.

이와 같은 규범은 오직 깨달음을 위한 바른 알아차림의 견인규범이다.

수행이라고 하면 보통 출가해서 본격적으로 산사에 머물러야 한다고 생각하거나 적어도 일상생활을 떠나 조용한 곳에 머물러야 된다고 생각하는 사람이 많다.

이는 깨달음이라고 하는 것이 우리의 삶과 동떨어진 오묘한 것이라고 믿는 데서 온 착각이다.

깨달은 자란 진리를 실천하는 자이기 때문에 깨달음을 이상으로 하는 수행자는 깨달아서 법을 실천할 수 있는 경계에 들려고 노력하는 자이다.

수행이 성숙되면 자연스럽게 깨달음의 요소들이 갖춰지면서 7각지가 함께하는 삶 속에서 인연에 의해 생멸하는 이치를 깨달아 그 어떤 기쁨이나 희열에 빠져들지 않는다.

또한 아무리 큰 어려움이나 괴로움이 있어도 '있는 그대로' 받아들이면서 지혜롭게 벗어나는 것이 진리를 실천하는 수행자들의 이상이다.

이와 같은 경계의 삶을 위해서 시작하는 수행이란 관념이나 감정 투사 없이 단지 바라만 보며 알아차리는 집중력을 키우는 작업이다.

정신차림 또는 마음모음의 집중력은 바른 알아차림을 도와서 사물의 실상을 온전히 체득하게 하고 단지 바라보게만 하며 업연에 휘둘리지 않게 하는 능력의 증강이다. 그래서 편견에서 벗어나 자신의 삶을 변화시켜 진리를 경험하고 실천케 하는 것은, 이 집중력을 통한 선정의 힘이 축적되었을 때만 가능하다.

진리를 실천하는 삶은 지적인 이해만으로는 어렵기 때문에 수행이 강조된다.

어떤 일과 마주쳤을 때 어떤 편견이나 고정관념이 없는 '있는 그대로' 볼 수 있는 힘은, 7각지가 알게 모르게 갖춰져 진리가 실천되는 단계이다.

'있는 그대로' 보는 것은 모든 법을 체계적으로 정확하게 보고, 모든 정신적인 기능을 고르게 사용해서 본다는 뜻이다. 이 바른 봄을 위해서는 바른 마음집중이 수반되어야 하고, 바른 마음집중을 위해서는 바른 노력이 필수적이다.

세 발 달린 솥처럼 균형을 갖춰야 한다는 것이다. 바른 노력이라는 말은 지나치거나 모자라지 않는 노력을 말하고, 바른 깨어있음은 쉼 없는 주의집중을 말하고, 바른 앎은 노력이 너무 지나치거나 모자라지 않음을 말한다. 노력이 지나치면 욕선慾禪이 되고, 노력이 모자라면 해태(無氣力)에 빠지게 되어, 어느 경우나 깨달음의 요소가 결여된다.

깨달음의 요소가 모자란다는 것은 알아차림의 모자람을 의미하기 때문에, 이 알아차림은 아무리 열심히 해도 모자라면 모자랐지 넘치지는 않는다.

옛날 바라나시의 녹야원에서 콘단냐를 비롯한 다섯 비구들과 야사

Yasa 일행들을 아라한의 경계에 이르도록 제도하신 이후, 전도만행을 선언하신 부처님께서 홀로 마가다의 왕사성으로 향하실 때의 일이었다. 언제부터인가 부처님께서 탁발을 나가실 때면 기다렸다는 듯이 어떤 걸인이 늘 뒤를 따랐다.

혼자서 걸식을 할 때는 좋은 음식을 많이 얻을 수가 없었지만 부처님의 뒤를 따라 걸식을 해보니 보다 좋은 음식을 더 많이 얻을 수 있었다. 이 사실을 알게 된 걸인은 그때부터 부처님의 주변을 맴돌다가 부처님께서 탁발을 나가시면 어김없이 따라 나섰다.

그렇게 부처님의 뒤를 따르며 걸식하던 어느 날, 홍수 때문에 가재도구와 식량을 모두 물에 떠내려 보내고 겨우 풀뿌리와 열매로 연명하는 어느 마을을 지나게 되었다. 그곳에서도 부처님께서는 발우를 갖춰 탁발을 나가셨고 그 걸인 역시 부처님의 뒤를 따르며 걸식했다. 탁발을 마치신 부처님께서 큰 나무 아래에서 공양을 드실 때, 그 걸인도 부처님에게서 멀지않은 나무그늘에 자리를 잡았다.

그 걸인은 앉자마자 걸식한 음식들을 한동안 뒤적거리더니 "아니! 이것은 소나 먹는 것 아닌가? 아니 이런 음식을 어떻게…"라고 투덜거리며 이것저것을 골라서 먹기 시작했다. 얼마 뒤 부처님께서 공양 드시기를 마치시고 발우를 깨끗이 챙기신 다음 그 걸인의 식사가 끝나기를 기다렸다가 물으셨다.

"그대는 얼마의 값을 치르고 이렇게 걸식하게 되었는가?"

"예? 저는 천민의 집안에서 태어나 어렸을 때 부모를 잃고 그때부터 이렇게 떠돌이 생활을 하고 있습니다. 거지도 어떤 값을 치러야 하

는지요?"

"그냥 얻었구나! 그래서 베푸는 사람의 정성을 먹을 줄 모르고 단지 음식 맛의 좋고 나쁨만을 먹는구나! 많은 것을 포기하는 값을 치르지 않았으니 그 가치나 은혜를 전혀 모르구나. 세간적으로 많은 것을 포기하고 출가하여 정진하는 이는 음식의 좋고 나쁨을 떠나 베푸는 마음을 먹으니 항상 행복하고 배고픔을 모른다네!"라고 일러주셨다.

집 있는 이들이 집을 버리고, 먹을 것 있는 이들이 먹을 것을 버리고 출가한 수행자들의 탁발은 탐욕에서 벗어나 무소유의 법락으로, 자만심에서 벗어나 무아의 법락으로, 어리석은 기대감에서 벗어나 평정의 법락으로 인도하는 첫 징검다리이다. 반면 걸식은 본래 거처할 집이나 먹을 것이 없어서 이곳저곳 기웃거리며 무위도식으로 연명하며 어리석은 업을 지어 나가는 것이므로 탁발과는 전혀 다르다.

7각지에 바른 알아차림이 있는 걸식은 탁발이 되고, 알아차림이 없는 걸식은 그대로 구걸이 된다고 했다.

좌선, 경행, 일상선 등 일체의 알아차림에는 이 깨달음의 요소들 가운데 하나라도 빠져서는 안 된다.

네 곳의 대상에 마음을 모아 쉼 없는 바른 알아차림이 성숙되면 7각지는 자연스럽게 갖춰져 완성된다.

2. 부처님의 가르침

5-5

누구든 이와 같이 7년간,

7년간은 아니더라도 6년 5년 4년 3년 2년

또는 1년 동안만이라도 이 행법으로 정진한다면

아라한과나 불환과를 성취할 수 있을 것이니라.

1년은 아니더라도 7개월 6개월 5개월 4개월 3개월 2개월

또는 1개월 동안만이라도 이 행법으로 정진한다면

아라한과나 불환과를 성취할 수 있을 것이니라.

1개월은 아니더라도 7일 동안만이라도 이 행법으로 정진한다면

아라한과나 불환과를 성취할 수 있을 것이니라.

그래서 네 곳에 마음을 집중하는 이 행법은

중생들의 정화를 위한

육체적인 고통에서 벗어나기 위한

정신적인 고뇌에서 벗어나기 위한

해탈을 향해 진리의 길을 나아가기 위한

오직 유일한 길이라 하느니라.

(장부 디까니까야, 『대념처경』)

7년이나 7일이 걸리더라도 "결가부좌로 움직이지 않는 바른 노력, 늘 깨어있음으로 살피는 바른 마음집중, '이뭣꼬?'라며 쉼 없는 바른 알아차림과 함께하는 90분의 '3요소'로 단 한 번만이라도 결사성취" 하기를 진정으로 권한다.

90분의 용맹정진을 몇 백 번 하더라도 '3요소'가 갖춰지지 않는다면 그냥 좌선의 흉내에 불과할 것이다.

90분의 절대요소와 함께한 용맹정진의 완성 뒤에 수행자는 이 글과의 만남을 큰 감명과 다행으로, 그리고 부처님에게 다시 한 번 깊은 감사의 합장을 올리게 될 것이다.

말이나 글로써 표현할 수 없는 '왜, 어떻게, 하고나면 어떤?' 등은 90분 결사 실천 뒤에 알게 된다.

제행도 공이요 제법도 공이요 일체가 공이라는 인연법(緣起法)이 이해될 것이다.

부처님은 자신의 몸과 마음을 깊이 알아차림으로써 절대 불변의 공성空性을 보시고 직접적인 경험을 통해서 체험한 깨달음의 법을 우리들에게 제시하셨다. 그리고 늘 고통에서 한시바삐 벗어나라고 45년간 채근하셨지만 옛날이나 지금이나 가르침을 따르는 이는 극소수에 불과했다.

왜냐하면 부처님의 가르침을 뜨거운 가슴으로 이해한다는 것은 옛날이나 지금이나 그렇게 쉽지 않기 때문이다. 대부분의 사람들은 자신을 실체시하는 자아관념에서 오직 좋아하고 싫어하는 분별심에 갇혀 있기 때문이다.

이와 같은 분별을 끊고 고통의 바다를 건너려는 수행을 시작하는 순간부터 여러 번뇌 망상이 수행자의 주인이 되고 또 부리려 할 것이다.

'도대체 왜, 이렇게, 언제까지 이 짓을 해야만 할까?

지금쯤 밖에는 신나는 일들이 많을 텐데!

목숨을 내놓고 해도 될까 말까 하다는데 이렇게 해서 과연 깨달을 수 있을까?'

이런 혼돈 속에서 정진하는 마음과 육체는 괴롭기 짝이 없다. 이러한 생각에 머물러 정진을 멈춘다면 생사윤회의 굴레에서 벗어나기는커녕 더 깊은 괴로움의 수렁으로 빠져들 것이다.

지금이 성실하면 내일도 또 그 다음날 역시 성실하기 마련이다. 삶은 어제나 내일이 중요한 것이 아니라 지금 여기에서 이뤄져야 한다.

행복쟁취를 위한 수행도 '지금, 바로, 여기, 이 순간'에 이뤄져야 하는 것이기 때문에, 지속적인 정진으로 지혜를 갖춰 탐욕과 성냄과 어리석음의 3독심에서 벗어나는 진리의 문으로 향하지 않으면 안 된다.

수행의 결실을 얻는 가장 빠른 길은 늘 깨어있음이다. 5분간 깨어

있음이 없으면 5분 동안 바른 정신상태가 아닌, 5분 동안 부주의상태에 놓여 있는 것과 같다.

언제든지 마음집중과 알아차림의 깨어있음이 없다면 바른 정신상태가 아닌 비정상적인 정신상태와 같다. 깨어있음은 자신을 알고 마음을 알고 자신의 인생을 아는 것이다.

따라서 깨어있음의 수행은 기분에 따르는 것이 아니라, 부지런하게 하든 게으르게 하든 멈추지 말아야 한다. 기분에 따라 수행하는 것은 법이 아니므로 낮과 밤을 구별하지 말고, 마음이 평화롭건 불안정하건 수행을 멈춰서는 안 된다.

수행은 글쓰기를 배우는 것과 같다. 처음에는 글씨를 잘 쓰지 못해서 크고 길고 삐뚤어지기도 하지만, 얼마가 지나면 반복적인 훈련을 통해 쓰기가 향상된다. 수행도 이와 같아서 처음에는 서투르고 어색해서 어떤 때는 고요하고 어떤 때는 그렇지 않고, 정말 뭐가 뭔지 이해하기 어려울 정도의 혼란이 따를 수도 있다.

이때 어떤 사람은 용기를 잃고 포기하는 수도 있으나 그럴수록 더 마음을 가다듬어서 결코 해이해지지 말고 끈기 있게 노력해야 한다.

시간이 흐르면서 글씨를 잘 쓰게 되는 것은 반복되는 연습에 따른 결과이듯이 수행도 이와 다르지 않다. 늘 알아차림이 따르는 깨어있음의 삶으로 마음의 평화를 얻을 수 있다.

다행히 우리가 부처님께서 실천해서 깨달음을 얻으셨던 행법과 깨달음의 공성(三法印)을 전제한 4제(四諦), 그리고 초전법륜에서부터 마흔다섯 해 동안 펼치신, 생사윤회에서 벗어나는 가르침을 만날 수 있는 것은 이번 생의 가장 큰 행운이다.

부처님께서 과학적인 마음작용의 원리를 발견하셨기 때문에 번뇌를 없애는 방법으로 '알아차리면 사라지는 정념'을 제시하셨고, 뇌의 인식작용과 업의 상관관계를 정립해서 윤회의 연기를 세우셨던 것이다.

깨어있음을 근간으로 정립된 깨달음의 도정이자, 과학적인 체계로 윤회에서 벗어나는 이 법은, 부처님께서 창조하거나 발명한 것이 아니라 발견한 '오로지 하나의 길'이다.

수행을 통해 마음에 평화가 있을 때 삶이 평화롭고, 삶이 평화로울 때 마음에 평화가 있다.

늘 깨어 있는 사람이 부처이다. 바른 깨어있음이 함께할 때 바른 이해가 따르고, 지금 무엇이 진행되고 있는지를 이해하게 된다. 사물을 볼 때 그것이 적절한지 부적절한지, 소리를 들을 때 유익한지 아닌지, 오감에서 일어나는 일체가 바른지 그른지를 이해하게 된다. 모든 것이 이와 같다.

이것을 이해할 때가 깨달아 아는 진리가 되므로, 지금 이 순간에도 앞으로 가든 뒤로 가든 항상 진리와 함께하는 것이다.

깨어있음이 있는 한 진리와 함께 사는 부처이고, 말하고 행하는 바

모두가 진리이다.

숲에서 지저귀는 새들을 보면 그 새들과 자신과 다르지 않음을 알 수 있다. 새들 역시 행복을 추구하고 고통에서 벗어나려 하며, 또 싫어하는 것은 피하려 하고 죽음을 두려워한다.

우리가 이 부분에 대해 깊이 사유한다면, 인간을 포함한 모든 생명체들은 서로 다른 특성을 가지지만 본성은 모두 같다는 것을 알게 되고, 그때 보고 듣고 맛보고 생각하는 것은 진리에 따라 보고 듣고 맛보고 생각하는 것이다.

동물은 인간과 다르지 않고 인간 역시 동물과 같아서, 모든 존재는 태어나면 늙고 병들고 죽는 동반자들이라고 분명하게 아는 것도 진리이다. 늘 깨어있음으로 "있는 그대로"의 공성을 본다면 우리는 이미 집착으로부터 벗어나 있는 것이다.

괴로움의 진원지가 오온에서 비롯됨을 깨달은 부처님은 12처가 곧 고해임을 인식하셨다.

늘 깨어 있으면 마음의 상태를 볼 것이며, 생각하고 느끼는 것이 무엇이든지 우리는 그것을 놓치지 않고 볼 수 있을 것이다. 이렇게 아는 것을 꿰뚫어 보는 자, 명확하고 완전하게 아는 자, 깨어 있는 이, 깨달은 이라고 부른다. 이를 바르게 이해할 때 실천하려는 마음이 일어나고 올바른 수행을 하게 된다.

모든 것에는 타성이 있기 마련이며, 습관이라는 것 역시 스스로 익

혀서 갖게 되는 힘이다.

자신이 목적하는 바에 몰두해 정신을 쓰면 그것에 의해서 일정한 힘이 생긴다. 우리들의 삶에 수행이 지속적으로 이루어지면 삶의 변화는 자동적으로 이루어진다. 삶의 변화는 수행을 통해서만 이루어진다.

부처님께서 일러주시길 "몸과 마음이 정상적인 사람들이 자신의 몸과 느낌과 마음, 그리고 정신적인 일체 대상 등을 대상으로 최소 일주일에서 아무리 늦어도 7년 정도 정진하면 반드시 성위4과 가운데 하나에 꼭 이르게 된다."고 하셨다.

몸의 안과 밖에서 일어나고 사라지는 일체의 움직임이나 현상에 깨어 있는 동안, 선정과 지혜가 점점 쌓여 해탈의 문으로 향해서 도과에 이르게 된다.

3. 불교?

"여기 왜 왔는가?"

"모든 괴로움에서 벗어날 수 있는 부처님의 가르침으로 생사윤회에서 대자유인이 되려고 이 자리에 왔습니다."

"여래는 무엇을 가르쳤는가?"

"사성제입니다."

"사성제란 무엇인가?"

"첫째, 고통의 진리, 둘째, 고통의 원인의 진리, 셋째, 고통의 소멸의 진리, 넷째, 고통의 소멸에 이르는 길의 진리 등 네 가지입니다."

"고통의 진리란 무엇인가?"

"이 세상에 존재하는 여덟 가지 고통, 즉 8고八苦가 고통의 진리입니다."

"여덟 가지 고통이란 무엇인가?"

"생로병사生老病死의 4고와 원증회고, 애별리고, 구부득고, 오음성고 등 4고, 이렇게 여덟 가지입니다.

즉 태어남이 고통이고, 늙음이 고통이고, 병듦이 고통이고, 죽음이 고통이고, 싫어하는 것과 함께해야 하는 것도 고통이고, 좋아하는 것과 함께하지 못하는 것도 고통이고, 원하는 것을 얻지 못하는 것도 고통이고, 오온도 고통이고, 이렇게 여덟 가지 고통입니다."

"태어남이란 무엇인가?"

"사람들이 윤회하는 존재로서 입태하여, 감각기관이 형성되고 오온을 갖춰서 나오는 것을 태어남이라고 합니다."

"늙음이란 무엇인가?"

"세월 따라 약해지고, 노쇠하고, 머리가 희어지고, 피부가 주름지고, 생기가 없어지고, 감각기관이 무너지는 것을 늙음이라고 합니다."

"병듦이란 무엇인가?"

"사람의 몸은 무너지기 쉬워 각종 질병과 사고에 의해서 고통을 받는데 이것을 병듦이라고 합니다."

"고통이란 무엇인가?"

"사람들이 겪는 육체적으로 즐겁지

않은 느낌을 고통이라고 합니다."

"고뇌란 무엇인가?"

"사람들이 겪는 불안, 공포에서 비롯되는 정신적인 불만족을 고뇌라고 합니다."

"죽음이란 무엇인가?"

"사람의 의식이 사라지고 목숨이 끊어져, 몸이 무너지고 분해되며 사라지는 것을 죽음이라고 합니다."

"싫어하는 것(사람)과 함께해야 하는 고통이란 무엇인가?"

"좋아하지 않는 형상, 소리, 향기, 맛, 감촉, 법 등과 또 타인의 불행과 손해를 바라는 이들과 함께해야 하는 것이 싫어하는 것(사람) 함께해야 하는 고통이라고 합니다."

"좋아하는 것(사람)과 함께하지 못하는 고통이란 무엇인가?"

"좋아하는 형상, 소리, 향기, 맛, 감촉, 법 등과 또 아버지, 어머니, 형제, 자매, 친구, 친척들, 그리고 타인의 행복, 번영과 해탈을 바라는 이들과 함께할 수 없는 것이 좋아하는 것(사람)과 함께하지 못하는 고통이라고 합니다."

"원하는 것을 얻지 못하는 고통이란 무엇인가?"

"다시 태어나고, 늙고, 병들고, 죽고, 슬픔과 비탄에 빠져, 근심하고 고뇌하는 존재로서 '이러한 일들이 나에게는 일어나지 않았으면' 하고 원하지만 원하는 대로 되지 않는 이것이 원하는 것을 얻지 못하는 고통이라고 합니다."

"오온의 고통이란 무엇인가?"

"몸이 나이다, 느낌이 나이다, 관념이 나이다, 의도가 나이다, 인식

이 나이다, 이 모두가 나이다 등, 나 (我)라고 잘못된 대상에 집착하는 데서 비롯되는 것을 오온의 고통이라고 합니다."

"사성제 중 둘째, 고통의 원인의 진리란 무엇인가?"

"갈애가 고통의 원인의 진리입니다."

"갈애는 무엇인가?"

"여러 가지 대상에 계속적으로 탐착하는 것입니다."

"갈애의 종류는 몇 가지가 있는가?"

"감각적으로 좋아하는 것을 쫓는 갈애, 존재하거나 다시 태어나려는 갈애, 다시 태어나지 않으려는 갈애 등 세 가지입니다."

"감각적으로 좋아하는 것을 쫓는 갈애란 무엇인가?"

"형상, 소리, 향기, 맛, 감촉, 법 등 좋아하는 것들을 원하며 집착하는 것입니다."

"존재 또는 태어나려는 갈애란 무엇인가?"

"죽은 후에 지금의 '나'라는 영혼이 다시 좋은 곳에 태어나, 영원히 머물기를 바라는 것입니다."

"존재 또는 태어나지 않으려는 갈애란 무엇인가?"

"죽은 후에 다시 몸을 받지 않기를 바라거나 다른 곳에 태어나지 않기를 바라는 것입니다."

"사성제 중 셋째, 고통의 소멸의 진리란 무엇인가?"

"괴로움의 원인인 갈애가 남김없이 사라져 소멸하는 것, 즉 갈애의 포기, 단념, 집착하지 않음, 해탈을 말합니다."

"사성제 중 넷째, 고통의 소멸로 이끄는 길의 진리란 무엇인가?"

"팔정도입니다. 즉 정견正見, 정사유正思惟, 정어正語, 정업正業, 정명正命, 정정진正精進, 정념正念, 정정正定 등입니다."

"정견이란 무엇인가?"

"4제와 오온에 대한 바른 견해입니다."

"정사유란 무엇인가?"

"욕심, 성냄, 악의 등 세 가지가 없는 마음입니다."

"정어란 무엇인가?"

"거짓말, 험담, 거친 말, 잡담 등 네 가지가 아닌 말입니다."

"정업이란 무엇인가?"

"살생, 도둑질, 사음 등 세 가지를 제외한 행위입니다."

"정명이란 무엇인가?"

"살생, 도둑질, 사음 등을 비롯해서 무기거래, 인신 매매, 짐승 매매, 술이나 독극물 매매 등의 일을 하지 않는 것입니다. 쉽더라도 잘못된 생활 방법을 버리고, 어려움이 있더라도 바른 생활 방법으로 사는 것입니다."

"정정진이란 무엇인가?"

"아직 일어나지 않은 악행은 일어나지 않도록 노력하고, 이미 일어난 악행은 멈추도록 노력하고, 아직 일어나지 않은 선행은 일어나도록 노력하고, 이미 일어난 선행은 멈추지 않도록 노력하며, 이렇듯 마음을 다스리는 이 네 가지를 바른 노력이라고 합니다."

"정념이란 무엇인가?"

"네 곳의 바른 알아차림입니다. 몸에 마음을 챙겨서 알아차리며, 느낌에 마음을 챙겨서 알아차리며, 마음에 마음을 챙겨서 알아차리며, 정신적인 대상에 마음을 챙겨서 알아차려, 생사윤회를 해결하는 바른 깨어있음이라고 합니다."

"정정이란 무엇인가?"

"감각적인 욕망과 악행에서 벗어나 바른 깨어있음의 고요에서 비롯되는 기쁨과 행복을 동반한 초선정, 자연스러운 깨어있음과 적정 속에서 마음의 순일함이 있는 기쁨과 행복을 동반한 2선정, 기쁨을 떨치고 바른 깨어있음과 바른 앎에서 평온하게 행복을 경험하는, 즉 성자들이 '평정심에서 행복하게 산다'라 일컫는 3선정, 행복감마저 떨친 불고불락의 경계에서 비롯된 청정함만이 있는 4선정 등이 네 가지를 바른 선정이라고 합니다."

"여래의 가르침을 바르게 잘 이해했으니 이제 오온의 그 어떤 대상이라도 '이-?'라며 마음을 모아 알아차리는 찰나 보이는 공의 반야·

지혜로 윤회의 바퀴를 벗어날 수 있는 멸진의 경계를 능히 성취하여
대자유인이 되리라."

4. 현재에 깨어 있으라

흔히 수행이라 하면 앉아서 마음을 집중하는 것으로 이해하는 경우가 많다. 그러나 수행은 생활 속에서 항상 깨어있음에 알아차리는 법을 키워 나가는 훈련임과 동시에 어리석음에서 벗어나는 작업이다.

여기서의 작업은 깨달음의 요소인 법을 갖춰 나감과 함께, 늘 자신에게 여섯 가닥으로 묶여 있는 6문의 족쇄를 알아차려서 열 가지 결박을 이해하고 생사윤회에서 벗어나는 해탈운동이다.

이제 우리는 이 세상의 모든 탐욕을 포기하였으니 욕망으로부터 그 마음을 챙겨 보호해야 하고, 끓어오르는 분노를 모든 생명체에 대한 자비심으로 바꿔서 마음을 챙겨 보호해야 한다.

경직되어 무관심하고 나태하며 고집스러운 어리석음으로부터 청정하게 깨어 있는 마음을 챙겨 보호해야 하고, 겁 없고 오만방자하게 흥분되는 어리석음으로부터 고요한 내적 상태의 마음을 챙겨 보호하며, 의혹에서 떠나 회의와 후회하는 어리석음으로부터 마음을 챙겨 보호해야 한다.

이렇게 모든 감각기관을 단속하는 데 바르게 마음을 집중하여 다섯 가지의 장애를 극복하고, 수행에 방해가 될 수 있는 미세한 번뇌의 찌꺼기들마저 알아차려야 한다.

이 알아차림의 네 가지 특징은, 첫째, 이 수행의 실천과 결과는 누구에게나 필요한 것이고, 둘째, 결코 타인이 대리로 할 수 없는 오직 본인 스스로 실천해야 하며, 셋째, 때와 장소를 가리지 말고 지속적으로 꾸준히 생활 속에서도 해야만 하며, 넷째, 정도의 차이는 있지만 결과는 대단히 유익하다는 점이다.

그래서 자연과 내가 다르지 않고, 나와 남이 다르지 않고, 생과 사가 다르지 않은 것이라고 바르게 이해될 때, 나라고 믿어 왔던 사견邪見에서 벗어나 우주가 곧 나와 동체임을 이해하게 된다.

이렇게 바르게 마음을 모아 관찰해 나가는 동안, 이 몸 속의 어떤 인격체나 영혼에 의해서 움직이고 있다는 유신견有身見에서 벗어나게 되고, 사견으로 비롯된 탐심, 성냄, 어리석음 등 3독심은 사라져 정숙하고 점잖은 말과 덕행으로 평온과 선정은 더 깊어진다.

일상생활 속에서의 깨어있음으로 "수행자의 몸이 어떤 상태에 있든지 '이뭣꼬?'라는 화두로 그 찰나를 알아차린다."라는 말은 모든 움직임(행주좌와어묵동정)을 알아차린다는 의미이다. 수행에서는 행주좌와의 네 가지 주요 자세뿐만 아니라 여러 가지 작은 자세(어묵동정 등)도 알아차림의 대상이 된다.

수행은 어느 때건 호흡처럼, 맥박처럼, 늘 깨어있음과 알아차림이
있어야 한다.

몸의 움직임에 마음을 함께하는, 즉 행주좌와의 모든 움직임은 물
론 어묵동정의 상태에서도 마음을 밀착시켜 낱낱이 세밀하게 일어나
고 사라지는 현상을 알아차려야 한다.

그렇지 않으면 번뇌는 왕이나 주인처럼 행세하기 때문에 그의 노
예나 하인처럼 복종하며 끌려 다니게 된다. 눈은 즐거운 것을 쫓고,
귀는 즐거운 소리를 쫓고, 코는 즐거운 냄새를 쫓고, 혀는 즐거운 맛
을 쫓고, 몸은 즐거운 감촉을 쫓는다. 이런 다섯 가지의 감각기능을
보다 조화롭게 조절하는 것이 깨어있음이며 알아차림이다.

서로 다른 감각자극들 때문에 그 어지러운 와중에서도 지난 과거
의 기억을 붙들고 비교하며 애착과 걱정을 만드는데, 그것이 곧 과거
의 느낌이라는 관념적인 족쇄가 된다.

지나간 과거에 매달리지도 말고,
오지 않은 미래를 기다리지도 말라.
오직 현재에 마음을 챙겨 깨어 있으라.
지금 할 일을 다음으로 미루지 말고,
바른 알아차림으로 현재를 사는 것,
그것이 깨달음으로 가는 최고의 길이다.
(『법구경』)

지금, 현재에 살아야 한다는 경책이다. 과거는 이미 지나갔으므로 살아질 수가 없고, 미래는 아직 오지 않았기에 살 수가 없다.

시간도 관념의 인식작용이고 환상일 뿐, 우리는 영원의 현재를 살아가고 있을 뿐이다.

우리의 삶은 오직 현재밖에 없으며 지금 이 순간만이 실재이기 때문에 수행도 현재의 삶 속에서 알아차려야 한다.

지금 이 순간을 잘 사는 것이 삶의 전체를 잘 사는 것이고 참된 진리와 더불어 사는 길이다. 지금 이 순간을 산다는 것은 지금 이 순간의 바른 알아차림의 삶을 의미한다.

이미 지나간 과거를 되돌릴 수도 없고, 오지도 않은 미래를 앞당길 수 없기 때문에 미래에 대한 불안이나 공포, 근심걱정은 환상이고, 과거에 대한 회한이나 미움은 그림자나 기억의 흔적일 뿐이다.

지금 여기라는 현재에 나의 모든 것을 쏟는 것은 7각지를 갖춘 바른 알아차림이며 현재를 살아가는 깨어있음이다.

부처님 당시 수보리 존자가 죽림정사 부근의 석굴에서 두타행으로 정진하고 있을 때였다.

"이번 우기를 맞이해서 작은 초막이라도 지어드리고 싶습니다."라면서, 빔비사라 왕이 수보리 존자에 대한 존경심으로 신하들에게 일러서 초막 하

나를 짓게 했다.

안거 결제일이 다다르자 수보리 존자를 찾은 빔비사라 왕은 "이번 결제를 위해 신하들이 조촐하게나마 초암을 지어 놓은 것으로 압니다. 이번 결제는 그곳에서 정진하시기를 바랍니다."라고 말했다.

수보리 존자가 빔비사라 왕의 베풂을 받아들여 큰절에서 결제 법회를 마치고 그 초암에 와서 보니, 막상 초암은 아직 지붕을 덮지 않은 상태였다.

만약 그때 수보리 존자가 바른 알아차림을 쉬고 "무슨 연유로 지붕을 덮지 않았을까?"라는 번뇌를 일으켰다면 지금 우리가 들어보지도 못하는 일반적인 비구로 역사 속에 묻혀 버렸을지도 모를 일이다.

당연히 수보리 존자는 분별하지 않는 알아차림으로 일어나고 사라지는 현상의 "있는 그대로"만을 보면서 그 초암에 들어가 번뇌와의 전쟁을 쉬지 않고 열심히 정진했다.

마침 그해의 우기雨期에 심한 가뭄으로 흉년이 들어서 어려웠던 농민들이 안거 해제 뒤에 수보리가 거처했던 이 지붕 없는 초암을 발견하고는 "존자님이 지붕 없는 곳에서 머물며 정진했기 때문에 비가 오지 않았구나!"라고 웅성거렸다. 마침내 그 소문이 빔비사라 왕에게까지 전해졌고, 왕이 존자를 찾아오자 "오히려 어느 초암보다 더 정진을 잘할 수 있었다."고 말했다. 그 후 수보리는 더욱 존경받는 수행자로 널리 알려졌다.

본래 수보리 존자는 경전에도 해박했지만 두타행과 청빈을 살림살

이로 정진했기 때문에 해공제일, 두타
제일의 부처님 상수제자가 되었다.

현재나 미래나 과거가 절대로 들어
설 수 없는 마음의 흐름 속에서, 찰나
전의 마음도 반복될 수 없고, 찰나 이
후의 마음도 미리 알지 못하며, 현재
의 마음도 마음의 흐름에서는 과거가
된다.

아직 도래되지 않은 환상의 미래를 앞당겨 생각하는 것이나 지나
간 과거의 그림자에 매달리는 것도 현재를 놓치는 어리석음인 줄 아
는 수보리 존자는 당연히 관념적인 덧칠은 외면했다.

현재도 찰나인데 미래나 과거에 마음을 뺏기는 것은 현재를 놓치
는 결과를 가져오므로 바른 마음챙김의 방일이고 깨어있음의 쉼이
된다.

순간적인 찰나 간의 마음챙김을 놓치지 않는 깨어있음이 과거심도
미래심도 현재심도 불가득이다.

이것이 바르게 마음을 갖추는 것이며, 몸 밖으로 뛰쳐나가려는 마
음을 내면에 두는 것이 바른 알아차림이다. 만약 마음이 몸 밖으로 뛰
쳐나가면 관념적인 사물의 현상을 비롯해서 인습적인 이름과 편견적
인 분별로서 현재를 살지 못하고 과거나 미래에 갇힌 삶이 된다.

직관이라는 불성에 불을 켜면 과거·미래·현재도 생멸이 없는 해

탈열반의 경계가 보인다.

불성에 불이 밝혀질 때까지 '이뭣꼬?'를 의지해서 정진해야 한다.

덧붙임의
글

해탈관문

제1관문 명색지 名色智

몸과 마음을 구분하는 지혜단계이다.

눈·귀·코·혀·몸·마음 등 여섯 가지 감각기관 중 앞의 다섯 가지 감각기관과 그 다섯 가지 대상은 물질적 현상인 색色이고, 마음과 그 알아차림은 정신적 현상인 명名이라고 또렷이 구분할 수 있는 초기 단계의 지혜이다.

아랫배의 움직임에서 배와 바람은 물질적 현상이며, 마음을 챙겨서 알아차리는 인식은 정신적 현상이다.

숨을 들이쉴 때 아랫배의 일어남은 하나의 진행과정이고, 숨을 내쉴 때 아랫배의 꺼짐은 또 다른 하나의 진행과정이다. 서로 다른 독립된 현상이다.

명색지는 아랫배의 일어남과 이것을 알아차리는 마음을 구분해서 알아차리는 것이다. 아랫배의 사라짐과 이것을 알아차리는 것, 앉아 있음과 이것을 알아차리는 것, 뻗는 움직임과 이것을 알아차리는 것, 그 어떤 움직임이라도 각각의 움직임을 각각 알아차리는 명과 색을 구분해서 보는 지혜단계가 명색지이다. 각각의 독립된 서로 다른 과정의 현상들로 이해하는 지혜단계인 것이다.

알아차리는 정신적인 기능은 자율적으로 대상을 찾아 나가는 특성을 가지고 있다. 오감의 대상이 보다 더 명확하게 보이면 보일수록 알아차리는 마음도 보다 더 분명해진다.

그래서 일어나고 사라지는 움직임의 물질적인 현상(色)과 그것을 알아차리는 정신적인 현상(名) 외에 그 어떤 주재자나 나, 너, 그이, 그녀, 개체와 같은 것을 찾을 수 없다.

이와 같은 수행으로 얼마간 체험해 보면, 오직 존재하는 것은 남녀노소를 막론하고 동일한 물질적 현상과 정신적 현상 외에 따로 없다는 사실을 이해할 수 있다. 이것을 체험으로 이해하는 것이 물질과 비물질에 대한 분석적 지혜단계인 명색지이다.

결론적으로 생각의 변화, 반사적인 사고의 일어나고 사라지는 것 등은 자신의 체험으로써만 이해되는 것이다.

제2관문 인과지因果智

인과를 구분하는 지혜단계이다.

배가 일어났지만 사라지지 않거나 사라졌지만 일어나지 않는 것 같은 현상을 느끼게 된다. 또 전혀 일어나고 사라지는 움직임을 의식하지 못하지만 직접 손바닥을 배에 얹어서 마음을 챙겨보면 그 배의 움직임이 확연하게 느껴진다.

그밖에 다양한 통증이나 배가 딱딱하게 굳어짐을 의식하거나, 혹은 배의 일어나고 사라지는 각각 독립된 움직임이 두 단계나 세 단계로 의식되기도 한다.

부처님이나 보살이 눈앞에 직접 나타나 다가오거나, 코끼리나 연꽃 등의 환상이 보이기도 하며, 몸이 앞뒤로 흔들리는 듯한 착각이 일어난다. 이는 수행의 장애가 일어나기 시작하는 단계이다.

이때가 되면 몸의 모든 움직임에 앞서 움직이려는 의도가 일어나는 것을 알아차려야 한다. 사실 이것을 이해하게 되면 움직임 자체도 주재자나 내가 동작하는 것이 아니라 다만 마음의 조건반사인 의도에 의해서 일어남을 명확하게 이해하게 된다.

감각기관과 물질의 만남에서 일어나는 의도는 결과이면서 원인이 된다. 감각기관과 물질 역시 원인이면서 결과가 되는 인과의 과정임을 이해해야 한다.

수행의 초기에는 '하려고 함' 내지 '이-?' '이-?'라며 의도를 알아차려 보지만 마음의 상태를 이해하기란 그렇게 쉽지 않다. 처음에는 마음의 상태가 분명하지 않기 때문에 의도보다 움직임이 앞서는 것같이 보인다.

그렇지만 수행이 깊어지면 마음의 상태가 밝고 분명해지므로 움직이기 전에 움직이려는 마음의 의도를 인지하게 된다. 수행자는 앉고, 서고, 구부리고, 가고, 오고, 눕는 일체의 움직임에 앞서 하고자 하는 마음의 상태를 이해하게 된다. 몸의 모든 움직임은 마음의 명령을 따르게 된다는 사실을 직접 체험하게 된다.

이렇게 알아차리는 몸과 마음의 진행과정은 원인이 결과이면서 다시 원인이 되는 동일한 것으로 이해한다. 과거에 존재했던 몸과 마음은 그 이전에 선행되고 있었던 원인들에 의하여 계속된 것이다.

미래에 존재하는 몸과 마음 역시 현재 계속 이어지고 있는 것의 결과이며, 이 역시 결과이면서 원인이 된다.

'원인이 결과이면서 그 결과가 또 원인이 되고, 그 원인이 결과가…' 이와 같이 끝없이 연결된 사슬같이 오직 원인과 결과의 두 과정만이 존재하는 조건적인 공성을 본다. 이러한 인과를 이해하는 지혜 단계에 이르면 머지않아 이론적이나마 3법인을 이해할 수 있는 관문으로 진입하게 된다.

제3관문 법인지 法印智

3법인을 구분하는 지혜단계이다.

수행정진에 열정이 일어날 때쯤 수행자에겐 불에 달군 송곳으로 찌르는 듯한 아픔이나 벌겋게 달군 쇠톱으로 대퇴부의 관절을 켜나가는 듯한 형언키 어려운 고통이 따른다.

아픔, 뻣뻣함, 결림 등의 견디기 힘든 괴로움이 5개盖 가운데 첫 장애로 나타난다.

알아차려도 금방 사라지지 않고 몸의 자세를 조금 움직이거나 마음을 놓으면 그 감각은 금방 사라지지만 다시 마음을 챙기면 견디기 어려운 감각이 되살아난다.

그러나 그것은 수행의 조그마한 진보의 자연적인 현상이므로 반갑게 맞이해야지 결코 피해서는 안 된다. 수행의 길목에서 언젠가는 꼭 거쳐야 할 과정이기 때문이다. 그래서 결가부좌 '90분 결사'를 권하는 것이다.

이 단계에서 바른 겨냥과 더불어 바른 노력을 배가시켜 바르게 마음을 집중하는 동안 그 느낌은 잔잔한 호수에 한 방울의 먹물을 떨어뜨렸을 때와 같이 점점 옅게 퍼지며 결국은 흔적조차 사라져버릴 것이다.

수행자는 순간적이지만 가끔가끔 황홀함 또는 기쁨이 일어나거나 그것들이 고조되어 충만감을 느끼면서 몸의 전부 혹은 일부가 완전히 사라진 것 같은 느낌을 의식한다.

통증이나 가려움 같은 느낌들의 시작과 중간과 끝의 세 단계를 모두 보게 된다.

성주괴공을 확연히 구분할 수 있게 되면서 안절부절 못하거나 정신적인 방황이 없는 가벼움을 느끼게 된다. 모든 느낌과 움직임 일체가 머무는 바 없는 무상함도 알게 된다.

또한 만족스럽지 못한 괴로움과 어떤 주재자나 개체가 없는 무아의 현상과정인 3법인을 바르게 구분하는 단계에서 공성을 보게 된다.

아픔 같은 것은 예닐곱 번 정도 마음을 집중해서 투사하면 사라지고, 환상이나 염상 같은 것은 두세 번 마음을 챙기면 금방 사라지고 다시 일어났다가 사라지곤 한다.

가끔씩 호흡이 순일하지 못하거나 느려지거나 빨라지기도 하는가 하면 짧거나 길거나 멈추기도 한다.

이때쯤이면 밤에는 강한 빛이나 환한 방광, 불꽃, 그리고 평상시에는 환상, 고조되는 기쁨, 황홀감 등의 현상들이 일어나며 손과 발이 경직될 때도 있다.

어떤 수행자들은 자신을 수행할 수 있도록 인도한 사람에게 깊이 감사를 느끼기도 한다. 또 조용한 곳이나 외딴 곳에 머무르려고 하며, 전심전력을 다하여 수행하고자 결심을 다진다. 지나친 신념을 갖게 되어 모든 사람이 수행하길 원하며 설득하려 한다. 또 선원에 보시하려고 하거나 사찰 및 불상, 불탑을 세우려고도 한다.

대부분의 신체적인 욕구에 무관심하게 되며, 좋고 나쁜 것을 접하더라도 마음이 동요하지 않는다. 정신을 집중하려 하지 않아도 모든 외부의 사물에 마음을 집중하게 된다.

때로 지나친 불굴의 투지와 엄격한 노력이 죽음에 이르게도 하며, 집중력과 맑은 의식이 약화되면서 산만해지거나 삼매에 들지 못할 때도 있다.

지난번보다 더 선명한 환각 상태에 빠져, 부처님이 투명한 빛을 내며 다가오거나 하늘에서 비구들이 줄을 지어 걸어가는 모습들이 보이게 된다.

어떤 때는 불탑이나 불상에 예배하는 모습, 건물, 꽃이 만발한 정원, 숲, 산, 언덕, 해골로 변한 자신의 모습, 그밖의 여러 가지 현상들도 보게 된다.

그것은 수행의 진전이라기보다 집중력이 지나쳐 평소에 신비한 무엇인가를 기대했던 마음에 의해 현현하는 꿈과 유사하다.

이런 것들은 두려워하거나 좋아할 것이 못되며, 알아차림의 과정에서 나타나는 것들은 단지 환상들일 뿐 실상은 알아차리는 마음뿐이다.

다섯 가지 감각기관의 영향에서 벗어난 순수한 마음상태만을 알아차리기는 그리 쉽지 않는다.

오감과 그 대상의 인식에 의한 마음 현상을 알아차려야 한다. 만약 눈앞에 어떤 형상이 나타나더라도 '보임, 보임, 보임' 내지 '이-?' '이-?'라며 그것이 사라질 때까지 주시하며 알아차려야 한다.

초기에는 예닐곱 번 정도 마음을 챙겨 '이-?' '이-?'라며 알아차려야 사라지든가 분쇄된다. 차츰 집중력이 깊어지면 염송 횟수도 자연히 줄어들게 된다.

그러나 눈앞의 형상들에 관하여 좀 더 자세히 보려 하거나 즐기려 하거나 놀라거나 공포심에 빠지면 그 형상들은 한동안 머물기도 한다. 만약 의도적으로 그런 형상들을 유인하거나 추구하면 환각 상태나 환상 속에서 오랫동안 계속되기도 한다.

따라서 즐기려는 마음이나 추구하는 마음이 일어나면 즉시 알아차려 사라지게 하거나 '환상, 환상, 환상'이라고 마음을 챙겨야 한다. 그렇게 염송해도 사라지지 않으면 예닐곱 번 정도 '이-?' '이-?'라고 더 염송하고는, 사라지건 사라지지 않건 무시하고 기본 당처인 아랫배의 일어나고 사라지는 움직임에 밀착해서 알아차려 나가면 된다.

사실은 그런 경계가 일어나지 않는 것이 정상이지만, 바르게 마음을 챙겨 정진하고 알아차리는 수행을 하여도 특별한 환상이나 경계가 나타나지 않으면 '나는 수행에 진전이 없구나.'라는 생각으로 수행을 포기하려는 경우도 있다.

만약 게으름이 일어날 때는 즉시 알아차리고 '게으름, 게으름' 내지 '이-?' '이-?'라고 염송하면서 게으름 속에서 벗어나야 한다. 처음에는 어떤 대상에 마음을 모아 알아차리다가 다른 대상이 나타나면 즉시 그쪽으로 대상 겨냥을 옮겨버린다. 그래서 끝부분을 충분히 알아차리지 못하는 경우가 많다.

이제는 수행력도 쌓았고 깊은 선정도 경험한 상태이므로, 알아차리던 주 대상에서 다른 대상으로 즉시 옮기지 말고 주 대상이 어떻게 진행되다 어떻게 사라지는가를 처음부터 끝까지 면밀히 알아차려야 한다. 그래서 시작, 중간, 끝을 분명히 알아차리고 난 뒤 다음 대상으로 겨냥을 옮겨야 한다.

수행이 더욱 깊어지면 어떤 대상이 갑자기 나타나자마자 즉시 사라지고 그 대상의 알아차림도 아주 분명해진다. 그럴 즈음이면 세 가지에 법인法印을 찍어서 증명해 보이신 존재의 자성(三法印)을 이해하게 된다.

모든 것은 일어나면 사라지기 때문에 무상하고, 무상하기 때문에 즐겁지 않은 괴로움이고, 무상하기 때문에 실체가 없는 공함을 보고 이해하게 된다.

삶을 즐기는 것은 단지 일어나고 사라지는 공성을 실재로 보기 때문이다. 태어난 존재는 죽음으로 내달리므로 언제라도 죽음은 나타날 것이며, 무상한 것은 두렵고 괴로운 것이다.

괴로움을 가시처럼, 종기처럼, 창날처럼 생각하라. 무상한 것은 괴로움이며 태어난 존재는 괴로움을 피할 수 없다. 괴로움이나 생사를 통제할 수 있는 능력을 갖춘 실체가 없다는 의미에서 무아이다. 곧 일체가 공한 것이다.

이와 같이 수행자는 바르게 사유하고 생각하여 알아차리고 난 뒤 평상시의 알아차림으로 돌아와 정진하다가 다시 경전이나 주석서와 비교해 가며 수행한다.

직접 체험에 의한 세 가지 특성인 3법인을 구분하는 지혜를 바탕으로 아직 체험하지 않은 다른 대상들도 추론하여 '그 어떤 것들도 이 세 가지의 특성에서 벗어날 수 없겠구나.'라고 생각하도록 한다.

그러나 수행을 접어두고 지나치게 사유해 나간다든지, 수행을 조금하고는 사유하고 또 사유하는 수행자는, 철저히 경전이나 주석서에 관해 일어나는 생각들을 인지함과 동시에 마음을 모아 알아차림으로써 사라지게 해야 한다.

경전이나 주석서에 대해 특별한 관심을 기울이지 않아도 수행에만 전념하면 선정은 깊어지며, 또 선정이 깊어지면 지혜는 저절로 증득된다.

제4관문 생멸지生滅智

생멸을 구분하는 지혜단계이다.

3법인을 구분하는 사유에서 벗어나 오근五根과 오력五力을 함께하며 수행 정진에 균형이 잡혀갈 때 선정력이 깊어지게 된다. 일어나고 사라지는 움직임의 현상과 바르게 알아차리는 오온五蘊의 진행은 수행자 자신이 느낄 수 있도록 빨라진다.

공기를 들이마시는 순간 아랫배는 빠르게 일어나고 숨을 내쉬는 순간 그 사라짐도 함께 빨라지며, 이에 상응해서 알아차림 역시 빨라져 명쾌해진다.

다른 미세한 느낌이나 작은 움직임 역시 빠르고 명확하게 알아차리며, 견디기 어려운 가려움이나 찌릿찌릿한 느낌들도 한동안 연속해서 일어나지만 그렇게 오랫동안 지속되지는 않는다.

배의 움직임이나 느낌 자체가 빨라져 '일어남, 사라짐……', '아픔, 아픔, 아픔……' 내지 '이-?' '이-?'라며 하나하나 세분화해서 명칭을 염송하며 알아차리는 것보다, 이제는 일어나고 사라지는 현상 전체를 '앎, 앎, 앎' 내지 '이-?'라며 한꺼번에 알아차리게 된다.

경행 중에도 '왼발, 들어, 앞으로, 내려, 놓음', '오른발……' 내지 '이-?' '이-?'라며 알아차리는 것보다는 그냥 '닿음, 닿음……' 내지 '이-?' '이-?'라며 발이 땅에 닿는 부분만 알아차리면 된다. 그래서 전체적인 부분을 하나로 알아차려 나가는 행법으로 정진한다. 정진 중이 아닌 일반생활 속에서도 바쁘게 걸어야 할 경우에는 이와 같이 '닿음, 닿음……' 내지 '이-?' '이-?'라며 알아차린다.

빠르게 일어나고 사라지는 느낌이나 움직이는 현상에 일일이 명칭을 부여해서 염송해 나가면 쉽게 지치게 된다. 빠르게 계속되는 다양한 체험들을 모두 따라잡을 수 없기 때문에 그렇게 알아차릴 필요는 없다.

이 단계에서 한두 가지의 선택된 대상에 머물러 있는 것보다 다섯 가지 감각기관에서 일어나고 사라지는 느낌들이나 움직임의 현상에 집중해서 마음을 챙겨 나가는 것이 훨씬 더 바람직하다.

만약 이와 같은 알아차림이 예리하게 느껴지지 않을 때는 항상 마음을 모아 알아차리는 기본 당처인 아랫배의 움직임으로 돌아와 머물러야 한다.

단순한 것 같지만 이런 과정을 계속 진행해 나가는 동안 몸과 마음의 생멸 현상이 눈 한 번 깜박 하는 것이나 번쩍 하고 일어나는 섬광보다 훨씬 빠름에도 불구하고 낱낱이 알아차릴 수 있게 된다.

그때는 알아차림의 대상이 마치 알아차림에 뛰어들고 알아차림이 대상으로 뛰어드는 것처럼 형언하기 어려울 정도로 빠르게 마주치며 알아차리게 된다.

일어나고 사라지는 움직임의 그 어떤 형상이나 느낌들도 빠르고 명확하게 이해되어진다. 이렇게 알아차림의 기능이 발전되면서 배의 일어나고 사라지는 현상이 두 단계에서 일곱 단계로 나뉘어져 움직이는 것을 보는가 하면, 간헐적으로 움직임과 알아차림이 함께 사라지기도 한다.

오직 현상에 대한 알아차림만을 여법하게 계속 지어갈 때 반야지혜가 쌓이며, 그 느낌은 광명과 같이 밝고 가벼워 기쁨이 충만된다.

자신의 내부에 묘한 전율이 일어나며 마치 그네를 타고 하늘을 나는 것 같은 현기증을 느끼다가도 금방 진공 상태의 고요와 평온함을 체험하게 된다.

몸과 마음이 신속하게 제 기능을 다하며, 일체의 느낌이나 움직임의 현상들을 자동적으로 알게 된다. 그래서 아픔이나 가려움 등의 괴로움에서 자유로워지며, 알아차림은 그 어떤 대상이라도 쉽게 파고들어 마음은 건전해지면서 솔직해지고 밝으며 경쾌해진다.

한동안 몸과 마음은 정제되어 고요해져 마음을 챙길 만한 대상도 사라져 오랫동안 평온한 상태가 지속된다.

'참으로 부처님은 거룩하고 전지한 분이구나. 우리들의 몸과 마음이라고 불리는 이 오온은 무상한 것이고 괴로움이며, 어떤 주인이나 실체가 없는 무아로서 일체법이 공하구나.'라고 사유하며 지혜와 신심이 보다 더 확고해져 쉽게 무기력함
이나 게으름에서 벗어나 머물게 된다.
수행의 축복으로 경험되는 평등심이
일어날 때 수행자는 환희와 함께 나타
난 지혜를 즐기려는 집착심을 일으키
는 때도 있다.

이러한 환희를 수행자가 '아! 이제
나는 해탈지에 이르렀다. 이제 나는 으
뜸가는 깨달음에 이르렀다.'고 잘못 이
해하여 수행을 중단하거나 자만에 빠지는 경우가 가끔 발생한다.

그것은 자신의 눈으로 본 광명과 빛깔, 그리고 자신이 체험한 기쁨
과 환희심일 뿐인데 '깨달음을 성취하였다.'고 착각하는 것이다. 이러
한 착각은 수행에서 부딪히는 두 번째 고비이다.

환희심과 함께 찾아드는 집착이나 자만심에서 벗어나기 위해서는
그 어떤 현상에서도 싫고 좋은 분별에서 한 걸음 비켜 나와야 한다.
일어나고 사라지는 느낌이나 움직임의 현상을 알아차리는 일은 죽음
에 이르러서도 해야 한다는 수행자의 책무를 계속 상기해야 한다.

바르게 마음을 챙겨서 해탈지의 단계로 들어서야 하며, 해탈지에
이르러서도 임종하는 순간까지 알아차림을 한 순간이라도 멈춰서는
안 된다는 부처님의 가르침을 잊지 말아야 한다.

"수행자에게는 알아차림이 일반적인 생활이며, 수행자의 생활이

곧 알아차림이다."는 부처님의 가르침을 스스로도 재확인해야 한다.

정진일로를 나아가는 동안 배의 움직임이 멎을 때에 제법의 공함(無我)을 알아차리고, 배가 딱딱해지며 통증이 일어날 때는 일체의 공함(苦)을 알아차려야 한다.

또 일어난 것은 사라지고 사라지는 것은 다시 일어나는 제행의 공함(無常)의 진행을 보면서 생멸과 인과를 구분하는 지혜가 형성되고 3법인에 대한 지혜도 함께 쌓게 된다.

이때 알아차림이 강해져 삼매에 들면 자주 호흡이 멎는데, 거기에서 수행자는 심연에 가라앉는 느낌이나 고공에서 수직 하강하며 기류에 빠지는 것과 같은 느낌이 일어난다.

밝고 투명한 빛이나 승려들의 행진, 그리고 긴 기차의 행렬들이 자신의 눈앞에서 차례대로 이어져 나타나는 경우가 있다. 그때 알아차려야 한다는 사실을 잊어버리고 즐기게 될 수 있다.

비록 마음을 모아 그 눈앞의 현상들을 알아차리더라도 그 알아차림은 투명한 것이 아니라 행복하고 환희로운 감정에 싸여 그 느낌에 계속 머물려고 한다.

이런 현상을 여러 번 체험하게 되면 얼마 후에는 그러한 현상에 익숙해지고, 그런 것들이 사라질 때까지 바르게 계속 알아차릴 수 있게 된다.

가끔 빛이 너무 밝고 강해서 단순한 알아차림으로는 쉽게 사라지게 할 수 없을 것 같은 느낌이 일어날 때가 있다. 그럴 때는 즉시 그 대상을 무시한 채 기본 당처인 아랫배의 움직임으로 돌아와 일어나고 사라지는 움직임에 뛰어든다.

알아차림이 면밀하지 못하면 수행자는 아직도 빛이 남아 있는지 완전히 사라졌는지에 마음을 쓴다. 그때 알아차림으로 일어났던 그 기억을 즉시 사라지게 해야 한다.

그렇지 않고 조금만 기회를 놓치면 금방 그 빛을 보고 싶어 하는 마음이 일어나 바른 노력과 바른 주의집중은 점점 멀어져 바른 알아차림은 희미해지며 번뇌가 고개를 들게 된다.

바른 겨냥과 바른 노력이 강해지면 밝은 빛은 물론 다른 신비한 현상도 체험하게 된다. 그런 현상들의 하나하나에 관심을 기울이다 보면 그곳에 머물게 되고 그 현상들에 치우치게 된다. 그것 역시 알아차려 분쇄해야 하며, 환각적으로 일어나는 현상들도 철저히 알아차려 나가야 한다.

그렇게 분쇄해 나가는 것을 멈추지 않고 더 많은 현상들로부터 알아차려 나아갈 때 더 많은 지혜를 경험할 수 있다. 오직 바른 알아차림 하나만을 좇아가는 동안 여러 가지 현상들이 한 지점에서 일어나고 사라지는 현상도 깨닫게 된다. 그리고 먼저 일어난 것과 다음에 일어난 것은 엄연히 다르다는 사실도 알게 된다. 이것이 곧 3법인의 특성을 구분하는 지혜이다.

제5관문 무상지 無常智

덧없음을 이해하는 지혜단계이다.

온몸이 훈훈하고 따뜻해짐을 느끼며 하늘을 쳐다보면 공기의 진동이 보인다. 모든 사물들이 안개 속에 있는 것처럼 희미하고 불분명하게 느껴지기도 한다.

이때 일어나고 사라지는 끝부분만은 명확해진다. 움직임이 막연하게 느껴지지만 몸은 완전히 사라져버린 듯하다. 그러나 알아차리는 인식만은 뚜렷해지며, 오직 앎만 남아 있는 것같이 의식될 때도 있다.

이렇게 수행에 의한 선정이 깊어지고 지혜가 성숙되면 대상이 일어나는 것은 보이지 않고 사라지는 것만 알아차리게 되는 경우가 잦아진다. 또 사라지는 것과 알아차리는 것이 동시적인 빠른 속도로 일어나고 사라지는 쌍생쌍멸의 현상이 처음으로 일어나기 시작한다.

몸과 마음의 모든 대상이 일어남과 앎을 쌍으로, 사라짐과 앎이 쌍으로 사라지는 것을 수행자는 명확하게 발견하게 된다.

이것은 아랫배의 움직임이 사라지는 것과 그에 대한 앎, 앉아 있음이 사라지는 것과 그에 대한 앎, 몸의 움직임이 사라지는 것과 그에 대한 앎, 그밖에 다른 느낌의 현상들이 사라지는 것과 그에 대한 앎 등, 대상이 사라지는 현상과 알아차리는 앎이 빠르게 함께 사라진다.

어떤 때는 대상을 알아차리는 앎, 대상이 사라지는 앎, 앎을 인식하

는 의식도 사라지는 것과 같은 세 단계가 차
례대로 쌍생쌍멸하는 것도 보게 된다.

이렇게 쌍생쌍멸하는 현상을 뚜렷하게 계
속 알아차리는 동안 몸의 형체가 더 이상 분
명하지 않고, 궁극적으로 모두 사라져 없어진
다는 확신이 깊어진다.

이 단계에서 자신의 알아차림이 잘못되지는 않았는가라고 생각하
기 쉽다. 그러나 대체로 이 마음은 신비하고 특별한 형상을 바라보고
있을 때 큰 기쁨을 느낀다. 그런 대상들이 사라질 때 마음은 그 어떤
기쁘고 행복한 상태를 원하게 되는데, 이러한 현상들은 지혜가 보다
발전해 가고 있다는 명백한 징후이다.

초기에는 대상의 이름이나 특성을 이해하게 되는 정도지만, 수행과
지혜가 깊어진 현재의 단계에서는 대상의 사라짐을 알아차리는 앎만
이 지속된다. "이름이나 모양이 나타날 때 실재는 사라지고, 실재가
나타나면 이름이나 모양은 사라진다."는 가르침과 같다. 알아차리는
앎이 없을 때 사라진 사실만 뚜렷하게 나타난다.

성숙된 지혜는 너무나 빠르고 예리해서 인식된 과정들 사이에 있
는 순간적인 무의식까지도 알게 된다. 그렇지만 수행자는 대상을 분
명하게 알아차리고도 분명하지 않다고 생각한다.

몸을 움직이려는 의도가 즉시 사라지는 현상에서 의도가 사라짐을

알아차리고 한동안 몸을 어찌할 바 모르는 경우도 일어난다. 이때 여섯 감각의 대상들 중 느낌이 제일 강한 곳으로 겨냥해서 알아차림을 옮겨야 한다.

항상 시작은 처음과 같이 기본 당처인 아랫배의 움직임으로부터 시작해서 몸의 전체로 넓혀 나가며, 알아차리면 금방 추진력이 갖춰진다.

그때 닿음과 앎, 바라봄과 앎, 들음과 앎, 냄새와 앎, 맛과 앎, 평온함과 앎 등과 같이 하나하나 차례대로 연속해서 알아차려 나아가게 된다.

만약 지치거나 불안정해지면 즉시 그 느낌을 알아차리며 기본 당처인 아랫배의 움직임으로 돌아와야 한다. 그렇게 약간의 시간이 경과되면서 집중력이 회복되면 다시 오감의 일체를 섭렵하며 일어나고 사라지는 현상 그대로 마음을 챙겨 알아차린다.

이와 같이 바르게 집중해 나가는 동안 언젠가는, 설사 어떤 대상이 나타나서 힘들여 마음을 챙기지 않아도 현상과 앎이 쌍생쌍멸하는 것을 체험하게 된다. 이것을 "여시여시 성성적적하게 본다."고 한다.

어떤 수행자들은 사라짐이 너무 빨라서 현상이나 느낌의 사라짐을 알아차리지 못하고 모양이나 특성을 보지 못해, 자신의 시력이 약화되었거나 현기증이 일어난 것으로 의심하기도 한다.

그러나 사실 그것은 연속해서 일어나고 사라지는 현상을 바르게 알아차리려는 노력의 부족인 것이다. 그때에는 경행을 하거나 알아차림을 멈추고 휴식을 취해야 한다.

이때 수행자는 잠들려 해도 잠들지 못하고 정신이 또렷해져서 의식이 저절로 알아차려지기도 하는데, 계속되는 알아차림으로 인해 불쾌해지거나 아픔이 오는 것은 아니니 걱정할 필요는 전혀 없다. 도리어 수행자는 어려움의 고비를 극복하면 할수록 모든 현상을 좀더 바르게 알아차릴 수 있다는 것을 차츰 더 확신하게 된다.

수행 중 어떤 때는 움직임이 멈추고, 이어서 알아차리는 의식도 멈추는 경우가 일어난다. 이때는 움직임이 사라진 것이 아니라 마음의 기능이 움직임과 동시에 일어나므로 움직임이 사라진 것 같은 느낌이 든다.

의식 속에서 곧 인식하는 마음마저 사라지고 오직 일어남과 사라짐만 남으며, '나'라는 생각이 사라지면서 일어나고 사라지는 현상은 막연하게 인식될 뿐이다.

또 일어나고 사라지는 움직임이 분명해졌다가 희미해졌다가 하며, 여러 가지 대상들이 아득하게 멀리 느껴지기도 하고 마음과 대상이 함께 사라지기도 한다.

어떤 때는 배의 움직임이 잠깐 동안 멎기도 하고, 더 오랫동안 멎기도 한다.

때로는 마치 장대처럼 쏟아지는

소낙비 속에 끊임없이 일어나고 사라지는 물거품같이 일어났다가 곧 사라지는 상태를 경험하기도 한다.

이 단계에서는 여섯 감각기관의 기능을 통하여 일어나는 여섯 가지 느낌 일체가 인식되고 다시 사라지는데, '모든 것은 일어남과 동시에 사라진다'는 제행의 공함과 무상함의 덧없음을 여실하게 보는 지혜의 단계로 나아가게 된다.

제6관문 무아지 無我智

공의 도리를 이해하는 지혜단계이다.

일체의 조건 지어진 것들은 일어나
면 곧 사라진다는 사실을 이해하게 되
는 지혜단계이다.

모든 것이 참으로 영원함이 없고 좋
아할 수 없는 무서운 존재로 여겨져
친구나 친지들과 자신을 생각하며 울
기도 한다.

이 관문은 과거와 미래가 계속적으로 일어나고 사라지는 연속임을
이해하고 두려움을 갖게 되는 단계이다.

어떤 때는 가구나 냄비, 주전자를 보고 두려워 놀라기도 한다. 그러
나 무서운 환상이나 유령을 보았을 때 같지는 않다.

자신이 과거에 좋은 것이라고 생각해 왔던 몸과 마음이 전혀 실체
가 없다는 아공我空의 진리를 이해하게 되는 단계에서는 다음과 같은
깨달음에 이르게 된다.

"이 우주의 진리를 모른 채, 진정으로 괴롭고 두려운 것을 모르고
즐거움에 빠져 살아왔구나. 이제 일어나고 사라지는 생멸의 운동만
이 존재한다는 사실을 알고 보니 이 우주에 가득한 생명체들은 어느

순간 어느 찰나에 죽을지 모르는 존재로구나. 그런데 항상 일어나고 사라지는 변화의 흐름 속에서 행복이나 안락함을 붙들려고 노력하는 것이 얼마나 어리석은 일인가. 태어난 것은 반드시 멸하는 진리를 직접 체험으로 깨닫고 보니 슬픔과 절망 등 괴로움에 싸여 병들어 죽음에 이르는 과정의 연속선상에 놓여 있는 인간의 삶은 정말 몸서리치도록 무서운 것이로구나."

몸과 마음은 말할 수 없이 나약하고 무상한 것이라는 사실을 인식함과 함께 "이 세상에서 의지할 만한 것은 그 무엇도 없다"는 진리 앞에서 수행자는 한때 밝았던 마음이 사라지고 우울과 절망에 빠지기도 한다.

그러나 이런 우울함이나 절망감도, 쉼 없는 알아차림으로 일어나는 모든 느낌들을 차례대로 섬멸해 나가는 동안 소멸된다.

그러나 잠깐이라도 틈을 주면 우울함과 절망감이 두려움으로 변하면서 수행자를 짓누를 것이다. 여기서의 두려움은 지혜와는 무관한, 수행할 때 나타나는 장애 요인이므로 찰나라도 틈이 생기게 해서는 안 된다.

제7관문 오온지 五蘊智

괴로움을 이해하는 지혜단계이다.

오온이 곧 괴로움이라는 경구를 다시 떠올리며 보다 더 절실히 확신하게 된다. 이때 수행자는 이 세상의 모든 것이 실재하지 않음을 이해함과 동시에 두렵고 부정적이며 불안정한 느낌을 갖게 된다.

모든 대상의 일어나고 사라지는 현상도 불투명하다.

그러나 알아차림은 아주 분명하게 애쓰지 않아도 잘 간추려진다. 이런 두려움 속에서 자신의 몸과 마음속에 끊임없이 일어나고 사라지는 현상들에 마음을 챙겨 알아차릴 때, 괴로움의 진실이 더욱 절실해지며 삶의 존재에 대한 혐오감으로 바뀌기도 한다.

모든 대상을 볼 때 부정적이고, 더 이상 태어나거나 존재하길 원하지 않게 된다. 이어서 모든 것이 덧없고 만족할 만한 것도 없으며, 자신마저도 실체시해 왔던 믿음이 사라져버린다.

이때 삶에 대한 애착이나 집착에서 완전하게 벗어나려는 간절한 수행을 배가하는 단계로서 계속적으로 마음을 챙기고 알아차리는 동안 이런 생각들을 할 수도 있다.

'몸과 마음의 현상은 무상하고 괴로운 것이며, 태어남도 존속되는 삶도 좋은 일이 아니구나. 또 행복이나 안락을 추구하는 노력도 참으로 공허하구나.'

모양이나 이름이 실재가 아닌 이상, 그 모양이나 이름에 집착하는 것이 얼마나 어리석은 일인가를 이해하면서 더욱더 공허함을 느낀다.

이런 생각은 방일의 장애이므로 보다 더 굳건히 마음을 챙겨서 다음 단계로 나아가야 한다.

제8관문 고집지苦集智

괴로움의 원인을 이해하는 지혜단계
이다.

이 세상의 모든 것이 별로 가치 있
거나 중요하게 생각되지 않고, 과거와
달리 굉장히 게을러진 것처럼 느껴진
다. 그렇지만 사물에 대한 인식 능력
은 아주 분명해진다. 그때 몸과 마음
의 현상에 대한 지혜 같은 얇은 참으
로 유치하고 비천하고 무가치한 것으로 여겨지며, 알아차림이 역겨
워지기도 한다.

자신의 몸이 썩어 부패됨을 느끼고, 몸과 마음은 물론 이 세상의 모
든 존재들도 덧없고 허무한 것으로 생각된다.

몸과 마음은 괴로움의 연속이며 그 어떤 기쁨이나 행복도 기대할
수 없다는 혐오감을 갖게 된다. 수행자는 더 이상 면밀한 알아차림이
나 선정력을 키우려 하지 않는다.

면밀하고 바른 알아차림만이 고요와 평온의 행복감을 느끼게 해준
다는 것을 이해하며 수행을 포기할 수 없음에도 불구하고 게으름에
빠진다.

마치 진흙탕을 건너야만 하는 사람이 순간순간 진흙탕을 좋아하지

않는 마음이 생기지만 뒤돌아가거나 멈출 수 없는 상태에서 계속 나아가야만 하는 것과 같다.

지금까지 사랑해 왔던 몸과 마음이 괴로움의 덩어리임을 이제 확연히 깨닫게 되며 방에 혼자 있기를 좋아하게 된다. 또 어떤 사람과도 만나기를 기피하며 고독한 상태에서 냉담해진다.

시간이 흐름에 따라 명예나 재산, 그리고 또 다른 욕망도 없는 상태로 진입하게 된다. 인간이나 모든 중생들은 물론 신까지도 '태어남이 있는 존재는 궁극적으로 사라진다'는 진리를 보다 명확하게 이해하게 된다.

이때 수행자는 남자나 여자, 그리고 왕이나 억만장자의 모습으로, 혹은 신이나 천상에 태어남을 포함해서 그 어떤 모습으로든 다시 태어나기를 원하지 않으며, 오직 해탈을 향하는 열망만이 강해진다.

제9관문 고멸지 苦滅智

괴로움의 소멸을 이해하는 지혜단계
이다.

해탈에 대한 열망이 강하게 일어나
지만 여러 가지 형태로 일어나는 통증
과 괴로움의 느낌이 더욱 민감해져, 몸과 마음은 행주좌와의 어떤 자
세로도 참고 견디기 어려운 느낌의 현상이 계속된다.

이때 최선을 다하는 마음으로 참고 견디면서 선정력을 배가하지
않으면 안 된다. 선정력이 알아차림을 용이하게 해주기 때문이다.

온몸이 간지럽고 얼굴이나 목에 마치 아주 작은 벌레들이 기어오
르거나 무는 것 같은 느낌이 일어난다. 침착하지 못하고 참을성이 없
어져 불안하거나 지루하며, 앉아 있거나 서 있거나 누워 있거나 걷고
있을 때를 막론하고 그 어떤 느낌의 현상들도 면밀하고 바르게 인식
하지를 못한다.

이때가 수행 중 그 어느 때보다 중요한 고비 중의 고비이다. 수행자
스스로 '지금까지의 수행 공덕이 노력에 비해 충분하지 못하다.'는 생
각도 하게 한다.

이때 대부분의 수행자들은 훗날 수행을 잘할 수 있는 조건이 오면
그때 다시 열심히 정진하겠다는 마음을 다지며 중단하려고 한다. 제

방에서는 예로부터 이때를 가리켜 "걸망 메는 단계 또는 방석을 치우는 단계"라고 말한다. 이 단계야말로 세 번째 노력을 쏟아야 하는 고비 중의 고비이다.

그러나 이 어려운 고비를 극복한 수행자는, 현상들에 의한 혐오감을 느낄 때마다 그의 내부에서 이런 현상들의 근원에서 벗어나게 된다. 몸과 마음에 의해서 일어나는 보고, 듣고, 냄새 맡고, 맛보고, 접촉하고, 앉고, 서고, 눕고, 가고, 옴을 알아차리는 것을 비롯해서, 일체의 움직임이나 모든 느낌의 현상에서 벗어나는 것은 오직 해탈의 길임을 확신하게 되는 것이다.

사실 바르게 겨냥해서 바르게 노력하고 바르게 알아차려 나아가면 괜찮지만, 그렇지 못한 수행자는 스스로 이제 알아차림을 할 때마다 같은 현상, 같은 느낌뿐이라는 생각이 들어 더 이상 알아차림을 지속할 필요가 없다고 스스로 판단하고 수행을 중단하고자 한다. 그래서 실제로 중단해 보지만 어느 시기까지는 모든 현상이나 그 현상에 대한 알아차림의 진행은 중단되지 않고 여전히 지속된다.

수행자 스스로 수행을 중단한다고 여섯 가지 감각기관에서 비롯되는 불쾌한 모든 현상이 멈춰지는 것은 아니다.

'수행과 무관하게 여섯 가지 감각의 대상은 여섯 가지 인식을 낳으며 끊임없는 족쇄가 되어 진행되는구나. 단지 평상시같이 바른 알아차림만으로 3법인의 공성을 이해하며, 그들로부터 모든 집착심이 사라질 때만이 평등심을 얻어 해탈의 문으로 들어서게 되는 진정한 평화와 축복이 있겠구나.'라고 뉘우치며, 기쁨이 충만한 마음으로 수행 정진을 계속하게 된다.

이와 같은 마음을 갖출 수 없는 수행자는 스승으로부터 가르침을 듣거나 경전을 직접 챙겨보고 평상시와 같이 미련하다고 생각되리만큼 수행을 지속해야 한다.

제10관문 멸도지滅道智

고의 소멸을 보는 지혜단계이다.

해탈에 이르고자 하는 열정으로 정진하는 동안 때에 따라서는 여러 가지 힘든 느낌이 일어난다. 그중에서도 특히 몸이 뻣뻣하게 경직되어 돌처럼 무겁게 느껴지거나 온몸이 가시에 찔린 듯한 느낌과 함께 흐릿해지고 뜨거워지는 것이 마치 수행자 자신이 어떤 경지에 들어간 것 같은 느낌이 일어나기도 한다.

수행의 장애 요인들인 통증이나 괴로움들이 점점 더 예리해지고 심각해진다. 또 불안하고 초조해지며 정신적으로나 육체적인 어떤 자세로도 견디기 힘든 느낌들로 이어진다.

그러나 '오온은 고이며, 고 자체가 오온(몸과 마음)이다'라는 부처님의 가르침과 같이 우리들의 몸과 마음속에는 본래부터 무상과 무아를 겸비한 괴로움이 내재되어 있으므로 절망하거나 우울해할 필요가 전혀 없다.

수행자가 정진을 바르게 잘하면서도 자신의 알아차림이 현상과 앎이 밀착되지 않는다고 생각하며 수행정진이 잘 안 된다고 느끼게 된다. 그것은 3법인의 공성에 대해 자연스러운 이해가 이루어질 때까지 정진을 행해야 하는데, 너무 성급하게 나머지를 머리로 이해하려는 노력이 지나쳐서 생기는 현상이다.

그래서 정진에 만족하지 못하고 대상과 알아차림의 사이에 틈이 생기는 그 순간 5개蓋 중 일부가 고개를 든다. 그때 수행자는 자세를 자주 바꾸려 하거나 알아차림의 느슨함 때문에 무기력해지기도 한다.

좌선 중에는 경행을 원하고, 경행을 하는 동안에는 다시 좌선을 원하며, 또 좌선을 하는 동안 자세를 바꾸고 싶어 한다.

다시 자세를 바꾸면 또다시 눕고 싶어지고 다른 장소로 옮기고 싶어지며 불안정해지기 시작한다. 그 어떤 자세에서도 평온함을 갖추지 못해 불안해한다.

그러나 결코 근심하거나 실망할 필요가 없다. 현상의 본성(空)은 이해되지만 아직 현상에 대한 평등심의 지혜가 모자랄 뿐이기 때문이다.

자신은 스스로 잘하고 있는 것 같지만 감각이 잘 안 되는 것같이 느껴진다. 이때 조금만 더 참고 집중력을 모아 마음을 알아차려 나가면 어느 순간 그 괴롭고 참기 힘든 느낌들이 이른 아침의 싱그러움과 같은 오묘한 느낌으로 바뀐다. 그 후로는 그 어떤 방해도 두세 번의 알아차림으로 즉시 사라져버릴 것이다.

견디기 힘든 괴로움을 조금씩 극복해 나가는 동안 초조와 불안 그리고 이 세상에 존재하는 모든 괴로움의 본성을 이해하게 된다. 괴로움의 소멸에 이르는 길을 다시 한 번 되돌아보면, 조금 전까지만 해도 불안정했던 마음이 어느 사이에 평온함으로 바뀌게 된 것을 알아차리게 된다.

이와 같은 경계를 위해서 "90분 결사"를 권한 바가 있다.

제11관문 평등지 平等智

평정에 이르는 지혜단계이다.

지혜의 단계가 멸도지에 이어 평등각이 형성되어 갈 때 마음은 매우 예리해져 알아차림이 자연스럽게 대상을 향하여 뛰어들며 대상이 알아차림을 향해 날아드는 듯하다. 일어남과 앎이 함께 사라지고, 사라짐과 앎이 동시에 일어나던 지난날과는 앎의 성숙도가 완전히 다르다.

그때 체험했던 것과 비슷한 수행의 보람을 보다 더 깊이 느끼게 된다. 3법인의 공성이 명백해지고 예전보다 더 냉정해져서 놀라거나 기뻐하지도 않으며 슬픔이나 행복감도 느끼지 않게 된다. 집중력은 보다 증득되어 오랫동안 평온하고 고요하다.

마치 새롭게 잘 만들어진 고속도로를 달리는 자동차처럼 부드러워 수행자 스스로 만족해하며, 그 자동차에 있는 사람이 속도감을 인식하지 못하듯 시간의 개념이나 장애가 없어, 오랫동안 앉아 있어도 잠시 앉아 있는 것처럼 시간의 개념이 짧고 가벼운 느낌이 든다.

어떤 현상이라도 언제 어디서든 일어나는 그 순간 바로 알아차림이 자석처럼 달라붙으며, 별로 마음을 모으지 않아도 바른 알아차림이 일어난다.

알아차림의 대상은 부드럽고 가벼운 양모처럼 몸과 마음이 공중으로 뜨는 것같이 무중력 상태를 느끼기도 한다.

모든 몸은 사라지고 마음만 남아 있는 듯해서, 아주 부드럽고 미세한 물방울로 샤워를 즐기는 환희를 경험한다.

이런 현상들은 평온한 상태에서 쉽게 알아차리게 되는 것들로서, 어떤 때는 투명한 광명이 쏟아지는 것을 느끼기도 한다. 그러나 이런 것들은 이제 수행자에게 큰 영향력을 미치지 못한다.

수행자는 그 환희나 행복감도 굳건하게 알아차려서 분쇄시켜 버려야 한다. 만약 그 현상들이 쉽게 사라지지 않을 때는 당연히 기본 당처인 아랫배의 움직임으로 알아차림을 계속 이어 나아가야 한다.

그러면 수행자에게 있어서 나, 너, 그이, 그녀, 개체, 주재자 등의 에고나 관념 같은 것은 완전히 사라진다. 오직 현상만이 진행되고 있다는 앎에 만족해하며, 차례차례 일어나고 사라지는 현상과 앎으로 기쁨이 고조된다. 그리고 오랜 시간의 알아차림 속에서도 정신이 흐트러지지 않는다.

마치 힘센 황소가 이끄는 가벼운 수레가 스스로 따라가는 것같이 느껴지듯이, 이때의 알아차림은 아주 자연스러워지며 그 어떤 호흡의 미세함도 놓치지 않게 된다. 알아차림과 호흡이 함께하므로 내관적인 지혜가 열리며, 몸과 마음의 모든 현상들은 일어나면 사라지고, 사라지면 다시 어떤 형태로든 구성되면서 일어나는 진리를 체험하게 될 것이다.

이와 같은 체험을 바탕으로 그 어떤 고통과 고뇌가 일어나더라도 더 이상 부담이 되지 않는다. 아예 고苦가 존재조차 하지 않는 것과 같은 상태에서 구성 형태나 구성 조건의 차이를 느끼지 않는다.

이제 수행자는 불편한 느낌에서 벗어나 그 어떤 자세를 갖추든 평온하고 자유롭다. 오랫동안 앉아 있든 서 있든 누워 있든 죽은 사람같이 자세를 바꾸거나 움직이지 않는다. 또 지치거나 불편함 없이 성스러운 깨어있음에 잠겨 있으며, 그 이후에도 계속 그와 같이 이어진다.

수행자는 때때로 '이런 상태 뒤에는 무엇이 일어날까?' 하는 마음이 일어나면 즉시 그 마음의 상태를 알아차려야 한다.

'수행이 잘되고 있구나' 하는 느낌을 알아차려야 하고, 앎의 진보를 바라는 기대감이 일어날 때는 그 기대감을 알아차려야 한다. 이밖에 그 무엇이 일어나고 사라지더라도 차례대로 낱낱이 바른 노력으로 마음을 챙겨서 알아차려야 한다.

수행에 대한 지나친 걱정이나 집착, 그리고 즐거움이나 기대감 같은 것으로 마음이 부푼다. 이제 해탈의 문턱에 거의 다다랐다고 느끼며, 지나친 노력을 기울여 알아차림이 분명하지 못하고 불안정하며 산란해지는 때도 있다.

마음을 챙겨야 할 대상에 대한 집중력이 느슨해져 정진이 잠깐이나마 제자리에 머무를 때가 있다. 이것은 산란하고 불안정한 마음 상

태로 일어나고 사라지는 현상을 제대로 알아차리지 못하기 때문이다.

그것은 곧 수행의 멈춤이거나 퇴보이므로 수행의 상태가 좋은 때일수록 순일하고 견실하게 지속해야 한다.

이때는 보다 더 특별한 노력을 가속화해서 정진을 해야지 여유를 두고 느슨하게 해서는 안 된다. 이 단계가 가장 극복하기 어려운 마지막 고비이다.

큰 강물이 유유히 흐르듯 간단없는 바른 노력과 바른 깨어있음으로 바르게 알아차려 나아가면 멸진으로 이어지는 거룩한 바른 깨달음에 다다를 것이다.

왜 이 단계를 가리켜 가장 힘들고 어려운 마지막 고비라고 하는가?

수행자들이 이 단계에서 성스러운 진리의 도에 들어서는 시간은 반나절도 걸리지 않으므로 통찰력이 순일하고 견실해야만 하는데도 불구하고, 곧 목적을 성취하리라는 기대감과 들뜸으로 알아차림이 느슨해지기 쉽기 때문이다.

그래서 여러 번 혹은 평생 동안 진보와 퇴보만을 거듭하며 세월을 보내기도 한다. 아니면 그냥 목적을 성취한 듯한 착각의 늪에 빠지는 함정이 기다리고 있기도 하다.

여기서 수행자는 결코 실망하거나 좌절하지 말고 '비록 목적을 성취했더라도 순일하고 견실한 알아차림 외에는 할 일이 없다.'고 생각하며 오근의 균형으로 지속하지 않으면 안 된다.

"일어남에 대한 기쁨과 불안, 그리고 사라짐에 대한 슬픔과 공포 모두를 버린 자는 그 어떤 정신적이고 육체적인 구성 형태에 대해서도 중립적이기에 평온하다."는 지혜단계이다.

제12관문 상응지相應智

사성제를 체득하는 지혜단계이다.

옛날 먼 바다를 항해하는 배의 항해사는 육지가 얼마나 가까워졌는지를 가늠하기 위하여 미리 준비해 둔 텃새를 띄엄띄엄 날려 보냈다. 날려 보낸 새는 육지가 가깝지 않으면 되돌아오고, 육지가 가까우면 되돌아오지 않고 날아가 버리기 때문이다.

이와 같이 통찰 지혜의 진보와 퇴보를 거듭하는 오르내림은 도道와 과果에 도달할 수 있는 지혜로 무르익지 않았으므로, 육지를 발견하지 못한 새가 여러 번 되돌아오는 것처럼 알아차림 역시 느슨해져 지체하며 지혜의 성숙이 진보하다 퇴보하는 상태가 여러 차례 반복된다.

그러나 육지를 발견한 새가 다시 돌아오지 않는 것처럼, 통찰의 지혜가 성숙되어 도와 과의 지혜로 증장되면 6문의 감각 대상에 의해서 일어나는 여섯 가지 인식으로 비롯되는 의도 중 하나만이라도 마음을 챙기면, 여기서 생기는 알아차림으로 금방 3법인의 공성을 보고 깨닫게 된다.

이때 3법인과 사제를 순역으로 공식화해서 새기며, 법에 대한 확신과 동시에 해탈을 향하는 수행의 진로에 퇴굴심이나 세간의 욕구는 사라져 거의 도에 도달한 상태라고도 볼 수 있다.

모든 대상의 알아차림은 보통 때보다 서너 배 정도 더 빠르게 저절로 일어나 대상과 앎이 함께 일어나고 사라지는 쌍생쌍멸, 쌍쌍멸멸의 현상인 성성적적 여시여시가 가속화되어 이어진다.

이런 상태가 계속되다 갑자기 마지막의 대상과 최후의 앎이, 마치 손에 들고 있던 물건이 찰나의 순간 공기 중에 산화되어버리듯, 기름이 다한 등잔의 마지막 반딧불 같은 빛이 홀연히 사라지듯, 의식 전체가 툭 꺼져버린다.

바로 이 순간이 한 발을 해탈의 문턱에 들여놓는 순간이다. 도에 이르는 지혜단계로, 모든 행위의 의도하는 바가 멈추면서 해탈의 경계에 들게 된다.

해탈 문턱에서의 대상에 대한 알아차림은 보다 더 명료해지다가 적멸과 함께 해탈이 성취된다. 바로 모든 의도가 멈추는 이런 순간은 그렇게 길지 않다. 마치 한 순간의 알아차림이 진행되는 정도만큼 짧으나, 제행의 소멸을 체험한 직후 자신에게 일어난 일들에 대해서 반조해보며 현상과 앎이 함께 소멸해버린 견성見性의 경계에 도달한 사실을 이해하게 된다.

이러한 주제에 대하여 경전으로나 선사의 법문으로 지식을 갖춘 수행자는 '아! 나는 이제 성문4과 중 첫 번째의 수다원과 또는 부동지에 가까웠구나.'라고 명백히 이해하게 된다.

그 뒤 수행자는 이미 떨쳐버린 번뇌나 아직도 떨쳐버리지 못하고 남아 있는 번뇌들을 반조해보면서 다시 전과 같이 순일하고 견실하게 마음을 집중해 나아가면,

어떤 때는 수행이 느슨해지며 현상과 앎이 밀착된 채 부드럽고 면밀하게 쌍생쌍멸해 오던 현상들이 갑자기 거칠어지면서 대상과 알아차림의 두 측면이 분명하게 나누어져 진행되는 것도 느끼게 된다. 이때 수행자는 자신의 앎이 다시 퇴보하지는 않는 것인지 생각하게 된다.

이런 현상들은 사실 네 번째 단계의 생과 멸을 구분하고 이해하는 생멸지로 되돌아와 있는 상태로서, 그것은 수행 중 알아차림이 느슨하고 거칠어진 역행 현상이 그 원인이다.

수행자는 다시 강한 빛이나 광명을 경험하게 되지만, 어떤 수행자는 가벼운 통증을 느끼기도 하나 그렇게 오래 가지는 않는다. 때로 자신이 5개蓋로부터 완전히 벗어났다는 생각에서 홀가분한 행복감에 빠져 있기도 한다.

그리고 그동안은 일어나고 사라지는 생멸의 현상을 낱낱이 바르게 알아차릴 수가 없지만 평화와 행복감은 즐기게 된다. 그러나 이런 상태가 머지않아 수그러지며 다시 생멸의 대상과 앎이 순일하고 평온해진다.

이때 만약 통찰지가 무르익어 있다면 다시 모든 의도하는 바가 멎는 멸진의 경계를 이룬다. 선정이 깊은 상태일수록 그 현상은 자주 반복되며, 무상·고·무아의 3법인을 반조해서 꿰뚫어 본다.

　괴로움에서 벗어나는 행법과 그 괴로움에서 벗어나지 않으면 안되는 사실도 체험을 바탕으로 충분히 깨닫게 된다. 이때를 초월의 지혜나 도에 이르기 직전의 수다원과를 향하는 단계라고도 한다.

　이 단계까지 진입한 수행자는 자신의 삶에 대한 큰 변혁이 일어났음을 느끼고 불·법·승 삼보에 대한 확신도 강화된다. 이런 환희와 평온한 행복감의 일어나고 사라지는 현상에 대한 앎이 용솟음치는 법열 속에서 부드럽고 명료하게 진행되지는 않지만 얼마 지나지 않아 다시 평정된다.

　그것은 마치 잘 닦인 길을 달리던 자동차가 방향을 바꿀 때 잠깐 속도를 줄였다가 다시 같은 속도로 달리는 것과 같은 현상이다.

제13관문 수다원과 須陀洹果

일체를 초월하는 지혜단계이다.

제13관문의 위치를 가리켜 성문4과 聲聞四果 중 첫 번째 도과인 수다원과라고 한다. 이 경계를 가리켜 부동지 내지 극락세계라고도 할 수 있다.

이전까지는 물질과 비물질인 몸과 마음의 현상을 이해하는 세간의 지혜를 쌓아왔지만, 이 관문은 세간의 일체에서 초월하는 첫 단계가 된다.

세간과 출세간의 구분이 확실해져 모두가 소멸됨을 의식하며, 평온하고 고요해지며 곧 해탈지에 이르게 된다. 세속적인 지혜의 징검다리를 거의 건너 해탈의 문턱에 한 발을 들여놓은 상태이다.

수행자가 해탈의 문 안으로 들어갔다거나 밖에 있다고 말할 수 없는 중간 위치에서 일어남과 사라짐이 소멸하는 것 같은 적멸의 상태에 있음을 가리킨다.

이제 생사윤회의 10결結 가운데 몸과 자아의 실재를 믿는 유신견과 법에 대한 의심, 그리고 의식이나 계율에 대한 집착 등의 세 가지 족쇄에서 완전한 자유를 얻게 된 것이다.

수행자는 몸과 마음에서 비롯되는 모든 의도가 사라지고, 앎의 대상은 해탈 외에는 존재하는 것이 없다.

부처님께서 말한 "수행의 지혜가 이 위치에 이르면 생사윤회의 굴레에서 벗어나 금생이나 다음 일곱 생애 중 해탈은 확정적이다."라는 지혜단계에 도달한다.

수행을 시작하는 단계에서는 몸과 마음을 구분하는 세간적인 명색지가 처음으로 나타났지만, 이제는 일어나고 사라지는 현상을 바르게 알아차리는 비세간적인 생멸지가 처음 나타난다.

얼마 지나지 않아 여섯 가지 인식에서 비롯되는 모든 의도가 쉬는 평등지가 서서히 무르익어, 갑자기 도과지를 거쳐 해탈지에 이르는 징검다리가 될 적멸지로 바뀌게 된다. 적멸지를 체험한 이후부터는 도과지와 해탈지를 향하여 수행자 스스로 목표와 시간을 정하여 지난날과 다름없이 바르게 마음을 집중해 알아차려 나가야 한다.

미리 시간을 정해 놓지 않은 수행자에게는 해탈지를 향한 수행의 시간이 좀 더 길어질 수도 있다. 만약 시간을 정하고 정진을 시작해서 적멸지에 들면 몇 시간은 물론 한나절이나 반나절 혹은 며칠을 지속할 수도 있지만, 대부분의 수행자들은 잠깐 동안만 적멸지에 머물게 된다.

이렇게 지속되는 동안에 가끔 지나온 과정을 반조해 보는 상태가 일어나지만 두세 번의 알아차림으로 즉시 사라진다. 다시 적멸지는 계속 이어지지만 스스로 멈추기를 원하면 그 멸진정의 상태는 금방 멎게 된다.

멸진정은 오온의 진행을 쉬고 탐·진·치의 번뇌를 끊은 상태이다.

이 멸진정의 상태에서는 명색의 진행과정에서 비롯되는 모든 행업이 멎고 세간의 인식도 사라져버린다.

즉 세간적인 지식과 습성의 영역에서 벗어나 완전한 자유를 성취하게 된다. 좌선 중에 이 현상이 시작되면 자세는 시작할 때와 같이 꼿꼿하게 유지된다. 평소와 같이 흔들리거나 처지거나 굽혀지거나 자세를 바꾸거나 움직이거나 하지 않는다.

이런 때의 상태가 끝나는 지점에서부터 세간적인 현상으로 되돌아와 평상시와 같이 대상과 앎으로 이어지게 된다.

통찰지가 충분하지 않은 사람은 금방 정진이 순일하게 쌍생쌍멸의 현상으로 이어지지 않고 얼마간의 시간이 지나야 부드럽게 진행된다.

또 다른 경우에는 멸진정의 상태가 멎으면서 상쾌한 느낌과 함께 반조하는 상태가 일어나기도 하고, 온몸에 약한 전류가 흐르는 듯 가벼운 전율이 일어나기도 한다.

충분하게 숙면을 하지 못한 상태의 하품과 몸서리쳐지는 것 같은 소름이 끼치고 눈물샘이 열린 듯 눈물을 줄줄 흘리는 등의 현상이 일어나면서 알아차림이 느슨해지기도 한다.

이런 현상은 목표를 성급하게 기대하면서 지나친 노력으로 알아차리려는 열망에서 비롯된다. 이때 수행자는 그 어떤 것도 분석하거나 회상하려고 하지 말아야 한다.

혹시 자신도 모르게 어떤 생각이 떠올랐다면 그 빗나간 생각을 즉시 마음을 모아 알아차리며 사라지게 해야 한다. 순일하고 견실하지 못한 수행자는 적멸지의 주위에서 기회를 잃는 때가 많다. 비록 그 경계를 획득했다 하더라도 잠시일 뿐 오래 가지 못한다.

제14관문 사다함과斯陀含果

도에 들어서는 지혜단계이다.

성스러운 길(道)의 경계에 든 사람을 도인 또는 성인이라고 한다. 바로 이 위치에 접어든 단계를 성문사과의 두 번째인 사다함과라고 일컫는다.

초월적인 지혜를 바탕으로 해탈을 향해 내달리는 상태는 모든 망상이나 번뇌를 완전히 다스려 해탈의 결실을 위해 준비하는, 가을걷이의 추수를 준비하는 것과 같다.

생사윤회의 10결結 중 감각적인 즐거움, 악의와 성냄이나 분개심, 색계에 대한 집착 등 이 세 가지와, 앞에서 성취한 세 가지를 포함하여 여섯 가지의 족쇄에서 완전히 벗어나게 된다.

몸과 마음에서 일어나는 느낌과 의식이 갑자기 사라져버린 채 한동안 적멸의 상태에 빠지게 된다. 그 이후의 체험에서 이해되는 지혜를 가리켜 도에 들어선 지혜라고 한다.

이 상태에서의 수행자는 지금까지 다듬어진 혜안으로 다시 한 번

제6관문의 무아지, 제7관문의 오온지, 제8관문의 고집지, 제9관문의 고멸지 등의 지혜들을 차례대로 체험하며 확신을 키워 나가기 위해 반조해 나가야 한다.

가끔 분명하고 뚜렷하게 챙겨보지 못하는 경우도 있는데, 보다 더 명료하게 알아차리려면 시간을 정하여 어떤 지혜단계에 겨냥을 해서 그 단계의 지혜를 주제로 마음을 집중시켜 나아간다.

예를 들면 한 시간이나 반시간을 정하고는 제4관문의 생멸지를 겨냥해서 순일하게 마음을 집중해 정해진 시간 동안 생멸의 현상만 알아차려 나가는 방법이다.

그 정해진 시간 동안 잘 겨냥해서 정해진 목표를 차례로 알아차려 나가면 법의 지혜는 완전히 유지된다. 결코 정해진 목표를 벗어나 더 이상의 높은 단계로 나아가지 않는다. 정해진 시간이 다하면 목적하는 다음 단계의 지혜가 약속이나 한 듯이 스스로 일어난다.

만약 그 정해진 목표의 지혜가 나타나지 않으면 다시 시간과 목표를 설정한 뒤 정해진 시간 동안 그 목표에만 머물겠다는 결단심으로 다시 시도해본다. 그러면 그 정해진 목표의 지혜가 나타나며 정해진 시간이 지나는 동시에 저절로 다음 단계의 보다 높은 지혜로 이어진다.

만약 제5관문의 지혜인 무상지로 이어지지 않을 때는 다시 시간과 목표를 설정해야 한다. 그 뒤 생멸하는 일체의 것들을 대상으로 용맹심을 갖추어 마음을 집중해 나아가면 틀림없이 무상지를 체험하게 된다.

그 다음으로 제6관문의 무아지로 알아차림을 전환해야 한다. 그러나 그대로 이어지지 않을 때는 다시 시간과 목표를 설정한 뒤 무아지에 대해서 대상을 집중해서 알아차려 나아가면 그 지혜를 경험하게 된다.

다음의 제7관문인 오온지는 굉장히 빨리 일어나며, 제8관문의 고집지와 제9관문의 고멸지는 차례대로 순일하게 저절로 일어나는데, 이때 해탈을 향하는 마음을 지극하게 갖춰야 한다. 이 단계부터는 가벼운 노력으로도 목적하는 바의 지혜가 쉽게 일어나지만 약간의 통증과 괴로움이 일어난다. 이어서 자세를 바꾸거나 움직이고 싶은 충동이 일어난다.

그러나 용맹심을 갖추어 깨어있음과 알아차림을 계속해 나가면 제10관문의 멸도지와 제11관문의 평등지 등은 온도계의 수은주처럼 상승되며 일어난다. 다시 여러 관문의 앎에 대하여 재점검이 필요할 만큼 충분하지 못할 때에는 만족하게 될 때까지 반조를 계속해야 한다.

바른 노력을 완전하게 갖춰 바른 깨어있음으로 바르게 알아차리는 동안 지혜 관문들의 상승은 경쾌하게 빠른 속도로 진행되어 금방 제11관문의 평등지에 이른다. 경행 중이나 누워서 잠들기 전이나 일반적인 움직임 속에서도 멸진의 현상은 일어난다.

제15관문 아나함과阿陀含果

과를 성취하는 지혜단계이다.

지속적인 수행이 더욱 깊어지면 도
道의 지혜가 사라지면서 과果의 지혜
가 일어난다. 도의 지혜와 과의 지혜
가 번갈아 나타나는 현상은 몇 번이고
계속된다.

초월적인 지혜는 느낌과 의식이 소
멸되는 시작이다. 도의 지혜는 소멸 현
상이 진행되는 상태이며, 과의 지혜는 소멸과정이 끝나는 상태이다.

과를 성취하는 지혜 관문인 수다원과를 성취하였을 때부터는 수행
에 대한 확신이 확고해졌으므로 그 어떤 정신적이고 육체적인 상태
에서도 흔들리거나 물러서는 일 없이 모든 번뇌는 소멸된다. 단지 다
시 일어나는 것을 제어하는 과정만 있을 뿐이다.

화재가 날 경우 먼저 물을 뿌려 불꽃을 끄지만, 그 뒤에도 불꽃을
머금은 연기는 피어오르기 때문에 계속 물을 끼얹어야 마지막 불씨
까지 꺼버릴 수 있다. 도의 지혜단계에서도 번뇌를 제거했지만 번뇌
의 힘은 남아 있으므로, 과의 지혜에 머무는 동안에도 다시 번뇌가 일
어나지 않도록 번뇌의 작은 잔영들을 깨끗이 해야 할 필요가 있다.

지금까지 체험한 그 어떤 경계보다 더욱 상승된 앎을 경험하고자 원력을 세워 보통 때와 같이 순일하고 견실한 바른 알아차림으로, 처음 시작은 제4관문의 생멸지로부터 시간을 설정하여 차례차례로 상승 단계의 지혜 관문으로 나아가야 한다.

시간을 미리 설정해야 하는 이유는, 시간을 정하지 않고 보다 높은 경지를 성취하기 위하여 노력하는 동안 낮은 관문의 지혜를 다시 체험할 수 없는 경우가 발생할 수 있기 때문이다.

혹시 시간이나 목표의 설정 없이 높은 단계의 지혜 관문을 향하여 몰입하다 보면, 이미 체험한 지혜들로 되돌아갈 수도 없고 더 이상 올라갈 수도 없는 상태가 일어나기도 하는데, 이 경우에는 굉장히 긴 시간 동안 머무름이나 혼란에 빠질 가능성이 있다.

그러므로 정해 놓은 시간과 목표에 집중하여 충분한 지혜를 갖춰야 한다.

이미 체험한 다른 지혜 관문에 대해서 그 시간 동안이라도 일체 마음 쓰지 않고 집착을 포기한다는 뜻이다.

만약 지난날의 평온하고 행복감이 충만된 경계에 집착한다면 진전을 위한 수행의 바른 노력이 될 수 없으므로 정해진 시간 동안은 설정된 목표의 지혜 관문 외에는 일체 포기해야 한다.

이때 수행 중 일어나는 현상들은 낮은 관문들의 과정과 비슷하여, 빛이나 환상, 그리고 통증 등 거의 제3관문의 법인지 때와 비슷한 현상들을 경험할 수 있다.

제4관문인 생멸지의 일어나고 사라지는 깊은 앎에서 차례대로 지혜의 관문을 거쳐 제11관문 평등지의 경계까지는 그렇게 많은 시간이 걸리지 않는다.

제12관문인 수다원과의 지혜를 얻기 위해 정진하는 동안만큼은 수행의 삼위 일체적인 균형을 바르게 갖추지 않으면 안 된다. 왜냐하면 시간도 오래 걸릴 뿐만 아니라 낮은 관문의 지혜단계에서 한참 머물러 있어야 하기 때문이다.

항상 삼위 일체적인 균형으로 낮은 관문의 지혜를 계발할 때와 같이 마음을 챙겨 나가면 평등지의 경계까지는 하루 정도면 충분하다. 이때 일어나는 각각의 지혜들은 보다 심오하고 명료하며 폭넓은 지혜로 무르익어 해탈의 튼튼한 징검다리가 된다.

이제 10결結 중 앞에서 여섯 가지 족쇄와 더불어 무색계에 대한 집착과 불안정하고 산란하던 두 가지의 족쇄에서 자유를 얻는 아나함과를 이룬 지혜단계이다. 한 시간에 두세 번 정도 멸진의 상태가 일어나며 다음의 아라한과에 대한 지혜도 얼핏 경험할 수 있게 된다. 그렇지만 이 관문의 지혜가 충분히 무르익지 않으면 평등지에서 하루나 한 달 혹은 수 년 동안도 지속될 수도 있다.

제16관문 아라한과阿羅漢果

완전한 지혜로 회광반조하는 최고성위단계이다.

처음 제4관문의 생멸지로부터 순서를 밟으며 시간과 목표 단계의 지혜를 넓혀 나간다. 그러면서 걸어온 길을 반조해 보면 더 이상 앞으로 나아갈 수 없는 경계에 닿게 된다. 궁극의 목표가 되는 해탈문에 한 발을 들여놓은 아라한과를 성취하는 단계에 다다른 것이다.

지난 여러 가지의 지혜를 반조하며 보다 굳게 다지는 경계에서 10 결結 중 마지막 두 가지인 아만심이나 명예심, 그리고 탄생의 뿌리가 되는 무명無明에서 완전히 벗어났다.

태어남의 원인이 되는 무명에서 완전히 벗어나 태어남의 조건이 되는 어리석음이 다시는 일어나지 않게 된다.

도에 들었을 때나 과를 획득했을 때나 혹은 번뇌가 제거되었다 해도 아직 남아 있는 미세한 번뇌들을 돌이켜 보는 회광반조의 삶에 이른다. 그동안 도를 거쳐 과와 해탈에 이르게 되면서 존재의 자성에 대한 앎이 더욱 명확해지는 아라한과의 경계이다.

마지막으로 생사를 넘나드는 윤회의 10결結에 대해서 앞에서 살펴본 바와 같이 성문4과의 수다원과, 사다함과, 아나함과, 아라한과에서 그 결박이 어떻게 차례대로 벗겨지는지 한 번 더 챙김으로써 보다 더 깊은 이해가 따르게 된다.

수다원과의 단계에서는 몸과 마음의 진행과정에 주재자나 자아가 따로 존재하지 않는다는 사실이 확고하게 이해되어 생사윤회의 열 가지 족쇄 중 첫 번째인 유신견에서 벗어난다.

이 행법은 누구나 실천하는 순간부터 즉시 결과가 나타나기 때문에 두 번째의 족쇄인 불법佛法에 대한 의심에서 벗어나게 된다. 마지막으로 수행을 대신해서 신앙적인 의식이나 계율로써 3법인을 이해할 수 없음을 깨닫고 계율이나 의식에 대한 집착에 더 이상 빠지지 않는 상태가 세 번째인 수다원과이다.

그러므로 생사윤회의 10결結 중 첫 번째에서 세 번째까지는 이 수다원과에 도래하면 완전히 벗어나게 된다.

사다함과에서는 네 번째의 감각적인 욕망에 대한 집착, 다섯 번째의 악의, 여섯 번째의 색계에 대한 집착까지의 족쇄에서 벗어나게 된다.

모든 감각적인 괴로움이나 즐거움도 한순간의 일어나고 사라지는 진행의 운동임을 이해하며 감각적인 쾌락에 대한 집착에서 벗어나게 된다. 즐거움에 대한 더 이상의 어리석은 기대감이 없어 실망감에서 비롯되는 원한이나 증오감과 성냄이 사라져 악의에서 벗어나며, 인도환생이나 왕후장상에 대한 집착에서 완전하게 벗어난다.

일곱 번째의 무색계에 대한 미세한 욕구인 천상계의 집착이나 여덟 번째의 성급한 안도감과 비슷한 상태에서 일어나는 산란한 마음과 초조감의 족쇄에서 완전히 벗어나는 상태가 아나함과이다.

마지막으로 아홉 번째인 자만심이나 교만심, 그리고 명예심 등과 같은 열등한 마음과, 열 번째의 성에 대한 분별심을 비롯해서 남이 잘되는 것보다 못되기를 바라는 어리석은 무명의 잔영까지도 완전히 사라져, 더 이상 그 어떤 외부적인 영향에도 집착하지 않는 상태가 된다.

이 단계가 우리들이 몇 생 아니 몇 억겁 생 동안 추구해온 구경열반지인 완전한 깨달음의 최고성위인 아라한과로서, 금생에 완전한 대각을 성취하게 되는 순간이다.

더 이상 끊을 것도, 이길 것도, 여읠 것도, 깨달을 것도 없는 무한승리자로서, 자기 인격의 완성과 동시에 사회에 대한 자비의 삶과 대열반만 남은 깨달음의 원력 성취이다.

여생을, 마치 구름을 벗어난 달이 일체 만물들을 비춰주며 길을 열어주듯이, 자신의 공덕을 못

삶들과 함께한다.

이제 구름에 달 가듯이 그물에 바람 가듯이 흔적을 남기지 않는 삶을 마치면 대해탈이다.

다시는 어리석음의 경계로 윤회에 들지 않는 대자유인이다.

태허太虛 법산法山

1946년 3월 부산 생.
범어사 청안당 큰스님을 의지해서 출가.
해인사 동곡당 큰스님으로부터 득도.
불국사, 정혜사 등의 제방과
인도, 스리랑카, 미얀마의 제방을 거쳐
팔공산 은해사에서 한주閑主로 머물고 있음.
펴낸 책으로『깨달음으로 가는 금강경』,『중도선』등.

이뭣꼬

초판 1쇄 인쇄 2018년 1월 5일 | 초판 1쇄 발행 2018년 1월 15일
법산 편저 | 펴낸이 김시열
펴낸곳 도서출판 운주사

(02832) 서울시 성북구 동소문로 67-1 성심빌딩 3층

전화 (02) 926-8361 | 팩스 0505-115-8361

ISBN 978-89-5746-502-8 03220   값 28,000원

http://cafe.daum.net/unjubooks 〈다음카페: 도서출판 운주사〉